Mit Open Source-Tools
Spam und Viren bekämpfen

Mit Open Source-Tools Spam und Viren bekämpfen

Peter Eisentraut & Alexander Wirt

O'REILLY®

Beijing · Cambridge · Farnham · Köln · Paris · Sebastopol · Taipei · Tokyo

Die Informationen in diesem Buch wurden mit größter Sorgfalt erarbeitet. Dennoch können Fehler nicht vollständig ausgeschlossen werden. Verlag, Autoren und Übersetzer übernehmen keine juristische Verantwortung oder irgendeine Haftung für eventuell verbliebene Fehler und deren Folgen.

Alle Warennamen werden ohne Gewährleistung der freien Verwendbarkeit benutzt und sind möglicherweise eingetragene Warenzeichen. Der Verlag richtet sich im Wesentlichen nach den Schreibweisen der Hersteller. Das Werk einschließlich aller seiner Teile ist urheberrechtlich geschützt. Alle Rechte vorbehalten einschließlich der Vervielfältigung, Übersetzung, Mikroverfilmung sowie Einspeicherung und Verarbeitung in elektronischen Systemen.

Kommentare und Fragen können Sie gerne an uns richten:
O'Reilly Verlag
Balthasarstr. 81
50670 Köln
Tel.: 0221/9731600
Fax: 0221/9731608
E-Mail: kommentar@oreilly.de

Copyright der deutschen Ausgabe:
© 2005 by O'Reilly Verlag GmbH & Co. KG
1. Auflage 2005

Die Darstellung eines Erdwolfs im Zusammenhang mit dem
Thema Spam und Viren ist ein Warenzeichen von O'Reilly Media, Inc.

Bibliografische Information Der Deutschen Bibliothek
Die Deutsche Bibliothek verzeichnet diese Publikation in der
Deutschen Nationalbibliografie; detaillierte bibliografische Daten
sind im Internet über *http://dnb.ddb.de* abrufbar.

Lektorat: Volker Bombien, Bonn
Fachliche Unterstützung: Sven Riedel, Hannover, Joachim Wieland, Aachen, Ingo Strauß, Dortmund
Korrektorat: Sibylle Feldmann, Düsseldorf
Satz: Finn Krieger, Wuppertal
Umschlaggestaltung: Ellie Volckhausen, Boston
Produktion: Karin Driesen, Köln
Belichtung, Druck und buchbinderische Verarbeitung:
Druckerei Kösel, Krugzell; www.koeselbuch.de

ISBN 3-89721-377-X

Dieses Buch ist auf 100% chlorfrei gebleichtem Papier gedruckt.

Inhalt

	Vorwort	IX
1	**Einführung**	1
	Was ist Spam?	1
	Was sind Viren?	4
	Konsequenzen	6
	Open Source-Software	8
2	**Strategien gegen Spam und Viren**	11
	Spam-Erkennung versus Viren-Erkennung	11
	Falsche Positive, falsche Negative	12
	Server- und clientbasierte Erkennung	13
	Regelbasierte Erkennung	15
	Lernende Systeme	16
	Verteilte Erkennung	17
	Andere Methoden	18
	Was tun mit erkannter E-Mail?	18
	Eingehende und ausgehende E-Mail	21
	Der menschliche Faktor	22
	An der Quelle	22
3	**Spam- und Virenabwehr mit Postfix, Exim und Sendmail**	23
	Überblick	23
	Postfix	25
	Exim	43
	Sendmail	61
4	**SpamAssassin**	71
	Wie SpamAssassin arbeitet	71

	Konfiguration 78
	Einbindung in das E-Mail-System 97
	Definition eigener Tests 105
	Training und Anwender-Feedback 110

5 DNS-basierte Blackhole-Lists 115
Wie DNSBL arbeiten 116
Alternative Verfahren 117
Aufnahmekriterien 118
Potenzielle Probleme 120
Übersicht über verfügbare Dienste 122
Einbindung in das E-Mail-System 126
DNSBL lokal spiegeln 132

6 Zusätzliche Ansätze gegen Spam 137
Greylisting 137
Verteilte Spam-Erkennung 142
Hashcash 149
Sender Policy Framework 150
Yahoo Domain-Keys 156
Spam-Traps und Honey-Pots 156

7 Virenscanner 159
Funktionsweise 159
Auswahlkriterien 160
Testviren 162
ClamAV 162
Proprietäre Virenscanner 174

8 AMaViS 179
Wie AMaViS arbeitet 179
AMaViS-Zweige 180
Einbindung in das E-Mail-System 182
Konfiguration 190
Statistiken mit Amavis-stats 211

9 MailScanner 213
Wie MailScanner arbeitet 213
Einbindung in das E-Mail-System 214
Konfiguration 219

10 MIMEDefang ... 245
Wie MIMEDefang arbeitet ... 245
Einbindung in Sendmail ... 246
Konfiguration ... 248
GraphDefang ... 255

11 E-Mail-Clients ... 259
E-Mail-Filterung mit Fetchmail ... 260
POP3-Proxies ... 263
Anti-Spam-Features der E-Mail-Clients ... 271

12 Procmail ... 289
Einführung in Procmail ... 289
Procmail als Mittel gegen Spam ... 296
Fertige Anti-Spam-Lösungen für Procmail ... 301

13 Regeln für Nutzer im Umgang mit Spam und Viren ... 303
Regel 1: Kontrollieren Sie die Veröffentlichung Ihrer E-Mail-Adresse ... 303
Regel 2: Haben Sie gesundes Misstrauen – bei jeder E-Mail ... 305
Regel 3: Seien Sie besonders vorsichtig bei E-Mails von Banken und anderen Dienstleistern ... 306
Regel 4: Üben Sie besondere Sorgfalt beim Öffnen von E-Mail-Anhängen ... 306
Regel 5: Konfigurieren Sie Ihren E-Mail-Client sinnvoll ... 307
Regel 6: Antworten Sie niemals auf Spam ... 308
Regel 7: Verwenden Sie elektronische Signaturen ... 308
Regel 8: Verwenden Sie Spam- und Virenfilter ... 309
Regel 9: Halten Sie Ihre Software stets aktuell ... 310
Regel 10: Denken Sie auch an die Alternativen zur E-Mail ... 311

14 Juristische Aspekte beim Einsatz von Spam- und Virenfiltern ... 313
Rechtliche Handhabe gegen Spam ... 313
Rechtliche Handhabe gegen Viren ... 314
Rechtliche Folgen bei der Analyse von E-Mails ... 315
Rechtliche Folgen bei der Filterung von E-Mails ... 316
Problembewältigung ... 317

A Das SMTP-Protokoll ... 319
Grundlagen ... 319
Der SMTP-Dialog ... 320
Umschlag und Inhalt ... 323

	Weitere Befehle	323
	Statuscodes	324
B	**Reguläre Ausdrücke**	**327**
	Rückwärtsreferenzen	329
	Geschmacksrichtungen	329
C	**Software und Bezugsquellen**	**331**
	Betriebssysteme	331
	Software	332
	Index	**345**

Vorwort

Spam und Viren sind die Plagen des Internets. Jede zweite E-Mail im Internet beinhaltet entweder unerwünschte Werbung oder versucht, Schaden auf dem Rechner des Empfängers anzurichten. Dieses Buch behandelt die Bekämpfung dieser Heimsuchungen mit Open Source-Software.

Zielgruppe

Dieses Buch richtet sich primär an die Administratoren von E-Mail-Systemen in kleinen, mittleren und großen Netzwerken. Es wird davon ausgegangen, dass der Leser grundlegende Erfahrungen mit der Administration eines Mailservers hat und die Konzepte von E-Mail kennt.

Dieses Buch soll keine Softwaredokumentation ersetzen. Es soll vielmehr dabei helfen, Konzepte zu erarbeiten, sinnvolle Vorgehensweisen zu entdecken und diese dann mit den passenden Werkzeugen umzusetzen.

Struktur dieses Buchs

Dieses Buch besteht aus 14 Kapiteln und den Anhängen A bis C. Die ersten zwei Kapitel bieten eine allgemeine Einführung.

Kapitel 1, Einführung
  Definiert, was Spam und Viren sind, und gibt einen Überblick über deren Ursachen und Konsequenzen.

Kapitel 2, Strategien gegen Spam und Viren
  Gibt einen konzeptionellen Überblick über die möglichen Strategien gegen Spam und Viren.

Die folgenden Kapitel stellen konkrete Softwarelösungen gegen Spam und Viren vor.

Kapitel 3, Spam- und Virenabwehr mit Postfix, Exim und Sendmail
: Erklärt Maßnahmen gegen Spam und Viren, die in den genannten Mail Transport Agents implementiert werden können.

Kapitel 4, SpamAssassin
: Stellt das mächtige Spam-Erkennungspaket SpamAssassin vor.

Kapitel 5, DNS-basierte Blackhole-Lists
: Stellt ein Verfahren vor, bei dem im Internet schwarze Listen zusammengestellt werden, mit deren Hilfe man bekannte Absender von Spam und Viren blockieren kann.

Kapitel 6, Zusätzliche Ansätze gegen Spam
: Stellt verschiedene weitere Ansätze gegen Spam vor, die über die üblichen regelbasierten Systeme hinausgehen. Dazu gehören das Greylisting, verteilte Spam-Erkennung mit DCC und Pyzor, sowie Systeme, die die Fälschung von Absendern unterbinden wollen, wie SPF und Yahoo Domain-Keys.

Kapitel 7, Virenscanner
: Behandelt den Einsatz von Virenscannern auf Mailservern und stellt den Open Source-Virenscanner ClamAV vor.

Kapitel 8, AMaViS
: Stellt das E-Mail-Filter-Framework AMaViS vor, das Spam- und Virenerkennung vereint und viele weitere Konfigurationsmöglichkeiten bietet.

Kapitel 9, MailScanner
: Stellt das E-Mail-Filter-Framework MailScanner vor, das ebenfalls die Spam- und Virenerkennung abwickeln und flexibel konfiguriert werden kann.

Kapitel 10, MIMEDefang
: Stellt ein umfangreiches E-Mail-Filter-Framework für Sendmail vor.

Kapitel 11, E-Mail-Clients
: Behandelt Softwarelösungen, die zur Filterung von E-Mail auf dem Client-Rechner eingesetzt werden können. Daneben wird auch erklärt, wie die verbreiteten E-Mail-Clients sicher konfiguriert und zur Filterung von E-Mail eingesetzt werden können.

Kapitel 12, Procmail
: Gibt eine Einführung in das Programm Procmail zur Filterung von E-Mail und stellt eine Reihe von Rezepten vor, die zur Erkennung von Spam und Viren dienen können.

Die letzten zwei Kapitel betrachten die Thematik von einer nicht-technischen Seite:

Kapitel 13, Regeln für Nutzer im Umgang mit Spam und Viren
: Enthält einige Regeln und Richtlinien dazu, wie Nutzer durch ihr Verhalten die Gefahr durch Spam und Viren eindämmen können.

Kapitel 14, Juristische Aspekte beim Einsatz von Spam- und Virenfiltern
Betrachtet die rechtliche Situation von Spam und Viren sowie mögliche juristische Probleme bei der E-Mail-Filterung.

Anhang A erklärt kurz das SMTP-Protokoll. Anhang B bietet eine kleine Einführung in reguläre Ausdrücke. Anhang C listet die Bezugsquellen der verwendeten Software auf.

Software und Bezugsquellen

In vielen Büchern, die irgendeine Software behandeln, wird viel Platz dafür verwendet zu erklären, wie die Software zu installieren sei. Das ist in diesem Buch nicht der Fall und wäre bei einem guten Dutzend Softwarepaketen auch ein erheblicher Platzaufwand. Unserer Erfahrung nach wird die meiste Software gar nicht direkt aus dem Quellcode installiert. »Gibt es dafür ein Paket?«, ist eine viel häufigere Frage als: »Wie installiert man das?«. Aus diesem Grund haben wir in Anhang C die Antworten auf erstere Frage zusammengetragen: eine Auflistung, die Ihnen sagt, für welches freie Betriebssystem welche Software als Paket oder Port verfügbar ist. Außerdem finden Sie dort eine URL zur Website des jeweiligen Softwareprojekts. Für Software, die nicht als Paket erhältlich ist, weil sie noch zu neu, zu unbekannt oder zu klein ist oder nur kommerziell erhältlich ist, haben wir im Text die URL zur Website aufgeführt und verweisen bezüglich Installationsanleitungen dorthin.

Typografische Konventionen

In diesem Buch werden die folgenden typografischen Konventionen verwendet:

Kursivschrift
Wird für Namen von Dateien, Verzeichnissen sowie für URLs verwendet.

`Nichtproportionalschrift`
Wird für Namen von Befehlen und Programmen sowie für Codeteile, Codebeispiele und Systemausgaben verwendet.

`Nichtproportionalschrift kursiv`
Wird in Codebeispielen für Platzhalter dort verwendet, wo Sie selbst eigene Werte einsetzen müssen.

Dieses Symbol kennzeichnet einen Hinweis, der eine nützliche Bemerkung zum nebenstehenden Text enthält.

Dieses Symbol kennzeichnet eine Warnung, die sich auf den nebenstehenden Text bezieht.

Danksagungen

Dank geht an alle Mitarbeiter der credativ GmbH, die uns während der Produktion dieses Buchs ausgehalten und unterstützt haben.

Joachim Wieland hat als technischer Gutachter gearbeitet. Die nützlichen Tipps und Erfahrungen, die er stets mit uns geteilt hat, haben das Buch erheblich aufgewertet.

Ingo Strauß war bei der Recherche für das Kapitel über die juristischen Aspekte der Spam- und Virenfilterung behilflich. Die in diesem Kapitel zusammengetragenen, auch für uns teilweise überraschenden Erkenntnisse wären ohne seine Hilfe nicht zu Stande gekommen.

Volker Bombien war der Lektor bei diesem Buch und hat uns stets geduldig, aber bestimmt auf das Ziel zugesteuert. Durch seine Ideen wurde das Gesamtbild dieses Buchs maßgeblich mitgeprägt.

Wir bedanken uns bei allen Entwicklern von freier Software, ohne die dieses Buch freilich nicht möglich gewesen wäre.

KAPITEL 1
Einführung

9,5 Millionen Dollar aus der Elfenbeinküste herausschaffen, gegen eine kleine Provision? 20.000 Paar Schuhe kaufen? Eine E-Card von Shelly? (Wer ist überhaupt Shelly?) 600 kg Gold aus Ghana herausbringen, natürlich auch gegen Provision? Jemand liebt mich mehr als alle Sterne und packt zum Beweis eine ZIP-Datei bei? Probleme im Schlafzimmer? Die Bank in Madrid braucht meine Zugangsdaten, um mein Konto zu schützen? Reklame im Internet schalten?

Dies sind einige der Geschäftsvorschläge, die den Autoren per E-Mail angetragen wurden, während sie dieses Kapitel schrieben. Natürlich sind es nicht alle, sondern nur die, die sie automatisch in den Ordner mit den interessantesten Geschäftsideen (*$HOME/Maildir/.spam*) einsortieren ließen. Die Aufzeichnungen zeigen, dass rund 500 weitere Geschäftsvorschläge vom Mailserver gleich wegen Implausibilität verworfen worden waren. Man kann sich schließlich nicht für jeden Zeit nehmen.

Ähnlich geht es vielen E-Mail-Anwendern. Jede zweite E-Mail im Internet ist Spam oder ein Virus! Dieses Buch handelt davon, wie man sie erkennt und aussortiert und sich wieder den realistischen Geschäften widmen kann.

Systemadministratoren kommt im Kampf gegen Spam und Viren eine Schlüsselrolle zu. Es liegt in ihrer Verantwortung, ihren Nutzern das Medium E-Mail als verlässliches und sicheres Medium zur Verfügung zu stellen. Sie müssen die Nutzer vor schädlichen Sendungen schützen, Hardware und Software gegen Angriffe absichern und dafür sorgen, dass E-Mails trotzdem schnell und zuverlässig zugestellt werden. Dieses Buch behandelt den Kampf gegen Spam und Viren daher hauptsächlich aus der Sicht der Administratoren von E-Mail-Systemen.

Was ist Spam?

Im weitesten Sinn ist Spam eine Bezeichnung für unerwünschte Werbe-E-Mails. Darüber hinaus variieren die Definitionen.

Spam trat zuerst Mitte der Neunzigerjahre des vorigen Jahrhunderts im Usenet auf, noch bevor E-Mail Verbreitung gefunden hatte. Im Usenet bezeichnete (und bezeichnet) der Begriff Spam Beiträge mit Werbeinhalt, die massenhaft in zahllose Newsgroups gepostet werden, ohne Bezug auf das Thema der Diskussion in diesen Gruppen zu nehmen. Während das Spam-Aufkommen im Usenet zunahm, wurden auch erste automatische Anti-Spam-Maßnahmen entwickelt, insbesondere so genannte Cancelbots, die automatisch massenhaft Spam-Postings cancelen, also aus den Newsgroups entfernen. Dabei konnte durch die Arbeit einiger weniger das Spam-Problem im gesamten Usenet mehr oder weniger kontrolliert werden. Eine derartige Effizienz ist in anderen Medien leider nicht möglich.

Das erste Spam überhaupt war vermutlich das Posting von Clarence L. Thomas IV von der Andrews University am 19.1.1994 mit dem Titel »Global Alert For All: Jesus is Coming Soon« (*http://groups.google.com/groups?selm=9401191510.AA18576%40jse.stat.ncsu.edu*). Das erste Spam mit kommerziellem Inhalt war das Posting von Laurence Canter von der Anwaltskanzlei Canter & Siegel (USA) am 12.4.1994 mit dem Titel »Green Card Lottery - Final One?« (*http://groups.google.com/groups?selm=2odj9q%2425q%40herald.indirect.com*). Dieses Posting wird allgemein als Start der weltweiten kommerziellen Spam-Welle angesehen. Und es hatte auch ein weiteres Merkmal mit vielen heutigen Spams gemeinsam: Die angebotenen Dienste zur anwaltlichen Unterstützung bei der Teilnahme an der Green Card-Lotterie in den USA waren im Prinzip betrügerisch, weil für die Teilnahme überhaupt keine anwaltliche Hilfe nötig ist. Und die letzte Lotterie dieser Art war es selbstverständlich auch nicht.

Mit der Verbreitung neuer elektronischer Kommunikationsmedien und dem Rückgang des Usenets wurde der Begriff Spam auf die neuen Medien übertragen. Die meiste Aufmerksamkeit erhält heute der Spam-Versand über E-Mail, da Spam über E-Mail im Verhältnis besonders häufig auftritt und E-Mail heute schon als nahezu universelles Kommunikationsmedium gelten kann. Spam gibt es aber auch über Mobiltelefone, Instant-Messaging-Protokolle wie ICQ und IRC (Spam over Instant Messaging: SPIM) sowie über Internet-Telefone (Spam over Internet Telephony: SPIT). In diesem Buch geht es freilich nur um Spam über E-Mail.

Im Zusammenhang mit E-Mail wird statt »Spam« oft die Bezeichnung »Unsolicited Commercial Email« (unverlangte kommerzielle E-Mail), kurz UCE, verwendet. Dieser Begriff ist präziser und vermeidet die Assoziation mit dem Usenet, schließt aber scheinbar nur E-Mails mit kommerziellem Inhalt ein. Genauer treffen würde wohl die Bezeichnung »unverlangte Werbe-E-Mail«, womit auch Werbung ohne geschäftlichen Hintergrund eingeschlossen wäre. Der kommerzielle Hintergrund einer Werbe-E-Mail ist rechtlich allerdings von Bedeutung, da eine solche E-Mail zum Beispiel in Deutschland gegen das Gesetz gegen den unlauteren Wettbewerb verstoßen würde. Von technischer Seite wird das aber eher nicht beachtet, da das Ziel die Vermeidung von unerwünschter Werbe-E-Mail gleich welcher Art ist. Der Begriff UCE kann daher als Synonym für Spam gesehen werden.

Etwas allgemeiner ist der Begriff »Unsolicited Bulk Email« (unverlangte Massen-E-Mail), kurz UBE. Dieser Begriff schließt sowohl Spam als auch E-Mail-Viren ein. Sowohl technisch als auch rechtlich ist es sinnvoll, Spam und Viren unterschiedlich zu behandeln, daher wird dieser Begriff hier nicht verwendet.

In diesem Buch wird ausschließlich der Begriff »Spam« für unerwünschte Werbe-E-Mails verwendet. Die Rechtsprechung in Deutschland definiert Werbung im Übrigen als immer dann unerwünscht, wenn sie außerhalb einer bestehenden Geschäftsbeziehung versendet wird und keine Zustimmung des Empfängers vorlag oder zu mutmaßen war.

Das Gegenteil von Spam, also E-Mail, die erwünscht ist oder keine Werbung darstellt, wird gelegentlich als »Ham« bezeichnet. Diese Bezeichnung kommt in verschiedener Software vor, wird aber ansonsten in diesem Buch nicht verwendet.

Spam, Spam, Spam

SPAM ist die Bezeichnung einer Dosenfleischsorte der Firma Hormel Foods Inc. aus den USA. Der Name entstand aus »spiced ham« (gewürzter Schinken). In Mitteleuropa ist das Lebensmittel SPAM ziemlich unbekannt, aber es ist zum Beispiel in Großbritannien erhältlich.

Die Übertragung des Namens auf elektronische Kommunikationsmedien geht auf einen Sketch aus der bekannten britischen Comedyserie Monty Python's Flying Circus zurück. In einem Restaurant, in dem es ausschließlich Gerichte, die SPAM enthalten, gibt, fragt eine Besucherin nach einem Gericht ohne SPAM. Bei jeder Erwähnung von SPAM fällt ein Wikinger-Chor mit einem Loblied auf SPAM ein, bis das Gesinge jede Unterhaltung erstickt: »Spam, spam, spam, spam. Lovely spam! Wonderful spam! Spam, spa-a-a-a-am, spam, spa-a-a-a-am, spam. Lovely spam! Lovely spam! Lovely spam! Lovely spam! Lovely spam! Spam, spam, spam, spam!«

Ähnlich würde es wohl auch um die Unterhaltungen im Usenet oder über E-Mail bestellt sein, wenn keine technischen Maßnahmen ergriffen worden wären.

Spam wird durch mehrere Umstände ermöglicht:

- Der Versand von E-Mails ist nahezu kostenlos. Es fällt nur eine geringe Grundgebühr für die Internetverbindung an.
- E-Mails können sehr schnell und in großen Mengen versendet werden.
- Der Versand von E-Mails kann automatisiert werden.
- E-Mails können anonym versendet werden.
- Durch Sicherheitslücken und Konfigurationsfehler können Anti-Spam-Maßnahmen regelmäßig umgangen werden.

Einige dieser Umstände sind wünschenswert und können nicht beseitigt werden. Vorschläge, die zum Beispiel mit dem Versand von E-Mails eine Stückgebühr verbinden wollen, werden stets zurückgewiesen. Andere Umstände, zum Beispiel der Massenversand und der anonyme Versand, können durch technische Maßnahmen erkannt werden und stellen Ansatzpunkte im Kampf gegen Spam dar. Da Spam aber hauptsächlich durch seinen Inhalt mit Werbecharakter und die Umstände, wie diese Werbung zum Empfänger kommt, definiert wird, ist eine automatische Erkennung eine besondere technische Herausforderung.

Die in Spam beworbenen Waren und Dienstleistungen sind fast immer gesellschaftlich tabuisiert, zum Beispiel Potenzmittel, »Erwachsenenunterhaltung« oder Kredite von dubiosen Quellen, und bewegen sich ebenso oft am Rande der Legalität. Obwohl davon auszugehen ist, dass einige der durch Spam verbreiteten Angebote zumindest real sind, sind sie sehr oft auch einfach Einladungen zum Betrug. Diese Umstände haben sich gewissermaßen gegenseitig bedingt. Da Werbung über E-Mail mittlerweile einen derartig schlechten Ruf hat, werden angesehene Unternehmen nur mit größter Sorgfalt überhaupt Werbung darüber betreiben. Übrig bleiben die zwielichtigen Gestalten.

Allerdings ist Spam auch nur deswegen möglich, weil die Spammer mit ihren Methoden anscheinend wirtschaftlichen Erfolg haben. Deswegen ist Spam auch ein gesellschaftliches Problem.

Die USA sind übrigens das Hauptursprungsland von Spam mit rund einem Drittel des weltweiten Aufkommens. Die üblichen Verdächtigen Korea und China folgen erst auf den Plätzen zwei und drei. Spam aus Deutschland soll nur mit rund einem Prozent zum weltweiten Aufkommen beitragen.

Was sind Viren?

Malware (»malicious software«) ist ein allgemeiner Begriff für Programmroutinen mit Schadensabsichten. Dabei werden mehrere Kategorien unterschieden, abhängig davon, wie sich die Schadensroutinen verbreiten. Die wichtigsten sind:

- Viren sind Programmroutinen, die nicht selbstständig aktiv werden können, sondern sich in andere Programme einbinden, um dort Schaden anzurichten und sich weiter zu verbreiten. Diese Definition ist analog zu biologischen Viren. Verglichen mit anderen Malware-Arten sind klassische Computerviren im E-Mail-Zeitalter eher rückläufig

- Würmer sind eigenständige Programme, die sich selbst verbreiten und Schaden anrichten. Würmer werden heutzutage bevorzugt per E-Mail-Anhang versendet und von unvorsichtigen Anwendern oder durch Sicherheitslücken oder Konfigurationsfehler aktiviert. Im Normalfall verbreiten sich die Würmer in der Form, dass sie sich selbst an alle Adressen im Adressbuch des befallenen Computers senden.

- Trojanische Pferde sind schädliche Programmteile, die in legitim erscheinenden Programmen oder Dokumenten versteckt sind. Sie replizieren sich nicht selbst, sondern werden von Anwendern verbreitet, die nichts von der Existenz des Trojaners wissen, indem sie jene Programme oder Dokumente weitergeben. Die Bezeichnung geht auf die Legende des Trojanischen Pferdes zurück, einem großen hölzernen Pferd, das bei der Belagerung des antiken Troja von den Griechen scheinbar als Geschenk vor den Toren der Stadt zurückgelassen worden war. Von den ahnungslosen Einwohnern in die Stadt gezogen, konnten die in dem Pferd verborgenen griechischen Soldaten die Stadt einnehmen. Oft wird diese Art von Malware verkürzt als Trojaner bezeichnet, was wohl etwas unangebracht ist, da sie dann richtiger Grieche heißen müsste.

Computerviren kamen Mitte der Achtzigerjahre des letzten Jahrhunderts auf und verbreiteten sich zu der Zeit häufig über illegal kopierte Software und auch über so genannte Mailbox-Systeme. Der Verbreitungsfaktor war dabei der Bedarf der Anwender, günstig an Software aus zwielichtigen Quellen heranzukommen – Software, die auf normalen Wegen vom Hersteller bezogen wird, enthält in der Regel keinen Virus. Mit steigender Vernetzung verbreitete sich Malware zunehmend über Netzwerkdienste, die Software-Bugs enthielten oder Konfigurationsfehler hatten. Da Firewalls und Netzwerke mit privaten IP-Adressen mittlerweile üblich sind, sind derartige Verbreitungsmethoden nicht mehr sehr effektiv. Üblicher ist daher heutzutage die Verbreitung über E-Mail, da quasi jeder Netzteilnehmer ein E-Mail-Postfach hat und so insbesondere auch unerfahrene und unvorsichtige Anwender erreicht werden können.

Die Verbreitung von Malware über E-Mail wird insbesondere ermöglicht durch:

- universellen Internetzugang durch unerfahrene, technisch nicht versierte Anwender
- E-Mail-Programme mit »hilfreichen«, aber unsicheren Standardkonfigurationen
- Sicherheitslücken in Software aller Art

Daneben tragen auch hier die schon oben erwähnten Eigenschaften des E-Mail-Systems bei: E-Mails können kostenlos, massenhaft, automatisiert und anonym versendet werden.

Auch hier gilt, dass einige dieser Umstände, zum Beispiel die Tatsache, dass sich jedermann relativ problemlos ins Internet einwählen kann, weithin wünschenswert und nicht zu verändern sind. Hauptmittel im Kampf gegen Malware sind daher einerseits Virenscanner-Programme, die Dateien, E-Mails und Computersysteme bezüglich Virenbefall überwachen und gegebenenfalls säubern, andererseits Bestrebungen, Software sicherer zu machen und Anwender zu belehren. Beide Arten von Maßnahmen können aber keine absolute Sicherheit versprechen.

Die Schadensroutinen von Malware können vielfältig sein. In den Anfangszeiten wurde gern einfach die Festplatte oder Diskette gelöscht. Im Netzwerkzeitalter wird Spyware installiert, die den Computer ausspioniert, oder es wird eine Backdoor auf dem Computer eingerichtet, damit er später für andere Machenschaften des Malware-Autors verwendet werden kann, etwa verteilte Denial-of-Service-Angriffe auf Dritte. In letzter Zeit sind Allianzen zwischen Virenautoren und Spammern zu beobachten, wobei die Viren die Adressen für die Spammer sammeln und/oder dafür sorgen, dass die befallenen Computersysteme für den anonymen Spam-Versand missbraucht werden können. Häufig ist es allerdings auch der Fall, dass keine nennenswerte Schadensroutine vorhanden ist und der Malware-Autor lediglich auf den Verbreitungsgrad seines Werks stolz sein möchte. Das bloße Vorhandensein und die Selbstreplikation von Malware kann allerdings auch schon als Schaden angesehen werden, weil so Computerressourcen belegt werden und Zeit zur Bereinigung der Systeme aufgewendet werden muss.

Für Hersteller von Antiviren-Software und die Administratoren von anfälligen Computersystemen, insbesondere Desktop-Systemen, sind die technischen Unterscheidungsmerkmale von Computerviren relevant, insbesondere bei der Reparatur von schon infizierten Systemen. Bei der Administration von E-Mail-Systemen dagegen ist es das Ziel, Computerviren gar nicht erst auf die anfälligen Systeme kommen zu lassen. In diesem Zusammenhang sind die unterschiedlichen Eigenschaften von Viren und Malware eher unerheblich. Daher wird in diesem Buch ausschließlich der Begriff Virus in Bezug auf alle Programmroutinen mit Schadensabsichten verwendet. Dieser Begriff wird auch überwiegend in der Öffentlichkeit und von der einschlägigen Software verwendet, insbesondere bei so genannten »Virenscannern«, die natürlich auch viele andere Arten von Malware erkennen.

Konsequenzen

E-Mail-Missbrauch durch Spam und Viren ist bekanntlich kein Randproblem. Die Konsequenzen für die Anwender, Betreiber, die Wirtschaft und das Medium E-Mail sind erheblich.

Ressourcenverschwendung

Regelmäßige Schätzungen von verschiedenen Stellen sagen aus, dass derzeit über 50% aller weltweit versendeten E-Mails Spam oder Viren sind. In einigen Untersuchungen ist die Zahl sogar weit höher angesiedelt.[1] Folglich müssen, allein um den Fluss der E-Mails aufrechtzuerhalten, doppelt so viele Ressourcen eingesetzt werden, wie eigentlich nötig wären. Das bedeutet mehr Computersysteme, Netzwerk-

---

1 Siehe zum Beispiel *http://www.absolit.de/eMail-Marketing/74-aller-E-Mails-Spam.html*, *http://www.clickz.com/stats/sectors/software/article.php/3364421*, *http://www.clickz.com/stats/sectors/email/article.php/3447341*, *http://internetweek.com/e-business/showArticle.jhtml?articleID=21100199*, *http://www.newsfactor.com/story.xhtml?story_id=30294*.

leitungen, Personal, Zeitaufwand. Dazu kommen Maßnahmen, um sich gegen Spam und Viren zu verteidigen: mehr Computersysteme, mehr Netzwerkverkehr, mehr Personal, mehr Zeitaufwand. Erheblich ist auch die Anzahl der durch Spam und Viren verursachten Rückläufer und Fehlermeldungen: noch mehr Netzwerkverkehr, noch mehr Aufwand für das Administrationspersonal. Die Abwehr von E-Mail-Missbrauch ist zur Materialschlacht geworden.

Aktuelle Schätzungen gehen übrigens davon aus, dass 50% des gesamten Internetverkehrs dem Download von Musik und Filmen zuzuschreiben sind. E-Mail-Missbrauch ist also zugegebenermaßen nicht das einzige Phänomen, das die Ressourcen des Internets strapaziert.

Vertrauensverlust

E-Mail hat sich in kurzer Zeit zu einem extrem populären Kommunikationsmittel entwickelt. Jeder kann mit jedem kostenlos und unbegrenzt kommunizieren und ist dabei nicht auf die sofortige Anwesenheit des Kommunikationspartners angewiesen. Diese Möglichkeiten haben zu ganz neuen Geschäftsmethoden und Lebensstilen geführt. Dadurch, dass E-Mail aber mehr und mehr missbraucht wird und in jeder E-Mail eine potenzielle Gefahr für das Computersystem und das Netzwerk steckt, sinkt das Vertrauen in das Medium.

Das E-Mail-Protokoll SMTP wurde ursprünglich so entwickelt, dass alles versucht wird, um eine E-Mail zuzustellen, und dass, wenn dies nicht möglich ist, eine Fehlermeldung an den Absender geschickt wird. Durch die Allgegenwart von Spam- und Virenfiltersystemen wird heute nicht mehr angenommen, dass jede E-Mail sicher ankommt und nicht einem Filter zum Opfer fällt. Und dadurch, dass Fehlermeldungen durch Rückläufer von Spam- und Viren-E-Mails überhand nehmen, werden wahre Probleme im E-Mail-System leicht übersehen. E-Mail ist heute ein unzuverlässiges Kommunikationsmittel.

Auf Grund der Gefahr, die Computerviren darstellen, wird die Vielfalt des Kommunikationsmittels E-Mail vielerorts künstlich eingeschränkt. Bestimmte Dateitypen dürfen nicht versendet werden oder werden herausgefiltert. Anhänge werden ganz verboten. E-Mail darf nur zu bestimmten Zwecken und mit bestimmten Kommunikationspartnern verwendet werden. E-Mail-Clients werden zur Gefahrenquelle und müssen in ihrer Funktionalität begrenzt werden. E-Mail ist heute oft ein unflexibles Kommunikationsmittel.

Obwohl es für E-Mail als Kommunikationsmedium zurzeit keine wirkliche Alternative zu geben scheint, ist vielerorts die Abkehr davon zu beobachten. Mobiltelefone, SMS und Instant-Messaging haben im gesellschaftlichen Bereich E-Mail weit zurückgedrängt. Das Telefax, das eigentlich durch E-Mail hätte abgelöst werden müssen (und selbst mit einem Spam-Problem zu kämpfen hat), gehört nach wie vor zur Standardausstattung eines Büros. Und das papierlose Büro ist sowieso nie mehr als eine Utopie gewesen. All diese Umstände zeigen, dass die Spam- und Virenproblematik dem Medium E-Mail einen Vertrauensverlust beschert hat, der die Nützlichkeit dieses Mediums gefährdet.

Wirtschaftlicher Schaden

Aus der Ressourcenverschwendung und dem Vertrauensverlust entsteht natürlich auch ein wirtschaftlicher Schaden auf Grund des zusätzlichen zeitlichen und materiellen Aufwands zur Abwehr von Spam und Viren, ganz zu schweigen vom Schaden, den nicht abgefangene Viren anrichten.

Studien schätzen den durch Spam verursachten Schaden in Deutschland im Jahr 2005 auf bis zu 4 Milliarden Euro.[2] Bei rund 40 Millionen Internetnutzern in Deutschland kann man sich leicht selbst ausrechnen, welcher Schaden statistisch auf einen selbst oder die eigene Firma entfällt. Der Schaden weltweit wird auf bis zu 40 Milliarden Euro geschätzt. Diese Zahlen gelten aber nur, weil weithin Maßnahmen zur Abwehr von Spam und Viren ergriffen worden sind, ansonsten wäre der Schaden ungleich höher.

Open Source-Software

Dieses Buch behandelt die Bekämpfung von Spam und Viren mit Open Source-Tools. Open Source-Software ist Software, deren Lizenzbestimmungen den Anwendern der Software bestimmte Rechte einräumen. Dazu gehören insbesondere:

- Die Verwendung der Software ist nicht beschränkt.
- Die kostenlose Weitergabe der Software ist erlaubt.
- Der Quellcode der Software ist erhältlich.
- Der Anwender darf geänderte Versionen erstellen und weitergeben.

Die Idee hinter Open Source-Software ist diese: Wenn Software-Entwickler den Quellcode lesen und die Software an ihre Bedürfnisse anpassen können, dann kann Software schneller weiterentwickelt werden. Je mehr Entwickler auf diese Art mitwirken, desto schneller schreitet die Entwicklung fort, desto mehr Funktionalität entsteht, und desto eher werden Fehler berichtigt.

Die Anhänger von Open Source-Software sind der Meinung, dass dieser Entwicklungsprozess bessere Software produziert als der herkömmliche, »geschlossene« Prozess, in dem Software von wenigen Entwicklern produziert wird und die Anwender nur ein fertiges Produkt erhalten, das sie nicht prüfen oder anpassen können.

---

2   http://www.at-mix.de/news/657.html

Diese These wird gestützt durch die Tatsache, dass ein Großteil der Infrastruktur des Internets auf Open Source-Software läuft. Die meisten Webserver, Mailserver, DNS-Server laufen ausschließlich oder größtenteils mit Hilfe von Open Source-Software. So erscheint es auch folgerichtig, für technische Maßnahmen gegen Spam und Viren in E-Mail auf Open Source-Software zu setzen.

Da Open Source-Software von jedem, der sie erhalten hat, kostenlos weitergegeben werden kann, wird sie normalerweise nicht im herkömmlichen Sinne verkauft. Daher ist Open Source-Software in der Regel auch billiger in der Anschaffung als herkömmliche Software. Dies hat erheblich zu ihrem Erfolg beigetragen, ist allerdings nicht das primäre Ziel dieser Entwicklungsmethode; das primäre Ziel ist es, bessere Software zu produzieren. Beim Einsatz von Open Source-Software können auch Kosten entstehen durch Personalaufwand, Schulungen, Beratungsleistungen, Support oder zusätzliche Programmierleistungen. Oft erhält der Anwender am Ende aber ein besseres Produkt zu geringeren Kosten. Es ist jedoch falsch, Open Source-Software als Gegensatz zu »kommerzieller« Software zu verstehen. Geschäftlicher Erfolg lässt sich auch mit Open Source-Software erzielen.

Obwohl oft von der Open Source-Community die Rede ist, ist die Open Source-Landschaft in Wahrheit sehr vielfältig und nur lose verbunden. Gemeinsam ist allen das Vertrauen in den besseren Entwicklungsprozess. In dieser Vielfältigkeit sind eine ganze Reihe von Software-Lösungen entstanden, die beim Kampf gegen Spam und Viren behilflich sein können, und dieses Buch wird versuchen, diese Vielfalt zu sortieren.

Nicht unerwähnt bleiben soll neben der Open Source-Software auch die Freie Software. Diese Bewegung setzt sich ein für Software mit Lizenzbedingungen ähnlich den oben aufgeführten, aber im Sinne der »Freiheit« des Anwenders. Freie Software ermöglicht, dass Computerbenutzer prüfen und kontrollieren können, wie ihr Computer arbeitet, und ermöglicht, anderen dabei zu helfen, Selbiges zu tun.

Pragmatiker sehen in Open Source-Software und Freier Software zwei Seiten derselben Medaille. So wird es auch in diesem Buch gehalten. Puristen mögen es den Autoren vergeben.

Das Gegenteil von Open Source-Software ist Closed Source-Software. Der Gegensatz zu Freier Software ist proprietäre Software. Kommt derartige Software zur Sprache, wird in diesem Buch der letztere Begriff verwendet.

Weitere Informationen über Open Source Software gibt es unter anderem bei der Open Source Initiative (*http://www.opensource.org/*), weitere Informationen über Freie Software gibt es bei der Free Software Foundation (*http://www.fsf.org/*).

KAPITEL 2
Strategien gegen Spam und Viren

In diesem Kapitel werden die Strategien gegen Spam und E-Mail-Viren vorgestellt, die im Verlauf des Buchs detailliert thematisiert werden sollen. Dabei werden die Strategien hier zunächst ohne Bezug auf Implementierungen vorgestellt. Die folgenden Kapitel werden dann konkrete Software-Lösungen vorstellen, die jeweils eine oder mehrere der hier vorgestellten Techniken umsetzen. Außerdem werden in diesem Kapitel einige allgemeine Überlegungen zum Kampf gegen Spam und Viren angestellt, auf die im Verlauf des Buchs wiederholt Bezug genommen wird.

Spam-Erkennung versus Viren-Erkennung

Spam und Viren sind gleichermaßen Ärgernisse für E-Mail-Anwender. Um einen vernünftigen Betrieb zu gewährleisten, müssen Maßnahmen gegen beide dieser Arten von E-Mail-Missbrauch ergriffen werden. Trotzdem ist es sinnvoll, sie getrennt zu behandeln.

Zunächst sind Spam und Viren verschieden aufgebaut, deshalb müssen die technischen Maßnahmen gegen sie verschieden sein.

Spam ist, wie in Kapitel 1, *Einführung* definiert, unverlangte Werbe-E-Mail. Technische Maßnahmen zur Abwehr von Spam müssen also erkennen, ob die E-Mail Werbecharakter hat oder ob sie verlangt worden ist. Dies funktioniert vornehmlich durch Betrachtung des Textinhalts, des Absenders und des Versandwegs der E-Mail. Eine technische Herausforderung für Spam-Filtersysteme ist die Analyse der natürlichen Sprache im Text einer E-Mail, die die meisten aktuellen Systeme nur rudimentär beherrschen und die vermutlich nie von einem Computersystem perfekt gemeistert werden wird.

Ein Virus ist nach der Definition in Kapitel 1, *Einführung* eine Programmroutine mit Schadensabsichten. Dieses Buch behandelt freilich nur Viren, die über E-Mail versendet werden, was jedoch heutzutage die häufigste Verbreitungsform ist. Technische Maßnahmen zur Abwehr von Viren müssen also erkennen, ob eine E-Mail Programmcode enthält und insbesondere ob dieser Schadensabsichten hat. Es ist mathematisch unmöglich, ein Programm zu analysieren und mit Sicherheit festzustellen, was es tun wird, ohne das Programm auszuführen. Abwehrmaßnahmen gegen Viren können daher nur besonders viele Viren erkennen, indem sie die zu prüfenden Objekte mit bekannten Exemplaren und verdächtigen Mustern vergleichen. Die meisten aktuellen Virenscanner-Programme funktionieren auf diese Weise und erkennen so sehr verlässlich alle aktuell existierenden Viren, aber sehr schlecht Viren, die zum Zeitpunkt der Herstellung noch nicht bekannt waren.

Spam und Viren haben aber auch einige gemeinsame Eigenschaften. So werden beide Arten von E-Mails normalerweise in großen Mengen und automatisiert versendet und nutzen dabei oft Konfigurationsfehler oder Sicherheitslücken in anderen Systemen aus. Auch diese Umstände können teilweise durch technische Maßnahmen erkannt werden, was somit zur Abwehr von Spam und Viren gleichermaßen beiträgt.

Aber auch im rechtlichen Status unterscheidet sich Spam von Viren, woraus sich unter anderem unterschiedliche Rechte und Pflichten für den Administrator ergeben. Auf die juristischen Aspekte wird im Einzelnen in Kapitel 14, *Juristische Aspekte beim Einsatz von Spam- und Virenfiltern* eingegangen.

Die meiste Software, egal ob sie Spam oder Viren oder beides zu filtern behauptet, differenziert daher in der Regel zwischen beiden Kategorien aus technischen, administrativen und rechtlichen Gründen.

Falsche Positive, falsche Negative

Technische Maßnahmen gegen Spam und Viren sind nicht hundertprozentig akkurat. Ansonsten würde man sie einfach installieren, und das Problem, oder zumindest das Symptom, wäre beseitigt. Technische Maßnahmen gegen Spam und Viren können dazu führen, dass legitime E-Mails nicht zugestellt werden können, und natürlich ebenso dazu, dass unerwünschte E-Mails trotzdem noch den Empfänger erreichen.

Falsche Positive (englisch: false positives) sind Exemplare von E-Mails, die von Filtersystemen als Spam beziehungsweise Virus eingestuft worden sind, obwohl sie es nicht sind. Falsche Positive sind natürlich extrem unerwünscht. Bei der Entwicklung eines Filtersystems, sowohl bei der Herstellung der Software als auch bei der Installation und Konfiguration, sollte stets die Vermeidung von falschen Positiven Priorität haben. Trotzdem können falsche Positive natürlich nicht gänzlich ausgeschlossen werden. Die Marketing-Materialien von kommerziellen Spam- und Virenerkennungssystemen geben regelmäßig Falsche-Positive-Raten von unter einem Prozent an. Es gibt aber auch Berichte von Raten im einstelligen Prozentbereich. Da das E-Mail-Aufkommen einer jeden Person und einer jeden Firma unterschiedlich ist, ist eine derartige Spanne durchaus möglich. Eigene Tests der eingesetzten Software mit dem eigenen E-Mail-Aufkommen sind in jedem Fall anzuraten.

Falsche Negative (englisch: false negatives) sind Exemplare von E-Mails, die von Filtersystemen nicht erkannt worden sind, obwohl sie Spam oder einen Virus enthalten. Ganz ohne Filtersysteme gäbe es natürlich jede Menge falscher Negative, aber in dem Fall wäre es auch nicht sinnvoll, diesen Begriff anzuwenden. Natürlich sind falsche Negative – noch viel mehr als falsche Positive – nicht zu verhindern. Obwohl die Reduzierung von falschen Negativen letztendlich ein Qualitätsmerkmal von Filtersystemen ist, ist der Vermeidung von falschen Positiven stets Vorrang zu geben. Aktuelle Spam-Erkennungssysteme können eine Falsche-Negative-Rate im einstelligen Prozentbereich erreichen. Bei Virenscannern ist die Anzahl der nicht erkannten Exemplare nahezu bei null, sofern sie ständig aktualisiert werden.

Die in diesem Buch vorgestellten Software-Lösungen haben in der Summe unzählige Konfigurationseinstellungen. Abgesehen von einigen, die die Software in das System und in das Netzwerk einpassen, sind die meisten Einstellungen dazu da, dem Anwender eigenverantwortlich die Möglichkeit zu geben, zwischen falschen Positiven und falschen Negativen abzuwägen.

Server- und clientbasierte Erkennung

Eine E-Mail durchläuft beim Versand normalerweise mehrere Rechner, im häufigsten Fall vier: den Arbeitsplatzrechner des Absenders, den Mailserver des Absenders, in der Regel vom Internet Service Provider (ISP) oder von der Firma gestellt, den Mailserver des Empfängers, in der Regel ebenfalls beim ISP oder in der Firma, und den Arbeitsplatzrechner des Empfängers. Je nach bestimmten Umständen können unterwegs auch weitere Mailserver involviert sein.

Spam- und Virenerkennung kann an verschiedenen Stellen in diesem Ablauf implementiert werden.

Die Abwehr von Spam und Viren auf der Absenderseite ist nicht Hauptthema dieses Buchs. Sie erfordert eine ganze Reihe von anderen Maßnahmen; siehe Abschnitt »An der Quelle« unten. Dieses Buch behandelt die Abwehr von Spam und Viren auf der Empfängerseite, also auf dem Mailserver oder dem Arbeitsplatz des Empfängers.

Spam- und Virenerkennungssysteme könnten also zunächst auf dem Mailserver des Empfängers installiert werden. Der Mailserver ist hier der Rechner, auf dem der zuständige SMTP-Server läuft. Dies wird im Folgenden als serverbasierte Erkennung bezeichnet.

Alternativ könnten Spam- und Virenerkennungssysteme auf dem Arbeitsplatzrechner des Empfängers installiert werden. Sie könnten dabei in den E-Mail-Client eingebunden sein, beim Herunterladen der E-Mails über die Protokolle IMAP oder POP3 aktiviert werden oder anderweitig im Betriebssystem installiert sein. Dies wird im Folgenden als clientbasierte Erkennung bezeichnet.

Serverbasierte Erkennungssysteme haben mehrere Vorteile:

- Sie können zentral administriert werden. Dies spart Aufwand und Personal. Auch wird so erreicht, dass Anwender die Systeme nicht abschalten oder falsch konfigurieren können, sei es versehentlich oder absichtlich.
- Sie verhindern, dass Spam und Viren die Systeme der Empfänger erreichen. Dies ist wichtig, wenn die Empfänger unerfahren oder unvorsichtig im Umgang mit E-Mail sind. Viren nutzen außerdem oft Sicherheitslücken oder Konfigurationsfehler aus und sollten besser gar nicht auf anfällige Systeme gelangen, da so auch clientbasierte Filtersysteme infiziert oder abgeschaltet werden könnten.

Die Nachteile von serverbasierten Erkennungssystemen sind:

- Die Anpassung an die Wünsche und Bedürfnisse einzelner Nutzer ist schwieriger. Spezialkonfigurationen müssen, sofern sie technisch überhaupt machbar sind, entweder von den Administratoren vorgenommen werden, oder den Nutzern muss Zugriff auf den Mailserver gegeben werden. So oder so werden damit die Vorteile der zentralen Administration ausgehöhlt. Auf clientbasierten Systemen haben die Nutzer selbst die Kontrolle über die Konfiguration.
- Einige lernende Spam-Filtersysteme (siehe unten) funktionieren besser, wenn sie sich auf jeden Nutzer individuell einstellen können, statt auf eine ganze Organisation als Einheit. Benutzerspezifische Lerndatenbanken können nur mit einigen Schwierigkeiten auf serverbasierten Filtersystemen implementiert und gewartet werden. Auf clientbasierten Systemen ist dies wesentlich einfacher.

In der Praxis werden in vielen Fällen beide Systeme eingesetzt und kombiniert: Serverbasierte Systeme erledigen die Erkennung, clientbasierte Systeme das Aussortieren. Oder: Serverbasierte Systeme filtern mit allgemein verträglichen Einstellungen, clientbasierte Systeme werden von Nutzern mit schärferen Einstellungen nachgeschaltet. Welche Balance gefunden wird, hängt von den Wünschen der Nutzer und den Möglichkeiten der Administratoren ab.

Die in diesem Buch behandelte Software ist überwiegend primär für den Einsatz auf einem Mailserver konzipiert. Einige Hinweise zur Filterung von E-Mail auf Client-Systemen werden in Kapitel 11, *E-Mail-Clients* gegeben.

In vielen Fällen werden Spam- und Virenfiltersysteme vom eigentlichen Mailserver getrennt. Dabei wird dem Mailserver ein weiterer Server vorgeschaltet, der die Filterung übernimmt und die nicht abgelehnten E-Mails an den eigentlichen Mailserver weiterleitet, der dann die normale Auslieferung in die Postfächer der Nutzer übernimmt. Dies wird oft als E-Mail-Filter-Gateway oder ähnlich bezeichnet. Die Gründe für diese Trennung sind administrativer Natur: Man ist bei der Wahl der Filtersoftware und der Wartung des Filtersystems unabhängig von den anderen Umständen im E-Mail-System, also zum Beispiel wie der Zugriff auf die Postfächer geregelt ist. Gleichzeitig sind Systeme, die nur eine Aufgabe erfüllen, also entweder E-Mail filtern oder E-Mail zustellen, einfacher zu warten und möglicherweise sicherer.

Der Nachteil eines Gateways ist, dass es die oben aufgezählten Probleme der serverbasierten Erkennung noch verschlimmert. Gateway-Systeme haben überhaupt keine Kenntnisse von lokalen Nutzern und schirmen aus Sicherheitsgründen den Zugriff durch normale Nutzer ab. Einige Software-Lösungen gehen auf diese Probleme ein, aber allgemein kann gesagt werden, dass die individuelle Behandlung einzelner Nutzer auf Gateway-Systemen eingeschränkt ist.

Trotzdem ist es heutzutage durchaus üblich und empfehlenswert, die Spam- und Virenerkennung auf separate Gateway-Systeme auszulagern.

Regelbasierte Erkennung

Die einfachsten und naivsten Spam-Erkennungssysteme suchen nach bestimmten Wörtern oder Phrasen in der E-Mail und löschen auf diese Art erkannte E-Mails. Beispielsweise könnte man E-Mails mit Phrasen wie »Earn extra cash« oder »Cheap medication« einfach wegwerfen. Dies sind Beispiele von statischen Regeln. Dieser einfache Ansatz führt natürlich zu vielen falschen Positiven und kann daher auch nicht in Software zur allgemeinen Verwendung eingebaut werden. Private Spam-Filter oder Ergänzungen davon sehen aber noch wie vor so aus.

Vielversprechender ist der Ansatz, eine E-Mail erst dann als Spam einzustufen, wenn mehrere verdächtige Phrasen gefunden worden sind. Außerdem sind einige Phrasen verdächtiger als andere. Derartige Systeme verwenden gewichtete Regelsätze und treffen daher ausgewogenere Entscheidungen.

Der Nachteil von Spam-Erkennungssystemen mit statischen Regeln ist, dass die Spammer diese Regeln früher oder später auch mitbekommen und ihre Software, Methoden und Texte so anpassen können, dass die Erkennungsregeln umgangen werden. Spam-Erkennung mit statischen Regeln ist also ein ständiges Wettrüsten.

Die Software SpamAssassin, die in Kapitel 4, *SpamAssassin* beschrieben wird, implementiert ein solches gewichtetes statisches Regelsystem. Eigene statische Regeln ohne Gewichtung können oft auch direkt im Mail Transport Agent (MTA) implementiert werden; dazu siehe Kapitel 3, *Spam- und Virenabwehr mit Postfix, Exim und Sendmail*. Procmail ist ebenfalls ein mächtiges Programm zur Analyse und Filterung von E-Mail auf Basis von Texterkennung. Hinweise zur Verwendung von Procmail zur Spam- und Virenfilterung und eine Reihe von vorgefertigten »Rezepten« finden sich in Kapitel 12, *Procmail*.

Virenerkennungssysteme verwenden ebenfalls statische Regeln, wobei dies dabei sogar die wichtigste Methode ist. Die »Regeln« sind in dem Fall so genannte Signaturdatenbanken, die typische Merkmale von bekannten Viren speichern. Virenscanner werden in Kapitel 7, *Virenscanner* behandelt.

Lernende Systeme

Um die offensichtlichen Angriffspunkte von statischen Regelsätzen zu umgehen, wurden lernende oder dynamische Erkennungssysteme entwickelt. Dynamische Erkennungssysteme ziehen ihre Schlussfolgerungen darüber, ob eine E-Mail Spam ist, aus Vergleichen mit früheren E-Mails, den Schlussfolgerungen aus den früheren E-Mails und Lerneingaben von Benutzern.

Lernende Spam-Erkennungssysteme können sich zum Beispiel merken, welche Wörter im Text der E-Mails eher in Spam oder eher in Nicht-Spam vorkommen. Der Inhalt einer bestimmten E-Mail kann dann mit diesen Datenbanken verglichen werden und durch stochastische Analysen als Spam oder Nicht-Spam eingestuft werden. Derartige Systeme sind insbesondere unter dem (mathematisch nicht korrekten) Namen »Bayes«-Filter bekannt geworden. Die Software SpamAssassin, die in Kapitel 4, *SpamAssassin* behandelt wird, bietet unter anderem ein solches System. Die Software CRM114 (Controllable Regex Mutilator, concept #114) ist ein weiteres lernendes E-Mail-Klassifizierungssystem, das verschiedene andere Algorithmen implementiert, aber nach eigenen Angaben noch experimentell ist.

Lernende Systeme müssen, wie der Name schon sagt, lernen, das heißt, sie müssen erfahren, welche E-Mails der Nutzer als erwünscht und als unerwünscht einstuft. Man sagt auch, das System muss »trainiert« werden. Training verlangt im Extremfall viel Handarbeit, wenn jede einzelne E-Mail von Hand klassifiziert werden muss. In anderen Fällen werden nur die Fehler, also falsche Positive und falsche Negative, trainiert. Oder man bezieht eine E-Mail nur dann ins Training ein, wenn andere Teile des Spam-Erkennungssystems sie bereits als Spam oder Nicht-Spam klassifiziert haben. Dies geht dann vollautomatisch, bietet aber nicht so gute Ergebnisse wie das manuelle Training. Letztendlich hängt es aber auch von der Software und dem verwendeten Algorithmus ab, was und wie trainiert werden muss.

Systeme, die von Rückmeldungen der Nutzer abhängen, stellen auch den Administrator vor ganz neue Herausforderungen. Rückmeldungen müssen empfangen und verarbeitet werden, Nutzer müssen über diese Möglichkeit informiert werden, und Missbrauch muss unterbunden werden. Das SpamAssassin-Kapitel geht auf diese Problematiken ein.

Ein anderes lernendes System ist das so genannte Autowhitelisting. Es merkt sich, wie oft von bestimmten Absendern Spam oder Nicht-Spam empfangen wird, und kann bei neuen E-Mails daraus Schlüsse ziehen. Dieses System dient hauptsächlich der Verhinderung von falschen Positiven. SpamAssassin hat dieses System ebenfalls eingebaut.

Lernende Systeme sind eine passende Ergänzung zu statischen Regeln, sind aber auch keine Wunderwaffe. Spammer können ihre E-Mails auch so anpassen, dass sie lernende Systeme umgehen, zum Beispiel indem eine E-Mail mit irrelevanten Wörtern gefüllt wird, die die Bayes-Analyse ablenken. Neue Abwehrmaßnahmen und eine verbesserte Textanalyse werden diesen Problemen in der Zukunft möglicherweise begegnen.

Verteilte Erkennung

Spam und Viren sind ein globales Problem. Spam und Viren, die auf dem lokalen Mailserver auflaufen, werden mit Sicherheit auch auf anderen Mailservern erscheinen. Dies liegt in der Natur von Spam und Computerviren. Aus diesem Umstand kann man Kapital schlagen und die weltweit verteilten Ressourcen bei der Spam- und Virenabwehr zusammenschließen:

- Es stellt sich heraus, dass bestimmte Hosts, IP-Adressen und Domainnamen oft in Verbindung mit Sendungen von Spam oder Viren auftreten. Dies liegt dann oft daran, dass diese Systeme unsicher konfiguriert sind und von Dritten missbraucht werden oder dass sich die Administratoren dieser Systeme nicht kümmern oder dass die Systeme gar Spammern gehören. Man wird geneigt sein, E-Mails von derartigen Systemen durch lokale Konfigurationseinstellungen abzulehnen. Effektiver ist es aber, eine Liste dieser Systeme zentral im Internet zu verwalten und allen zur Verfügung zu stellen, damit kompromittierte oder unsichere Systeme schnell erkannt werden können und jeder vor ihnen geschützt ist. Dieses Prinzip wird durch DNS-Blackhole-Lists (DNSBL) verwirklicht, die in Kapitel 5, *DNS-basierte Blackhole-Lists* behandelt werden.

- Wenn viele unabhängige Mailserver untereinander vergleichen könnten, welche E-Mails bei ihnen durchlaufen, könnte man E-Mails erkennen, die weltweit in großen Mengen in kurzer Zeit versendet werden. Solche E-Mails sind mit ziemlicher Sicherheit entweder Spam oder Viren. Dieses Prinzip wird durch das Distributed Checksum Clearinghouse (DCC) verwirklicht, das in Kapitel 6, *Zusätzliche Ansätze gegen Spam* behandelt wird.

- Alternativ können Mailserver auch die Ergebnisse ihrer Spam-Erkennungssysteme mit anderen teilen. Dazu werden als Spam erkannte E-Mails an eine zentrale Datenbank gesendet, bei der andere Mailserver dann ihrerseits nachfragen können, ob eine ihnen zugesendete E-Mail Spam ist. Dieses Verfahren spart zwar keine Ressourcen, aber man gewinnt zusätzliche Sicherheit bei den Erkennungssystemen durch Vergleiche mit anderen Systemen. Dieses Prinzip wird durch das Pyzor-System verwirklicht, das ebenfalls in Kapitel 6, *Zusätzliche Ansätze gegen Spam* behandelt wird.

Die Verwendung von verteilten Erkennungssystemen ist im Allgemeinen sehr effektiv und empfehlenswert. Sie stellt einen aber vor das Problem, sich dadurch auf Fremde und deren Einschätzungen verlassen zu müssen. Das ist normalerweise kein Problem, sonst gäbe es diese Systeme nicht mehr, mag aber gelegentlich aus Prinzip abgelehnt werden. Dies muss dann bei der Konfiguration berücksichtigt werden.

Andere Methoden

Die oben aufgeführten Methoden stellen im Allgemeinen das Grundgerüst jeder Strategie gegen Spam und E-Mail-Viren dar. Daneben gibt es noch mehrere andere Methoden, die als Ergänzungen dienen können. Einige von diesen werden in Kapitel 6, *Zusätzliche Ansätze gegen Spam* vorgestellt. Die MTA-Software selbst bietet auch verschiedenartige Einstellungen, die zur Abwehr von unerwünschter E-Mail dienen können. Dies wird in Kapitel 3, *Spam- und Virenabwehr mit Postfix, Exim und Sendmail* beschrieben. Bei diesen Maßnahmen handelt es sich zum Teil um verschiedene Tricksereien mit dem SMTP-Protokoll, um mangelhaft implementierte Clients, wie sie von Versendern von Spam und Viren oft verwendet werden, abzulehnen. Darüber hinaus unterstützt fast jede in diesem Buch behandelte Software Whitelists und Blacklists (weiße und schwarze Listen), also explizite Listen von Kommunikationspartnern, je nach Aufbau beispielsweise nach E-Mail-Adresse gelistet, die von der Filterung freigestellt beziehungsweise auf jeden Fall ausgefiltert werden.

Was tun mit erkannter E-Mail?

Wurde eine E-Mail von einer Software-Komponente als Spam oder Virus erkannt, gibt es mehrere Möglichkeiten, mit ihr zu verfahren. Dies hängt von den technischen Möglichkeiten der Software und den Anforderungen des Anwenders ab. Mögliche Verfahrensweisen sind:

Die E-Mail wird abgelehnt: Wenn die Erkennung von Spam oder Viren stattfindet, bevor die Annahme der E-Mail gegenüber dem absendenden Host bestätigt ist, kann die Annahme der E-Mail verweigert werden. Der Absender der E-Mail weiß dann, dass die E-Mail nicht zugestellt werden konnte. Versender von Spam und Viren werden jetzt in der Regel aufgeben und keine neuen Sendeversuche starten. Versender von legitimer E-Mail können auf die erhaltene Fehlermeldung hin eventuell versuchen, ihr E-Mail-System anders zu konfigurieren, die E-Mail nochmals in veränderter Form zu senden oder zumindest den beabsichtigten Empfänger auf andere Art zu kontaktieren. Auf jeden Fall geht so keine legitime E-Mail verloren.

Dieses Verfahren ist theoretisch das beste, weil es die E-Mail-Protokolle korrekt einsetzt, Fehler mit Fehlermeldungen beantwortet und System- und Netzwerkressourcen sinnvoll einsetzt. Es lässt sich aber in der Praxis oft nicht vollständig umsetzen, denn die Erkennung von Spam und Viren während der Annahme der E-Mail ist performancetechnisch problematisch. Daher werden die E-Mails oft bedingungslos angenommen und erst später geprüft, womit dieses Verfahren nicht mehr anwendbar ist. Beide Ansätze, Prüfung während des Empfangs und Prüfung nach dem Empfang, werden in der Praxis eingesetzt und oft in verschiedenen Graden kombiniert. In Kapitel 3, *Spam- und Virenabwehr mit Postfix, Exim und Sendmail* wird beschrieben, wie die verschiedenen Mailserver-Systeme dies umsetzen.

Die E-Mail wird angenommen, gelöscht, und eine Nachricht wird an den Absender geschickt: Dies ist die Alternative zum oben beschriebenen Ablehnen der E-Mail, wenn die Prüfung auf Spam oder Viren erst nach der Annahme der E-Mail stattfindet. Zu dem Zeitpunkt besteht keine Netzwerkverbindung mit dem absendenden Host mehr, und es ist daher auch nicht mehr direkt möglich, diesem eine Fehlermeldung zukommen zu lassen. Die einzige Möglichkeit, den Absender zu benachrichtigen, ist, die Absenderadresse aus dem Envelope oder aus dem E-Mail-Header zu verwenden und eine neue E-Mail mit der Fehlermeldung abzusetzen.

Das Problem bei diesem Verfahren ist, dass Absenderadressen in Spam- und Viren-E-Mails in den allermeisten Fällen gefälscht sind. Derartige Fehlermeldungen gelangen also an unbeteiligte Dritte, die erstens verwirrt und zweitens belästigt werden. Wenn Spam und Viren mit gefälschten Absenderadressen in Massen versendet werden, dann werden diese Dritten mit falschen Fehlermeldungen in Massen überflutet und haben ihrerseits eine Art Spam-Problem. Seit vor ein paar Jahren Spam- und Virenerkennungssysteme Verbreitung gefunden haben, sind derartige fehlgeleitete Fehlermeldungen zu einer ganz neuen Plage im Internet geworden und werden mittlerweile ihrerseits von Anti-Spam-Software bekämpft. Spam- und Virenfilter-Software sollte also, wenn sie diese Funktionalität überhaupt bietet, *auf keinen Fall* so konfiguriert werden, dass sie als Reaktion auf alle E-Mails, die sie als Spam oder Virus eingestuft hat, eine E-Mail an den angeblichen Absender dieser E-Mail sendet.

Die E-Mail wird verworfen: Dabei wird die E-Mail zum Schein für den absendenden Host angenommen, nach der positiven Erkennung als Spam oder Virus aber ohne Nachricht verworfen oder gelöscht. Der Absender kann dann, nach den gültigen E-Mail-Protokollen, davon ausgehen, dass die E-Mail zugestellt wird oder er, eventuell später, eine Fehlermeldung erhalten wird. Beides passiert hier nicht; dieses Vorgehen ist also streng genommen eine Protokollverletzung.

Dieses Verfahren ist natürlich gewissermaßen sehr ressourcenschonend und erspart Nutzern und Administratoren auch viele Umstände. Der Nachteil ist selbstverständlich, dass Fehler bei der E-Mail-Klassifizierung unerkannt bleiben. Als generell anwendbares Verfahren ist es daher ungeeignet. In bestimmten Fällen, bei besonders sicheren Erkennungsergebnissen, kann es aber durchaus eingesetzt werden.

Die E-Mail wird nur markiert und weitergeleitet: Zur Markierung wird zum Beispiel eine neue Header-Zeile eingefügt oder die Betreffzeile geändert. Anhand dieser Markierung kann der Benutzer mit Hilfe des E-Mail-Clients oder anderer zwischengeschalteter Software die E-Mail erkennen und mit ihr nach eigenem Wunsch verfahren. Dabei hat der Empfänger die Möglichkeit, die E-Mail zu löschen oder in ein getrenntes Postfach einzusortieren, oder je nach Software weitere Möglichkeiten.

Dieses Verfahren ist sinnvoll, wenn es nicht möglich erscheint, auf dem Mailserver eine Entscheidung zu treffen, die für alle Nutzer akzeptabel ist, oder wenn es nicht möglich ist, dass die Nutzer auf dem Mailserver ihre eigenen Einstellungen vornehmen können. Es ist auch sinnvoll, wenn die Nutzer im Grunde selbst erfahren genug sind, um die E-Mail-Filterung selbst durchzuführen und die Erkennungssoftware auf dem Mailserver nur aus Ressourcengründen gemeinsam verwendet wird. Insbesondere bei der Spam-Erkennung ist dieses Verfahren üblich. Bei der Virenerkennung ist dieses Verfahren dagegen weniger angebracht, da Viren gar nicht erst auf die Computer des Empfängers gelangen sollten, weil die Gefahr besteht, dass sie dort Sicherheitslücken ausnutzen oder der Nutzer die Virenfilterung ausgeschaltet hat.

Die E-Mail wird an eine andere Adresse umgeleitet: Dies kann eine sekundäre Adresse des Empfängers, die Adresse eines Administrators oder eine speziell für diesen Zweck eingerichtete Adresse sein. Im letzteren Fall wird dann oft von einer Quarantäne gesprochen, in Analogie zur Quarantäne bei der Einfuhr von potenziell infizierten Tieren und Pflanzen. (Der Begriff »Quarantäne« ist abgeleitet von »quaranta«, italienisch für vierzig, und bezieht sich eigentlich auf den zeitlich begrenzten Aufenthalt, 40 Tage, in Isolation. Das ist natürlich bei E-Mails so nicht sinnvoll.) Der Empfänger könnte die E-Mail dann in Einzelfällen, eventuell nur mit Hilfe eines Administrators, aus dem Quarantäne-Bereich beziehen, wenn sich herausstellt, dass die Viren- oder Spam-Erkennung einen Fehler gemacht hat.

Die Verwendung einer Quarantäne ist insbesondere bei der Virenfilterung eine sinnvolle Alternative zum bedingungslosen Verwerfen von E-Mails, insbesondere wenn die Erfahrung oder die Befürchtung besteht, dass der eingesetzte Virenscanner gelegentlich Fehler macht. Man muss allerdings bedenken, dass ein Quarantäne-Bereich nicht nur eingerichtet, sondern auch betreut werden muss, was zu erhöhtem Personal- und Arbeitsaufwand führt.

Die in diesem Buch vorgestellten Software-Lösungen unterstützen, insofern das im jeweiligen Fall sinnvoll und technisch möglich ist, alle diese Verfahrensweisen. Es ist eine der wichtigsten Aufgaben eines Administrators eines Spam- und Virenfiltersystems, auszuwählen, wie mit unerwünschten E-Mails verfahren werden soll. Dabei sollten folgende Faktoren mit bedacht werden:

- Welche Verfahren werden von der Software individuell und im Zusammenhang mit den anderen eingesetzten Software-Komponenten des Mailservers unterstützt?
- Wie gut sind die Erfahrungen mit der Spam- und Virenerkennungssoftware? Am Anfang sollte man sicher nur markieren lassen, später eventuell auf andere Verfahren umsteigen.
- Wenn eine Quarantäne eingerichtet wird: Sind Ressourcen da, um diese zu betreuen?

- Sind die Anwender erfahren genug, dass sie die Filterung selbst übernehmen können? Dann würde eine einfache Markierung ausreichen.
- Unter welchen Umständen ist es akzeptabel, erkannte E-Mails zu löschen?
- Inwiefern müssen verschiedene Benutzergruppen unterschiedlich behandelt werden?

Wie schon zuvor erwähnt, spielen neben diesen Überlegungen auch juristische Belange eine Rolle, siehe Kapitel 14, *Juristische Aspekte beim Einsatz von Spam- und Virenfiltern*. Zusammenfassend kann hier gesagt werden, dass die Filterung von Spam ohne Zustimmung des Anwenders bedenklich ist, die Filterung von Viren jedoch zwingend unter die Sorgfaltspflicht des Administrators fällt.

Ohne zu weit vorgreifen zu wollen, sind folgende Einstellungen, die aber bei weitem nicht überall in der Standardkonfiguration eingerichtet sind, in vielen Fällen angebracht sowie juristisch vertretbar:

- Wenn die Erkennung während der Annahme der E-Mail erledigt werden kann, können Spam und Viren vor der Annahme abgelehnt werden.
- Ansonsten wird Spam markiert und die Filterung dem Empfänger überlassen.
- Viren werden gelöscht oder in einer Quarantäne abgelegt.

Eingehende und ausgehende E-Mail

Bei der Einrichtung von Spam- und Virenfiltersoftware wird man vornehmlich darauf bedacht sein, E-Mails, die von Dritten an die eigene Organisation gesendet werden, zu prüfen. Es kann aber ebenso sinnvoll sein, E-Mails, die aus der eigenen Organisation heraus abgesendet werden, zu prüfen. Dies geht prinzipiell mit der gleichen Software; man muss es nur bei der Konfiguration bedenken.

Das Prüfen von ausgehender E-Mail sichert natürlich nicht das eigene Netzwerk, aber man tut dem Internet einen Gefallen. In großen Organisationen weiß man nie genau, ob nicht ein Benutzer das Netzwerk für den Versand von Spam verwendet. Und wenn ein Computer im eigenen Netzwerk ein Virus eingefangen hat, wäre es von Vorteil, dieses nicht an andere zu versenden. Und man erweist sich selbst einen Dienst: Wenn man als Absender von Spam oder Viren auftritt, schadet das dem Ansehen, und man landet möglicherweise anderswo auf schwarzen Listen.

Als ISP gar sollte man vielmehr davon ausgehen und darauf vorbereitet sein, dass irgendwann ein Kunde ein Spammer ist, Viren versendet oder durch eine Fehlkonfiguration das E-Mail-System stört. Neben entsprechenden technischen Vorkehrungen sind hier im Voraus geplante Verfahrensweisen mit solchen Kunden, gestützt durch die allgemeinen Geschäftsbedingungen, sowie ausreichend Versicherungsschutz (Haftpflicht, Rechtsschutz) zu empfehlen.

Die Reaktionen der Filtersoftware auf Spam oder Viren im ausgehenden E-Mail-Verkehr sollten allerdings anders eingestellt werden als für den eingehenden E-Mail-Verkehr. Es ist sicherlich nicht besonders elegant, Spam aus dem eigenen Netzwerk schon als Spam markiert an die externen Empfänger zu senden. In so einem Fall ist es sinnvoller, einfach den Administrator zu benachrichtigen, der sich dann von Fall zu Fall mit der Problemquelle befassen kann. Beim Versand von Viren sollte ebenfalls der Administrator benachrichtigt und die E-Mail natürlich nicht weitergeleitet werden.

Der menschliche Faktor

Das Problemfeld Spam und Viren hat allen technischen Überlegungen zum Trotz auch einen menschlichen Faktor. Anwender, die unerfahren, unvorsichtig, leichtgläubig, neugierig, fahrlässig oder destruktiv sind, machen die Verbreitung von Spam und Viren erst möglich. Als Administrator eines E-Mail-Systems hat man die Aufgabe, durch technische Mittel, wie die in diesem Buch beschriebenen, diese Nutzer zu schützen sowie das System vor diesen Nutzern zu schützen. Zusätzlich ist es jedoch auch notwendig, diese Anwender im Umgang mit E-Mail und Computern im Allgemeinen zu schulen und weiterzubilden. Im Hinblick darauf wurden in Kapitel 13, *Regeln für Nutzer im Umgang mit Spam und Viren* einige zu empfehlende Verhaltensweisen zusammengestellt.

An der Quelle

Dieses Buch behandelt die Abwehr von Spam und Viren, die bereits versendet worden sind. Ein ganz anderes Thema ist es, Spam und Viren an der Quelle, also beim Versand, zu verhindern, was, wenn man die Problematik als Ganzes betrachtet, natürlich viel sinnvoller ist. Der Versand vom Spam und Viren wird hauptsächlich begünstigt durch:

- als offene Relays konfigurierte Mailserver,
- allgemeiner formuliert, falsch konfigurierte Software,
- Sicherheitslücken aller Art sowie daraus resultierende kompromittierte Rechner (»Zombies«),
- unvorsichtige Anwender,
- mangelnde rechtliche Handhabe,
- Absender im Ausland sowie
- annähernde Anonymität als Kunde eines großen ISP.

Obwohl Bestrebungen existieren, gegen diese Probleme vorzugehen, kann man schon anhand der Formulierungen erahnen, dass hier gar keine abschließenden Lösungen existieren können. Die Notwendigkeit von Spam- und Virenfiltersystemen auf der Empfängerseite wird also fortbestehen.

KAPITEL 3

Spam- und Virenabwehr mit Postfix, Exim und Sendmail

Das Herz eines E-Mail-Systems stellt der Mail Transport Agent (MTA) dar. Er nimmt E-Mails aus dem Internet, dem lokalen Netzwerk und von lokalen Prozessen an, prüft sie, verändert sie gegebenenfalls, versendet sie an andere Hosts im Internet oder liefert sie in lokale Postfächer aus und behandelt Fehler im E-Mail-System. In dieser Rolle steht der MTA auch an vorderster Front im Kampf gegen Spam und Viren. Dieses Kapitel handelt davon, wie der MTA konfiguriert werden kann und sollte, um den Missbrauch des E-Mail-Systems so weit wie möglich zu unterbinden. Dabei konzentriert sich dieses Kapitel auf die Funktionen, die im MTA eingebaut oder mit geringem Aufwand nachzuinstallieren sind. Die Einbindung und Konfiguration von externen Software-Paketen, die auf Spam- oder Virenfilter spezialisiert sind, wird in den folgenden Kapiteln behandelt.

Dieses Kapitel und auch der Rest des Buchs behandelt im Detail die drei am weitesten verbreiteten MTA-Pakete im Open Source-Bereich: Postfix, Exim und Sendmail. Dieses Kapitel dient nicht der Einführung in die Administration dieser MTA-Pakete; es wird davon ausgegangen, dass der Leser bereits einen MTA im Einsatz hat und zumindest einfache Konfigurationsaufgaben durchführen kann. Trotzdem werden in diesem Kapitel kurze Einführungen in die Konzepte dieser MTA-Pakete gegeben, die im weiteren Verlauf hilfreich sein werden.

Dieses Kapitel und dieses Buch beschreiben nur, wie man es erreicht, möglichst wenige E-Mails mit Spam oder Viren zu empfangen. Es beschreibt nicht, wie man den Mailserver oder andere Teile des Betriebssystems so konfiguriert, dass sie nicht von anderen zum Versenden von Spam oder Viren missbraucht werden können. Einige Hinweise diesbezüglich finden Sie jedoch in Kapitel 2, *Strategien gegen Spam und Viren*.

Überblick

Obwohl sich die Konfigurationskonzepte der verschiedenen MTA teils erheblich unterscheiden, sind die möglichen Abwehrmaßnahmen gegen Spam und Viren relativ ähnlich. Daher werden hier zunächst diese Maßnahmen kurz allgemein vorgestellt.

- Die MTA können den Spielraum des SMTP-Protokolls ausnutzen oder überdehnen, um Clients mit mangelhaften SMTP-Implementierungen zu verwirren und abzulehnen. Dazu gehören zum Beispiel künstlich eingefügte Wartezeiten oder temporäres Ablehnen von bestimmten E-Mails. Insbesondere Viren, die sich selbst verschicken, scheitern oft an solchen Maßnahmen. Zusätzlich können unnütze und veraltete Features des SMTP-Protokolls ausgeschaltet werden, um das Ausspionieren des eigenen Systems und anderen Missbrauch zu verhindern.
- Die MTA können bei jeder Verbindung den Hostnamen des Clients sowie die Absender- und Empfängeradressen im Envelope überprüfen und die Verbindung eventuell ablehnen. Die Prüfung kann zunächst nur auf Plausibilität der Angaben hinauslaufen, also zum Beispiel, ob sie syntaktisch gültig sind oder die angegebenen Domains existieren. Darüber hinaus können auch einzelne Hosts, Domains oder E-Mail-Adressen auf Grund von Tabellen oder Datenbanken abgelehnt oder besonders behandelt werden. Ebenfalls können die Angaben im HELO-Befehl geprüft werden. Mit diesen Einstellungen kann sehr präzise bestimmt werden, mit welchen anderen Hosts der eigene Mailserver kommunizieren möchte. Damit aber nicht jede Mailserver-Installation selbst eine lange Liste von unerwünschten Hosts zusammenstellen muss, gibt es derartige Listen schon im Internet, bekannt als DNS-Blackhole-Lists. Deren Verwendung wird in Kapitel 5, *DNS-basierte Blackhole-Lists* beschrieben.
- Die MTA können den Inhalt der E-Mail selbst analysieren, entweder nur die Header oder auch den Inhalt. Zunächst kann man wieder die Angaben in den Headern, insbesondere die Felder mit E-Mail-Adressen, auf Plausibilität prüfen lassen. Zusätzlich gibt es auch die Möglichkeit, beliebige Mustersuchen durchzuführen. Für komplexere Analysen können auch MIME-Teile entpackt und analysiert werden.
- Alle MTA verfügen über Schnittstellen, um diverse externe Programme zur Analyse der E-Mails aufzurufen. In der Praxis werden trotz aller eingebauten Features fast immer solche Programme verwendet, um den MTA zu unterstützen.

Natürlich ist dies eine Verallgemeinerung. Alle MTA haben auch noch zusätzliche Features, die im Kampf gegen Spam und Viren nützlich sein können, und auch die aufgeführten Features haben unterschiedliche Funktionsumfänge. Dies liegt insbesondere daran, dass der Kampf gegen E-Mail-Missbrauch ein permanentes Wettrüsten ist und bei vielen Maßnahmen mit Tricks gearbeitet werden muss oder die einschlägigen Standards verbogen werden müssen, so dass sich keine einheitliche Feature-Liste herausgebildet hat oder herausbilden wird. Natürlich gibt es so auch einen gesunden Wettbewerb der verschiedenen MTA-Produkte und eine spannende und schnelllebige Weiterentwicklung.

Es gibt zwei unterschiedliche Ansätze, wie ein MTA die Analyse von E-Mails auf Spam und Viren durchführen kann. Einerseits kann die Analyse während des SMTP-Dialogs stattfinden. Somit können unerwünschte E-Mails mit vernünftigen Fehlermeldungen abgelehnt werden und müssen gar nicht erst auf das eigene System gelangen. Allerdings muss die Analyse während des SMTP-Dialogs relativ schnell ablaufen, da SMTP-Clients nicht unbegrenzt auf Antwort warten. Bei komplexen Analysesystemen ist dies nur sehr schwierig einzuhalten, besonders bei hohem E-Mail-Aufkommen. Außerdem kann bei diesem Verfahren im Fall von mehreren Empfängern nur begrenzt auf benutzerspezifische Konfigurationen eingegangen werden, da es pro E-Mail meist nur einmal die Möglichkeit gibt, sie abzulehnen.

Der andere Ansatz ist, die E-Mail zunächst immer anzunehmen und danach zu analysieren. Die Analyse kann dann »irgendwann« passieren und sich durch Queue-Verfahren dynamisch an die Auslastung des Mailserver-Systems anpassen. Ein überlastetes Mailserver-System verzögert dann im ungünstigsten Fall die Zustellung einer E-Mail, was aber akzeptabler ist als die Alternative, dass eine E-Mail unter Last gar nicht angenommen werden kann. Das Problem bei diesem Verfahren ist, dass es nicht mehr möglich ist, die E-Mail mit einer sinnvollen Fehlermeldung abzulehnen. Eine unerwünschte E-Mail muss dann entweder kommentarlos verworfen, vom Benutzer aussortiert oder in Quarantäne gelegt werden. Die genauen Verfahren werden in den folgenden Kapiteln beschrieben.

Alle hier vorgestellten MTA unterstützen beide Ansätze, wobei die Präferenzen unterschiedlich gelagert sind. Ganz ohne Analyse während der SMTP-Phase kommt sowieso kein MTA aus, und es ist eine Frage der eigenen Einschätzung, wie weit man diese Phase belasten möchte. Die Entwicklung einer sinnvollen Kombination aller möglichen Konzepte ist hier – und auch im gesamten Kampf gegen E-Mail-Missbrauch – eine wichtige Aufgabe.

Postfix

Dieser Abschnitt beschreibt, welche Konfigurationsmöglichkeiten der MTA Postfix bietet, um sich gegen Spam, Viren und E-Mail-Missbrauch zu verteidigen.

 Dieser Abschnitt und dieses Buch beziehen sich auf Postfix ab Version 2.1.

Verglichen mit anderen MTA-Paketen, hat Postfix scheinbar wenige Konfigurationsmöglichkeiten. Dies ist einerseits tendenziell wahr, hat aber andererseits den Vorteil, dass die Konfiguration von Postfix relativ einfach zu erledigen und zu warten ist. Es ist jedoch anzumerken, dass in den neueren Postfix-Versionen immer wieder neue Features hinzugefügt wurden, die es ermöglichen, viele typische Aufgaben im Bereich der Spam- und Virenfilterung direkt von Postfix erledigen zu lassen. In der Regel greifen aber Postfix-Anwender nach wie vor auf externe Software zurück, um den MTA bei der Abwehr von Spam und Viren zu unterstützen. Dies deckt sich auch mit dem modularen Design von Postfix selbst und wird sich wohl trotz der neueren Features in Postfix nicht sehr bald ändern. Nichtsdestoweniger kann schon in der Postfix-Konfiguration eine Menge unternommen werden, um den Fluss unerwünschter E-Mails aufzuhalten.

Grundlagen der Postfix-Konfiguration

Die Konfigurationsdateien von Postfix befinden sich alle im Verzeichnis */etc/postfix/*. Zwei Dateien in diesem Verzeichnis spielen eine zentrale Rolle.

Die Datei *master.cf* steuert, wie die verschiedenen Serverprozesse zusammenarbeiten, die den Postfix-MTA ausmachen. Wie in späteren Kapiteln beschrieben wird, können hier auch externe Hilfsprogramme eingebunden werden. Die Datei *master.cf* sollte nur mit besonderer Vorsicht verändert werden, da hier ganz einfach das komplette Postfix-System lahm gelegt werden kann.

Die Datei *main.cf* enthält den Großteil der Konfigurationseinstellungen in Form von Variablenzuweisungen. Je nach Betriebssystem liegt hier schon eine Datei mit diversen Einstellungen vor, die oft auch detailliert kommentiert sind. Allerdings ist die Zahl der möglichen Postfix-Konfigurationsdirektiven sehr viel größer als die, die man aus den Beispieldateien erahnen kann. Hilfreich bei der Analyse der Postfix-Konfiguration ist das Programm postconf. Bei Aufruf dieses Programms wird eine komplette Liste der Konfigurationseinstellungen mit den aktuellen Werten ausgegeben. Nützlicher ist es jedoch, den Namen eines Parameters als Argument anzugeben, um nur den Wert dieses Parameters zu sehen. Interessant ist auch die Option -n, die postconf dazu veranlasst, nur die Einstellungen auszugeben, die nicht mehr die Voreinstellung haben. Und schließlich kann mit der Option -d die Voreinstellung eines Parameters gezeigt werden.

In manchen Installationen finden sich noch weitere Dateien im Verzeichnis */etc/postfix/*. Diese Dateien enthalten Listen und Tabellen verschiedener Art, auf die durch Einstellungen in *main.cf* verwiesen wird. Einige dieser Dateien werden im Folgenden angesprochen.

Bei Änderungen der Konfiguration muss der Postfix-Server angewiesen werden, die Konfiguration neu zu laden. Dies geht ganz einfach mit dem Befehl postfix reload. In besonderen Fällen, zum Beispiel wenn die TCP-Portnummer geändert wurde, muss der Postfix-Server neu gestartet werden. Dies geht mit postfix stop, gefolgt von postfix start. In Betriebssystemen mit init.d-Skripten kann man gleichermaßen /etc/init.d/postfix reload und /etc/init.d/postfix restart verwenden.

Diverse Einstellungen

Zu Beginn werden hier zwei einfache Einstellungen vorgestellt, die auf gesicherten E-Mail-Servern gesetzt werden sollten.

Die erste Einstellung schaltet den SMTP-Befehl VRFY (»verify«) ab. Dieser Befehl dient dazu, einen SMTP-Server zu fragen, ob eine bestimmte E-Mail-Adresse existiert. Dies wird in der Praxis so gut wie nie benutzt, außer von Adresssammlern. Und auf E-Mail-Gateway-Systemen ist dieser Befehl darüber hinaus sowieso nutzlos. Der Befehl wird wie folgt abgeschaltet:

```
disable_vrfy_command = yes
```

Die zweite Einstellung erfordert, dass die Envelope-Adressen, also die E-Mail-Adressen in den SMTP-Befehlen MAIL FROM und RCPT TO, den Standard RFC 821 genau befolgen. Es wird oft vergessen, dass eine Envelope-Adressangabe so aussehen muss:

```
MAIL FROM: <user@domain.com>
```

und nicht so:

```
MAIL FROM: user@domain.com
```

und auch nicht so:

```
MAIL FROM: Joe User <user@domain.com>
```

(Die letzten beiden Formen der Adressangabe werden in den Headern der E-Mail verwendet. Dort gilt RFC 822.) Mit folgender Einstellung kann man das korrekte Format erzwingen:

```
strict_rfc821_envelopes = yes
```

Normale E-Mail-Software befolgt den richtigen Standard, aber Spam- und Viren-E-Mails sind oft fehlerhaft. Allerdings ignorieren auch selbst geschriebene Skripten manchmal diese Regeln. In dem Fall sollte man das entweder berichtigen oder von dieser Einstellung absehen.

Die Parameter smtpd_*_restrictions

Am effizientesten ist es, unerwünschte E-Mails bereits abzulehnen, während der MTA den SMTP-Dialog mit dem Client durchläuft. Dazu verwaltet Postfix Listen mit Zugangsberechtigungen, die an verschiedenen Stellen des SMTP-Dialogs angewendet werden. Jede Liste besteht aus einer Reihe von Bedingungen, die bestimmen, ob die E-Mail in dieser Phase des SMTP-Dialogs abgelehnt oder weiter verarbeitet werden soll. Jede dieser Listen entspricht einem Parameter nach dem Namensmuster smtpd_*_restrictions. Tabelle 3-1 zeigt, welcher Parameter in welcher Phase des SMTP-Dialogs ausgewertet wird.

Tabelle 3-1: Anwendung der smtpd_*_restrictions-Parameter während des SMTP-Dialogs

Parameter	Effekt bei Ablehnung
smtpd_client_restrictions	alle SMTP-Befehle ablehnen
smtpd_helo_restrictions	HELO/EHLO ablehnen
smtpd_sender_restrictions	MAIL FROM ablehnen
smtpd_recipient_restrictions	RCPT TO ablehnen
smtpd_data_restrictions	DATA ablehnen

Die Werte der smtpd_*_restrictions-Parameter sind jeweils eine Liste von Zugangsbedingungen, getrennt durch Kommata. Lange Zeilen können, wie bei Postfix insgesamt üblich, fortgesetzt werden, indem die folgende Zeile mit einem Leerzeichen beginnt.

Jeder Eintrag in der Liste ist eine Zugangsregel, die eines von drei möglichen Ergebnissen haben kann: Entweder ist das Ergebnis positiv (»permit«), dann ist die Abarbeitung der Liste beendet, und der SMTP-Dialog wird fortgesetzt. Oder das Ergebnis ist negativ (»reject«), in dem Fall wird eine Fehlermeldung an den Client gesendet. (Der Client kann danach weitere Befehle senden. Je nach Protokollphase kann er auch versuchen, den abgelehnten Befehl mit anderen Angaben zu wiederholen.) Oder aber die Regel kommt zu keinem Ergebnis (»dunno«), dann wird die Liste weiter abgearbeitet. Wenn das Ende der Liste ohne Ergebnis erreicht ist, wird die E-Mail zumindest in dieser Phase erlaubt. Eine spätere Phase im SMTP-Dialog könnte sie immer noch ablehnen.

Es gibt einige Zugangsregeln, die in allen smtpd_*_restrictions-Parametern verwendet werden können, und einige, die nur für bestimmte Parameter gedacht sind.

Allgemeine Zugangsregeln

Die folgenden Zugangsregeln können für alle Phasen des SMTP-Dialogs definiert werden.

check_policy_service *servername*
> Mit dieser Regel wird ein externer Server über ein einfaches Protokoll darüber befragt, wie mit der E-Mail verfahren werden soll. Dieser so genannte Policy-Server kann dynamisch entscheiden, ob die E-Mail angenommen oder abgelehnt werden soll. Über dieses System werden beispielsweise Greylisting, SPF und Quotas in Postfix eingebunden. Weitere Informationen zu diesen Diensten einschließlich konkreter Anleitungen finden sich in Kapitel 6, *Zusätzliche Ansätze gegen Spam*.

defer
> Mit dieser Regel wird die Verbindung beziehungsweise der SMTP-Befehl abgelehnt, aber der Client wird darüber informiert, dass er es später erneut versuchen kann.

defer_if_permit
: Diese Regel hat den gleichen Effekt wie defer, wenn eine spätere Regel permit ausführen würde (implizit oder explizit). Das ist nützlich, wenn eine Blacklisting-Regel wegen eines vorübergehenden Problems ausfällt.

defer_if_reject
: Diese Regel hat den gleichen Effekt wie defer, wenn eine spätere Regel reject ausführen würde (implizit oder explizit). Das ist nützlich, wenn eine Whitelisting-Regel wegen eines vorübergehenden Problems ausfällt.

permit
: Diese Regel akzeptiert die Verbindung beziehungsweise den SMTP-Befehl. Diese Einstellung hat nur Sinn am Ende einer Liste. Da am Ende einer Liste die E-Mail sowieso akzeptiert würde, dient diese Regel nur dazu, dieses Verhalten klarzumachen.

reject
: Diese Regel lehnt die Verbindung beziehungsweise den SMTP-Befehl ab. Diese Einstellung hat nur Sinn am Ende einer Liste.

warn_if_reject
: Diese Angabe ändert die folgende Regel so, dass anstatt eines reject nur eine Warnung in den Log geschrieben wird. Dies ist nützlich, wenn neue Regeln ausprobiert werden.

Client-Restrictions

Die folgenden Zugangsregeln können im Parameter smtpd_client_restrictions angewendet werden, um zu bestimmen, welche Client-Verbindungen angenommen werden. Dabei wird vor allem die Netzwerkadresse des Clients ausgewertet.

In der Voreinstellung ist dieser Parameter leer, und alle E-Mails werden angenommen.

check_client_access *typ:datei*
: Diese Regel ermittelt die Zugangsberechtigung aus einer externen Datei. Siehe Abschnitt »Access-Tabellen«.

permit_inet_interfaces
: Diese Regel akzeptiert die Verbindung, wenn die Client-IP-Adresse in $inet_interfaces gelistet ist. Sie wird selten verwendet. Gebräuchlicher ist permit_mynetworks.

permit_mynetworks
: Diese Regel akzeptiert die Verbindung, wenn die IP-Adresse des Clients in $mynetworks gelistet ist.

permit_sasl_authenticated
permit_tls_clientcerts
permit_tls_all_clientcerts
> Diese Regeln akzeptieren die Verbindung, wenn der Client sich über SASL beziehungsweise mit TLS-Zertifikaten authentifiziert hat. Client-Authentifizierung wird hier nicht behandelt.

reject_rbl_client domain
> Diese Regel lehnt die Verbindung ab, wenn die Client-IP-Adresse in der angegebenen DNS-Blackhole-Liste enthalten ist. Diese Funktionalität wird in Kapitel 5 beschrieben.

reject_rhsbl_client domain
> Diese Regel lehnt die Verbindung ab, wenn der Client-Hostname in der angegebenen DNS-Blackhole-Liste enthalten ist.

reject_unknown_client
> Diese Regel lehnt die Verbindung ab, wenn für die IP-Adresse des Clients kein Hostname im DNS aufgelöst werden kann, also kein PTR-Record existiert, oder wenn zum PTR-Record kein passender A-Record existiert. Diese Regel kann zu vielen überflüssigen Ablehnungen führen.

HELO-Restrictions

Die folgenden Zugangsregeln können im Parameter smtpd_helo_restrictions angewendet werden. Dabei wird der im Befehl HELO beziehungsweise EHLO übergebene Hostname ausgewertet.

In der Voreinstellung ist dieser Parameter leer, und alle E-Mails werden angenommen.

In der Voreinstellung erzwingt Postfix nicht, dass der Client überhaupt einen HELO-Befehl sendet. Damit die HELO-Regeln effektiv werden können, sollte man dies aktivieren, und zwar mit der Postfix-Einstellung

    smtpd_helo_required = yes

Der HELO-Befehl ist vom Standard vorgeschrieben, daher ist diese Einstellung im Prinzip unbedenklich. Viren und Spammer, aber auch eigene, auf die Schnelle zusammengebaute Skripten vergessen manchmal den HELO-Befehl. Die eigenen Skripten sollte man berichtigen.

check_helo_access *typ:datei*
> Diese Regel ermittelt die Zugangsberechtigung aus einer externen Datei. Siehe Abschnitt »Access-Tabellen«.

permit_mynetworks
> Diese Regel akzeptiert die E-Mail, wenn die IP-Adresse des Clients in $mynetworks gelistet ist.

reject_invalid_hostname
: Diese Einstellung lehnt die E-Mail ab, wenn der im HELO- oder EHLO-Befehl angegebene Hostname syntaktisch ungültig ist. Dies ist gelegentlich nützlich gegen Spam und Viren.

reject_non_fqdn_hostname
: Diese Einstellung lehnt die E-Mail ab, wenn der im HELO- oder EHLO-Befehl angegebene Hostname nicht in der voll qualifizierten Form vorliegt. Diese Einstellung kann zu vielen überflüssigen Ablehnungen führen.

reject_unknown_hostname
: Diese Einstellung lehnt die E-Mail ab, wenn der im HELO- oder EHLO-Befehl angegebene Hostname keinen A- oder MX-Record im DNS hat. Diese Einstellung kann zu vielen überflüssigen Ablehnungen führen.

Folgende Einstellung wird von den Autoren empfohlen:

```
smtpd_helo_restrictions =
    permit_mynetworks,
    reject_invalid_hostname
```

Sender-Restrictions

Die folgenden Einstellungen können im Parameter smtpd_sender_restrictions angewendet werden. Dabei wird die im Befehl MAIL FROM übergebene E-Mail-Adresse, der so genannte Envelope-Absender, ausgewertet.

In der Voreinstellung ist dieser Parameter leer, und alle E-Mails werden angenommen.

check_sender_access *typ:datei*
: Diese Regel ermittelt die Zugangsberechtigung aus einer externen Datei, siehe Abschnitt »Access-Tabellen«.

permit_mynetworks
: Diese Regel akzeptiert den Envelope-Absender, wenn die IP-Adresse des Clients in $mynetworks gelistet ist.

reject_non_fqdn_sender
: Diese Regel lehnt den Envelope-Absender ab, wenn dieser keine voll qualifizierte Domain enthält, wie es vom RFC-Standard gefordert wird. Diese Einstellung wird empfohlen.

reject_rhsbl_sender domain
: Diese Regel lehnt den Envelope-Absender ab, wenn die darin enthaltene Domain in der angegebenen DNS-Blackhole-Liste enthalten ist. Diese Funktionalität wird in Kapitel 5, *DNS-basierte Blackhole-Lists* beschrieben.

reject_unknown_sender_domain
: Diese Regel lehnt den Envelope-Absender ab, wenn die darin enthaltene Domain keinen A- oder MX-Record im DNS hat und der eigene Postfix-Server

nicht der Zielserver für die Domain ist. (Man kann also Domains erfinden, solange man selbst als Zielserver für sie zuständig ist.) Diese Einstellung wird empfohlen, da die Kommunikation mit dem Absender ansonsten unmöglich ist.

reject_unlisted_sender
Diese Einstellung lehnt den Envelope-Absender ab, wenn dieser zu einer lokal bekannten Domain gehört, aber der Benutzer in der jeweiligen Domain ungültig ist. Diese Einstellung kann verhindern, dass Viren mit gefälschter Absenderadresse aus der eigenen Domain gesendet werden.

Folgende Einstellung wird von den Autoren empfohlen:

```
smtpd_sender_restrictions =
    permit_mynetworks,
    reject_non_fqdn_sender,
    reject_unknown_sender_domain,
    reject_unlisted_sender
```

Recipient-Restrictions

Die folgenden Regeln können im Parameter `smtpd_recipient_restrictions` angewendet werden. Dabei wird die im Befehl `RCPT TO` übergebene E-Mail-Adresse, der so genannte Envelope-Empfänger, ausgewertet. Zu beachten ist, dass eine Ablehnung hier nur einen Empfänger und nicht die ganze E-Mail ablehnt. Wenn eine E-Mail mindestens einen Empfänger hat, der nicht abgelehnt worden ist, und die E-Mail nicht aus anderen Gründen abgelehnt wird, dann wird die E-Mail angenommen und an die gültigen Empfänger weitergesendet.

Die Voreinstellung dieses Parameters ist:

```
smtpd_recipient_restrictions = permit_mynetworks, reject_unauth_destination
```

Das bedeutet, dass Postfix eine E-Mail annimmt, wenn

- die IP-Adresse des Clients in $mynetworks gelistet ist oder
- die Domain des Empfängers in $relay_domains gelistet ist oder
- der Domänenteil der E-Mail-Adresse des Empfängers in $inet_interfaces, $proxy_interfaces, $mydestination, $virtual_alias_domains oder $virtual_mailbox_domains enthalten ist.

Aus Sicherheitsgründen muss dieser Parameter gesetzt sein. Die für die anderen Restrictions-Parameter geltende Regel, dass in der Voreinstellung alle E-Mails angenommen werden, würde hier den Mailserver zu einem offenen Relay machen und Spammer somit herzlich einladen. Aus diesem Grund muss dieser Parameter mindestens eine der folgenden Einstellungen enthalten: defer, defer_if_permit, reject, reject_unauth_destination.

Folgende Regeln können gesetzt werden:

`check_recipient_access` *typ:datei*
: Diese Regel ermittelt die Zugangsberechtigung aus einer externen Datei, siehe Abschnitt »Access-Tabellen«.

`permit_auth_destination`
: Mit dieser Regel wird der Envelope-Empfänger angenommen, wenn die Domain im Envelope-Empfänger in $relay_domains gelistet ist oder in $inet_interfaces, $proxy_interfaces, $mydestination, $virtual_alias_domains oder $virtual_mailbox_domains enthalten ist.

`permit_mx_backup`
: Mit dieser Regel wird der Envelope-Empfänger angenommen, wenn der lokale Server ein MX-Server für die Domain im Envelope-Empfänger ist. Dies kann zusätzlich zu anderen Regeln gesetzt werden, wenn der lokale Server als Backup-MX für nicht-lokale Domains dienen soll.

`permit_mynetworks`
: Diese Regel akzeptiert den Envelope-Empfänger, wenn die IP-Adresse des Clients in $mynetworks gelistet ist.

`reject_non_fqdn_recipient`
: Diese Regel lehnt den Envelope-Empfänger ab, wenn dieser keine voll qualifizierte Domain enthält, wie es vom RFC-Standard gefordert wird. Diese Einstellung wird empfohlen.

`reject_rhsbl_recipient` *domain*
: Diese Regel lehnt den Envelope-Empfänger ab, wenn die darin enthaltene Domain in der angegebenen DNS-Blackhole-Liste enthalten ist. Diese Funktionalität wird in Kapitel 5, *DNS-basierte Blackhole-Lists* beschrieben.

`reject_unauth_destination`
: Mit dieser Einstellung wird der Envelope-Empfänger abgelehnt, wenn die Domain im Envelope-Empfänger nicht in $relay_domains gelistet ist und nicht in $inet_interfaces, $proxy_interfaces, $mydestination, $virtual_alias_domains oder $virtual_mailbox_domains enthalten ist.

`reject_unknown_recipient_domain`
: Diese Einstellung lehnt den Envelope-Empfänger ab, wenn die darin enthaltene Domain keinen A- oder MX-Record im DNS hat und der eigene Postfix-Server nicht der Zielserver für die Domain ist. (Man kann also Domains erfinden, solange man selbst als Zielserver für sie zuständig ist.)

`reject_unlisted_recipient`
: Diese Einstellung lehnt den Envelope-Empfänger ab, wenn dieser kein gültiger Benutzer in der jeweiligen Domain ist (zum Beispiel wenn die Domain lokal ist, aber der Benutzer nicht existiert). Diese Einstellung ist sinnvoll, sie ist aber in der Voreinstellung schon über den Parameter smtpd_reject_unlisted_recipi-

ent global eingeschaltet und muss nicht ausdrücklich in den Recipient-Restrictions erwähnt werden.

Folgende Einstellung wird von den Autoren empfohlen:

```
smtpd_recipient_restrictions =
  permit_mynetworks,
  reject_unauth_destination,
  reject_non_fqdn_recipient,
  reject_unknown_recipient_domain
```

Data-Restrictions

Die folgenden Einstellungen können im Parameter smtpd_data_restrictions angewendet werden, der ausgewertet wird, wenn der SMTP-Befehl DATA ausgeführt wird.

reject_multi_recipient_bounce
: Mit dieser Einstellung wird eine E-Mail abgelehnt, wenn der Envelope-Absender leer ist, was auf eine Bounce-Meldung hindeutet, aber mehr als ein Envelope-Empfänger angegeben ist. Derartige E-Mails sind zwar theoretisch zulässig, haben aber keine sinnvolle Verwendung.

reject_unauth_pipelining
: Mit dieser Einstellung wird eine E-Mail abgelehnt, wenn der Client SMTP-Befehle zu schnell oder zu einer Zeit, zu der sie nicht erwartet werden, sendet. Damit wird verhindert, dass Clients das Pipelining-Feature von ESMTP missbrauchen, um die E-Mail-Zustellung zu beschleunigen.

Folgende Einstellung ist zu empfehlen:

```
smtpd_data_restrictions =
  reject_multi_recipient_bounce,
  reject_unauth_pipelining
```

Verzögerte Auswertung

Die Parameter smtpd_client_restrictions, smtpd_helo_restrictions, smtpd_sender_restrictions und smtpd_recipient_restrictions (nicht aber smtpd_data_restrictions) werden in Wahrheit erst bei der Verarbeitung des SMTP-Befehls RCPT TO ausgewertet. Das hat zwei Gründe: Erstens vertragen es einige SMTP-Clients nicht, wenn die SMTP-Sitzung schon vorher abgebrochen wird. Und zweitens ist es so möglich, bei einer Ablehnung noch den beabsichtigten Empfänger der E-Mail zu loggen, was bei einem Abbruch in einer früheren Phase nicht möglich ist. Die Parameter werden immer noch in der logischen Reihenfolge (client, helo, sender, recipient) abgearbeitet, aber eben alle erst, wenn RCPT TO empfangen wurde.

Dazu kommt, dass alle oben aufgeführten Zugangsregeln in allen smtpd_*_restrictions-Parametern verwendet werden können, egal ob sie dort Sinn ergeben. Man könnte zum Beispiel reject_unknown_client in smtpd_sender_restrictions eintragen, und alles würde trotzdem funktionieren. Der Grund, dass es diese Möglichkeit gibt, ist, dass sich einige komplexere Bedingungen nur so ausdrücken lassen. Um zum Beispiel Absenderadressen mit der eigenen Domain abzulehnen, wenn die SMTP-Verbindung nicht aus dem eigenen Netzwerk kam, muss man Informationen aus mehreren Phasen kombinieren. Viele Anwender sind daher dazu übergegangen, *alle* Zugangsregeln der Einfachheit halber in nur einem Parameter zu listen (üblicherweise entweder smtpd_client_restrictions oder smtpd_recipient_restrictions). Dies funktioniert mit einfachen Konfigurationen, aber man kann sich so auch ganz einfach ein offenes Relay einhandeln. Es wird daher empfohlen, die Zugangsregeln so wie oben beschrieben den richtigen Parametern zuzuordnen und nur wenn unbedingt nötig davon abzuweichen.

Access-Tabellen

Die oben aufgelisteten Zugangsregeln check_client_access, check_helo_access, check_sender_access und check_recipient_access erlauben es, das Ergebnis der Regel aus einer externen Datenbank, einer so genannten Access-Tabelle, zu lesen. Dabei wird anhand der IP-Adresse oder des Hostnamens in einer Tabelle nachgeschlagen, in der jedem Suchschlüssel ein Ergebnis zugeordnet ist. Das Ergebnis bestimmt, wie mit der E-Mail weiter verfahren wird.

Beispiel 3-1 zeigt eine solche Access-Tabelle, die für die Regel check_client_access verwendet werden könnte. Jeder Eintrag in der Tabelle besteht aus einem Suchschlüssel, gefolgt von einer Aktion. Der Suchschlüssel ist entweder ein Hostname oder eine IP-Netzwerkangabe. Diese Angabe wird jeweils mit dem Hostnamen beziehungsweise der IP-Adresse des verbindenden Clients verglichen.

Beispiel 3-1: Eine Access-Tabelle für check_client_access

```
# Keine E-Mail von diesem Host.
example1.tld    REJECT

# Auch nicht von Subdomains.
.example1.tld   REJECT

# Dieser Host ist in Ordnung.
example2.tld    OK

# IP-Netzwerkangaben
10.0            REJECT

192.168.4.128   OK
192.168.4       REJECT
```

Wenn der Parameter parent_domain_matches_subdomains den Wert smtpd_access_maps enthält, was in der Voreinstellung der Fall ist, gilt ein Access-Map-Eintrag wie example1.tld auch für Subdomains. Ansonsten gilt er nur für die Domain selbst, und .example1.tld gilt nur für Subdomains. Dieser Parameter ist als Übergangslösung gedacht. Für zukünftige Versionen ist vorgesehen, dass Domains und deren Subdomains in einer Access-Map immer getrennt aufgeführt werden müssen.

Diese Access-Tabelle kann in einer beliebigen Datei abgelegt werden. Üblich ist es, sie im Verzeichnis */etc/postfix/* abzulegen und ihr einen aussagekräftigen Namen zu geben, zum Beispiel *client_access*. Danach muss die Textdatei in das von Postfix geforderte interne Datenbankformat umgewandelt werden. Dazu wird einfach der Befehl postmap /etc/postfix/client_access ausgeführt. Dieser Befehl muss jedes Mal ausgeführt werden, wenn eine Access-Tabelle geändert wurde. Es ist ein häufig vorkommender Fehler, dies zu vergessen. Die vom Befehl postmap erzeugte Datei hat die Endung *.db*; trotzdem wird in den Konfigurationseinstellungen der Dateiname ohne diese Endung angegeben.

Um diese Access-Tabelle zu verwenden, muss sie schließlich noch in den Parameter smtpd_client_restrictions eingetragen werden, zum Beispiel:

```
smtpd_client_restrictions =
  permit_mynetworks,
  check_client_access hash:/etc/postfix/client_access,
  reject_rbl_client ...
```

hash ist hier der Typ der Tabelle. Auf manchen Betriebssystemen, zum Beispiel Solaris, wird stattdessen der Typ dbm verwendet.

Dieses Beispiel hat unter anderem den Effekt, dass eine E-Mail von *example2.tld* angenommen wird, selbst wenn sie danach über reject_rbl_client abgelehnt würde.

Mit check_client_access kann sehr präzise bestimmt werden, mit welchen anderen Hosts der eigene Mailserver kommunizieren darf. Damit aber nicht jede Mailserver-Installation selbst eine lange Liste von unerwünschten Hosts zusammenstellen muss, gibt es derartige Listen schon im Internet, bekannt als DNS-Blackhole-Lists. Deren Verwendung wird in Kapitel 5, *DNS-basierte Blackhole-Lists* beschrieben.

Eine mit check_helo_access eingebundene Access-Tabelle kann auf Basis des im HELO-Befehl übergebenen Hostnamens E-Mails ablehnen. Da der im HELO-Befehl übergebene Hostnamen der Hostname des Clients sein sollte, ist damit zunächst keine sinnvolle Zugangskontrolle möglich, sofern man E-Mails aus dem gesamten Internet empfangen möchte. Ein sehr verbreiteter Fehler von E-Mails mit Spam oder Viren ist es jedoch, im HELO-Befehl den Hostnamen oder die IP-Adresse des empfangenden SMTP-Servers anzugeben. Wenn man dies unterbindet, kann man erfahrungsgemäß eine Menge E-Mail-Müll aufhalten. Beispiel 3-2 zeigt eine Access-

Tabelle, die dies für eine Beispielkonfiguration umsetzt. Erneut muss man diese Access-Tabelle mit postmap in das interne Datenbankformat umwandeln. Und schließlich muss sie noch in den Parameter smtpd_helo_restrictions eingetragen werden, zum Beispiel:

```
smtpd_helo_restrictions =
  permit_mynetworks,
  reject_invalid_hostname,
  check_helo_access hash:/etc/postfix/helo_access
```

Beispiel 3-2: Eine Access-Tabelle für check_helo_access

```
mydomain.de        REJECT
myotherdomain.de   REJECT

# Hier eigene IP-Adresse angeben.
192.168.0.1        REJECT

# Wir sind selbst "localhost".
localhost          REJECT
```

Access-Tabellen, die mit check_sender_access oder check_recipient_access eingebunden sind, verwenden als Suchschlüssel die jeweilige Envelope-Absenderadresse oder Envelope-Empfängeradresse. Dabei wird nach der kompletten E-Mail-Adresse, dem Domain-Teil und dem Benutzernamen-Teil gesucht, und zwar in dieser Reihenfolge, unabhängig von der Reihenfolge der Tabelleneinträge. Beispiel 3-3 zeigt eine Access-Tabelle für check_sender_access.

Beispiel 3-3: Eine Access-Tabelle für check_sender_access

```
# Viel Spam von hier.
example3.tld       REJECT

# Joe ist okay, der Rest schickt nur Spam.
joe@example4.tld   OK
example4.tld       REJECT
# ... auch aus Subdomains.
.example4.tld      REJECT

# Wir haben keine Freunde ...
friend@            REJECT
```

Auch für smtpd_sender_access und smtpd_recipient_access gibt es die Möglichkeit, externe DNS-Blackhole-Lists zu befragen, anstatt lange Reject-Lists selbst zu pflegen.

Die oben gezeigten Beispiele verwenden nur OK und REJECT als Ergebnis der Access-Tabelle. Folgende Möglichkeiten gibt es insgesamt:

`OK`
: Die E-Mail wird angenommen.

`REJECT` *optionaler Text* ...
: Die E-Mail wird abgelehnt. Wenn ein Text angegeben ist, wird eine Ablehnung mit dem zusätzlichen Text erzeugt, zum Beispiel

    `REJECT Go away!`

    Der Text erscheint nur im SMTP-Dialog und eventuell im Log des Clients, wird also tendenziell nicht von Menschen gelesen.

`DEFER_IF_PERMIT` *optionaler Text* ...

`DEFER_IF_REJECT` *optionaler Text* ...
: Diese Ergebnisse haben den gleichen Effekt wie die gleichnamigen Regeleinträge in den `smtpd_*_restrictions`-Parametern.

`DISCARD` *optionaler Text* ...
: Nimmt die E-Mail erfolgreich an und verwirft sie sodann. Der optionale Text wird in den Log geschrieben.

`DUNNO`
: Damit wird die Abarbeitung der Access-Tabelle beendet, ohne eine Entscheidung zu treffen.

`FILTER` *transport:destination*
: Nimmt die E-Mail an und sendet sie in den angegebenen After-Queue-Content-Filter (siehe Abschnitt »Content-Filter« unten).

`HOLD` *optionaler Text* ...
: Nimmt die E-Mail an und verschiebt sie in die »Hold«-Queue, in der sie bleibt, bis sie vom Administrator herausgeholt wird. Der optionale Text wird in den Log geschrieben.

`PREPEND` *headername: headerwert*
: Fügt den angegebenen Header vorne an die E-Mail an.

`REDIRECT` *user@domain*
: Sendet die E-Mail an die angegebene Adresse weiter.

`WARN` *optionaler Text* ...
: Nimmt die E-Mail an, schreibt aber eine Warnmeldung in den Log. Diese Aktion ist auch nützlich, um Access-Tabellenregeln zu testen.

`4xx` *optionaler Text* ...
: Erzeugt eine Ablehnung mit dem angegebenen Fehlercode. Fehlercodes der 400er-Klasse stehen für »später wieder versuchen«. Auch hier kann ein zusätzlicher Text angegeben werden. Die Bedeutung der Fehlercodes steht im SMTP-Standard RFC 2821. »Defer«-Einträge erzeugen normalerweise eine Ablehnung mit dem Fehlercode 450. Hiermit kann für bestimmte Fälle ein anderer Fehlercode bestimmt werden.

`5xx` *optionaler Text ...*
: Erzeugt eine Ablehnung mit dem angegebenen Fehlercode. Fehlercodes der 500er-Klasse stehen für »nicht wieder versuchen«. Auch hier kann ein zusätzlicher Text angegeben werden. Die Bedeutung der Fehlercodes steht im SMTP-Standard RFC 2821. »Reject«-Einträge erzeugen normalerweise eine Ablehnung mit dem Fehlercode 554. Hiermit kann für bestimmte Fälle ein anderer Fehlercode bestimmt werden.

`permit, reject, reject_unauth_destination` *usw.*
: Zugangsbedindungen, die für die Parameter `smtpd_*_restrictions` vorgesehen sind, können auch als Aktion in einer Access-Tabelle verwendet werden. Auch durch Kommata getrennte Listen können angegeben werden.

Alternativ zu den oben vorgestellten Access-Tabellen kann eine Access-Tabelle auch reguläre Ausdrücke als Suchschlüssel verwenden. Beispiel 3-4 zeigt eine solche Tabelle mit Regeln, die dafür sorgen, dass bestimmte Empfängeradressen zugelassen beziehungsweise abgelehnt werden. Die regulären Ausdrücke sind mit Perl kompatibel; der Schrägstrich als Trennzeichen kann durch ein beliebiges anderes Zeichen ersetzt werden. Außerdem können Flags wie `/i` angehängt werden. Es ist allerdings zu beachten, dass, im Gegensatz zu Perl, Groß- und Kleinschreibung normalerweise *nicht* unterschieden wird und `/i` dies *ein*schaltet.

Um diese Access-Tabelle einzubinden, wird als Tabellentyp `pcre` (»Perl-compatible regular expression«) an Stelle von `hash` angegeben, zum Beispiel:

```
smtpd_recipient_restrictions =
    permit_mynetworks,
    reject_unauth_destination,
    reject_non_fqdn_recipient,
    reject_unknown_recipient_domain,
    check_recipient_access pcre:/etc/postfix/recipient_access.pcre
```

Die Endung *.pcre* ist hier willkürlich gewählt, um diesen Tabellentyp von dem obigen Hash-Typ zu unterscheiden. PCRE-Tabellen werden nicht mit `postmap` bearbeitet.

Beispiel 3-4: Eine Access-Tabelle mit regulären Ausdrücken für check_recipient_access

```
/^postmaster\@/     OK
/^hostmaster\@/     OK
/^abuse\@/          OK
/^info\@/           REJECT
```

Neben dem Hash- und dem PCRE-Typ können Access-Tabellen auch in NIS-, LDAP- oder SQL-Datenbanken gespeichert werden. Dies wird hier aber nicht behandelt. Es empfiehlt sich in den meisten Fällen, statt auf große, handgepflegte Access-Tabellen auf externe DNS-Blackhole-Lists zurückzugreifen.

Restriction-Classes

Wenn für viele Empfänger Zugangsbedingungen definiert werden sollen, werden Regeln in den Access-Tabellen schnell unübersichtlich und redundant. Um große Access-Tabellen eleganter formulieren zu können, kann man langen Regellisten kurze Namen geben. Dadurch werden so genannte Restriction-Classes definiert, zum Beispiel:

```
smtpd_restriction_classes = restrictive, permissive

restrictive = reject_unknown_sender_domain, reject_unknown_client
permissive = permit
```

Die erste Zeile deklariert einfach die Namen der anzulegenden Restriction-Classes. Die weiteren Zeilen definieren die Restriction-Classes mit derselben Syntax wie die Regellisten für die Parameter smtpd_*_restrictions.

Diese Restriction-Classes können nun selbst als Zugangsregeln verwendet werden, zum Beispiel:

```
smtpd_recipient_restrictions = restrictive
```

Nützlicher sind die Restriction-Classes aber in Access-Tabellen, zum Beispiel:

```
abc@example.tld    permissive
def@example.tld    restrictive
```

Mit Hilfe dieses Features können Access-Tabellen auch geschachtelt werden: Man definiert eine Restriction-Class so, dass sie auf eine Access-Tabelle zugreift, und listet diese Restriction-Class als Aktion in einer anderen Access-Tabelle.

Header- und Body-Checks

Die bisher gezeigten Einstellungen können E-Mails auf Grundlage von Netzwerkinformationen und E-Mail-Adressen ablehnen oder umleiten. Postfix bietet aber auch Möglichkeiten, mit so genannten Header- und Body-Checks den Inhalt einer E-Mail zu analysieren und daraufhin Abwehrmaßnahmen zu ergreifen. Diese Fähigkeit ist relativ einfach gehalten, sie kann zum Beispiel keine Archive entpacken oder Anhänge dekodieren. Trotzdem kann man damit effizient und flexibel auf unerwünschten E-Mail-Inhalt reagieren.

Header- und Body-Checks werden in externen Dateien ähnlich den PCRE-basierten Access-Tabellen definiert. Beispiel 3-5 zeigt eine Header-Check-Datei. Diese Datei wird üblicherweise als */etc/postfix/header_checks* abgelegt und muss mit der Einstellung

```
header_checks = pcre:/etc/postfix/header_checks
```

aktiviert werden.

Beispiel 3-5: Header-Checks

```
/^Subject: Make money fast/  REJECT

/^Content-Type: text\/html/
     REJECT HTML not wanted here

/^Content-(Type|Disposition):.*name[[:space:]]*=.*\.(exe|vbs)/
     REJECT Bad attachment file name extension: $2
```

Postfix unterstützt vier Arten von Header- und Body-Prüfungen:

header_checks
: Die mit dieser Einstellung bestimmte Tabelle prüft die Header der E-Mail, mit Ausnahme der MIME-Header. Die logischen Header-Zeilen werden geprüft, selbst wenn diese auf mehrere tatsächliche Zeilen verteilt sind. In der Standardkonfiguration sind keine Header-Checks definiert.

mime_header_checks
: Die mit dieser Einstellung bestimmte Tabelle prüft die MIME-Header der E-Mail. In der Standardkonfiguration ist diese Option auf $header_checks gesetzt.

nested_header_checks
: Die mit dieser Einstellung bestimmte Tabelle prüft die Header in angehängten Teilen der E-Mail, mit Ausnahme der MIME-Header. In der Standardkonfiguration ist diese Option auf $header_checks gesetzt.

body_checks
: Die mit dieser Einstellung bestimmte Tabelle prüft den Body der E-Mail, jede Zeile separat. In der Standardkonfiguration sind keine Body-Checks definiert.

In der Voreinstellung reicht es also, header_checks und body_checks zu setzen, aber in bestimmten Fällen und je nach Vorlieben kann man auch mime_header_checks und nested_header_checks auf separate Dateien zeigen lassen.

Folgende Aktionen sind bei einer Übereinstimmung möglich (diese Liste ist ähnlich, aber nicht identisch mit der Liste der möglichen Aktionen in Access-Tabellen):

DISCARD *optionaler Text* ...
: Nimmt die E-Mail erfolgreich an und verwirft sie sodann. Der optionale Text wird in den Log geschrieben.

DUNNO
: Damit wird die Abarbeitung der Access-Tabelle beendet, ohne eine Entscheidung zu treffen.

FILTER *transport:destination*
: Nimmt die E-Mail an und sendet sie an den angegebenen After-Queue-Content-Filter (siehe Abschnitt »Content-Filter« unten).

HOLD *optionaler Text ...*
: Nimmt die E-Mail an und verschiebt sie in die »Hold«-Queue, in der sie bleibt, bis sie vom Administrator herausgeholt wird. Der optionale Text wird in den Log geschrieben.

IGNORE
: Ignoriert die aktuelle Eingabezeile und prüft die nächste Eingabezeile.

PREPEND *headername: headerwert*
: Fügt den angegebenen Header vorne an die E-Mail an.

REDIRECT *user@domain*
: Sendet die E-Mail an die angegebene Adresse weiter.

REPLACE *Text ...*
: Ersetzt die aktuelle Zeile durch den angegebenen Text. Wenn die aktuelle Zeile ein Header ist, sollte der Ersatz auch eine gültige Header-Zeile inklusive Headername sein.

REJECT *optionaler Text ...*
: Die E-Mail wird abgelehnt. Wenn ein Text angegeben ist, wird eine Ablehnung mit dem zusätzlichen Text erzeugt.

WARN *optionaler Text ...*
: Nimmt die E-Mail an, schreibt aber eine Warnmeldung in den Log. Diese Aktion ist auch nützlich, um die Regeln zu testen.

Wie in Beispiel 3-5 zu sehen, werden die Textteile, die in den regulären Ausdrücken in Klammern stehen, wie in Perl üblich den »Variablen« $1, $2 und so weiter zugewiesen, die im optionalen Ablehnungstext verwendet werden können.

Um komplexere Analysen des Inhalts von E-Mail vorzunehmen, was zur akkuraten Erkennung von Spam und Viren fast immer nötig ist, müssen externe Filterprogramme eingebunden werden. Dies wird im folgenden Abschnitt beschrieben.

Content-Filter

Content-Filter sind beliebige Programme, die SMTP sprechen und E-Mails nach eigenem Gutdünken filtern, umschreiben oder löschen können. Diese Programme sind spezialisiert auf bestimmte Aufgaben, wie das Erkennen von Spam oder Viren, und unterstützen Postfix mit einer erweiterten Funktionalität, die Postfix selbst nicht oder nur umständlich bieten kann.

Postfix unterstützt zwei Arten von Content-Filter: Before-Queue-Content-Filter und After-Queue-Content-Filter. Before-Queue-Content-Filter werden während des SMTP-Dialogs aufgerufen und haben die Möglichkeit, die E-Mail noch während des SMTP-Dialogs abzulehnen, bevor sie, wie der Name sagt, in der Queue von Postfix landet. After-Queue-Content-Filter werden aufgerufen, nachdem die

E-Mail angenommen worden ist. Funktionell gesehen, sind Before-Queue-Content-Filter attraktiver, weil der Postfix-Server unerwünschte E-Mail gar nicht erst annehmen muss. Der Nachteil ist jedoch, dass Before-Queue-Content-Filterung sofort und sehr schnell geschehen muss, weil SMTP-Clients nur begrenzte Zeit auf Antwort warten. Dies ist, wenn überhaupt, unter Last nur sehr schwer verlässlich einzuhalten. After-Queue-Content-Filterung kann dagegen »irgendwann« passieren und sich durch Queue-Verfahren dynamisch an die Auslastung des Mailserver-Systems anpassen. Die Auswirkung eines überlasteten Mailserver-Systems zeigt sich dann höchstens in der Tatsache, dass eine E-Mail leicht verspätet ankommt, was aber akzeptabler ist als die Alternative, dass eine E-Mail unter Last gar nicht angenommen werden kann. Die Before-Queue-Content-Filterung wird deshalb nur auf Systemen mit geringer Last und mit kleinen Filterprogrammen angewendet. Vollständige Content-Analyse mit Viren- und Spam-Erkennung kann dagegen nur mit After-Queue-Content-Filterung vernünftig implementiert werden.

Als beliebte Content-Filter-Ergänzung für Postfix hat sich Amavisd-new herauskristallisiert, das als After-Queue-Content-Filter eingesetzt wird. Amavisd-new kann Spam, Viren und unerwünschte Anhänge erkennen und ablehnen oder in Quarantäne verschieben. Dabei gibt es sehr flexible Konfigurationsmöglichkeiten, Multi-Domain-Fähigkeiten sowie White- und Blacklists. Amavisd-new wird in Kapitel 8, *AMaViS* behandelt.

Einige Fähigkeiten von Amavisd-new überschneiden sich mit den hier beschriebenen Anti-Spam-Features von Postfix. Daher wird beim Einsatz von Amavisd-new oft die komplette Anti-Spam-Konfiguration in Amavisd-new abgewickelt und die Postfix-Konfiguration unangetastet gelassen. Dies ist legitim und funktioniert. Amavisd-new ist jedoch ein sehr ressourcenintensiver Prozess. Findige Administratoren werden daher auch versuchen, bestimmte Teile der E-Mail-Filterung aus Amavisd-new in Postfix zu verlagern. Das Blockieren bestimmter Hosts oder Absender, die sehr oft auftreten, kann in Postfix zum Beispiel sehr einfach eingerichtet werden und erheblich Ressourcen einsparen. Derartige zweigeteilte Konfigurationen sind aber komplizierter zu warten und sollten daher nur in Maßen verwendet werden.

Exim

Dieser Abschnitt beschreibt, welche Konfigurationsmöglichkeiten der MTA Exim bietet, um sich gegen Spam, Viren und E-Mail-Missbrauch zu verteidigen.

Dieser Abschnitt und dieses Buch beziehen sich auf Exim ab Version 4.

Exim bietet sehr umfangreiche und flexible Konfigurationsmöglichkeiten. Fast jede Phase, die eine E-Mail während ihres »Aufenthalts« im Exim-Mailserver durchläuft, kann mit sehr detaillierten Einstellungen kontrolliert werden. Dadurch ist es mit Exim sehr gut möglich, Abwehrmaßnahmen gegen Spam und Viren direkt im MTA zu implementieren und speziell an die eigenen Vorstellungen anzupassen. Allerdings wird es dadurch sehr schwierig und langatmig, die Konfigurationsdateien zu überblicken, so dass sich Fehler einschleichen können. Sorgfalt und Erfahrung ist also vonnöten.

In der Exim-Konfiguration sind normalerweise viele veraltete und unnütze Features der E-Mail-Protokolle ausgeschaltet, wodurch schon die Standardkonfiguration durch eine etwas restriktivere Haltung versucht, E-Mail-Missbrauch zu reduzieren.

Grundlagen der Exim-Konfiguration

Exim wird durch eine einzige Konfigurationsdatei gesteuert. Im von den Autoren vorgegebenen Installationsschema liegt diese in */usr/exim/configure*, in paketbasierten Installationen liegt sie jedoch in der Regel unter */etc/exim/exim.conf* oder */etc/exim4/exim4.conf*.

Die Konfigurationsdatei besteht aus einem Teil mit allgemeinen Einstellungen am Anfang der Datei, gefolgt von mehreren zusätzlichen Teilen, die jeweils durch das Wort begin gefolgt vom Namen des Teils eingeleitet werden. Diese zusätzlichen Teile definieren ACL, Router, Transports und andere Dinge. Die übliche Struktur einer Exim-Konfigurationsdatei sieht insgesamt so aus:

```
# allgemeine Einstellungen ...

begin acl
# ACL-Definitionen ...

begin routers
# Router-Definitionen ...

begin transports
# Transport-Definitionen ...

begin retry
# Retry-Regeln ...

begin rewrite
# Rewrite-Regeln ...

begin authenticators
# Authentifizierungsregeln ...
```

ACL sind Access Control Lists und werden im folgenden Abschnitt beschrieben. Router sind Regeln, die die Empfängeradressen der E-Mails analysieren und sie daraufhin einem Transport zur Auslieferung zuordnen. Im Router-Abschnitt ist die Reihenfolge entscheidend. Transports sind Routinen, die E-Mails auf eine bestimmte Art ausliefern, zum Beispiel in ein lokales Postfach oder per SMTP an einen anderen Host. Die Reihenfolge der Transports ist unerheblich. Die anderen Abschnitte der Konfigurationsdatei werden hier nicht behandelt.

Damit ein Exim-System vernünftig und sicher funktioniert, sind eine Menge Konfigurationseinstellungen nötig. Insbesondere müssen Router und Transports für die gewöhnlichen E-Mail-Auslieferungsmethoden definiert sein, und eine ACL muss unkontrollierten Relay-Zugang verhindern. Aus diesem Grund wird in jeder Exim-Installation eine umfangreiche Standardkonfiguration installiert sein, und im Folgenden wird immer davon ausgegangen, dass Anpassungen der Konfiguration auf Grundlage dieser Standardkonfiguration getätigt werden.

Bei Änderungen der Konfiguration muss der Exim-Server angewiesen werden, die Konfiguration neu zu laden. Dazu muss den Exim-Serverprozessen das Signal SIGHUP gesendet werden. Dies geht ganz einfach mit dem Befehl `killall -HUP exim`. In Betriebssystemen mit `init.d`-Skripten kann man gleichermaßen `/etc/init.d/exim reload` verwenden. Da während des normalen Betriebs jedoch häufig Exim-Prozesse starten, ist eine Konfigurationsdatei möglicherweise schon aktiv, sobald sie abgespeichert ist. Syntaxfehler in der Konfigurationsdatei führen dazu, dass sich der entsprechende Serverprozess beendet. Es ist daher empfehlenswert, die Konfigurationsdatei vor größeren Änderungen zu kopieren, die Änderungen in der Kopie vorzunehmen und diese Kopie einer Syntaxprüfung zu unterwerfen. Dazu kann folgender Befehl verwendet werden:

```
exim -bV -C /tmp/exim.conf
```

Darüber hinaus kann mit der Option `-bh` eine SMTP-Sitzung simuliert werden, womit eine einfache semantische Prüfung der Konfiguration vorgenommen werden kann.

Es wird im Übrigen davon ausgegangen, dass der Leser die Syntax der Exim-Konfigurationsdatei kennt. Insbesondere das Format von Listen und die Prinzipien der Variablenersetzung sollten bekannt sein.

Access Control Lists

Access Control Lists (ACL) sind Zugangskontrolllisten, die in verschiedenen Phasen des SMTP-Dialogs angewendet werden, um zu bestimmen, ob die E-Mail abgelehnt, weiter verarbeitet oder eventuell verändert werden soll. Exim hat ein sehr umfangreiches ACL-System, mit dem E-Mails auf Grund von verschiedenen Bedingungen, die auch fast unbegrenzt kombiniert werden können, gefiltert werden können. Das ACL-System ist somit ein zentraler Ansatzpunkt im Kampf gegen E-Mail-Missbrauch.

Übersicht

Tabelle 3-2 zeigt, welche ACL in welcher Phase des SMTP-Dialogs angewendet wird. Es gibt noch einige weitere ACL, die aber hier nicht relevant sind. Die ACL-Namen sind Parameter, die im allgemeinen Teil der Konfigurationsdatei angegeben und auf den Namen einer definierten ACL gesetzt werden; siehe unten. Die Voreinstellung wird verwendet, wenn der entsprechende Parameter nicht gesetzt ist.

Tabelle 3-2: Anwendung der ACL während des SMTP-Dialogs

ACL-Name	SMTP-Phase	Voreinstellung
acl_smtp_connect	Verbindungsaufbau	accept
acl_smtp_helo	HELO	accept
acl_smtp_mail	MAIL FROM	accept
acl_smtp_rcpt	RCPT TO	deny
acl_smtp_predata	Anfang von DATA	accept
acl_smtp_data	Ende von DATA	accept

In der Praxis ist es am sinnvollsten, die meisten ACL-Prüfungen in der RCPT-Phase erledigen zu lassen. Erstens vertragen es einige SMTP-Clients nicht, wenn die SMTP-Sitzung schon vorher abgebrochen wird, und zweitens ist es so möglich, bei einer Ablehnung noch den beabsichtigten Empfänger der E-Mail zu loggen, was bei einem Abbruch in einer früheren Phase nicht möglich ist.

Das Ergebnis einer ACL ist am Ende immer »accept«, die Verbindung beziehungsweise der SMTP-Befehl wird angenommen, oder »deny«, die Verbindung oder der SMTP-Befehl wird abgelehnt. (Der Client kann nach einem »deny« weitere Befehle senden. Je nach Protokollphase kann er auch versuchen, den abgelehnten Befehl mit anderen Angaben zu wiederholen.) Für besondere Fälle gibt es weiterhin die Möglichkeit »defer«, das »später wieder versuchen« bedeutet, beispielsweise bei vorübergehenden Konfigurationsproblemen. Man beachte jedoch, dass das Ergebnis nur für die aktuelle ACL gilt. In späteren Phasen angewendete ACL können eine zuvor akzeptierte E-Mail immer noch ablehnen.

Definition

ACL werden im Abschnitt begin acl der Konfigurationsdatei definiert. Die Definition einer ACL beginnt mit einem selbst gewählten Namen, gefolgt von einem Doppelpunkt. Danach folgen ACL-Anweisungen, bestehend aus einem so genannten ACL-Verb, optional gefolgt von Bedingungen und Attributen. ACL-Verben sind zum Beispiel accept und deny, aber es gibt weitere Möglichkeiten. Wenn alle Bedingungen zutreffen oder keine Bedingungen angegeben sind, wird die ACL-Anweisung ausgeführt. Wird sie nicht ausgeführt, dann wird die nächste ACL-Anweisung probiert. Wenn am Ende der Liste keine ACL-Anweisung ausgeführt worden ist, wird deny ausgeführt.

Beispiel 3-6 zeigt eine einfache ACL, sie ist Teil einer größeren RCPT-ACL. Die ACL heißt my_acl und enthält zwei ACL-Anweisungen. Die erste ACL-Anweisung verwendet das ACL-Verb deny und hat drei Bedingungen, die zweite verwendet das ACL-Verb accept und hat zwei Bedingungen. Der Effekt der ersten Anweisung ist, die E-Mail mit der angegebenen Meldung abzulehnen, wenn die Domain in der Liste local_domains enthalten ist und bestimmte verdächtige Zeichen im Benutzernamen-Teil der E-Mail-Adresse (»local part«) enthält. Der Effekt der zweiten Anweisung ist, die E-Mail anzunehmen, wenn die Domain in local_domains gelistet und der Benutzername postmaster ist.

Beispiel 3-6: Eine einfache ACL

```
my_acl:
  deny   domains     = +local_domains
         local_parts = ^[.] : ^.*[@%!/|]
         message     = restricted characters in address

  accept local_parts = postmaster
         domains     = +local_domains
```

Um diese ACL zu verwenden, muss sie noch in eine der acl_smtp_xxx-Optionen im allgemeinen Teil der Konfigurationsdatei eingetragen werden, zum Beispiel:

```
acl_smtp_rcpt = my_acl
```

In den installierten Exim-Konfigurationsdateien sind in der Regel schon einige ACLs vordefiniert, zum Beispiel:

```
acl_smtp_rcpt = acl_check_rcpt
acl_smtp_data = acl_check_data
```

Wenn im Folgenden Vorschläge zur Anpassung von ACLs gemacht werden, sollte man darauf achten, welche ACL schon definiert sind, da insbesondere die ACL acl_smtp_rcpt für das korrekte Funktionieren von Exim wichtig ist. Ist nichts anderes angegeben, kann man Regeln, die zur Ablehnung der E-Mail führen sollen, der Einfachheit halber an den Anfang der ACL stellen. Bei komplexeren Regeln muss man aber überblicken, was die bereits vorhandenen ACL-Anweisungen erreichen sollen.

Wenn für eine Phase des SMTP-Dialogs keine ACL mit acl_smtp_xxx angegeben ist, gilt die in Tabelle 3-2 gezeigte Voreinstellung, in den meisten Fällen accept. Ist jedoch eine ACL angegeben, deren Definition leer ist, führt das zu einem automatischen deny.

ACL-Verben

ACL-Verben bestimmen, welche Aktion die ACL zum Ergebnis haben soll, wenn alle in der ACL-Anweisung angegebenen Bedingungen erfüllt sind. Die folgenden ACL-Verben können verwendet werden:

accept
: Wenn alle angegebenen Bedingungen erfüllt sind, wird die Verbindung beziehungsweise der Befehl angenommen (siehe aber endpass unten, wenn nicht alle Bedingungen erfüllt sind).

defer
: Wenn alle angegebenen Bedingungen erfüllt sind, wird die Verbindung beziehungsweise der Befehl abgelehnt, aber der Client wird informiert, dass er es später erneut versuchen kann.

deny
: Wenn alle angegebenen Bedingungen erfüllt sind, wird die Verbindung beziehungsweise der Befehl abgelehnt. (In der RCPT-ACL wird also nur ein Empfänger abgelehnt, nicht die ganze E-Mail.)

discard
: Wenn alle angegebenen Bedingungen erfüllt sind, wird die E-Mail angenommen, aber die Empfänger werden verworfen. Wird dieses Verb in der RCPT-ACL verwendet, wird nur der eine Empfänger verworfen. In allen anderen ACL werden alle Empfänger verworfen, womit normalerweise die gesamte E-Mail verworfen wird. Die local_scan()-Funktion (siehe Abschnitt »local_scan()«) wird aber trotzdem ausgeführt, weil dadurch neue Empfänger hinzugefügt werden könnten.

drop
: Wenn alle angegebenen Bedingungen erfüllt sind, wird die Verbindung beziehungsweise der Befehl abgelehnt und die TCP/IP-Verbindung geschlossen, nachdem die Fehlermeldung gesendet wurde. Dies ist eine schärfere Variante von deny.

require
: Wenn alle angegebenen Bedingungen erfüllt sind, wird die folgende ACL-Anweisung ausgewertet, ansonsten wird ein deny erzeugt.

warn
: Wenn alle angegebenen Bedingungen erfüllt sind, wird eine Log-Meldung geschrieben und/oder ein Header in die E-Mail eingefügt.

Zum Schreiben einer Log-Meldung wird das Attribut log_message verwendet, zum Beispiel:

```
warn dnslists = bl.spamcop.net : sbl-xbl.spamhaus.org
     log_message = Message rejected because it was listed in $dnslist_domain
```

Zum Erzeugen eines neuen Headers wird das Attribut message verwendet, beispielsweise:

```
warn dnslists = bl.spamcop.net : sbl-xbl.spamhaus.org
     message = X-Blacklisted-At: $dnslist_domain
```

Der zweite Fall ist besonders nützlich, wenn man in einem zentralen Mailserver Spam oder andere E-Mail nur markieren will und das Aussortieren dem Endanwender überlassen möchte.

Wenn der angegebene Header keine gültige Header-Zeile ist, wird automatisch der Headername X-ACL-Warn: vorangestellt.

ACL-Bedingungen und -Attribute

ACL-Bedingungen bestimmen, welche ACL-Anweisung in einer ACL ausgeführt wird. Eine ACL-Anweisung kann mehrere ACL-Bedingungen enthalten. In dem Fall müssen alle angegebenen Bedingungen erfüllt sein. Ein Ausrufezeichen vor einer Bedingung negiert die Bedingung.

ACL-Attribute modifizieren das Verhalten der ACL-Anweisungen auf verschiedene Weise. ACL-Bedingungen und -Attribute haben dieselbe Syntax und können in beliebiger Reihenfolge stehen. Da ACL-Anweisungen aber von vorne nach hinten ausgewertet werden und nur so weit, bis das Ergebnis feststeht, haben unterschiedliche Reihenfolgen unterschiedliche Auswirkungen. Die Ausnahme ist das ACL-Verb deny, das immer bis zum Ende ausgewertet wird. Dies ist aber in der Regel kein Hindernis, wenn man alle Anweisungen in der »logischen« Reihenfolge aufbaut.

Folgende ACL-Bedingungen können verwendet werden:

acl = *acl-liste*
Diese Bedingung verweist auf eine andere ACL. Damit können ACLs geschachtelt und modular aufgebaut werden.

authenticated = *string-liste*
Diese Bedingung ist wahr, wenn die Verbindung authentifiziert worden ist und der Benutzer in der Liste enthalten ist. Dieses Beispiel wird alle authentifizierten Verbindungen annehmen:
```
accept authenticated = *
```
condition = *string*
Diese Bedingung ist wahr, wenn das ausgewertete Argument yes oder true oder eine Zahl ungleich 0 ist, und die Bedingung ist falsch, wenn das Argument no oder false oder 0 ist. Das Argument kann Variablen und Bedingungsausdrücke enthalten, wodurch man hiermit beliebige Bedingungen implementieren kann, zum Beispiel:
```
condition = ${if >{$spam_score_int}{150}{1}{0}}
```
Diese Bedingung ist wahr, wenn die Variable $spam_score_int größer als 150 ist. (Siehe Kapitel 4, *SpamAssassin* zu diesem Feature.) Die Syntax der Variablenauswertung und der Ausdrücke in Exim wird hier nicht weiter beschrieben.

dnslists = *domain-liste*
: Diese Bedingung ist wahr, wenn der sendende Host in einer der angegebenen DNS-Blackhole-Lists enthalten ist. Diese Funktionalität wird in Kapitel 5, *DNS-basierte Blackhole-Lists* beschrieben. Ein Beispiel sieht so aus:
```
deny dnslists = bl.spamcop.net : sbl-xbl.spamhaus.org
```

domains = *domain-liste*
: Diese Bedingung ist wahr, wenn der Domainname der Envelope-Empfängeradresse in der angegebenen Liste enthalten ist. Diese Bedingung wird in der Voreinstellung verwendet, um E-Mails für lokale Domains und zugelassene Relay-Domains anzunehmen.

hosts = *host-liste*
: Diese Bedingung ist wahr, wenn der Hostname des Clients in der angegebenen Liste enthalten ist, zum Beispiel:
```
deny hosts = 192.168.4.128 : example1.tld
accept hosts = example2.tld
```
Mit dieser Bedingung kann sehr präzise bestimmt werden, mit welchen anderen Hosts der eigene Mailserver kommunizieren möchte. Damit aber nicht jede Mailserver-Installation selbst eine lange Liste von unerwünschten Hosts zusammenstellen muss, gibt es derartige Listen schon im Internet, bekannt als DNS-Blackhole-Lists. Deren Verwendung wird in Kapitel 5, *DNS-basierte Blackhole-Lists* beschrieben.

local_parts = *liste*
: Diese Bedingung ist wahr, wenn der Benutzername in der Envelope-Empfängeradresse in der angegebenen Liste enthalten ist. Diese Bedingung wird häufig verwendet, um E-Mails für bestimmte besondere Benutzernamen ungefiltert zu lassen, zum Beispiel:
```
accept local_parts = postmaster : hostmaster : abuse
       domains = +local_domains
```
Die zweite Zeile ist notwendig, damit nur E-Mails an lokale Domains auf diese Weise behandelt werden.

recipients = *adress-liste*
: Diese Bedingung ist wahr, wenn die komplette Envelope-Empfängeradresse in der angegebenen Liste enthalten ist.

sender_domains = *domain-liste*
: Diese Bedingung ist wahr, wenn der Domainname der Envelope-Absenderadresse in der angegebenen Liste enthalten ist, zum Beispiel:
```
deny sender_domains = example3.tld : example4.tld
```
Auch für Absender-Domains gibt es im Internet DNS-Blackhole-Lists mit Domains von verdächtigen Spam-Quellen und Ähnlichem, siehe Kapitel 5, *DNS-basierte Blackhole-Lists*.

senders = *adress-liste*
: Diese Bedingung ist wahr, wenn die komplette Envelope-Absenderadresse in der angegebenen Liste enthalten ist, zum Beispiel:

```
# Joe ist okay, der Rest schickt nur Spam.
accept senders = joe@example3.tld
deny sender_domains = example3.tld : example4.tld
```

Folgendes Beispiel lehnt Bounce-Meldungen ab, die einen leeren Absender haben:

```
deny senders = :
```

verify = header_sender

Diese Bedingung ist wahr, wenn die Domain in mindestens einem der Header From, Reply-To, Sender gültig ist, also per DNS überprüft werden konnte. Folgende ACL-Anweisung kann verwendet werden, um E-Mails mit ungültiger Absender-Domain abzulehnen:

```
deny !verify = header_sender
```

Diese Technik kann sehr effektiv sein gegen Spam- und Viren-E-Mails, die sich nicht bemühen, eine gültige Absenderadresse zu erfinden.

Diese Bedingung kann nur in der ACL acl_smtp_data verwendet werden, da erst dort die E-Mail-Header verfügbar sind.

verify = header_syntax

Diese Bedingung ist wahr, wenn die E-Mail-Adressangaben in den Headern der E-Mail (From, To, Cc und so weiter) syntaktisch gültig sind. Unter anderem müssen E-Mail-Adressen einen Domain-Teil haben, wenn die E-Mail nicht auf dem lokalen System erzeugt wurde. Mit der Anweisung

```
deny !verify = header_syntax
```

können E-Mails mit ungültigen E-Mail-Adressen in den Headern abgelehnt werden. Dies kann aber zu vielen überflüssigen Ablehnungen führen, insbesondere wenn sich E-Mail-Clients fehlerhaft verhalten. Vorsicht ist geboten.

Diese Bedingung kann nur in der ACL acl_smtp_data verwendet werden, da erst dort die E-Mail-Header verfügbar sind.

verify = helo

Mit dieser Bedingung kann der im Befehl HELO beziehungsweise EHLO angegebene Hostname überprüft werden. In Exim kann die Prüfung des HELO-Befehls auf zwei Arten aktiviert werden.

Entweder die Option helo_verify_hosts im allgemeinen Teil der Konfigurationsdatei wird auf eine Liste von Hosts gesetzt, für die HELO überprüft werden soll, also zum Beispiel

```
helo_verify_hosts = *
```

für alle Hosts. Dann ist die Verwendung des HELO-Befehls Pflicht, und der angegebene Hostname oder die IP-Adresse muss mit der tatsächlichen Adresse des Clients übereinstimmen, ansonsten erhält der Client eine Fehlermeldung.

Oder aber die Option helo_try_verify_hosts wird gesetzt, also zum Beispiel:

```
helo_try_verify_hosts = *
```

Dann wird der angegebene Hostname wie oben geprüft, die Bearbeitung der E-Mail geht jedoch weiter. Das Ergebnis der Prüfung kann dann mit dieser ACL-Bedingung getestet werden.

Die einschlägigen RFC-Standards schreiben vor, dass eine E-Mail nicht abgelehnt werden darf, weil der im HELO-Befehl angegebe Hostname nicht akzeptabel ist. Diese Einstellungen verletzen also die RFC-Standards. Trotzdem haben sie sich als effektives Mittel gegen Spam und Viren herausgestellt.

Ein sehr verbreiteter Fehler von E-Mails mit Spam oder Viren ist es, im HELO-Befehl den Hostnamen oder die IP-Adresse des empfangenden SMTP-Servers anzugeben. Mit der HELO-Überprüfung in Exim, gleich welcher Art, wird dies unterbunden, wodurch erfahrungsgemäß eine Menge E-Mail-Müll aufgehalten werden kann.

Wer nur die eigene IP-Adresse im HELO verbieten, ansonsten das HELO jedoch nicht einschränken will, kann verify = helo weglassen und ganz einfach folgende ACL (mit der eigenen IP-Adresse) verwenden:

```
acl_check_helo:
  drop condition = ${if eq{$sender_helo_name}{63.212.65.2}{yes}{no}}
  accept
```

verify = recipient

Diese Bedingung ist wahr, wenn die Envelope-Empfängeradresse überprüft werden konnte. Dazu muss die Domain im DNS gefunden werden, und bei lokalen Empfängern muss auch der Benutzername existieren. Die Empfängeradresse sollte in allen ACL geprüft werden, in denen E-Mail angenommen wird. Beispiele sind:

```
accept domains = +local_domains
       endpass
       message = unknown user
       verify = recipient

accept domains = +relay_to_domains
       endpass
       message = unrouteable address
       verify = recipient
```

Dies geschieht üblicherweise bereits in der Voreinstellung.

Zusätzlich kann man auch /defer_ok anhängen, um zu bestimmen, dass Fehler bei der Verifikation zur Annahme der Adresse statt zur Ablehnung führen sollen.

verify = reverse_host_lookup

Diese Bedingung ist wahr, wenn der Hostname und die IP-Adresse zueinander passende DNS-Einträge haben. Genauer gesagt, wird die IP-Adresse des Clients per Reverse-DNS aufgelöst und das Ergebnis wiederum im DNS gesucht. Dies sollte die ursprüngliche IP-Adresse ergeben. Damit können mangelhaft konfigurierte Systeme erkannt werden, aber es ist unklar, ob damit in besonderem Maße Spam oder Viren aufgehalten werden. Beispiel:

```
deny !verify = reverse_host_lookup
```

verify = sender
: Diese Bedingung ist wahr, wenn die Envelope-Absenderadresse überprüft werden konnte. Dazu muss die Domain im DNS gefunden werden, und bei lokalen Absendern muss auch der Benutzername existieren. Die folgende Einstellung, oder eine Variante davon, wird empfohlen:

```
deny message = sender verification failed
     !verify = sender
```

Diese Einstellung steht nicht unbedingt in der Voreinstellung, sollte also nachgetragen werden.

Zusätzlich kann man auch /defer_ok anhängen, um zu bestimmen, dass Fehler bei der Verifikation zur Annahme der Adresse statt zur Ablehnung führen sollen.

Normalerweise prüft die Absender- und die Empfänger-Verifikation (`verify = sender` und `verify = recipient`) nur die Gültigkeit der Domain sowie bei lokalen Domains die Gültigkeit des Benutzernamens. In besonderen Fällen kann man auch die Gültigkeit des Benutzernamens bei nicht-lokalen Domains prüfen lassen. Dazu wird mit dem Mailserver für die jeweilige Domain verbunden und eine SMTP-Sitzung begonnen. Wenn der Befehl `RCPT TO` mit der zu prüfenden Adresse angenommen wird, gilt die Adresse als verifiziert. Dieser Vorgang wird »Callout« genannt. Ein positiver Callout garantiert nicht, dass die E-Mail angenommen wird, da sie auch noch später abgelehnt werden kann, aber ein negativer Callout garantiert, dass die E-Mail nicht angenommen wird.

Um einen Callout für die Adressverifikation zu verlangen, wird die Option /callout an die jeweilige Bedingung angehängt, zum Beispiel:

```
verify = recipient/callout
```

Diese Einstellung ist insbesondere dann sinnvoll, wenn man einen Gateway zur E-Mail-Filterung betreibt, der die gültigen Benutzernamen nicht selbst kennt.

Die Verifikation von Absenderadressen mit Callouts ist mit Vorsicht zu genießen. Erstens entsteht durch Rückfragen an externe Hosts eine zeitliche Verzögerung (die Ergebnisse werden aber gecacht), und zweitens sehen es nicht alle Sites als freundliches Verhalten an. Callouts auf Absenderadressen sollten also nur angewendet werden, wenn der Absender schon durch andere Prüfungen verdächtig geworden ist, zum Beispiel:

```
deny dnslists = opm.blitzed.org : ...
     !verify = helo
     !verify = sender/callout/defer_ok
     delay = 120s
```

oder:

```
deny sender_domains = hotmail.com
     !verify = sender/callout/defer_ok
```

Im Zusammenhang mit Absender-Callouts ist auch die oben beschriebene Option defer_ok sinnvoll.

Die folgenden sind die wichtigsten ACL-Attribute:

delay = *zeit*
> Mit diesem Attribut wird Exim gezwungen, die angegebene Zeit zu warten, bevor die ACL weiter verarbeitet wird. Damit kann man beispielsweise Absender von Spam lange warten lassen, bevor man sie doch ablehnt (eine so genannte Teergrube), zum Beispiel:
>
> ```
> deny dnslists = bl.spamcop.net : sbl-xbl.spamhaus.org
>      delay = 10s
> ```
>
> Wenn das Attribut delay an erster Stelle steht, wird die Wartezeit eingelegt, bevor die folgenden Bedingungen ausgewertet werden, was in der Regel nicht sinnvoll ist.
>
> Zu beachten ist, dass Wartezeiten dazu führen, dass Verbindungen länger belegt werden. Die maximale Anzahl gleichzeitiger SMTP-Verbindungen zum Exim-Server wird durch die Variable smtp_accept_max im allgemeinen Teil der Konfigurationsdatei bestimmt (Voreinstellung: 20). Um den Durchsatz des Mailservers aufrechtzuerhalten, wenn Wartezeiten konfiguriert sind, sollte man eventuell smtp_accept_max auf einen höheren Wert setzen.

endpass
> Dieses Attribut kann nur mit dem ACL-Verb accept verwendet werden. Trifft eine Bedingung in einer accept-Anweisung nicht zu, wird normalerweise einfach die folgende ACL-Anweisung ausgewertet. Wenn aber endpass angegeben ist und die nicht zutreffende Bedingung nach endpass steht, ist das Ergebnis der ACL-Anweisung »deny«. Man betrachte dieses Beispiel:
>
> ```
> accept domains = +local_domains
>        endpass
>        verify = recipient
> ```
>
> Steht die Domain nicht in local_domains, wird die folgende ACL-Anweisung ausprobiert. Wenn aber die Domain in local_domains steht und die Überprüfung des Empfängers fehlschlägt, ist das Ergebnis »deny«, weil die zweite Bedingung nach endpass steht.

log_message = *text*
> Dieses Attribut schreibt eine Log-Meldung, wenn das Ergebnis der ACL-Anweisung »deny« ist oder das ACL-Verb warn ist und alle Bedingungen wahr sind, zum Beispiel:
>
> ```
> deny log_message = Denied connection from unwanted host
>      hosts = example1.tld
> ```

logwrite = *text*
: Dieses Attribut schreibt eine Log-Meldung, sobald es in der ACL-Anweisung abgearbeitet wird. Dies ist unter anderem auch beim Testen von ACLs nützlich.

message = *text*
: Wenn die E-Mail von der ACL-Anweisung abgelehnt wird, kann mit diesem Attribut eine Fehlermeldung angegeben werden, die über SMTP an den Client übergeben wird, beispielsweise:

    ```
    deny message = Go away
         hosts   = example1.tld
    ```

    Beim ACL-Verb warn bestimmt dieses Attribut einen Header, der in die E-Mail eingefügt werden soll; siehe oben unter warn.

Content-Scanning

Die bisher gezeigten ACL-Einstellungen können E-Mails auf Grundlage von Netzwerkinformationen und E-Mail-Adressen manipulieren. Exim hat aber auch die Möglichkeit, den Inhalt einer E-Mail zu untersuchen sowie externe Spam-Erkennungssoftware und Virenscanner darauf auszuführen. Diese Funktionalität ist neu in Exim 4.50. Vorher wurde sie als Patch unter dem Namen Exiscan verteilt.

Das Content-Scanning-Feature definiert einige neue Konfigurationsoptionen, eine neue ACL und mehrere neue ACL-Bedingungen. Diese werden im Folgenden im Rahmen von Anwendungsfällen beschrieben.

MIME-Filterung

Das Content-Scanning-Feature von Exim kann eine E-Mail in ihre MIME-Bestandteile zerlegen und diese separat über eine ACL filtern lassen.

Für jeden MIME-Teil der E-Mail wird die ACL acl_smtp_mime abgearbeitet, und zwar in der Reihenfolge, in der die MIME-Teile in der E-Mail vorkommen, angefangen mit der E-Mail selbst als oberste Ebene. Diese ACL wird nach acl_smtp_predata und vor acl_smtp_data verarbeitet. E-Mails, die keinen Header MIME-Version haben, werden ignoriert.

Um den Inhalt des MIME-Teils zu analysieren, kann dieser auf die Festplatte entpackt und dekodiert werden. Dies ist vor allem dann notwendig, wenn man ein separates Programm zur Analyse einsetzen möchte (zum Beispiel mit ${run ...}). Dazu muss das ACL-Attribut decode angegeben werden. Als Argument kann ein Dateiname verwendet werden, einfacher ist es aber, nur

    decode = default

zu schreiben und Exim einen passenden und sicheren Dateinamen wählen zu lassen. Wenn decode nicht angegeben wird, wird der MIME-Teil nicht als Datei auf die Festplatte geschrieben, außer bei MIME-Teilen mit dem Typ message/rfc822.

In der MIME-ACL stehen mehrere Variablen zur Verfügung, die Informationen über den MIME-Teil enthalten und somit zur selektiven Filterung der E-Mails herangezogen werden können.

$mime_boundary
: Diese Variable enthält den MIME-Boundary-String, wenn der aktuelle Teil ein Multipart-Teil ist. Diese Information ist zum Filtern meist nicht interessant.

$mime_charset
: Diese Variable enthält den Zeichensatz aus dem Header Content-Type. Die folgende ACL-Anweisung lehnt zum Beispiel E-Mails mit einem bestimmten chinesischen Zeichensatz ab:
    ```
    deny condition = ${if eqi{$mime_content_type}{gb2312}{1}{0}}
    ```

$mime_content_description
: Diese Variable enthält die Beschreibung des MIME-Teils aus dem Header Content-Description.

$mime_content_disposition
: Diese Variable enthält den Inhalt des Headers Content-Disposition, zum Beispiel inline oder attachment.

$mime_content_id
: Diese Variable enthält den Inhalt des Headers Content-ID. Diese Information ist zum Filtern meist nicht interessant.

$mime_content_size
: Diese Variable enthält die Größe des dekodierten MIME-Teils in KByte, wenn decode verwendet wurde. Ansonsten ist diese Variable nicht gesetzt.

$mime_content_transfer_encoding
: Diese Variable enthält den Inhalt des Headers Content-Transfer-Encoding, zum Beispiel base64 oder quoted-printable.

$mime_content_type
: Diese Variable enthält den MIME-Typ des Teils in Kleinbuchstaben, ohne Zusätze wie charset, also zum Beispiel text/plain oder image/jpeg. Die folgende ACL-Anweisung lehnt beispielsweise HTML-E-Mails ab:
    ```
    deny message = HTML mail is not accepted here
         condition = ${if eq{$mime_content_type}{text/html}{1}{0}}
    ```

$mime_decoded_filename
: Diese Variable enthält den Namen der Datei, in der der MIME-Teil abgelegt wurde, wenn decode verwendet wurde.

$mime_filename
: Diese Variable enthält den vorgeschlagenen Dateinamen des MIME-Teils, entweder aus dem Header Content-Type oder aus dem Header Content-Disposition. Mit dieser ACL-Anweisung kann man zum Beispiel alle *.exe*-Dateien ablehnen:

```
deny condition = ${if match{$mime_filename}{\.exe\$}{1}{0}}
```
Diese Technik arbeitet wohlgemerkt nur mit dem Dateinamen, der zur Täuschung auch eine falsche Endung haben könnte.

$mime_is_coverletter

Diese Variable ist 1, wenn der aktuelle MIME-Teil ein »Begleitschreiben« (»cover letter«) ist. Das Gegenteil eines Begleitschreibens ist hier ein Anhang. Die E-Mail selbst, als oberste Ebene in der MIME-Teil-Schachtelung einer E-Mail, ist immer ein Begleitschreiben. Ebenso ist der jeweils erste Teil eines Multipart-Teils (außer bei multipart/alternative) ein Begleitschreiben. Alle anderen Teile, also ungefähr alle MIME-Teile außer dem jeweils ersten, zählen als Anhänge.

Damit kann man zwischen dem eigentlichen Text der E-Mail und Anhängen unterscheiden. Das folgende Beispiel verbietet HTML im Begleitschreiben, erlaubt aber HTML-Dateien als Anhang.

```
deny message = HTML mail is not accepted here
     !condition = $mime_is_rfc822
     condition = $mime_is_coverletter
     condition = ${if eq{$mime_content_type}{text/html}{1}{0}}
```

$mime_is_multipart

Diese Variable ist 1, wenn der aktuelle MIME-Teil den Haupttyp multipart hat. Diese Teile sind nur Behälter für andere Teile und müssen daher meist nicht separat geprüft werden.

$mime_is_rfc822

Diese Variable ist 1, wenn der aktuelle MIME-Teil Teil eines Anhangs vom Typ message/rfc822 ist, also eine E-Mail-Nachricht als Anhang an einer anderen E-Mail-Nachricht. Das Beispiel unter $mime_is_coverletter zeigt einen Anwendungsfall.

$mime_part_count

Diese Variable enthält die laufende Nummer des aktuellen MIME-Teils. Die E-Mail selbst hat die Nummer 0.

Es ist eine häufig vorkommende Anforderung an E-Mail-Filtersysteme, bestimmte MIME-Typen oder Dateinamen abzulehnen. Dies ist mit den hier vorgestellten Methoden sehr einfach und effizient möglich. Der einfacheren Wartung halber ist es aber sinnvoll, die Listen der zu blockierenden MIME-Typen beziehungsweise Dateinamen in eine externe Datei auszulagern. Hier ist ein kleines Beispiel, wie dies erreicht werden könnte.

Man legt zuerst irgendwo eine Datei mit den zu filternden MIME-Typen an, zum Beispiel */etc/exim/mime_types*, etwa mit diesem Inhalt:

```
text/html
image/jpeg
application/x-msdownload
message/external-body
```

Auf diese Datei kann dann mit folgender ACL-Bedingung zugegriffen werden:

```
deny condition = ${lookup {$mime_content_type} lsearch {/etc/exim/mime_
types}{yes}{no}}
```

Um Dateiendungen zu filtern, legt man folgende Datei, zum Beispiel unter */etc/exim/ mime_filenames*, an:

```
*.exe
*.com
*.pif
```

Auf diese Datei kann dann mit folgender ACL-Bedingung zugegriffen werden:

```
deny condition = ${lookup {$mime_filename} wildlsearch {/etc/exim/mime_
filenames}{yes}{no}}
```

Der Operator `wildlsearch` führt hier eine Wildcard-Suche durch.

Für komplexere Anwendungen können die einfachen Dateien auch durch verschiedene Datenbanktypen ersetzt werden. Weitere Informationen dazu enthält die Exim-Dokumentation.

Inhaltsanalyse

Neben der Analyse der MIME-Header ist es auch möglich, den Inhalt der E-Mail nach beliebigen regulären Ausdrücken zu durchsuchen. Dazu gibt es zwei zusätzliche ACL-Bedingungen: `regex` und `mime_regex`. Erstere durchsucht die gesamte E-Mail und wird in der DATA-ACL aufgerufen, Letztere durchsucht den aktuellen MIME-Teil und wird in der MIME-ACL aufgerufen. Das Argument beider Bedingungen ist eine Liste regulärer Ausdrücke, zum Beispiel:

```
deny message = I'm already rich enough
     regex = [Mm]ake [Mm]oney [Ff]ast : [Ee]arn [Ee]xtra [Cc]ash
```

Wenn in einem Ausdruck ein Doppelpunkt vorkommen soll, muss er, wie überall in Exim, verdoppelt werden, weil er sonst wie in diesem Beispiel als Listentrennzeichen fungiert. Ebenso muss vor Dollarzeichen und Backslash ein weiterer Backslash gestellt werden, denn ein Dollarzeichen steht sonst für eine Variablenersetzung.

Diese Funktionalität ist nützlich, um auf die Schnelle mit einem Ansturm von Spam oder Viren fertig zu werden. Für die Erkennung von Spam gibt es aber eine flexiblere und vollständigere Lösung, auch im Rahmen des Content-Scanning-Feature von Exim; siehe unten.

Das Virenscannen

Externe Virenscanner können direkt aus Exim aufgerufen und die Ergebnisse in einer ACL ausgewertet werden.

Zuerst muss der zu verwendende Virenscanner mit der Option `av_scanner` im ersten Teil der Konfigurationsdatei bestimmt werden. Das Format dieser Option ist:

```
av_scanner = typ:option:option...
```

Da Virenscanner kein einheitliches Interface haben, kennt Exim explizit ein halbes Dutzend Virenscanner. Der *typ* bestimmt hier das spezielle Protokoll. Die Bedeutung der Optionen hängt vom Scannertyp ab; in der Regel sind es Kommunikationsparameter. Um zum Beispiel den freien Virenscanner ClamAV zu verwenden, wird folgende Einstellung genommen:

```
av_scanner = clamd:/var/run/clamav/clam.ctl
```

Die Exim-Dokumentation enthält eine Liste der aktuell unterstützten Virenscanner.

Ist ein Virus gefunden, ist die ACL-Bedingung malware erfüllt. Diese Bedingung kann nur in DATA-ACL verwendet werden, da vorher der Inhalt der E-Mail noch nicht bekannt ist. Der Name des Virus steht dann in der Variablen $malware_name. Die Bedingung malware erfordert ein Argument: true, * oder 1 machen die Bedingung wahr, wenn ein Virus gefunden wurde. false oder 0 machen die Bedingung immer falsch. Ein regulärer Ausdruck macht die Bedingung wahr, wenn der Name des gefundenen Virus auf den Ausdruck passt. In der Regel sollte hier * stehen.

Das folgende Beispiel zeigt eine einfache ACL-Anweisung, um E-Mails mit Viren abzulehnen:

```
deny message = This message contains malware ($malware_name)
     demime = *
     malware = *
```

Die Bedingung demime sorgt dafür, dass alle MIME-Teile entpackt werden, bevor sie dem Virenscanner übergeben werden. Ob dies nötig ist, hängt vom Virenscanner ab. Im Zweifelsfall kann es nicht schaden.

Wenn der Virenscanner ausgefallen ist, würde das obige Beispiel die E-Mail ablehnen. Das folgende Beispiel würde in diesem Fall die E-Mail vorsichtshalber lieber annehmen.

```
deny message = This message contains malware ($malware_name)
     demime = *
     malware = */defer_ok
```

Mit diesem Verfahren kann nur ein Virenscanner verwendet werden. Wenn mehrere Virenscanner gleichzeitig eingesetzt werden sollen, muss av_scanner auf eine Variable gesetzt werden, die von den ACL Anweisungen dynamisch gesetzt wird, zum Beispiel:

```
av_scanner = $acl_m0
...
begin acl
...
deny message = This message contains malware ($malware_name)
     set acl_m0 = clamd:/var/run/clamav/clam.ctl
     malware = *
```

```
deny message = This message contains malware ($malware_name)
     set acl_m0 = fsecure
     malware = *
```

Weitere Informationen zur Auswahl und Konfiguration von Virenscannern befinden sich in Kapitel 7, *Virenscanner*.

Spam-Erkennung

Das Programm SpamAssassin zur Spam-Erkennung kann direkt aus Exim aufgerufen werden, und die Ergebnisse können in einer ACL ausgewertet werden. Dazu gibt es eine neue ACL-Bedingung spam, die erfüllt ist, wenn SpamAssassin die E-Mail als Spam eingestuft hat. Diese Bedingung kann nur in DATA-ACL verwendet werden, da vorher der Inhalt der E-Mail noch nicht bekannt ist.

Das folgende Beispiel zeigt eine einfache ACL-Anweisung, um als Spam eingestufte E-Mails abzulehnen:

```
deny message = This message was classified as SPAM
     spam = nobody
```

Das Argument der Bedingung spam ist der Name eines Benutzers, unter dem SpamAssassin aufgerufen werden soll. nobody ist hier in der Regel ausreichend.

Weitere Informationen zu SpamAssassin und dessen Zusammenarbeit mit Exim finden sich in Kapitel 4, *SpamAssassin*.

local_scan()

Wenn ganz besonders ausgefallene Anforderungen an die Content-Scanning-Features von Exim bestehen, ist es möglich, eine eigene Scan-Funktion in C zu schreiben und in Exim einzubauen. Diese Funktion heißt local_scan() und wird nach der DATA-ACL ausgeführt, kurz bevor die Nachricht angenommen wird. local_scan() kann die E-Mail nach Belieben analysieren bzw. umschreiben und kann die üblichen Ergebnisse »accept«, »deny« und so weiter zurückgeben.

Um eine eigene local_scan()-Funktion in Exim einzubauen, muss man diese entweder in den Sourcecode-Baum von Exim kopieren und Exim neu bauen, oder man muss Exim patchen, damit es local_scan()-Module zur Laufzeit laden kann. Letzterer Patch ist in vielen Paketen schon enthalten. Weitere Informationen zu diesen Themen gibt es in den Installationsanleitungen der jeweiligen Software.

Ein populäres Programm, das local_scan() verwendet, ist SA-Exim, das Spam-Erkennung abwickelt und dazu SpamAssassin aufruft. SA-Exim ist einfach zu konfigurieren und wird im Bereich der Spam-Filterung oft der eingebauten Content-Scanner-Funktionalität vorgezogen. Weitere Informationen zu SA-Exim findet man in Kapitel 4, *SpamAssassin*.

Post-SMTP-Filterung

Alle bisher vorgestellten Filterlösungen für Exim analysieren E-Mails während des SMTP-Dialogs. Dies hat den Vorteil, dass man unerwünschte E-Mails nicht annehmen muss und sinnvolle Fehlermeldungen senden kann. Andererseits muss die Analyse während des SMTP-Dialogs relativ schnell ablaufen, da SMTP-Clients nicht unbegrenzt auf Antwort warten. Wenn es bei der Content-Analyse zu Performanceproblemen kommen sollte oder aber die angebotenen Lösungen nicht dem eigenen Geschmack entsprechen, ist es auch möglich, alle E-Mails anzunehmen und erst danach an ein externes Content-Analyseprogramm zu übergeben. Ein solches Programm ist Amavisd-new, das in Kapitel 8, *AMaViS* beschrieben wird. Amavisd-new kann auf Viren scannen, SpamAssassin aufrufen, MIME-Typen erkennen und bietet einige weitere Konfigurationsmöglichkeiten. Eventuell ist es sinnvoll, Amavisd-new mit in Exim implementierten leichtgewichtigen ACL-Filtern zu kombinieren.

Sendmail

Dieser Abschnitt beschreibt, welche Konfigurationsmöglichkeiten der MTA Sendmail bietet, um sich gegen Spam, Viren und E-Mail-Missbrauch zu verteidigen.

Dieser Abschnitt und dieses Buch beziehen sich auf Sendmail ab Version 8.12.

Sendmail war ursprünglich *der* MTA im Internet und ist auch heute noch der am weitesten verbreitete. Sendmail entstand in einer Zeit, in der SMTP noch nicht das allgemein gültige E-Mail-Protokoll war, und trotz einiger Aufräumarbeiten im Laufe der Zeit unterstützt Sendmail auch heute noch eine Reihe anderer, teils archaisch anmutender »Mail«-Protokolle im weitesten Sinn. Sendmail war lange wegen regelmäßig aufgedeckter Sicherheitslücken und unsicherer Standardkonfigurationen berüchtigt, was wohl auch damit zusammenhängt, dass es noch aus einer Zeit stammt, in der das Internet ein Forschungsnetz war. Diese Probleme sind aber heute nicht mehr akut.

Sendmail ist ebenso berüchtigt für die komplizierte Konfiguration, verglichen mit anderen verfügbaren MTA-Paketen. In der Tat soll Sendmail hier nicht als Empfehlung für Einsteiger stehen. Trotzdem bietet Sendmail heute umfangreiche Features, um sichere E-Mail-Systeme aufzubauen und diese gegen Spam und Viren zu verteidigen.

Grundlagen der Sendmail-Konfiguration

Die Konfigurationsdateien von Sendmail liegen normalerweise im Verzeichnis */etc/mail/*. Die Hauptkonfigurationsdatei ist *sendmail.mc*. Diese Datei wird mit dem Makroprozessor m4 verarbeitet, wodurch die Datei *sendmail.cf* entsteht, die die eigentliche von Sendmail verwendete Konfigurationsdatei ist. Das Format der Datei *sendmail.cf* ist legendär unleserlich, aber einige Experten schreiben sie trotzdem von Hand. Dies wird aber sowohl von den Sendmail-Autoren als auch von den Autoren dieses Buchs nicht empfohlen. Um *sendmail.cf* nach Änderungen in *sendmail.mc* neu zu bauen, geht man ins Verzeichnis */etc/mail/* und ruft einfach make auf.

Beim Schreiben von *sendmail.mc* muss die Makrosyntax von m4 beachtet werden. m4-Makros bestehen aus einem Namen, gefolgt von Argumenten in Klammern. Argumente, besonders wenn sie Leerzeichen oder Sonderzeichen enthalten, sollten wie im folgenden Beispiel gequotet werden.

```
FEATURE(`mailertable', `dbm /usr/lib/mailertable')
```

Mit dem speziellen »Makro« define werden neue Makros definiert. Dies wird gelegentlich verwendet, um Konfigurationseinstellungen zu bestimmen. Häufig zu sehen ist ebenfalls das »Makro« dnl, das einfach den Rest der Zeile aus der Ausgabe löscht, also zum Beispiel für Kommentare verwendet werden kann. Es steht auch häufig allein am Ende einer Zeile, um überflüssige Zeilenumbrüche in der Ausgabedatei zu vermeiden, ist in dieser Funktion aber rein kosmetisch.

Die Reihenfolge der Makros in der Datei *sendmail.mc* sollte in etwa so aussehen:

```
VERSIONID(...)
OSTYPE(...)
DOMAIN(...)
FEATURE(...)
...
lokale Makrodefinitionen ...
...
MAILER(...)
...
LOCAL_CONFIG
...
LOCAL_RULE_*
...
LOCAL_RULESETS
...
```

Dies sollte im Folgenden beachtet werden, wenn eigene Konfigurationseinstellungen in die vorhandene Konfiguration eingebaut werden.

Weitere Dateien im Verzeichnis */etc/mail/* enthalten verschiedene Listen und Datenbanken, die von Sendmail verwendet werden. Einige werden im Folgenden angesprochen. Bei Änderungen ist auch hier normalerweise ein Aufruf von make erforderlich, um die Textdateien in ein internes, effizienteres Datenbankformat umzuwandeln.

Privacy-Options

Privacy-Options sind eine Reihe von Einstellungen, die die Sicherheit des Mailservers erhöhen, indem weniger unnötige Informationen an Dritte herausgegeben werden. Eingestellt werden die gewünschten Optionen über die folgende Makro-Definition:

```
define(`confPRIVACY_FLAGS', `goaway,noreceipts,restrictmailq,restrictqrun')dnl
```

Die folgenden sind die wichtigsten Optionen:

authwarnings
: Mit dieser Option wird ein Header X-Authentication-Warning in die E-Mail eingefügt, wenn der Verdacht besteht, dass Adressinformationen in der E-Mail gefälscht worden sind oder dies versucht wurde. Dies passiert unter anderem, wenn der Hostname im HELO-Befehl falsch war.

goaway
: Dies ist eine Abkürzung für authwarnings, noexpn, novrfy, needmailhelo, needexpnhelo und needvrfyhelo.

needexpnhelo
: Mit dieser Option wird verlangt, dass der Client ein HELO sendet, bevor er den SMTP-Befehl EXPN verwenden kann.

needmailhelo
: Mit dieser Option wird verlangt, dass der Client ein HELO sendet, bevor er den SMTP-Befehl MAIL TO verwenden kann. Der HELO-Befehl ist vom Standard vorgegeben, daher ist diese Einstellung im Prinzip unbedenklich. Viren und Spammer, aber auch eigene, auf die Schnelle zusammengebaute Skripten vergessen manchmal den HELO-Befehl. Die eigenen Skripten sollte man berichtigen.

needvrfyhelo
: Mit dieser Option wird verlangt, dass der Client ein HELO sendet, bevor er den SMTP-Befehl VRFY verwenden kann.

noexpn
: Mit dieser Option wird der SMTP-Befehl EXPN ausgeschaltet. Dieser Befehl dient dazu, einen SMTP-Server zu fragen, für welche Adressen ein bestimmtes Alias steht. Dies wird in der Praxis so gut wie nie benutzt, außer von Adresssammlern. Und auf E-Mail-Gateway-Systemen ist dieser Befehl ohnehin nutzlos.

noreceipts
: Mit dieser Option werden Empfangsbestätigungen ausgeschaltet.

novrfy
: Mit dieser Option wird der SMTP-Befehl VRFY ausgeschaltet. Dieser Befehl dient dazu, einen SMTP-Server zu fragen, ob eine bestimmte E-Mail-Adresse existiert. Dies wird in der Praxis so gut wie nie benutzt, außer von Adresssammlern. Und auf E-Mail-Gateway-Systemen ist dieser Befehl ohnehin nutzlos.

restrictmailq
: Wenn diese Option gesetzt ist, dürfen nur privilegierte Benutzer den Befehl `mailq` verwenden, der den Inhalt der Queue anzeigt.

restrictqrun
: Wenn diese Option gesetzt ist, dürfen nur privilegierte Benutzer den Befehl `sendmail -q` verwenden, der die Queue-Verarbeitung startet.

Wenn dem nichts ausdrücklich entgegensteht, wird empfohlen, sämtliche dieser Optionen einzuschalten.

Access-Datenbank

Die Access-Datenbank bestimmt, welche E-Mails der eigene Mailserver annehmen soll. Dabei kann die Adresse des verbindenden Clients, die Envelope-Absenderadresse und die Envelope-Empfängeradresse geprüft werden.

Um dieses Feature zu aktivieren, muss

```
FEATURE(`access_db')dnl
```

in die Konfigurationsdatei eingetragen werden. Die Access-Datenbank selbst liegt in der Datei */etc/mail/access*, die wie oben beschrieben nach Änderungen neu aufgebaut werden muss. Die Datei besteht aus einem Suchschlüssel und einer Aktion pro Zeile, getrennt durch Leerzeichen. Der Suchschlüssel kann eine IP-Adresse, eine Domain, eine E-Mail-Adresse oder der Benutzernamen-Teil einer E-Mail-Adresse sein. Beispiel 3-7 zeigt eine Access-Datenbank.

Beispiel 3-7: Eine Access-Datenbank

```
# Keine E-Mail von dieser Domain ...
example1.tld        REJECT
# ... außer von diesem Host.
okay.example1.tld   RELAY

# Diese Domain ist in Ordnung.
example2.tld        RELAY

# IP-Netzwerkangaben
Connect:10.0        REJECT

192.168.4.128       RELAY
192.168.4           REJECT

# Joe ist okay, der Rest schickt nur Spam.
joe@example4.tld    OK
example4.tld        REJECT

# Wir haben keine Freunde ...
From:friend@        REJECT
```

Ein Suchschlüssel gilt implizit für Client-Adresse, Envelope-Absenderadresse und Envelope-Empfängeradresse. Um einen Suchschlüssel nur für eine bestimmte Adressgruppe zu verwenden, muss das Präfix `Connect:` oder `From:` beziehungsweise `To:` vorangestellt werden, wie in Beispiel 3-7 gezeigt. Suchschlüssel werden zuerst mit Präfix und danach ohne Präfix gesucht.

Eine Domain-Angabe wird automatisch auch für Subdomains beziehungsweise Hosts in der Domain verwendet. Wenn `FEATURE(relay_hosts_only)` verwendet wird, müssen alle Hosts explizit angegeben werden. Alternativ kann `FEATURE(lookupdotdomain)` verwendet werden, dann wird mit dem Suchschlüssel `.domain.com` (führender Punkt) nur nach Subdomains gesucht. Nur eines dieser Features sollte verwendet werden.

Die Reihenfolge der Einträge ist egal. Ein spezifischerer Suchschlüssel wird immer einem allgemeineren vorgezogen.

Folgende Aktionen können auf der rechten Seite von Einträgen in der Access-Datenbank verwendet werden:

OK
: Die E-Mail wird angenommen, aber nur, wenn der Empfänger lokal ist.

RELAY
: Die E-Mail wird angenommen, eventuell auch für entfernte Empfänger. Dies sollte in der Regel statt OK verwendet werden.

REJECT
: Die Verbindung, der Absender beziehungsweise der Empfänger wird abgelehnt. (Der Client kann danach zum Beispiel weitere Empfänger ausprobieren.)

DISCARD
: Die E-Mail wird scheinbar erfolgreich angenommen und dann verworfen.

SKIP
: Damit wird die Suche abgebrochen und das Standardverhalten angewendet (nur bei Hostnamen und IP-Adressen möglich). Damit diese Aktion benutzt werden kann, muss `'skip'` als drittes Argument in der Feature-Deklaration angegeben werden, also zum Beispiel:
```
FEATURE(`access_db', , `skip')dnl
```

ERROR:*xxx Text* ...
: Die E-Mail wird mit dem Fehlercode *xxx* und dem Text als Fehlermeldung abgelehnt.

ERROR:*y.y.y:xxx Text* ...
: Die E-Mail wird mit dem Fehlercode *xxx* und dem erweiterten Fehlercode *y.y.y* (siehe RFC 1893) sowie dem Text als Fehlermeldung abgelehnt, zum Beispiel:
```
ERROR:4.2.2:450 mailbox full
```

Wenn

```
FEATURE(`blacklist_recipients')dnl
```

verwendet wird, gilt die Access-Datenbank auch für Empfängeradressen, ansonsten werden Empfängeradressen nicht geprüft. So kann man auch lokale Adressen vom E-Mail-Empfang ausschließen, zum Beispiel:

```
info@mydomain.com    REJECT
sales@               REJECT
```

Mit einer Access-Datenbank kann sehr präzise bestimmt werden, mit welchen anderen Hosts der eigene Mailserver kommunizieren darf. Damit aber nicht jede Mailserver-Installation selbst eine lange Liste von unerwünschten Hosts zusammenstellen muss, gibt es derartige Listen schon im Internet, bekannt als DNS-Blackhole-Lists. Deren Verwendung wird in Kapitel 5, *DNS-basierte Blackhole-Lists* beschrieben.

Werden DNS-Blackhole-Lists verwendet, sollten aus Sicherheits- und Effizienzgründen die eigenen Netzwerke in der Access-Datenbank »gewhitelistet« werden, zum Beispiel:

```
Connect:10.1          OK
Connect:127.0.0.1     RELAY
```

Die Access-Datenbank überstimmt DNS-Blackhole-Lists.

Verzögerte Auswertung

Normalerweise wird die Access-Datenbank während der entsprechenden Phasen des SMTP-Dialogs ausgewertet: zuerst nach der Verbindung, dann nach dem MAIL-Befehl, dann nach dem RCPT-Befehl. Mit dem Feature

```
FEATURE(`delay_checks')dnl
```

wird die Auswertung aller Access-Regeln erst nach dem RCPT-Befehl vorgenommen, und zwar effektiv *in umgekehrter Reihenfolge*: erst die Empfänger-Prüfung, dann die Absender-Prüfung, dann die Prüfung der Client-Adresse. Dies hat zum Beispiel den Effekt, dass ein Eintrag wie

```
mydomain.com          RELAY
```

dazu führt, dass E-Mails mit gefälschter Absenderadresse user@mydomain.com unbegrenzten Relay-Zugriff auf den Mailserver haben. In diesem Fall müssen die Suchschlüssel in der Datenbank qualifiziert werden, wie zum Beispiel

```
To:mydomain.com       RELAY
Connect:mydomain.com  RELAY
```

Der Sinn dieses Features ist jedoch, dass man für bestimmte Empfänger Ausnahmen von den Access-Datenbankregeln erstellen kann. Dazu ist es nötig, dass die Empfängeradresse zuerst geprüft wird.

Hier gibt es zwei Möglichkeiten. Zum einen kann man schreiben:

```
FEATURE(`delay_checks',`friend')dnl
```

Empfängeradressen werden dann zuerst mit dem Präfix Spam: in der Access-Datenbank geprüft und überspringen alle folgenden Prüfungen, wenn die Aktion auf der rechten Seite FRIEND (etwa: »Freund von Spam«) ist, zum Beispiel:

```
Spam:abuse@         FRIEND
Spam:postmaster@    FRIEND
```

Die umgekehrte Logik lässt sich erreichen, indem man schreibt:

```
FEATURE(`delay_checks',`hater')dnl
```

Empfängeradressen werden dann zuerst mit dem Präfix Spam: in der Access-Datenbank geprüft und alle folgenden Prüfungen werden *nur* ausgeführt, wenn die Aktion auf der rechten Seite HATER ist. Die erste Logik ist in der Regel nützlicher.

Greet-Pause

Eine Möglichkeit, den massenhaften Versand von E-Mails etwas aufzuhalten, ist, den sendenden Client ein wenig warten zu lassen. Dazu dient das Feature »Greet-Pause« (Begrüßungspause). Damit wird nach dem Aufbau der TCP/IP-Verbindung eine angegebene Zeit gewartet, bis die SMTP-Begrüßung gesendet wird. Übereifrige Clients, die Daten schon vor der Begrüßung senden, insbesondere Viren, die keine vollständige SMTP-Implementierung mitführen, werden abgelehnt.

Das hier beschriebene Feature gibt es erst ab Sendmail Version 8.13.

Um eine Greet-Pause zu konfigurieren, wird folgender Eintrag in der Konfigurationsdatei verwendet:

```
FEATURE(greet_pause,5000)dnl
```

Die Zeitangabe erfolgt in Millisekunden, also hier fünf Sekunden.

Die Greet-Pause kann auch mit der Access-Datenbank kombiniert werden, um unterschiedliche Greet-Pause-Einstellungen für verschiedene Domains vorzunehmen. Damit dies möglich ist, muss zunächst FEATURE(access_db) vor FEATURE(greet_pause,...) stehen. Neuere Sendmail-Versionen geben im umgekehrten Fall eine Warnung aus. In der Access-Datenbank kann dann mit dem Präfix GreetPause: eine Greet-Pause für den jeweiligen Suchschlüssel angegeben werden. Sinnvoll sind hier nur IP-Adressen und Hostnamen, keine E-Mail-Adressen. Vor allem ist es nützlich, die Greet-Pause für die eigene Domain abzustellen:

```
GreetPause:mydomain.com    0
```

Wenn kein Eintrag in der Access-Datenbank gefunden wurde, wird der im FEATURE-Makro angegebene Wert als Standard verwendet. Ist im FEATURE-Makro kein zweites Argument angegeben, wird in dem Fall gar nicht gewartet.

Rate-Control und Connection-Control

Alternativ zur Greet-Pause kann man den massenhaften Versand von E-Mail auch eindämmen, indem man einschränkt, wie viele Verbindungen ein Client pro Zeiteinheit aufbauen darf. Überzählige Clients erhalten dann eine vorübergehende Ablehnung, die aber von vielen Viren mit eingeschränkter SMTP-Implementierung nicht verstanden wird, was dazu führt, dass sie es nicht wieder versuchen. Dieses Feature ist jedoch nur für sehr große Mailserver-Installationen interessant.

Das hier beschriebene Feature gibt es erst ab Sendmail Version 8.13.

Um das Rate-Control-Feature zu aktivieren, wird folgender Eintrag in der Konfigurationsdatei verwendet:

    FEATURE(ratecontrol, ,terminate)dnl

Das dritte Argument terminate bestimmt hier, dass bei überzähligen Clients die SMTP-Verbindung sofort geschlossen wird. Ansonsten könnten unfreundliche Clients weiterhin SMTP-Befehle senden (die alle Fehler zur Folge hätten), was normalerweise nicht wünschenswert ist. Der Eintrag FEATURE(rate_control,...) muss nach FEATURE(access_db) stehen. Wenn FEATURE(delay_checks) (siehe oben) verwendet wird, muss

    FEATURE(ratecontrol,nodelay,terminate)dnl

geschrieben werden, damit die Auswertung dieses Features nicht verzögert wird.

Das Rate-Control-Feature wird über die Access-Datenbank konfiguriert. Vor die Suchschlüssel wird dazu das Präfix ClientRate: gestellt, um zu bestimmen, wie viele Verbindungen pro Minute der Client öffnen darf, zum Beispiel:

    ClientRate:192.168.1.14   5
    ClientRate:127.0.0.1   0
    # für alle anderen:
    ClientRate: 10

Der Wert 0 steht für »unbegrenzt«.

Zusätzlich ist es auch möglich, die Anzahl gleichzeitiger Verbindungen von einem Client zu kontrollieren. Dieses Feature funktioniert nahezu identisch mit dem oben beschriebenen. Die Feature-Deklaration ist:

    FEATURE(`conncontrol', ,`terminate')dnl

Diese muss ebenso nach FEATURE(access_db) stehen. Wie oben gilt auch hier, dass, wenn FEATURE(delay_checks) verwendet wird,

```
FEATURE(conncontrol,nodelay,terminate)dnl
```

geschrieben werden muss.

Das Präfix in der Access-Datenbank ist ClientConn:, zum Beispiel:

```
ClientRate:192.168.1.14    5
ClientRate:127.0.0.1       0
# für alle anderen:
ClientRate:                10
```

In extremen Fällen kann es auch nötig sein, die Gesamtzahl neuer Verbindungen pro Sekunde zu beschränken. Dies geht mit folgender Definition:

```
define(`confCONNECTION_RATE_THROTTLE', `10')dnl
```

Ohne diese Definition, oder mit einer nicht-positiven Zahlenangabe, wird die Anzahl der neuen Verbindungen nicht eingeschränkt.

Erwähnenswert ist in diesem Zusammenhang auch noch folgende Einstellung. Mit

```
define(`confBAD_RCPT_THROTTLE', `3')dnl
```

wird nach hier drei ungültigen Empfängern, also Benutzern, die lokal nicht existieren, bei jedem weiteren RCPT-Befehl eine einsekündige Pause als Bremse eingelegt. Mit

```
define(`confMAX_RCPTS_PER_MESSAGE', `10')dnl
```

wird die maximale Anzahl von Empfängern im Envelope auf zehn beschränkt, um Massen-E-Mails zu verhindern. Korrekt implementierte Clients werden versuchen, die E-Mail an die überzähligen Empfänger später zu senden.

Milter

Sendmail hat eine eigene Schnittstelle, um externe Programme zur E-Mail-Filterung und Content-Analyse einzubinden. Diese Schnittstelle heißt offiziell »Sendmail Mail Filter API«, wird inoffiziell jedoch bevorzugt Milter genannt. Ebenso werden die so verwendeten externen Programme Milter genannt.

Milter-Programme laufen als Server und kommunizieren mit Sendmail über ein spezielles Protokoll. Milter können in verschiedenen Phasen des SMTP-Dialogs aufgerufen werden, und sie haben flexible Möglichkeiten, E-Mails abzulehnen, zu verwerfen oder auf verschiedene Arten umzuschreiben.

Milter werden über das Makro INPUT_MAIL_FILTER in die Konfiguration eingebunden. Dies sieht zum Beispiel so aus:

```
INPUT_MAIL_FILTER(mymilter, `S=unix:/var/run/mymilter/sock, F=T')dnl
```

Das erste Argument gibt den Namen des Milters an. Das zweite Argument bestimmt den Kommunikationsmodus, hier über ein Unix-Domain-Socket, und das Fehlerverhalten, hier eine temporäre Ablehnung, sowie optional weitere Einstellungen. Ein INPUT_MAIL_FILTER-Aufruf steht am günstigsten in dem Abschnitt, der oben als »lokale Makrodefinitionen« bezeichnet wurde.

Es gibt vorgefertigte Milter für die unterschiedlichsten Belange. Eine Übersicht gibt es auf *http://www.milter.org/*. Der populärste und mächtigste Milter ist MIMEDefang. Damit können Virenscanner und Spam-Erkennungssoftware aufgerufen und weitere Analysen des Inhalts der E-Mail vorgenommen werden. Diese Software wird für viele Anwender von Sendmail unverzichtbar im Kampf gegen Viren und Spam sein. MIMEDefang wird in Kapitel 10, *MIMEDefang* behandelt. Alternativ gibt es auch kleinere Milter-Pakete, die nur einen Teil dieser Aufgaben erledigen, zum Beispiel einen Milter für den Virenscanner ClamAV. Diese werden in den folgenden Kapiteln im Zusammenhang mit der jeweiligen Spam- oder Virenerkennungstechnik, die sie implementieren, beschrieben.

KAPITEL 4
SpamAssassin

SpamAssassin ist eine Software zur Erkennung von Spam. SpamAssassin analysiert eingehende E-Mails und errechnet eine Punktzahl, die anzeigt, mit welcher Wahrscheinlichkeit die E-Mail als Spam anzusehen ist. Anhand dieser Punktzahl kann der Anwender entscheiden, ob die E-Mail aussortiert werden soll. Um diese Punktzahl zu berechnen, verwendet SpamAssassin eine umfangreiche und erweiterbare Testsammlung, die Spam auf viele Arten identifizieren kann. Aufgrund dieses umfassenden Ansatzes ist SpamAssassin heute im Open Source-Bereich unangefochten die führende Software zur Spam-Bekämpfung.

Dieses Kapitel beschreibt die Funktionsweise von SpamAssassin, zeigt, wie man SpamAssassin anpassen und erweitern kann, und erläutert die Einbindung von SpamAssassin in vorhandene E-Mail-Systeme.

Dieses Kapitel bezieht sich ausschließlich auf SpamAssassin Version 3.0 oder später. Hinweise, die die Unterschiede zwischen dieser und den älteren Versionen der Reihe 2.x beschreiben, findet man auf der Webseite *http://spamassassin.apache.org/full/3.0.x/dist/UPGRADE*.

Wie SpamAssassin arbeitet

Um eine E-Mail als Spam oder Nicht-Spam einzustufen, gibt es kein exaktes technisches Kriterium. Weder die technischen noch die juristischen Definitionen von Spam sind einheitlich. Aus diesem Grund kann SpamAssassin prinzipiell nicht bestimmen, ob eine bestimmte E-Mail tatsächlich Spam ist, sondern nur, wie wahrscheinlich dies ist. Um diese Wahrscheinlichkeit zu bestimmen, prüft SpamAssassin eine E-Mail auf verschiedene Anzeichen, die auf Spam hindeuten könnten. Dazu gehört unter anderem:

- das Vorkommen von verdächtigen Phrasen in der E-Mail
- das Vorkommen von bestimmten Header-Zeilen in der E-Mail
- die Ähnlichkeit der E-Mail mit zuvor als Spam eingestuften E-Mails
- die Analyse durch externe Spam-Erkennungstechniken

Die Summe der auf diese Art entdeckten verdächtigen Anzeichen bestimmt die Wahrscheinlichkeit, dass eine E-Mail Spam sein könnte, wobei die verschiedenen Kriterien unterschiedlich gewichtet sind.

Der Rest dieses Abschnitts beschreibt, welche Anzeichen zur Spam-Erkennung herangezogen werden und wie die Spam-Wahrscheinlichkeit berechnet wird.

Tests und Punkte

SpamAssassin kodifiziert die verschiedenen Spam-Anzeichen in so genannten Tests. Ein Test ist eine Prüfungsvorschrift, die auf eine E-Mail angewendet wird und entweder erfolgreich ist oder nicht. Die meisten Tests prüfen, ob ein regulärer Ausdruck in der E-Mail vorkommt, aber es gibt auch andere Testarten. Zu jedem Test gehört eine Punktzahl (englisch: score). Die Summe der Punkte aller erfolgreichen Tests ist die Spam-Punktzahl der E-Mail.

Für die Bedeutung der Spam-Punktzahlen gilt Folgendes: E-Mails mit negativer Punktzahl sind eher nicht Spam; E-Mails mit positiver Punktzahl enthalten tendenziell Spam. Je höher die Punktzahl in der jeweiligen Richtung, desto wahrscheinlicher ist die Einstufung. Von den SpamAssassin-Entwicklern ist vorgegeben, dass eine E-Mail ab der Punktzahl 5 als Spam angesehen werden kann. Dies ist aber letzten Endes Geschmackssache. Nach der Lektüre dieses Kapitels kann der Leser selbst entscheiden, wie aggressiv oder konservativ die eigene SpamAssassin-Installation konfiguriert werden soll.

Die meisten Tests in SpamAssassin sind positive Tests, das heißt, sie testen auf Anzeichen von Spam. Es gibt jedoch auch einige negative Tests, die auf Anzeichen prüfen, dass eine E-Mail eher nicht Spam ist. Beide Arten von Tests funktionieren vollkommen identisch.

Statische Tests

Der Großteil der Tests in SpamAssassin sind so genannte statische Tests. Sie prüfen einen bestimmten Aspekt der vorliegenden E-Mail und sind genau dann erfolgreich, wenn dieser Aspekt aufzufinden war. Diese Tests sind also unabhängig von früheren Läufen oder externen Datenbanken.

Die Zusammenstellung der statischen Tests hat sich im Laufe der Jahre aus den Beobachtungen und Erfahrungen der SpamAssassin-Entwickler und -Anwender ergeben. Viele Tests könnte der Gelegenheitsanwender selbst erstellen, zum Beispiel die zahlreichen Tests, die nach Werbephrasen in den E-Mails suchen, wie »Make money fast«, »Extra Cash« oder auch »Click to be removed«. Dazu kommen zahlreiche Phrasen, in denen Medizin, Drogen oder pornografisches Material angeboten wird. Einige Tests »bestrafen« E-Mails, die HTML enthalten. Dies mag kontrovers sein, Tatsache ist aber, dass E-Mails, die HTML enthalten, öfter Spam sind als solche, die kein HTML enthalten. Weitere Tests prüfen die Kopfzeilen der E-Mails auf Verdachtsmomente. Dazu gehören zum Beispiel E-Mails ohne Betreff, Betreffzeilen mit vielen Ausrufezeichen, Absenderadressen ohne Namensangabe oder viele ähnliche Empfängeradressen, woraus man schließen könnte, dass diese aus einer Adressdatenbank stammen. Schließlich prüfen einige Tests auch, ob die interne Kodierung der E-Mail gültig ist oder Merkmale aufweist, die oft in Spam vorkommen.

Keiner dieser Tests ist absolut zuverlässig. Es kann sicherlich vorkommen, dass jemand einen Newsletter per E-Mail bestellt, der den Hinweis »Click to be removed« enthält. Ebenso ist das Senden von HTML-E-Mails in vielen Kreisen legitim. Fehlerhafte Header können gleichermaßen auf fehlerhaft konfigurierte E-Mail-Programme hindeuten. Entscheidend ist, dass diese Tests von den SpamAssassin-Entwicklern in einem aufwendigen Verfahren gegen eine große Anzahl tatsächlich versendeter E-Mails geprüft werden. Dabei werden die Punktzahlen der einzelnen Tests so gewichtet, dass eine Minimalzahl falscher Positive und falscher Negative auftreten. Einzelne Tests könnten also in einzelnen Fällen bei einer E-Mail falsch liegen. Die Gesamtheit der Tests und ihrer Gewichtungen kann aber als ausgesprochen treffsicher betrachtet werden.

Wenn die Endanwender des E-Mail-Systems in Bereichen tätig sind, die oft das Thema von Spam-E-Mails sind, zum Beispiel im Gesundheitswesen oder im Finanzwesen, insbesondere, wenn sie auch mit englischsprachiger Korrespondenz zu tun haben, sollte der Einsatz von SpamAssassin unbedingt sorgfältig evaluiert werden, und eventuell müssen die Tests angepasst werden, um den Verlust von legitimen E-Mails zu verhindern.

Der Nachteil von statischen Tests ist, insbesondere bei einer weit verbreiteten Software wie SpamAssassin, dass die Spammer die Tests ebenfalls kennen. In vielen Fällen werden Spam-E-Mails anscheinend auf SpamAssassin »optimiert«, so dass möglichst wenige Tests erfolgreich sind. Dies schränkt den Nutzen von statischen Tests erheblich ein. Ungeachtet dessen sind sie nach wie vor effektiv, und auch dynamische Tests sind nicht vor »Optimierung« gefeit. Wichtig ist auf jeden Fall, dass die Testsammlung regelmäßig angepasst und aktualisiert wird, was mit jedem SpamAssassin-Release geschieht.

Dynamische Tests

Dynamische Tests im hier verwendeten Sinn sind SpamAssassin-Tests, die lernfähig sind. Durch Analyse des laufenden E-Mail-Verkehrs und durch gezieltes Training kann SpamAssassin die E-Mail-Bewertung an die spezifische Umgebung anpassen. Dazu bietet SpamAssassin zwei verschiedene Systeme: Bayessche Klassifizierung und Autowhitelisting.

Bayessche Klassifizierung

Das Bayessche Klassifizierungssystem vergleicht den Inhalt einer neuen E-Mail mit den Inhalten der bisher als Spam oder Nicht-Spam klassifizierten E-Mails und kann daraus berechnen, wie wahrscheinlich es ist, dass die neue E-Mail Spam oder Nicht-Spam ist. Genauer gesagt, hält SpamAssassin eine Datenbank vor, die zählt, wie oft ein Wort bisher in Spam- und in Nicht-Spam-E-Mails vorgekommen ist, und kann anhand dieser Datenbank für eine neue E-Mail eine Wahrscheinlichkeit berechnen. Von SpamAssassin werden den Bayes-Wahrscheinlichkeiten Punkte zugewiesen, die in die Gesamtpunktzahl mit einfließen.

Der Name Bayes geht auf den britischen Mathematiker Thomas Bayes (1702-1761) zurück, dem ein Spezialfall des Satzes von Bayes, eines Satzes in der Wahrscheinlichkeitsrechnung, zugeschrieben wird. Die in der Praxis angewendeten Formeln haben aber genau genommen nichts mit dem Satz von Bayes zu tun. Die Namensgebung ist daher unzutreffend, aber sicherlich war der Satz von Bayes bei der Entwicklung dieser Technik inspirierend.

Als das Bayessche Klassifizierungssystem im Jahr 2002 vorgeschlagen wurde, revolutionierte es die Spam-Erkennung. Es war Spammern nun nicht mehr möglich, E-Mails einfach an den wohl bekannten statischen Erkennungsverfahren vorbeizuschleusen, da dieses neue System Spam quasi intelligent erkennen konnte. Mittlerweile haben auch die Spammer hinzugelernt und statten ihre E-Mails regelmäßig mit unsinnigem Fülltext aus, der die Bayes-Datenbank mit Müll füllen oder verfälschen soll, oder sie variieren ihre E-Mails einfach ausreichend, so dass sie keine Ähnlichkeit mit früherem Spam haben. Das Bayessche Klassifizierungssystem ist daher auch keine Wunderwaffe, aber ein nützliches und auf jeden Fall zu empfehlendes Werkzeug bei der Spam-Erkennung.

Autowhitelisting

Das Autowhitelisting-System merkt sich, inwiefern bestimmte Absenderadressen und SMTP-Relays normalerweise Spam oder Nicht-Spam schicken, und verändert die Einstufung späterer E-Mails vom gleichen Absender beziehungsweise Relay in die entsprechende Richtung. Wenn ein legitimer Kommunikationspartner mit konstanter E-Mail-Adresse zum Beispiel normalerweise kein Spam sendet, aber eine E-Mail aus Versehen als Spam eingestuft wird, verändert das Autowhitelisting-System entsprechend diversen Konfigurationseinstellungen die Spam-Punktzahl der E-Mail in Richtung Nicht-Spam. Damit werden falsche Positive verringert. Der Kommunikationspartner wird also quasi automatisch »gewhitelistet«.

Das Autowhitelisting-System ist genauso ein Autoblacklisting-System. Wenn von einer E-Mail-Adresse normalerweise Spam gesendet wird, aber eine bestimmte E-Mail von diesem Absender nicht als Spam eingestuft wird, verändert das Autowhitelisting-System die Spam-Punktzahl der E-Mail in Richtung Spam. Da Spam aber wohlweislich selten von konstanten E-Mail-Adressen gesendet wird, ist diese Funktionalität in der Praxis unbedeutend.

Der Einsatz des Autowhitelisting-Systems ist unbedenklich. Wie gesagt, dient es aber hauptsächlich der Verhinderung von falschen Positiven, trägt also nicht zur aktiven Spam-Erkennung bei.

Externe Software

Neben den eingebauten statischen und lernenden Tests kann SpamAssassin auch auf externe Spam-Erkennungstechniken zurückgreifen. Dazu gehören:

Pyzor, Razor
: Bei diesen Verfahren wird die vorliegende E-Mail über im Internet verfügbare Datenbanken mit bekannten Instanzen von Spam-E-Mails verglichen. Diese Techniken werden in Kapitel 6, *Zusätzliche Ansätze gegen Spam* im Detail beschrieben.

DNSBL
: Bei diesem Verfahren werden die Hosts, die die E-Mail auf ihrem Weg durch das Internet durchlaufen hat, in Datenbanken im Internet gesucht, die bekannte Spammer-Hosts enthalten. Diese Technik wird in Kapitel 5, *DNS-basierte Blackhole-Lists* im Detail beschrieben.

Hashcash
: Bei diesem Verfahren muss der Absender vor dem Versenden der E-Mail Rechenzeit investieren, um einen bestimmten Hash-Wert über die E-Mail zu berechnen, unter der Annahme, dass Spammer diese Zeit nicht aufbringen können. Diese Technik wird in Kapitel 6, *Zusätzliche Ansätze gegen Spam* beschrieben.

SPF
: Bei diesem Verfahren wird über zusätzliche DNS-Einträge bestimmt, ob der versendende Host berechtigt war, E-Mails aus der Absender-Domain zu senden. Diese Technik wird ebenfalls in Kapitel 6, *Zusätzliche Ansätze gegen Spam* beschrieben.

Diese Verfahren könnten auch unabhängig von SpamAssassin verwendet werden, um E-Mails auf Grund der entsprechenden Kriterien abzulehnen oder auszusortieren. In SpamAssassin werden diese Verfahren auf Tests abgebildet, die genauso wie andere Tests mit einer gewichteten Punktzahl zur endgültigen Spam-Punktzahl beitragen. Damit wird einerseits der Tatsache Rechnung getragen, dass keines dieser Verfahren hundertprozentig treffsicher ist, weshalb sie in SpamAssassin auch nur als eines von vielen Erkennungsverfahren verwendet werden. Andererseits erleichtert die Einbindung in SpamAssassin auch den administrativen Aufwand, da keine zusätzliche externe Konfiguration erforderlich ist.

Eigene Tests

Der Anwender von SpamAssassin kann auch eigene Tests zu den vordefinierten Tests hinzufügen. Beim Entwerfen von eigenen Tests steht man natürlich selbst in der Verantwortung, die Tests so aufzubauen, dass sie keine falschen Positive erzeugen. Der Aufbau von Tests, die in das Gefüge der anderen SpamAssassin-Tests eingebaut und gewichtet werden sollen, ist nicht ganz einfach und für die meisten Anwender unnötig.

Genau genommen sind keine Tests in SpamAssassin eingebaut. Alle vordefinierten Tests sind über externe Dateien eingebunden, wie die, die der Anwender selbst schreiben könnte. Das Definieren eigener Tests wird später in diesem Kapitel beschrieben.

Einige Projekte und Einzelpersonen haben beträchtliche Testsammlungen zusammengetragen und stellen diese frei im Internet zur Verfügung. Weitere Informationen dazu findet man unter *http://wiki.apache.org/spamassassin/CustomRulesets*. Darunter finden sich auch einige Tests für deutschsprachigen E-Mail-Verkehr, wovon es unter den von SpamAssassin mitgelieferten Tests leider keine gibt. Externe Testsammlungen sind natürlich alle mit Vorsicht zu genießen und müssen sorgfältig evaluiert werden.

Funktionsweise von SpamAssassin

Die Funktion von SpamAssassin ist es, eine E-Mail anhand von Tests zu analysieren und daraufhin die E-Mail möglicherweise zu verändern, indem zum Beispiel zusätzliche Header-Zeilen eingefügt werden. SpamAssassin kann selbst keine E-Mail löschen, ablehnen oder aussortieren. Dies muss in anderen Teilen des E-Mail-Systems auf Grundlage der von SpamAssassin eingefügten Header-Zeilen geschehen.

SpamAssassin kann durch drei Schnittstellen aufgerufen werden:

- ein allein stehendes Programm namens `spamassassin`
- ein Programm namens `spamc`, das mit einem separaten Serverprozess zusammenarbeitet
- ein Perl-Modul namens `Mail::SpamAssassin`

Die Einbindung von SpamAssassin in ein E-Mail-System geschieht über eine dieser drei Schnittstellen.

Das Programm `spamassassin` liest eine E-Mail auf der Standardeingabe, analysiert sie und gibt die möglicherweise modifizierte E-Mail auf der Standardausgabe wieder aus. Auf Grund dieser einfachen Schnittstelle kann dieses Programm auf viele Arten in ein E-Mail-System eingebunden oder auch zum manuellen Testen verwendet werden.

Beispiel 4-1 zeigt einen Aufruf von spamassassin mit einer sehr einfachen (an sich ungültigen) E-Mail aus einer Textdatei. Wie man sehen kann, hat SpamAssassin einige Header eingefügt, die darüber informieren, dass die E-Mail von SpamAssassin geprüft wurde, und über das Ergebnis der Prüfung. Das Format dieser Header kann man selbst konfigurieren.

Beispiel 4-1: Aufruf von spamassassin von der Kommandozeile

```
$ cat test.txt
From: test1@localhost
To: test2@localhost
Subject: Test

Nur ein Test
$ spamassassin < test.txt
From: test1@localhost
To: test2@localhost
Subject: Test
X-Spam-Checker-Version: SpamAssassin 3.0.2 (2004-11-16) on host.example.net
X-Spam-Level:
X-Spam-Status: No, score=-3.7 required=5.0 tests=ALL_TRUSTED,BAYES_00,
        NO_REAL_NAME,SARE_MSGID_EMPTY,TO_MALFORMED autolearn=ham version=3.0.2

Nur ein Test
```

Erwähnenswert ist beim Programm spamassassin die Option --local. Damit werden alle Tests abgeschaltet, die Netzwerkzugriff benötigen (unter anderem DNSBL, Pyzor, DCC). Diese Option ist sinnvoll, wenn der Rechner, auf dem SpamAssassin ausgeführt wird, keine permanente oder nur eine langsame Internetverbindung hat.

Um SpamAssassin zu testen, ist es auch sinnvoll, es mit E-Mails zu füttern, die garantiert Spam sind. Um dies zu vereinfachen und zu vereinheitlichen, gibt es eine standardisierte Test-E-Mail, die von allen Spam-Filtern als Spam erkannt werden sollte. Diese E-Mail wird von SpamAssassin als Datei *sample-spam.txt* mitgeliefert. Außerdem gibt es eine Beispiel-E-Mail, die garantiert nicht Spam ist, unter dem Namen *sample-nonspam.txt*.

Das Programm spamassassin muss sich bei jedem Aufruf neu initialisieren, die Konfiguration und die umfangreiche Testsammlung einlesen. Dies beansprucht Rechenzeit und kann in großen E-Mail-Systemen zu Ressourcenproblemen führen. Daher ist es alternativ möglich, SpamAssassin als Server zu starten, der nur einmal initialisiert werden muss. Um eine E-Mail zu überprüfen, wird diese an ein spezielles Client-Programm übergeben, das sie an den Server zur eigentlichen Überprüfung sendet. Das Server-Programm heißt spamd und sollte, wenn der Einsatz gewünscht ist, wie andere Serverprozesse beim Booten des Systems gestartet werden. Das Client-Programm heißt spamc und hat, bis auf einige Kommandozeilen-Argumente, das gleiche Interface wie das Programm spamassassin. Es ist also sehr einfach, die allein stehende Variante durch die servergestützte Variante zu ersetzen. Beispiel 4-1 trifft analog zu.

Die servergestützte Variante sollte der allein stehenden Variante im normalen Betrieb vorgezogen werden, wenn keine außergewöhnlichen Umstände dem entgegenstehen. Der zusätzliche Administrationsaufwand ist minimal (ein zusätzlicher Serverprozess), und die Ressourcenersparnis kann erheblich sein. Da spamc und spamd über TCP/IP kommunizieren, ist es auch möglich, Client und Server auf verschiedenen Rechnern laufen zu lassen. Die notwendigen Kommunikationsparameter werden über Kommandozeilen-Optionen übergeben.

Schließlich kann SpamAssassin direkt über das Perl-Modul Mail::SpamAssassin angesprochen werden. Dieses Modul wird auch von den Programmen spamassassin und spamd intern verwendet. Der direkte Gebrauch des Perl-Moduls ist nicht für Endanwender gedacht, aber es gibt einige Programmpakete, die über diese Schnittstelle die SpamAssassin-Funktionalität integrieren. In diesen Fällen verwendet der Endanwender die Schnittstellen jenes Programmpakets. Beispiele dafür sind Amavisd-new und MailScanner, die später besprochen werden.

Konfiguration

SpamAssassin-Einstellungen werden in verschiedenen Konfigurationsdateien vorgenommen. SpamAssassin sucht Konfigurationsdateien an mehreren Stellen im System. Die für ein bestimmtes System gültigen Pfade können der Manpage von spamassassin entnommen werden; hier werden stellvertretend die üblichen Pfade verwendet. Konfigurationsdaten werden an den folgenden Stellen gesucht:

/usr/share/spamassassin/
: In diesem Verzeichnis liegen Konfigurationsdateien, die von SpamAssassin mitgeliefert werden und die Voreinstellungen und Standardtests bestimmen. Sie verwenden dieselbe Syntax und Semantik wie die anderen Konfigurationsdateien. Es ist nicht vorgesehen, dass diese Dateien von Anwendern verändert werden, aber sie können als umfangreiche Quelle von Beispielen dienen.

: SpamAssassin liest alle Dateien mit der Endung .cf in diesem Verzeichnis, und zwar in alphanumerischer Reihenfolge. Üblicherweise beginnen die Namen der Dateien mit Zahlen, um, wenn nötig, die Reihenfolge der Verarbeitung zu bestimmen.

/etc/mail/spamassassin/
: In diesem Verzeichnis liegen die globalen Konfigurationsdateien. Diese werden von allen SpamAssassin-Prozessen auf dem System (spamassassin oder spamd) verwendet und sind vom Administrator zu bearbeiten.

: Hier gilt ebenso, dass alle Dateien mit der Endung .cf in alphanumerischer Reihenfolge gelesen werden. Wenn man nur wenige eigene Konfigurationseinstellungen hat, wird üblicherweise der Dateiname */etc/mail/spamassassin/local.cf* verwendet. In den meisten Installationen ist diese Datei bereits vorhanden und enthält einige angepasste Einstellungen. Sollen umfangreichere Einstellungen vorgenommen werden, kann man auch zusätzliche Dateien anlegen.

~/spamassassin/user_prefs
Diese Datei enthält benutzerspezifische Einstellungen. Dies ist sinnvoll, wenn jeder Anwender spamassassin nach eigenem Gutdünken aufruft. Wenn spamc/spamd verwendet werden, ist der Inhalt dieser Datei aus Sicherheitsgründen eingeschränkt; Erläuterungen dazu siehe unten. Wenn ein E-Mail-Filter-Gateway ohne lokale Benutzer eingerichtet wird, ist die Verwendung dieser benutzerspezifischen Konfigurationsdatei nicht sinnvoll.

SpamAssassin verwendet eine eigene Syntax für seine Konfigurationsdateien, die sich aber in vielerlei Hinsicht an diesbezüglichen Unix-Traditionen orientiert. Beispiel 4-2 zeigt eine einfache Variante einer Konfigurationsdatei, die als */etc/mail/spamassassin/local.cf* verwendet werden könnte.

Beispiel 4-2: Eine einfache local.cf-Datei

```
# Welcher Punktestand soll als Spam angesehen werden?
required_score 6.3

# Betreff von Spam-E-Mails nicht umschreiben.
rewrite_subject 0

# DNSBL-(RBL-)Prüfungen ausschalten.
skip_rbl_checks 1
```

Jede Einstellung, Direktive genannt, steht in einer Zeile. Kommentare beginnen mit # und enden am Zeilenende. Eine Einstellung besteht aus einem Wort am Zeilenanfang (zum Beispiel required_score), gefolgt von einem oder mehreren Argumenten (zum Beispiel 6.3).

Sämtliche Konfigurationsdateien werden bei jedem Aufruf des Programms spamassassin neu eingelesen. Bei der Verwendung des Server-Programms spamd trifft dies nicht zu; hier müssen Änderungen in der Konfiguration explizit aktiviert werden, indem dem Serverprozess das Signal HUP geschickt wird. Dies kann man auf den meisten Systemen auch mit dem Befehl /etc/init.d/spamd reload oder /etc/init.d/spamassassin reload erreichen.

In den folgenden Unterabschnitten werden die wichtigsten Konfigurationsdirektiven von SpamAssassin beschrieben. Eine vollständige Liste aller Konfigurationsdirektiven findet man auf der Manpage Mail::SpamAssassin::Conf.

E-Mail-Markierung

Die Hauptaufgabe von SpamAssassin ist es, als Spam erkannte E-Mails zu markieren, damit sie später von anderen Teilen des E-Mail-Systems gefiltert oder aussortiert werden können. Wann diese Markierungen angewendet werden und wie sie genau aussehen, kann man mit einigen Direktiven einstellen. In der Ausgangskonfiguration sind allerdings schon einige nützliche Einstellungen gemacht, so dass es nicht unbedingt erforderlich ist, sich mit dieser Materie zu beschäftigen.

Später in diesem Kapitel wird beschrieben, wie SpamAssassin in das Gesamt-E-Mail-System eingebunden wird. Dabei wird sich teilweise auf die hier eingefügten Markierungen bezogen.

`required_score`

Diese Direktive legt fest, ab welcher Punktzahl eine E-Mail als Spam eingestuft wird. Die Voreinstellung ist 5, was normalerweise ausreicht. Für vorsichtige Benutzer können höhere Werte sinnvoll sein. Niedrigere Werte sind relativ gefährlich, da sie die Gefahr von falschen Positiven erhöhen.

Prinzipiell sagt der absolute Wert der Punktzahl nichts aus; er ist nur relativ zu den den Tests zugewiesenen Punktzahlen zu sehen. Die von den SpamAssassin-Entwicklern ausgearbeiteten Tests und Punktzahlen sind auf den Wert 5 als Grenze zugeschnitten, und daher sollte man seine eigene Grenze auch in diesem Bereich festlegen.

`rewrite_header`

Mit dieser Direktive kann eingestellt werden, wie die Header-Zeilen Subject, From und To abgeändert werden, wenn eine E-Mail als Spam eingestuft worden ist. In der Voreinstellung werden keine dieser drei Header-Zeilen verändert.

Am häufigsten wird man den Betreff, also die Subject-Zeile, verändern wollen. Dabei wird dem ursprünglichen Betreff eine beliebige Zeichenkette vorangestellt. Denkbar wäre zum Beispiel folgende Konfiguration:

```
rewrite_header Subject ***SPAM***
```

Eine E-Mail mit der Betreffzeile

```
Subject: Check this out!
```

käme also, wenn sie als Spam eingestuft würde, mit der Betreffzeile

```
Subject: ***SPAM*** Check this out!
```

beim Empfänger an.

Soll die From- oder To-Zeile verändert werden, wird die Zeichenkette in Klammern vor die Adresse gestellt. Aus `From: Sender <sender@example.net>` würde zum Beispiel `From: (spam) Sender <sender@example.net>`.

Das Verändern der Header ist sinnvoll, wenn die Endanwender die E-Mails mit Systemen filtern, die nur anhand dieser Header filtern können, was zum Beispiel bei Outlook Express der Fall ist. Mächtigere Systeme wie Procmail oder moderne E-Mail-Clients können nach beliebigen Headern filtern; in solchen Fällen sollten lieber die unten beschriebenen SpamAssassin-spezifischen Header verwendet werden und Subject, From und To unverändert bleiben.

add_header
: Mit dieser Direktive können zusätzliche Header in eine von SpamAssassin verarbeitete E-Mail eingefügt werden. Die Syntax der Direktive ist:

    add_header TYP NAME STRING

    Dabei ist TYP entweder all oder ham oder spam, wodurch bestimmt wird, ob der Header in alle E-Mails oder nur in Nicht-Spam oder nur in Spam eingefügt werden soll. NAME ist der Name des Headers, wobei vor den Namen immer X-Spam- gestellt wird. Aus add_header Foo wird also der Header X-Spam-Foo. STRING ist schließlich beliebiger Text, der den Header-Inhalt darstellt. In diesem Text können verschiedene Platzhalter verwendet werden. Eine Liste findet sich am Ende dieses Abschnitts.

    In der Voreinstellung werden bereits einige Header in E-Mails eingefügt, um anzuzeigen, dass SpamAssassin aktiv war, und um das Filtern der E-Mail zu ermöglichen. Diese Voreinstellungen entsprechen folgenden Direktiven:

    add_header spam Flag _YESNOCAPS_
    add_header all Status _YESNO_, score=_SCORE_ required=_REQD_ tests=_TESTS_ autolearn=_AUTOLEARN_ version=_VERSION_
    add_header all Level _STARS(*)_
    add_header all Checker-Version SpamAssassin _VERSION_ (_SUBVERSION_) on _HOSTNAME_

    Beispiel 4-3 zeigt, wie diese Header in einer E-Mail aussehen. Die voreingestellten Header können mit remove_header oder clean_headers (siehe unten) entfernt oder durch zusätzliche add_header-Direktiven überschrieben werden. Der Header X-Spam-Checker-Version kann nicht verändert oder entfernt werden.

remove_header
: Mit dieser Direktive kann ein mit add_header hinzugefügter Header entfernt werden – auch ein vordefinierter –, außer X-Spam-Checker-Version. Die Syntax ist:

    remove_header TYP NAME

    TYP und NAME haben die gleiche Bedeutung wie oben.

clear_headers
: Mit dieser Direktive werden alle mit add_header hinzugefügten Header entfernt – auch alle vordefinierten –, außer X-Spam-Checker-Version. Die Direktive hat keine Argumente.

report_safe
: Diese Direktive wählt eine von drei Varianten, wie SpamAssassin eine als Spam eingestufte E-Mail markieren soll. Wenn report_safe 0 angegeben ist, fügt SpamAssassin lediglich einige X-Spam-Header ein und lässt die E-Mail ansonsten unverändert. Das Ergebnis dieser Einstellung ist in Beispiel 4-3 zu sehen.

Beispiel 4-3: Spam-E-Mail mit report_safe 0

```
Subject: Test spam mail (GTUBE)
Message-ID: <GTUBE1.1010101@example.net>
Date: Wed, 23 Jul 2003 23:30:00 +0200
From: Sender <sender@example.net>
To: Recipient <recipient@example.net>
Precedence: junk
MIME-Version: 1.0
Content-Type: text/plain; charset=us-ascii
Content-Transfer-Encoding: 7bit
X-Spam-Flag: YES
X-Spam-Checker-Version: SpamAssassin 3.0.2 (2004-11-16) on ramrod.pezone.net
X-Spam-Level: **************************************************
X-Spam-Status: Yes, score=994.4 required=5.0 tests=ALL_TRUSTED,BAYES_00,
        DNS_FROM_AHBL_RHSBL,GTUBE autolearn=unavailable version=3.0.2
X-Spam-Report:
        * -3.3 ALL_TRUSTED Did not pass through any untrusted hosts
        * 1000 GTUBE BODY: Generic Test for Unsolicited Bulk Email
        * -2.6 BAYES_00 BODY: Bayesian spam probability is 0 to 1%
        *      [score: 0.0000]
        *  0.3 DNS_FROM_AHBL_RHSBL RBL: From: sender listed in dnsbl.ahbl.org

This is the GTUBE, the
        Generic
        Test for
        Unsolicited
        Bulk
        Email

If your spam filter supports it, the GTUBE provides a test by which you
can verify that the filter is installed correctly and is detecting incoming
spam. You can send yourself a test mail containing the following string of
characters (in upper case and with no white spaces and line breaks):

XJS*C4JDBQADN1.NSBN3*2IDNEN*GTUBE-STANDARD-ANTI-UBE-TEST-EMAIL*C.34X

You should send this test mail from an account outside of your network.
```

Wenn report_safe 1 angegeben ist (die Voreinstellung), wird statt der ursprünglichen E-Mail eine neue Nachricht aufgebaut, die einen informativen Text und die ursprüngliche E-Mail als Anhang mit dem MIME-Typ message/rfc822 enthält. Das Ergebnis dieser Einstellung ist in Beispiel 4-4 zu sehen.

Beispiel 4-4: Spam-E-Mail mit report_safe 1

```
Received: from localhost by ramrod.pezone.net
        with SpamAssassin (version 3.0.2);
        Thu, 07 Apr 2005 17:54:41 +0200
From: Sender <sender@example.net>
To: Recipient <recipient@example.net>
```

Beispiel 4-4: Spam-E-Mail mit report_safe 1 (Fortsetzung)

```
Subject: Test spam mail (GTUBE)
Date: Wed, 23 Jul 2003 23:30:00 +0200
Message-Id: <GTUBE1.1010101@example.net>
X-Spam-Flag: YES
X-Spam-Checker-Version: SpamAssassin 3.0.2 (2004-11-16) on ramrod.pezone.net
X-Spam-Level: **************************************************
X-Spam-Status: Yes, score=994.4 required=5.0 tests=ALL_TRUSTED,BAYES_00,
        DNS_FROM_AHBL_RHSBL,GTUBE autolearn=unavailable version=3.0.2
MIME-Version: 1.0
Content-Type: multipart/mixed; boundary="----------=_425557C1.B535E32C"

This is a multi-part message in MIME format.

------------=_425557C1.B535E32C
Content-Type: text/plain
Content-Disposition: inline
Content-Transfer-Encoding: 8bit

Spam detection software, running on the system "ramrod.pezone.net", has
identified this incoming email as possible spam.  The original message
has been attached to this so you can view it (if it isn't spam) or label
similar future email.  If you have any questions, see
the administrator of that system for details.

Content preview:  This is the GTUBE, the Generic Test for Unsolicited
   Bulk Email If your spam filter supports it, the GTUBE provides a test
   by which you can verify that the filter is installed correctly and is
   detecting incoming spam. You can send yourself a test mail containing
   the following string of characters (in upper case and with no white
   spaces and line breaks): [...]

Content analysis details:   (994.4 points, 5.0 required)

 pts rule name              description
---- ---------------------- --------------------------------------------------
-3.3 ALL_TRUSTED            Did not pass through any untrusted hosts
1000 GTUBE                  BODY: Generic Test for Unsolicited Bulk Email
-2.6 BAYES_00               BODY: Bayesian spam probability is 0 to 1%
                            [score: 0.0000]
 0.3 DNS_FROM_AHBL_RHSBL    RBL: From: sender listed in dnsbl.ahbl.org


------------=_425557C1.B535E32C
Content-Type: message/rfc822; x-spam-type=original
Content-Description: original message before SpamAssassin
Content-Disposition: inline
Content-Transfer-Encoding: 8bit

Subject: Test spam mail (GTUBE)
Message-ID: <GTUBE1.1010101@example.net>
```

Beispiel 4-4: Spam-E-Mail mit report_safe 1 (Fortsetzung)

```
Date: Wed, 23 Jul 2003 23:30:00 +0200
From: Sender <sender@example.net>
To: Recipient <recipient@example.net>
Precedence: junk
MIME-Version: 1.0
Content-Type: text/plain; charset=us-ascii
Content-Transfer-Encoding: 7bit

This is the GTUBE, the
        Generic
        Test for
        Unsolicited
        Bulk
        Email

If your spam filter supports it, the GTUBE provides a test by which you
can verify that the filter is installed correctly and is detecting incoming
spam. You can send yourself a test mail containing the following string of
characters (in upper case and with no white spaces and line breaks):

XJS*C4JDBQADN1.NSBN3*2IDNEN*GTUBE-STANDARD-ANTI-UBE-TEST-EMAIL*C.34X

You should send this test mail from an account outside of your network.


------------=_425557C1.B535E32C--
```

Wenn report_safe 2 angegeben ist, wird wiederum die ursprüngliche E-Mail als Anhang an eine neue E-Mail-Nachricht gehängt, hier aber mit MIME-Typ text/plain. Das Ergebnis dieser Einstellung ist in Beispiel 4-5 zu sehen.

Beispiel 4-5: Spam-E-Mail mit report_safe 2

```
Received: from localhost by ramrod.pezone.net
        with SpamAssassin (version 3.0.2);
        Thu, 07 Apr 2005 17:54:41 +0200
From: Sender <sender@example.net>
To: Recipient <recipient@example.net>
Subject: Test spam mail (GTUBE)
Date: Wed, 23 Jul 2003 23:30:00 +0200
Message-Id: <GTUBE1.1010101@example.net>
X-Spam-Flag: YES
X-Spam-Checker-Version: SpamAssassin 3.0.2 (2004-11-16) on ramrod.pezone.net
X-Spam-Level: **************************************************
X-Spam-Status: Yes, score=994.4 required=5.0 tests=ALL_TRUSTED,BAYES_00,
        DNS_FROM_AHBL_RHSBL,GTUBE autolearn=unavailable version=3.0.2
MIME-Version: 1.0
Content-Type: multipart/mixed; boundary="----------=_42555A8C.2C6011E0"
```

Beispiel 4-5: Spam-E-Mail mit report_safe 2 (Fortsetzung)

This is a multi-part message in MIME format.

```
------------=_42555A8C.2C6011E0
Content-Type: text/plain
Content-Disposition: inline
Content-Transfer-Encoding: 8bit

Spam detection software, running on the system "ramrod.pezone.net", has
identified this incoming email as possible spam.  The original message
has been attached to this so you can view it (if it isn't spam) or label
similar future email.  If you have any questions, see
the administrator of that system for details.

Content preview:  This is the GTUBE, the Generic Test for Unsolicited
   Bulk Email If your spam filter supports it, the GTUBE provides a test
   by which you can verify that the filter is installed correctly and is
   detecting incoming spam. You can send yourself a test mail containing
   the following string of characters (in upper case and with no white
   spaces and line breaks): [...]

Content analysis details:   (994.4 points, 5.0 required)

 pts rule name              description
---- ---------------------- --------------------------------------------------
-3.3 ALL_TRUSTED            Did not pass through any untrusted hosts
1000 GTUBE                  BODY: Generic Test for Unsolicited Bulk Email
-2.6 BAYES_00               BODY: Bayesian spam probability is 0 to 1%
                            [score: 0.0000]
 0.3 DNS_FROM_AHBL_RHSBL    RBL: From: sender listed in dnsbl.ahbl.org



------------=_42555A8C.2C6011E0
Content-Type: text/plain; x-spam-type=original
Content-Description: original message before SpamAssassin
Content-Disposition: inline
Content-Transfer-Encoding: 8bit

Subject: Test spam mail (GTUBE)
Message-ID: <GTUBE1.1010101@example.net>
Date: Wed, 23 Jul 2003 23:30:00 +0200
From: Sender <sender@example.net>
To: Recipient <recipient@example.net>
Precedence: junk
MIME-Version: 1.0
Content-Type: text/plain; charset=us-ascii
Content-Transfer-Encoding: 7bit

This is the GTUBE, the
        Generic
        Test for
```

Beispiel 4-5: Spam-E-Mail mit report_safe 2 (Fortsetzung)

```
      Unsolicited
      Bulk
      Email

If your spam filter supports it, the GTUBE provides a test by which you
can verify that the filter is installed correctly and is detecting incoming
spam. You can send yourself a test mail containing the following string of
characters (in upper case and with no white spaces and line breaks):

XJS*C4JDBQADN1.NSBN3*2IDNEN*GTUBE-STANDARD-ANTI-UBE-TEST-EMAIL*C.34X

You should send this test mail from an account outside of your network.


------------=_42555A8C.2C6011E0--
```

Wie der Name der Direktive andeutet, ist das Ziel der Einstellungen 1 und 2, den Empfänger der E-Mail vor unsicheren E-Mails zu schützen. Der Schutz bezieht sich dabei zum Beispiel auf das unvorsichtige Klicken auf mitgesendete Links, das Öffnen von Anhängen oder gar das Antworten auf die E-Mail. Wenn die Endanwender im Umgang mit E-Mails unerfahren sind, ist Einstellung 1 die richtige, weil sie dann zuerst die Warnmeldung über den Spam sehen und die ursprüngliche E-Mail von Hand öffnen müssen. Sind die Endanwender erfahren und lassen Spam automatisch aussortieren, ist Einstellung 1 wahrscheinlich eher lästig.

Einstellung 2 ist als Alternative zu Einstellung 1 vorgesehen, falls E-Mail-Clients mit dem MIME-Typ message/rfc822 nicht vernünftig umgehen können und solche Anhänge automatisch öffnen. Einstellung 2 verhindert dies, macht es aber schwieriger, die ursprüngliche, unveränderte E-Mail aus dem Anhang herauszugewinnen.

report
: Mit dieser Direktive kann der Hinweistext, der in Beispiel 4-4 und Beispiel 4-5 zu sehen ist, geändert werden. Im Text können verschiedene Platzhalter verwendet werden. Eine Liste befindet sich am Ende dieses Abschnitts. Jede report-Direktive hängt eine Zeile an den Text an. Um mit einem neuen Text anzufangen, muss zuerst clear_report_template aufgerufen werden. Die originale Definition des Hinweistexts befindet sich in der Datei *10_misc.cf* im Verzeichnis */usr/share/spamassassin/*. Sie kann als Ausgangspunkt für Anpassungen oder Übersetzungen dienen.

clear_report_template
: Diese Direktive löscht den Hinweistext; siehe oben.

report_charset
: Diese Direktive bestimmt den Zeichensatz für den Hinweistext. In der Ausgangskonfiguration ist kein Zeichensatz eingestellt. Wenn der Hinweistext so geändert wird, dass er nicht nur ASCII-Zeichen enthält, zum Beispiel bei einer Übersetzung, muss hier der Zeichensatz angegeben werden, beispielsweise ISO-8859-1 oder UTF-8.

Bei einigen der eben beschriebenen Direktiven können im Text Platzhalter verwendet werden, die in der eigentlichen E-Mail durch anderen Text ersetzt werden. Die vollständige Liste der Platzhalter findet man in der SpamAssassin-Dokumentation. Folgende Platzhalter seien exemplarisch genannt:

YESNO
: »Yes« oder »No«, abhängig davon, ob die E-Mail als Spam eingestuft wurde. Dies wird typischerweise im Header X-Spam-Flag oder X-Spam-Status verwendet.

YESNOCAPS
: »YES« oder »NO«, abhängig davon, ob die E-Mail als Spam eingestuft wurden (wie zuvor, nur in Großbuchstaben).

SCORE
: Die Spam-Punktzahl der E-Mail, zum Beispiel »4.2«.

REQD
: Die Punktzahl, ab der eine E-Mail als Spam eingestuft wird (eingestellt mit required_score).

HOSTNAME
: Der Name des Rechners, auf dem SpamAssassin läuft.

STARS(*)
: Stellt die Spam-Punktzahl symbolisch durch die Wiederholung eines Symbols dar, das in den Klammern angegeben wird (der Stern ist nur ein gebräuchliches Beispiel). Voreingestellt ist folgender Header:

    add_header all Level _STARS(*)_

Dieser Header kann nützlich zum automatischen Sortieren von Spam mit Procmail oder ähnlicher Software sein. (Er ist einfacher zu parsen als eine numerische Angabe.) Da der Stern ein Sonderzeichen in der Syntax der regulären Ausdrücke ist, bietet es sich an, ein anderes Zeichen zu verwenden, damit das Schreiben der Procmail-Regeln einfacher ist.

Spracheinstellungen

Ein relativ eindeutiges Anzeichen von Spam ist es, wenn er in einer Sprache daherkommt, die man sowieso nicht versteht. SpamAssassin kann so eingestellt werden, dass es E-Mail in bestimmten Sprachen oder in bestimmten Zeichensätzen mit

Spam-Punkten bestraft. Die Bestimmung der Sprache ist selbstverständlich ungenau, die Bestimmung des Zeichensatzes ist dagegen verlässlich.

Selbstverständlich muss man alle diese Einstellungen an die eigenen Umstände anpassen.

Die dazugehörigen Direktiven sind:

ok_languages
: Diese Direktive bestimmt, welche Sprachen in E-Mail erlaubt sind, also *nicht* als Spam betrachtet werden. Als Argumente werden ein oder mehrere Sprachkürzel aufgelistet, zum Beispiel

    ```
    ok_languages de en fr nl
    ```

    für Deutsch, Englisch, Französisch und Niederländisch. Die Sprachkürzel entsprechen größtenteils den im Internetbereich bekannten Codes nach ISO 639. Die vollständige Liste der von SpamAssassin erkannten Sprachen findet sich jedoch in der SpamAssassin-Dokumentation.

    Um alle Sprachen zu erlauben, verwendet man ok_languages all. Dies ist auch die Voreinstellung.

    Wenn eine E-Mail eine unerwünschte Sprache enthält, springt der Test UNWANTED_LANGUAGE_BODY an, der in der Voreinstellung mit 2,8 Punkten bewertet ist.

ok_locales
: Diese Direktive bestimmt, welche Zeichensätze in E-Mails erlaubt sind. Dies ist eine gröbere Einstellung als die obige Sprachauswahl, ist aber auch genauer, weil der Zeichensatz einer E-Mail sicher bestimmt werden kann. Als Argumente werden ein oder mehrere Sprachkürzel aufgelistet, die stellvertretend für die von diesen Sprachen verwendeten Zeichensätze stehen. Folgende Kürzel stehen zur Verfügung:

    en
    : Zeichensätze für westeuropäische Sprachen (zum Beispiel für Englisch)

    ja
    : Zeichensätze für Japanisch

    ko
    : Zeichensätze für Koreanisch

    ru
    : kyrillische Zeichensätze (zum Beispiel für Russisch)

    th
    : Zeichensätze für Thai

    zh
    : Zeichensätze für Chinesisch (vereinfachte und traditionelle Varianten)

Für Anwender im deutschsprachigen Raum sollte zumindest en ausgewählt werden sowie andere Zeichensätze nach persönlicher Wahl.

Um alle Sprachen zu erlauben, verwendet man `ok_locales all`. Dies ist auch die Voreinstellung.

Wenn eine E-Mail einen unerwünschten Zeichensatz enthält, springt entweder der Test CHARSET_FARAWAY (Header-Test) oder der Test CHARSET_FARAWAY_BODY (Body-Test) an, die beide in der Voreinstellung mit 3,2 Punkten bewertet sind.

Whitelists und Blacklists

Mit Hilfe von Whitelists und Blacklists können E-Mails mit bestimmten Absender- und Empfängeradressen direkt als Spam oder Nicht-Spam eingestuft werden. Dies ist nützlich, wenn SpamAssassin mit E-Mails von bestimmten Kommunikationspartnern wiederholt Fehler macht. Man könnte zum Beispiel die E-Mail-Adressen von wichtigen Geschäftspartnern »whitelisten«, um sicherzugehen, dass keine wichtige E-Mail verloren geht. Oder man könnte die E-Mail-Adressen von Anwendern »whitelisten«, die keine Filterung durch SpamAssassin wünschen. Die Blacklists eignen sich zum Ablehnen von E-Mails mit bestimmten Absenderadressen.

Die Whitelist- und Blacklist-Direktiven erwarten als Argumente reine E-Mail-Adressen, bestehend aus Benutzername und Domain und ohne Namen und Kommentare. Als Wildcards können »?« für ein beliebiges Zeichen und »*« für eine beliebige Zeichenkette verwendet werden; volle reguläre Ausdrücke können nicht verwendet werden.

whitelist_from
: Diese Direktive nimmt eine Absenderadresse in die Whitelist auf. Absenderadressen sind Adressen in einem der Header Resent-From, Envelope-Sender, X-Envelope-From und From. Um mehrere Adressen in die Liste aufzunehmen, können mehrere Adressen angegeben werden, oder die Direktive kann wiederholt werden.

    Beispiel:

    ```
    whitelist_from *@example.com *@example.net
    ```

    Wird eine Absenderadresse in der Whitelist gefunden, wird der Test USER_IN_WHITELIST als erfolgreich bewertet. Dieser Test hat in der Voreinstellung −100 Punkte.

unwhitelist_from
: Mit dieser Direktive wird eine Absenderadresse aus der Whitelist entfernt. Dies ist zum Beispiel nützlich, wenn ein Anwender in seiner benutzerspezifischen Konfigurationsdatei Adressen aus der globalen Whitelist entfernen möchte. Es können auch mehrere Adressen angegeben werden.

whitelist_from_rcvd
: Diese Direktive nimmt eine Absenderadresse in die Whitelist auf und führt zusätzlich eine Reverse-DNS-Prüfung über den letzten Host durch, den die E-Mail durchlaufen hat, bevor sie auf dem lokalen Mailserver ankam. Das ist unter anderem nützlich, wenn man seine eigene Domain »whitelisten« möchte, da Spammer gern die Empfänger-Domain in der (gefälschten) Absenderadresse verwenden. Als erstes Argument wird die E-Mail-Adresse angegeben und als zweites Argument der Hostname oder der Domainname des letzten Relays.

   Beispiel:
   ```
   whitelist_from_rcvd *@mydomain.de mydomain.de
   whitelist_from_rcvd *@mydomain.com mydomain.de
   ```

whitelist_allows_relays
: Wenn eine E-Mail mit einer Absenderadresse, die in whitelist_from_rcvd eingetragen ist, über ein anderes Relay eingeht, wird dies normalerweise als Fälschung betrachtet. Wenn es aber legitim ist, dass diese Absenderadresse auch andere Relays verwendet, dann muss die E-Mail-Adresse in whitelist_allows_relays eingetragen werden.

   Beispiel:
   ```
   whitelist_allows_relays *@mydomain.de *@mydomain.com
   ```

unwhitelist_from_rcvd
: Mit dieser Direktive wird eine Absenderadresse aus der mit whitelist_from_rcvd angelegten Whitelist entfernt.

blacklist_from
: Diese Direktive nimmt eine Absenderadresse in die Blacklist auf. Es können auch mehrere Adressen angegeben werden.

   Wird eine Absenderadresse in der Blacklist gefunden, wird der Test USER_IN_BLACKLIST als erfolgreich bewertet. Dieser Test hat in der Voreinstellung 100 Punkte.

unblacklist_from
: Mit dieser Direktive wird eine Absenderadresse aus der Blacklist entfernt. Es können auch mehrere Adressen angegeben werden.

whitelist_to
more_spam_to
all_spam_to
: Diese Direktiven nehmen eine Empfängeradresse in die Whitelist auf. Empfängeradressen sind Adressen in einem der Header To, Cc, Resent-To und in verschiedenen weiteren. Um mehrere Adressen in die Liste aufzunehmen, können mehrere Adressen angegeben oder die Direktive kann wiederholt werden.

   Beispiel:
   ```
   whitelist_to *@example.com *@example.net
   ```

Die drei Direktiven unterscheiden sich lediglich durch die Anzahl der Punkte, die sie der erkannten E-Mail geben. whitelist_to entspricht der Regel USER_IN_WHITELIST_TO mit −6 Punkten, more_spam_to entspricht der Regel USER_IN_MORE_SPAM_TO mit −20 Punkten- und all_spam_to entspricht der Regel USER_IN_ALL_SPAM_TO mit −100 Punkten.

Es gibt keine Direktive unwhitelist_to, da eine Empfänger-Whitelist nur global Sinn macht. Wenn einzelne Benutzer die Empfänger-Whitelist übergehen wollen, müssen sie nur den Wert für required_score ändern.

blacklist_to
Diese Direktive nimmt eine Empfängeradresse in die Blacklist auf. Es können auch mehrere Adressen angegeben werden. Empfänger-Blacklists sind nützlich, um Spam herauszufiltern, der bestimmte gefälschte Adressen im To-Feld verwendet.

Wird eine Empfängeradresse in der Blacklist gefunden, wird der Test USER_IN_BLACKLIST_TO als erfolgreich bewertet. Dieser Test hat in der Voreinstellung 10 Punkte.

Es ist in der Regel effektiver, eine Blacklist im MTA einzurichten und die E-Mail sofort abzulehnen, anstatt sie erst anzunehmen, SpamAssassin laufen zu lassen und sie dann zum Beispiel von Procmail aussortieren zu lassen.

Externe Testsysteme

Wie oben angedeutet, kann SpamAssassin verschiedene externe Testsysteme in die Spam-Bewertung einbeziehen. Mit folgenden Direktiven können diese selektiv ein- und ausgeschaltet werden.

use_dcc
   Schaltet die Verwendung von DCC ein (use_dcc 1) oder aus (use_dcc 0). Die Voreinstellung ist an.

use_pyzor
   Schaltet die Verwendung von Pyzor ein (use_pyzor 1) oder aus (use_pyzor 0). Die Voreinstellung ist an.

use_razor2
   Schaltet die Verwendung von Razor Version 2 ein (use_razor2 1) oder aus (use_razor2 0). Die Voreinstellung ist an.

skip_rbl_checks
   Schaltet die Verwendung von DNSBL-(RBL-)Prüfungen aus (skip_rbl_checks 1) oder ein (skip_rbl_checks 0). Die Voreinstellung ist 0, also DNSBL-Prüfungen sind an.

In den Fällen DCC, Pyzor und Razor gilt, dass das Feature nur eingeschaltet wird, falls die entsprechende Software installiert ist. Dies wird beim Starten von SpamAssassin geprüft. Es ist daher unbedenklich, alle Direktiven zunächst eingeschaltet zu lassen.

Einstellungen des Bayes-Systems

Das Bayessche Klassifizierungssystem in SpamAssassin kann durch eine Vielzahl von Konfigurationsdirektiven sehr detailliert eingestellt werden. Hier werden nur die wichtigsten beschrieben.

use_bayes
: Diese Direktive schaltet die Verwendung des Bayesschen Klassifizierungssystems komplett ein (use_bayes 1) oder aus (use_bayes 0). Die Voreinstellung ist an.

use_bayes_rules
: Wenn diese Option ausgeschaltet ist (0), werden die Ergebnisse der Bayesschen Klassifizierung nicht in die Spam-Bewertung einbezogen, der Rest des Systems läuft jedoch weiter. Die Voreinstellung ist 1. Mit dieser Option kann man das Bayes-System vorübergehend ausschalten, aber das Lernen weiterlaufen lassen.

bayes_auto_learn
: Wenn diese Option eingeschaltet ist (1), werden E-Mails, die eindeutig als Spam oder eindeutig als Nicht-Spam eingestuft worden sind, automatisch zum Lernen an das Bayes-System übergeben. Die Voreinstellung ist 1. Die Grenzen der »Eindeutigkeit« werden über die Direktiven bayes_auto_learn_threshold_* eingestellt. Bei der Ermittlung der Punktzahl zum automatischen Lernen werden die Punkte, die von den Bayes-Tests selbst ermittelt wurden, nicht mit einbezogen.

  Die Verwendung des automatischen Lernsystems widerspricht streng genommen dem ursprünglichen Geist des Bayesschen Verfahrens, nämlich dass der Anwender sein eigenes E-Mail-Aufkommen nach seinem Geschmack klassifiziert, während dies hier letzten Endes SpamAssassin übernimmt. Trotzdem hat das automatische Lernsystem große praktische Effektivität bewiesen, kann das manuelle Lernen aber zumindest nicht vollständig ersetzen.

bayes_auto_learn_threshold_nonspam
bayes_auto_learn_threshold_spam
: Diese Direktiven bestimmen die Punktzahl, unter der E-Mails automatisch als Nicht-Spam erlernt werden, sowie die Punktzahl, über der E-Mails automatisch als Spam erlernt werden. Die Voreinstellungen sind 0,1 und 12,0. Wenn durch eigene Tests oder besondere Anforderungen die Spam-Erkennungsgrenze von 5,0 erheblich abweicht, sollten eventuell auch diese Punktzahlen geändert werden.

bayes_ignore_header
: Mit dieser Direktive können bestimmte Header vor dem Bayes-System versteckt werden. Wenn zum Beispiel ein weiteres Spam-Erkennungssystem vorgeschaltet ist, etwa beim ISP, das bestimmte Header in E-Mails einfügt, würden diese Header mit ziemlicher Sicherheit sehr schnell in der Bayes-Datenbank unter Spam landen. Obwohl dies prinzipiell erst mal nicht falsch ist, beeinflusst es doch die Unabhängigkeit des Bayes-Systems. Daher sollte man solche Header – und nur solche – vom Bayes-System ignorieren lassen. Ein Beispiel:

> bayes_ignore_header X-Hokuspokus-Spamfilter

bayes_ignore_from
bayes_ignore_to
: Mit diesen Direktiven werden E-Mails mit den angegebenen Absender- beziehungsweise Empfängeradressen vom Bayes-System ausgenommen. Sinnvoll ist dies insbesondere für die Postmaster-Adresse, zum Beispiel:

> bayes_ignore_to postmaster@mysite.com

Um mehrere Adressen anzugeben, verwendet man entweder Wildcards (* und ?, wie bei White- und Blacklists), gibt mehrere Adressen an oder schreibt die Direktive mehrmals.

bayes_path
: Diese Direktive bestimmt, wo die Bayes-Datenbank abgespeichert wird. Die Voreinstellung ist

> bayes_path ~/.spamassassin/bayes

Damit erhält jeder Benutzer eine private Bayes-Datenbank im Verzeichnis *~/.spamassassin/* in mehreren Dateien, deren Name mit *bayes* anfängt, nämlich *bayes_journal*, *bayes_seen* und *bayes_toks*, sowie einigen kurzfristigen Sperrdateien. Die Endungen werden automatisch angehängt.

Mit dieser Direktive könnte man zum Beispiel eine globale Bayes-Datenbank für alle Benutzer erzwingen, etwa weil die Benutzer keine Home-Verzeichnisse haben oder weil Festplattenplatz gespart werden soll.

Das Ergebnis des Bayesschen Klassifizierungssystems ist eine Wahrscheinlichkeit, dass die E-Mail Spam ist. Der Wert der Wahrscheinlichkeit ist zwischen 0 und 1 oder zwischen 0% und 100%. Werte unter 50% sind eher kein Spam, Werte über 50% dagegen eher Spam. Dieser Wahrscheinlichkeitswert wird auf SpamAssassin-Tests mit Namen wie BAYES_60 abgebildet. Tabelle 4-1 zeigt die Zuordnung von der Wahrscheinlichkeit zu den Tests sowie die zugehörigen Spam-Punktzahlen. Es ist richtig, dass die Punktzahlen teilweise nicht stetig ansteigen. Dies liegt am automatischen Gewichtungsprozess, den alle Tests durchlaufen. Es ist zum Beispiel anzunehmen, dass E-Mails im Bereich 99% bis 100% mit eingeschalteten Netzwerktests schon von vielen anderen Tests erkannt werden, sodass eine hohe Gewichtung des Bayes-Tests nicht erforderlich erscheint.

Tabelle 4-1: Bayes-Tests

Testname	Untere Grenze	Obere Grenze	Punktzahl ohne Netzwerktests	Punktzahl mit Netzwerktests
BAYES_00	0%	1%	-1,665	-2,599
BAYES_05	1%	5%	-0,925	-0,413
BAYES_20	5%	20%	-0,730	-1,951
BAYES_40	20%	40%	-0,276	-1,096
BAYES_50	40%	60%	1,567	0,001
BAYES_60	60%	80%	3,515	0,372
BAYES_80	80%	95%	3,608	2,087
BAYES_95	95%	99%	3,514	2,063
BAYES_99	99%	100%	4,070	1,886

Einstellungen des Autowhitelisting-Systems

Auch das Autowhitelisting-System kann durch eine Vielzahl von Einstellungen konfiguriert werden. Hier werden aber nur die für die Praxis wichtigsten vorgestellt:

use_auto_whitelist
> Mit dieser Direktive wird das Autowhitelisting-System eingeschaltet (1) oder ausgeschaltet (0). Die Voreinstellung ist 1.

auto_whitelist_path
> Diese Direktive bestimmt, wo die Autowhitelist-Datenbank abgespeichert wird. Die Voreinstellung ist:
>
> auto_whitelist_path ~/.spamassassin/auto-whitelist
>
> Damit erhält jeder Benutzer eine private Autowhitelist-Datenbank in der Datei *~/.spamassassin/auto-whitelist* mit einigen zugehörigen kurzfristigen Sperrdateien im selben Verzeichnis.
>
> Mit dieser Direktive könnte man zum Beispiel eine globale Autowhitelist-Datenbank für alle Benutzer erzwingen, etwa weil die Benutzer keine Home-Verzeichnisse haben oder weil Festplattenplatz gespart werden soll.

Direktiven für eigene Tests

Die in diesem Abschnitt aufgeführten Direktiven werden beim Schreiben von eigenen Tests verwendet. Konfigurationseinstellungen und Testdefinitionen werden von SpamAssassin von der Syntax her nicht unterschieden.

Weitere Informationen zum Schreiben eigener Tests findet man unter »Definition eigener Tests«. Die dazugehörigen Direktiven werden hier nur kurz angerissen, um den Überblick über die Konfigurationseinstellungen zu komplettieren.

score
: Diese Direktive bestimmt die Punktzahl, die einem Test zugewiesen wird. Einem Test können bis zu vier Punktzahlen zugewiesen werden, die unter verschiedenen Umständen verwendet werden, nämlich in dieser Reihenfolge: ohne Bayes- und Netzwerktests, ohne Bayes- und mit Netzwerktests, mit Bayes- und ohne Netzwerktests, mit Bayes- und mit Netzwerktests. Wenn nur eine Punktzahl angegeben ist, wird sie für alle vier Fälle verwendet.

  Beispiele:
  ```
  score FROM_ENDS_IN_NUMS  0.177 0.516 0.517 0.000
  score USER_IN_WHITELIST  -100.00
  ```
  Mit dieser Direktive können auch die Punktzahlen der eingebauten Tests beliebig geändert werden. Insbesondere kann man eine Punktzahl auf 0 setzen, um einen Test auszuschalten.

describe
: Diese Direktive weist einem Test eine Beschreibung zu.

header
body
rawbody
uri
full
meta
: Diese Direktiven definieren die eigentlichen Testregeln für verschiedene Testarten.

tflags
: Mit dieser Direktive können Tests verschiedene Attribute (»Flags«) zugeordnet werden, die bestimmen, unter welchen Umständen der Test verwendet werden soll.

priority
: Diese Direktive kontrolliert, in welcher Reihenfolge die Tests ausgeführt werden sollen. Für benutzerdefinierte Tests ist dies in der Regel nicht relevant.

Diverse Einstellungen

Dieser Abschnitt erläutert schließlich noch einige weitere für die Praxis interessante Einstellungen.

trusted_networks
: Diese Direktive bestimmt, welche Hosts oder Netzwerke »vertrauenswürdig« sind. Es wird angenommen, dass Hosts in vertrauenswürdigen Netzwerken keinen Spam senden, keine offenen Relays betreiben und keine Header fälschen. Daher werden solche Hosts aus Effizienzgründen von DNSBL-Prüfungen ausgenommen.

Um mehrere Hosts oder Netzwerke als vertrauenswürdig einzustufen, können mehrere Adressen angegeben oder die Direktive wiederholt werden.

Beispiele:

```
trusted_networks 192.168/16 127/8    # 192.168.*.* und 127.*.*.*
trusted_networks 212.17.35.15        # nur dieser Host
trusted_networks 127.                # 127.*.*.*
```

Alle in internal_networks aufgelisteten Netzwerke sollten auch als trusted_networks gelistet werden. Wenn trusted_networks nicht definiert ist, wird der Wert von internal_networks verwendet.

Ist DNS verfügbar, gibt es eine zusätzliche Heuristik, um die vertrauenswürdigen Netzwerke automatisch zu erkennen.

clear_trusted_networks
: Diese Direktive löscht die mit trusted_networks angelegte Liste.

internal_networks
: Diese Direktive bestimmt, welche Hosts oder Netzwerke »intern« sind. Das Format ist das gleiche wie für trusted_networks. Alle MX-Server für die eigenen Domains sowie interne Relays sollten hier eingetragen werden. Relays, die die E-Mail direkt von Dial up-Adressen annehmen, sollten nicht hier, aber möglicherweise in trusted_networks eingetragen werden. Diese Einstellung ist nötig für das korrekte Funktionieren von whitelist_from_rcvd und DNSBL mit Dial up-Einträgen.

Wenn trusted_networks gesetzt ist, jedoch internal_networks nicht, wird der Wert von trusted_networks für internal_networks übernommen. Wenn keiner der beiden Werte gesetzt ist, gilt kein Host mit Ausnahme des eigenen als intern.

clear_internal_networks
: Diese Direktive löscht die mit internal_networks angelegte Liste.

lock_method
: Diese Direktive bestimmt, welche Sperrmethode verwendet wird, um die Bayes- und Autowhitelisting-Datenbanken vor gleichzeitigem Zugriff zu schützen. Mögliche Sperrmethoden sind nfssafe (nur Unix), flock (nur Unix) und win32 (nur Windows). Die Voreinstellung ist je nach Betriebssystem entweder nfssafe oder win32. Wenn sichergestellt ist, dass auf die Datenbanken nie über NFS zugegriffen wird, kann auf Unix-Plattformen erheblich an Performance gewonnen werden, indem die Sperrmethode flock verwendet wird.

allow_user_rules
: Wenn diese Option auf 1 gesetzt ist, werden die Tests, die Anwender in ihrer *user_prefs*-Datei definiert haben, von spamd verwendet. Das ist in der Voreinstellung nicht der Fall, da dies eine Sicherheitslücke darstellen kann und auch die Performance beeinträchtigt. Eigene Tests sollten am besten vom Administrator in der globalen Konfiguration angelegt werden.

Einbindung in das E-Mail-System

In diesem Abschnitt wird beschrieben, wie die SpamAssassin-Software in ein vorhandenes E-Mail-System eingebunden werden kann. Hier gibt es einige Möglichkeiten, die sich in Sachen Administrationsaufwand, Flexibilität und Geschwindigkeit zum Teil erheblich unterscheiden.

Einbindung über Procmail

Procmail ist ein Programm, das vom Mailserver zur lokalen Auslieferung von E-Mails verwendet werden kann. Es liest eine E-Mail über die Standardeingabe und verfährt damit entsprechend einer Konfigurationsdatei. Diese Konfigurationsdatei enthält Regeln, die dazu dienen, die E-Mail anhand bestimmter Kriterien in unterschiedliche Postfächer zu sortieren. Vorher können jedoch auch externe Programme zur Analyse oder Filterung der E-Mail aufgerufen werden.

Bei E-Mail-Systemen, die bereits Procmail verwenden, kann SpamAssassin sehr einfach von Procmail aus aufgerufen werden. Bei Unix-basierten E-Mail-Server-Programmen ist Procmail entweder vorkonfiguriert oder kann mit wenigen Handgriffen aktiviert werden. (Siehe auch Kapitel 12, *Procmail*.) Andere Software, die analog zu Procmail arbeitet, kann selbstverständlich auch verwendet werden, wird hier aber nicht beschrieben.

Die Einbindung von SpamAssassin kann entweder über die globale Procmail-Konfigurationsdatei */etc/procmailrc* oder über die benutzerspezifischen Konfigurationsdateien *~/.procmailrc* geschehen. Auf die letztere Art kann auch jeder Benutzer selbst bestimmen, ob er SpamAssassin einsetzen möchte. Dies erfordert natürlich, dass jeder Benutzer Shell-Zugang zum Mailserver hat, was jedoch häufig nicht der Fall ist.

Beispiel 4-6 zeigt den Codeabschnitt, der in die gewählte Procmail-Konfigurationsdatei eingefügt werden muss, um SpamAssassin aufzurufen. Das »f« in der ersten Zeile bestimmt, dass die folgende Regel eine Filterregel ist, also die E-Mail nicht zustellt, sondern nur manipuliert und wieder zurückgibt. Das »w« bestimmt, dass Procmail warten soll, bis das Filterprogramm beendet ist, und den Rückgabecode prüfen soll. Dies schützt vor Fehlfunktionen des spamassassin-Prozesses.

Der Abschnitt kann an beliebiger Stelle eingefügt werden, sinnvollerweise aber direkt am Anfang nach eventuellen Variablenzuweisungen. Im Beispiel wird das Programm spamassassin verwendet, aber spamc kann genauso genommen werden, wenn dafür gesorgt ist, dass der Serverprozess spamd läuft.

Beispiel 4-6: Einbindung von SpamAssassin in procmailrc

```
:0 fw
| spamassassin
```

Der eigentliche Sinn von Procmail ist es natürlich, E-Mail in verschiedene Postfächer zu sortieren. Beispiel 4-7 zeigt eine Regel, die direkt hinter die Regel aus Beispiel 4-6 gestellt werden könnte, um als Spam eingestufte E-Mails in ein anderes Postfach zu sortieren. Die Header-Zeile X-Spam-Flag: YES wird in der Voreinstellung von SpamAssassin eingefügt.

Beispiel 4-7: Aussortieren von erkanntem Spam mit Procmail

```
:0
* X-Spam-Flag: YES
spam
```

Wenn man sehr viel Spam bekommt, kann das Spam-Postfach sehr schnell so voll werden, dass man es nicht mehr überblicken kann. In dem Fall kann es sich anbieten, Spam je nach Punktzahl in verschiedene Postfächer zu sortieren. Das Postfach mit den niedrigeren Punktzahlen mag man öfter inspizieren als das mit den höheren. Da Procmail keine numerischen Angaben parsen kann, ist die Verwendung des Headers X-Spam-Level sinnvoll, der von SpamAssassin eingefügt wird. X-Spam-Level wird gefolgt von einer Reihe von Sternen, deren Anzahl die Punktzahl wiedergibt. Beispiel 4-8 zeigt einen Satz Procmail-Regeln, die E-Mails in drei verschiedene Kategorien sortieren. Ungünstig wirkt sich die Wahl des Sterns als Markierungszeichen aus, da dieser gleichzeitig ein Sonderzeichen in der Syntax der regulären Ausdrücke ist und daher »escapt« werden muss. Mit der SpamAssassin-Konfigurationsdirektive add_header all Level   STARS(x)_ kann man ein anderes Zeichen wählen, in diesem Fall ein »x«.

Beispiel 4-8: Differenziertes Aussortieren von erkanntem Spam mit Procmail

```
# Punktzahl über 15 verwerfen.
:0
* ^X-Spam-Level: \*\*\*\*\*\*\*\*\*\*\*\*\*\*\*
/dev/null

# Punktzahl über 10 in ein Postfach.
:0
* ^X-Spam-Level: \*\*\*\*\*\*\*\*\*\*
spam

# Rest in ein anderes Postfach.
:0
* X-Spam-Flag: YES
maybespam
```

Dem versierten Procmail-Anwender sind hier kaum Grenzen gesetzt. In Kapitel 12, *Procmail* findet sich darüber hinaus eine Sammlung weiterer Procmail-Rezepte zur Spam-Bekämpfung.

Gegenüber der im Folgenden beschriebenen Einbindung in den MTA hat die Verwendung von Procmail den Vorteil, dass benutzerspezifische Einstellungen und benutzerspezifische Bayes-Datenbanken verwendet werden können. Der Einsatz von Procmail ist allerdings nur möglich, wenn die E-Mail an das lokale System ausgeliefert wird. Bei E-Mail-Gateway-Systemen, die E-Mails nur prüfen und weiterleiten, kann Procmail nicht verwendet werden. Wenn Procmail eingesetzt wird, muss außerdem die E-Mail zunächst komplett angenommen werden und kann nicht eventuell schon während des SMTP-Dialogs abgelehnt werden.

Viele Mailserver arbeiten außerdem isoliert vom Empfänger der E-Mails, und jene Empfänger haben keine Möglichkeit, auf den Mailserver zuzugreifen und eigene Procmail-Regeln zu schreiben. Das Programm Fetchmail kann E-Mail vom Mailserver holen und in einen lokal laufenden MTA einspeisen, der dann Procmail ausführen könnte. Dann könnte man diese Procmail-Regeln auf dem lokalen Rechner einrichten. In allen anderen Fällen ist eine Einbindung von SpamAssassin in den MTA zu empfehlen, die im Folgenden beschrieben wird. Nichtsdestoweniger ist es in solchen Fällen möglich, Procmail oder ähnliche Software zum Sortieren der geprüften E-Mails zu verwenden oder gar SpamAssassin mit anderen – gegebenenfalls schärferen – Tests erneut aufzurufen.

Einbindung in Postfix

Dieser Abschnitt beschreibt die Einbindung von SpamAssassin in ein E-Mail-System, das Postfix als MTA verwendet.

Content-Filter in Postfix sind beliebige Programme, die SMTP sprechen und E-Mails nach eigenem Gutdünken filtern, umschreiben oder löschen können. SpamAssassin selbst kann nicht als ein solcher Content-Filter fungieren, da es die notwendigen Protokolle nicht unterstützt. Stattdessen wird ein Programm verwendet, das diese Protokolle unterstützt und SpamAssassin intern aufruft.

Ein solches Programmpaket ist Amavisd-new. Dieses Paket enthält einen Serverdienst, der als Content-Filter in Postfix eingebunden wird und wahlweise E-Mails auf Viren, Spam oder verbotene Anhänge prüfen kann. Dem Thema Amavisd-new ist das komplette Kapitel 8, *AMaViS* gewidmet. Die Vorteile gegenüber dem Procmail-Ansatz sind, dass Amavisd-new sehr viel mehr als nur Spam-Erkennung unterstützt und dass es auch auf Gateway-Systemen ohne lokale Benutzer laufen kann. Gegenüber Procmail ist Amavisd-new aber viel komplexer und erfordert einigen Administrationsaufwand. Amavisd-new verwendet im Übrigen das oben erwähnte Perl-Modul `Mail::SpamAssassin`, um SpamAssassin zu integrieren. Da Amavisd-new selbst ein Serverdienst ist, ist es nicht nötig, einen separaten Serverdienst für SpamAssassin zu betreiben.

Alternativ zu Amavisd-new bietet sich auch MailScanner an, das in Kapitel 9, *MailScanner* beschrieben wird.

Einbindung in Exim

Dieser Abschnitt beschreibt die Einbindung von SpamAssassin in ein E-Mail-System, das Exim als MTA verwendet.

Einbindung über Router und Transports

Die einfachste Möglichkeit, SpamAssassin in Exim einzubinden, ist, einen Transport zu schreiben, der die E-Mails über eine Pipe an SpamAssassin übergibt und danach wieder in Exim einspeist. Der benötigte Transport sieht so aus:

```
spamassassin:
  driver = pipe
  use_bsmtp = true
  command = /usr/sbin/exim -bS -oMr sa-checked
  transport_filter = /usr/bin/spamc -f
  home_directory = "/tmp"
  current_directory = "/tmp"
  return_fail_output = true
  return_path_add = false
  user = exim
  group = exim
```

Die Reihenfolge der Transport-Definitionen ist egal. Je nach Betriebssystem muss der Pfad zum Programm *exim* sowie der Name des Exim-Benutzers und der Exim-Gruppe angepasst werden.

Nun muss ein Router definiert werden, der E-Mails an den eben definierten Transport leitet. Diese Router-Definition sieht so aus:

```
spamassassin_router:
  driver = accept
  transport = spamassassin
  condition = "${if {!eq {$received_protocol}{sa-checked} {1} {0}}"
  no_expn
  no_verify
```

Dieser Router wird nur verwendet, wenn die Variable $received_protocol nicht auf sa-checked gesetzt ist. Dies wird oben im Transport mit der Option -oMr sa-checked getan. Zusammen verhindert dieses System, dass eine schon von SpamAssassin geprüfte E-Mail ein zweites Mal an denselben Transport übergeben wird.

Die Reihenfolge der Router ist wichtig, und durch Variieren der Reihenfolge lassen sich verschiedene spezielle Konfigurationen realisieren. Wenn der Router der erste der Liste ist, werden alle E-Mails, die vom Exim-Mailserver verarbeitet werden, von SpamAssassin überprüft. Dies ist insbesondere auf E-Mail-Gateways ohne lokale Benutzer sinnvoll. Wenn nur die E-Mail von lokalen Benutzern geprüft werden soll, sollte der Router hinter dem Router dnslookup stehen. Indem man den Router spamassassin_router weiter nach unten schiebt, kann man verschiedene Klassen von E-Mails von der Spam-Erkennung ausnehmen. Auf jeden Fall muss der Router vor dem Router local_user stehen, damit er überhaupt in Betracht gezogen wird.

Dieses System markiert die E-Mails lediglich, sorgt aber selbst nicht dafür, dass Spam aussortiert wird. Dies könnte wiederum mit Procmail oder im E-Mail-Client des Empfängers geschehen.

Einbindung über Content-Scanning

Das Content-Scanning-Feature von Exim erlaubt es, SpamAssassin aus einer ACL (Access Control List) heraus aufzurufen. Dadurch kann Spam schon während des SMTP-Dialogs erkannt und bei Bedarf direkt abgelehnt werden, ohne dass die E-Mail erst angenommen werden muss. Außerdem können Virenscanner aufgerufen und unerwünschte MIME-Typen blockiert werden. Content-Scanning gibt es seit der Version 4.50 in Exim; für frühere Versionen existieren Patches unter dem Namen Exiscan.

Wenn das Content-Scanning-Feature mit SpamAssassin verwendet wird, muss die SpamAssassin-Option report_safe auf 0 gesetzt werden, sonst kommt Exim durcheinander. Außerdem darf spamd nicht mit der Option --create-prefs/-c gestartet werden, da es in diesem Fall kein sinnvolles Home-Verzeichnis für die zu erzeugenden Konfigurationsdateien gibt.

Mit dem Content-Scanning-Feature hat die ACL-Sprache von Exim eine zusätzliche Bedingung namens spam, die SpamAssassin per spamc/spamd abfragt. Hat SpamAssassin die E-Mail als Spam eingestuft, ist die Bedingung erfolgreich, und die ACL kann Folgemaßnahmen ergreifen. Dieses System verändert nichts an der E-Mail; wenn die bekannten Markierungen wie zusätzliche Header gewünscht sind, muss das in der ACL angegeben werden. Das folgende Beispiel zeigt den Aufruf der ACL-Regel spam und zeigt, wie der typische Header X-Spam-Flag: YES in als Spam erkannte E-Mails eingefügt wird:

```
acl_smtp_data:
   warn message = X-Spam-Flag: YES
   spam = nobody
```

Die Angabe nobody bestimmt den Benutzer, unter dem der Aufruf von spamc erfolgt.

Die ACL-Bedingung spam setzt zusätzlich noch einige Variablen, die verwendet werden können, um unterschiedlichen Umgang mit den SpamAssassin-Ergebnissen zu implementieren.

$spam_bar
: Bei einer positiven Spam-Punktzahl besteht diese Variable aus so vielen Pluszeichen wie Punkten, bei einer negativen Punktzahl aus entsprechend vielen Minuszeichen, bei null Punkten aus einem Schrägstrich. Diese Variable erfüllt also in etwa den gleichen Zweck wie der Platzhalter _STARS(*)_ in SpamAssassin.

$spam_report
: Diese Variable enthält den vollständigen SpamAssassin-Bericht zu einer E-Mail, so wie der, der sonst typischerweise im Header X-Spam-Report steht.

$spam_score
: Diese Variable enthält die Spam-Punktzahl der E-Mail.

$spam_score_int
: Diese Variable enthält die Spam-Punktzahl multipliziert mit 10 als Integer-Wert. Damit können ACL-Bedingungen definiert werden, die die Punktzahl auswerten; siehe nachfolgende Beispiele.

Das folgende Beispiel fügt in jede E-Mail einen Header X-Spam-Report ein, so wie SpamAssassin das normalerweise selbst machen würde. Indem true an den Benutzernamen (nobody) angehängt wird, wird die Regel jedes Mal angewendet, unabhängig vom SpamAssassin-Ergebnis.

```
acl_smtp_data:
    warn message = X-Spam-Report: $spam_report
    spam = nobody:true
```

Das folgende Beispiel lehnt E-Mails mit einer Spam-Punktzahl über 15 schon während des SMTP-Dialogs ab:

```
acl_smtp_data:
    deny message = Spam with score $spam_score rejected
    spam = nobody
    condition = ${if >{$spam_score_int}{150}{1}{0}}
```

Diese ACL-Anweisungen könnten auch in eine einzige ACL zusammengefasst werden, um beide Verhaltensweisen gleichzeitig zu aktivieren.

Weitere Informationen zur Verwendung von Exim finden sich in Kapitel 3, *Spam- und Virenabwehr mit Postfix, Exim und Sendmail*.

Einbindung über SA-Exim

SA-Exim ist ein Plugin für Exim, das SpamAssassin über spamc/spamd aufruft und viele einfach zu konfigurierende Möglichkeiten für den Umgang mit erkanntem Spam bietet. Es ist sogar üblich, das eingebaute Content-Scanning-Feature zum Virenscannen einzusetzen und gleichzeitig SpamAssassin über SA-Exim aufzurufen. SA-Exim hat eine umfangreiche Konfigurationsdatei, in der Regel in */etc/exim/sa-exim.conf*, die schon sinnvolle Voreinstellungen enthält und viele andere Konfigurationsmöglichkeiten zum einfachen Auskommentieren bietet.

 Wenn SA-Exim verwendet wird, darf spamd nicht mit der Option --create-prefs/-c gestartet werden, da es in diesem Fall kein sinnvolles Home-Verzeichnis für die zu erzeugenden Konfigurationsdateien gibt.

Zuerst muss

```
SAEximRunCond: 0
```

auskommentiert werden, damit SA-Exim überhaupt aktiviert ist.

Die Option `SAEximRejCond` bestimmt, ob Exim mit als Spam eingestuften E-Mails bestimmte Aktionen durchführen soll oder sie einfach mit den üblichen Markierungen im Header durchlassen soll, falls dies in SpamAssassin konfiguriert ist. Die Standardkonfigurationsdatei enthält diese Einstellung:

```
SAEximRejCond: ${if !eq {$h_X-SA-Do-Not-Rej:}{Yes} {1}{0}}
```

Dies bedeutet, dass mit allen Spam-E-Mails die konfigurierten Aktionen durchgeführt werden, außer mit denen mit dem Header `X-SA-Do-Not-Rej: Yes`. Dieser Header könnte folgendermaßen in der ACL `acl_smtp_rcpt` eingefügt werden, wenn es sich zum Beispiel um E-Mails an den Postmaster handelt.

```
warn message = X-SA-Do-Not-Rej: Yes
     local_parts = postmaster
```

Mit der Option `SAteergrube` kann man eine in der Tat so genannte Teergrube einrichten: Wenn eine E-Mail als Spam eingestuft wird, dann wird der SMTP-Dialog extrem verlangsamt, um Spammer in ihren Aktivitäten zu bremsen oder zumindest den Mailserver unattraktiv für Spammer zu machen. Die Option nimmt als Wert die Spam-Punktzahl, oberhalb der das Teergrubing aktiv werden soll. Damit man nicht den eigenen Host ausbremst, muss man einen etwas komplexeren Ausdruck anwenden, beispielsweise den, der in der Standardkonfigurationsdatei vorgeschlagen wird:

```
SAteergrube: ${if and { {!eq {$sender_host_address}{127.0.0.1}} {!eq {$sender_host_address}{127.0.0.2}} } {25}{1048576}}
```

Der Wert 1048576 dient dazu, das Teergrubing bei lokalen Verbindungen durch eine sehr hohe Punktzahlgrenze effektiv auszuschalten.

Die Option `SAdevnull` bestimmt, ab welcher Spam-Punktzahl eine E-Mail von SA-Exim verworfen werden soll. Wenn die Option nicht gesetzt ist, werden keine E-Mails verworfen.

Beispiel:

```
SAdevnull: 20.0
```

Die Option `SApermreject` bestimmt, ab welcher Spam-Punktzahl SA-Exim eine E-Mail während des SMTP-Dialogs ablehnen soll. Wenn die Option nicht gesetzt ist, werden keine E-Mails abgelehnt. Die folgende Einstellung ist in der Standardkonfiguration aktiviert:

```
SApermreject: 12.0
```

Weitere SA-Exim-Einstellungen, die aber selten verändert werden müssen, findet man in der sehr gut kommentierten Konfigurationsdatei von SA-Exim.

Wenn die SpamAssassin-Option `report_safe` auf 1 oder 2 gesetzt ist, muss die SA-Exim-Option `SARewriteBody` auf 1 gesetzt werden, sonst kommt SA-Exim durcheinander. Diese Einstellung kostet allerdings Performance.

Einbindung über AMaViS

Schließlich gilt auch für Exim, dass SpamAssassin über den Umweg Amavisd-new eingebunden werden kann. Bei der Fülle der Konfigurationsmöglichkeiten, die Exim bietet, erscheint es aber nicht nötig, noch ein so komplexes System wie Amavisd-new ins Spiel zu bringen, aber Amavisd-new bietet in jedem Fall einen ähnlichen Funktionsumfang wie die anderen hier vorgestellten Lösungen. Kapitel 8, *AMaViS* enthält ausführliche Informationen über Amavisd-new.

Einbindung in Sendmail

Dieser Abschnitt beschreibt die Einbindung von SpamAssassin in ein E-Mail-System, das Sendmail als MTA verwendet.

Milter sind Programme, die von Sendmail über eine spezielle API aufgerufen werden und die eingehende E-Mails an verschiedenen Stellen im SMTP-Dialog annehmen, abweisen oder abändern können. SpamAssassin selbst kann nicht als ein solcher Milter fungieren, aber es gibt Programmpakete, die als Milter eingesetzt werden und die SpamAssassin intern aufrufen.

Am einfachsten geht es mit dem SpamAssassin-Milter-Plugin, kurz `spamass-milter` genannt. Der Milter läuft als Serverprozess, muss also vor Inbetriebnahme gestartet werden. Wenn ein fertiges Paket verwendet wird, geschieht dies automatisch beim Booten oder über ein Startskript (zum Beispiel */etc/init.d/spamass-milter* auf Debian GNU/Linux). Von Hand kann man ihn folgendermaßen starten:

```
/usr/sbin/spamass-milter -p /var/run/sendmail/spamass.sock -f
```

Wenn nichts anderes eingestellt ist, lässt der Milter die E-Mails lediglich durch SpamAssassin markieren und leitet sie an Sendmail zurück unter der Annahme, dass sie später von Procmail, dem E-Mail-Client oder an einer anderen Stelle sortiert werden.

Das Verhalten des Milters wird über Kommandozeilen-Optionen gesteuert. Die wichtigsten sind:

`-p dateiname`
Diese Option bestimmt den Pfad zur Socket-Datei, über die Sendmail mit dem SpamAssassin-Milter kommuniziert. Der Pfad kann frei gewählt werden, aber er muss mit dem in der Sendmail-Konfigurationsdatei angegebenen übereinstimmen (siehe unten). Diese Option muss angegeben werden.

`-f`
Diese Option sorgt dafür, dass der Daemon im Hintergrund gestartet wird, was der Normalfall sein sollte.

`-i netzwerke`
Diese Option bestimmt, dass E-Mails aus den angegebenen Netzwerken ignoriert, also nicht geprüft werden. Damit können zum Beispiel E-Mails aus dem eigenen Netzwerk von der Spam-Prüfung ausgeschlossen werden. Das Argu-

ment kann eine einzelne IP-Adresse sein (zum Beispiel 127.0.0.1), in CIDR-Schreibweise (zum Beispiel 192.168.1.0/24) erfolgen oder als Netzwerk/Netzmaske-Paar (zum Beispiel 192.168.1.0/255.255.255.0) geschrieben werden. Mehrere Adressen können durch Kommata getrennt werden, oder die Option wird mehrmals angegeben.

-P `dateiname`
Diese Option bestimmt den Namen der PID-Datei, wenn eine gewünscht ist.

-r `nn`
Mit der Option wird eine E-Mail abgelehnt, wenn die Spam-Punktzahl größer als *nn* ist. Normalerweise werden alle E-Mails durchgelassen.

-u `user`
Die Option bestimmt, dass SpamAssassin auf benutzerspezifische Einstellungen zugreift. Wenn die E-Mail nur einen Empfänger hat, wird dessen Einstellungsdatei verwendet. Bei mehreren Empfängern wird der hiermit angegebene Benutzer verwendet, üblicherweise »nobody«.

Nachdem der Milter konfiguriert ist, wird die folgende Zeile in die Sendmail-Konfigurationsdatei eingefügt:

```
INPUT_MAIL_FILTER(`spamassassin', `S=local:/var/run/sendmail/spamass.sock, F=T,
T=C:15m;S:4m;R:4m;E:10m')dnl
define(`confMILTER_MACROS_CONNECT',`b, j, _, {daemon_name}, {if_name},
{if_addr}')dnl
```

Die Timeouts (T=) wurden hier gegenüber den Vorgaben etwas erhöht, da SpamAssassin ein relativ langsamer Prozess sein kann. Nach dieser Änderung muss die Sendmail-Konfiguration wie üblich neu gebaut werden.

Weitere Informationen zur Sendmail-Konfiguration und zum Thema Milter finden sich in Kapitel 3, *Spam- und Virenabwehr mit Postfix, Exim und Sendmail*.

Ein alternatives Programmpaket zum Aufruf von SpamAssassin aus Sendmail ist MIMEDefang. MIMEDefang unterstützt nicht nur Spam-Erkennung, sondern kann auch Virenscanner aufrufen und unerwünschte Anhänge erkennen. Gegenüber Procmail und dem SpamAssassin-Milter ist MIMEDefang aber viel komplexer und erfordert einigen Administrationsaufwand. MIMEDefang wird in Kapitel 10, *MIMEDefang* behandelt.

Alternativ zu MIMEDefang bieten sich auch Amavisd-new und MailScanner an (siehe Kapitel 8, *AMaViS* und Kapitel 9, *MailScanner*), die allerdings nicht speziell für Sendmail ausgelegt sind.

Definition eigener Tests

Dieser Abschnitt beschreibt, wie eigene SpamAssassin-Tests geschrieben werden können.

Grundlagen

Jeder Test hat zunächst einen Namen. Gebräuchlich sind Testnamen bestehend aus Großbuchstaben, Zahlen und Unterstrichen mit maximal 22 Zeichen, zum Beispiel SUBJ_2_NUM_PARENS. Die Namen eigener Tests sollten mit den eigenen Initialen oder einem ähnlichen Unterscheidungsmerkmal beginnen, damit es keine Namenskonflikte mit den offiziellen oder anderen Testsammlungen gibt. Testnamen, die mit zwei Unterstrichen beginnen, haben eine besondere Bedeutung, siehe unten im Abschnitt »Metatests«.

Nun muss der eigentliche Test definiert werden. Tests können nach Mustern im Header oder Body der E-Mail suchen oder spezielle Funktionen ausführen. Dies wird im Anschluss im Detail beschrieben.

Optional kann jedem Test eine Beschreibung zugeordnet werden. Diese Beschreibung ist eine einfache Zeichenkette, die je nach Konfiguration in die E-Mail eingefügt wird, um die erfolgreichen Tests dem Benutzer zu erklären. Siehe dazu die Beispiele 4-3 und 4-4.

Ebenfalls optional können jedem Test bestimmte Flags zugeordnet werden, die bestimmen, unter welchen Umständen und Konfigurationen der Test verwendet wird. Dies ist insbesondere dann nützlich, wenn größere Testsammlungen auch für die externe Verwendung freigegeben werden. In Tests, die für den eigenen Bedarf geschrieben sind, ist dies in der Regel nicht notwendig, da die lokale Konfiguration bekannt ist.

Schließlich muss jedem Test eine Punktzahl zugeordnet werden.

Das folgende Beispiel aus der vordefinierten Testsammlung in SpamAssassin ist eine vollständige Testdefinition.

```
header FROM_ENDS_IN_NUMS       From =~ /\d\d\@/
describe FROM_ENDS_IN_NUMS     From: ends in numbers
lang de describe FROM_ENDS_IN_NUMS Absenderadresse endet mit Ziffern im
Benutzernamen
score FROM_ENDS_IN_NUMS        0.177 0.516 0.517 0.000
```

Diese Zeilen definieren einen Test mit dem Namen FROM_ENDS_IN_NUMS. Die Direktive header bestimmt, dass dieser Test die Header der E-Mail prüft, und gibt die eigentliche Testregel an: Die From-Zeile wird mit einem regulären Ausdruck verglichen. Der reguläre Ausdruck passt, wenn der Teil der E-Mail-Adresse vor dem @ mit zwei (oder mehr) Zahlen endet, was darauf hindeuten kann, dass der Absender automatisch erzeugte »Wegwerf«-E-Mail-Adressen verwendet. Der Operator =~ steht für einen Vergleich mit einem regulären Ausdruck. Genauer gesagt, der Test ist dann erfolgreich, wenn der Header den regulären Ausdruck *enthält*. Alternativ kann der Operator !~ verwendet werden, der prüft, ob ein Header den regulären Ausdruck nicht enthält.

Die regulären Ausdrücke entsprechen den in Perl verwendeten. Insbesondere können auch Modifikatoren wie /i (Groß-/Kleinschreibung nicht unterscheiden) angehängt werden. Im Gegensatz zu Perl muss ein # »escapt« werden (\#), weil es sonst als Start eines Kommentars interpretiert würde.

Die Direktive `describe` definiert die Beschreibung des Tests. Die dritte Zeile definiert die deutsche Version der Beschreibung, die an Stelle der englischen verwendet wird, wenn der Anwender im Betriebssystem die entsprechende Sprache (Locale) eingestellt hat.

Die Direktive `score` bestimmt schließlich die Punktzahl für diesen Test. Einem Test können bis zu vier Punktzahlen zugewiesen werden, die unter verschiedenen Umständen verwendet werden, nämlich in dieser Reihenfolge:

- ohne Bayes- und Netzwerktests
- ohne Bayes- und mit Netzwerktests
- mit Bayes- und ohne Netzwerktests
- mit Bayes- und mit Netzwerktests

Die vordefinierten Tests werden automatisch gewichtet und haben daher sehr präzise und teilweise merkwürdige Punktzahlen. Bei selbst definierten Tests ist es ausreichend, eine Punktzahl anzugeben, die dann in allen Fällen verwendet wird.

Beispiele

Die mit SpamAssassin mitgelieferten Tests sind in Dateien im Verzeichnis */usr/share/spamassassin/* definiert. Es ist eine umfangreiche Bibliothek von Beispielen und soll daher auch hier zur Erklärung der Features dienen. Aus verschiedenen Gründen sind die Tests über verschiedene Dateien verteilt, und die Punktzahl-Definitionen sind in eine getrennte Datei ausgelagert. Dies ist aber letzten Endes unerheblich.

Der folgende Test prüft einen regulären Ausdruck in *allen* Headern der E-Mail.

```
header CHINA_HEADER        ALL =~ /\@china\.com/i
describe CHINA_HEADER      Involves 'china.com'
score CHINA_HEADER         1.840 1.911 2.312 2.386
```

Der Header `ALL` ist einer von mehreren Pseudo-Headern, die das Schreiben von Tests erleichtern. Außerdem sind `ToCc` (alle Empfängeradressen), `EnvelopeFrom` (alle Envelope-Absenderadressen) und `MESSAGEID` (alle Header mit Message-IDs) definiert.

Der folgende Test prüft den From-Header, aber weil `addr` angehängt wurde, wird nur die erste E-Mail-Adresse geprüft. Die folgenden E-Mail-Adressen sowie alle Namenszusätze werden vorher entfernt.

```
header FROM_NONSENDING_DOMAIN     From:addr =~ /\@(?:altavista\.com|eudora\.com)$/i
describe FROM_NONSENDING_DOMAIN   Message is from domain that never sends email
score FROM_NONSENDING_DOMAIN      1.486 0.308 1.678 0.000
```

Statt `addr` kann auch `name` angehängt werden, um nur den ersten Namen zu testen. Diese Features erleichtern das »Auseinanderparsen« von E-Mail-Adressangaben.

Der folgende Test prüft, ob der Header X-Library vorhanden ist.

```
header X_LIBRARY           exists:X-Library
describe X_LIBRARY         Message has X-Library header
score X_LIBRARY            2.105 1.369 1.863 2.755
```

Der folgende Test ruft eine eingebaute Funktion check_for_long_header() auf, die prüft, ob die Header-Zeilen der E-Mail außergewöhnlich lang sind. Es gibt eine Reihe solcher eingebauter Funktionen, die Prüfungen vornehmen, die ansonsten nicht gut zu implementieren wären.

```
header HEAD_LONG           eval:check_for_long_header()
describe HEAD_LONG         Message headers are very long
score HEAD_LONG            2.5
```

Der folgende Test ruft ebenfalls eine eingebaute Funktion auf, die in diesem Fall eine DNSBL-Abfrage durchführt. Zusätzlich wird der Test mit »net« als Netzwerktest markiert und somit nicht ausgeführt, wenn Netzwerktests ausgeschaltet sind (spamassassin --local oder spamd --local). Die Punktzahlen, die angewendet werden, wenn Netzwerktests ausgeschaltet sind, sind hier der Einfachheit halber auf 0 gesetzt worden. Kapitel 5, *DNS-basierte Blackhole-Lists* beschreibt die DNSBL-Tests in SpamAssassin im Detail.

```
header RCVD_IN_NJABL_RELAY      eval:check_rbl_sub('njabl', '127.0.0.2')
describe RCVD_IN_NJABL_RELAY    NJABL: sender is confirmed open relay
tflags RCVD_IN_NJABL_RELAY      net
score RCVD_IN_NJABL_RELAY       0 0.934 0 1.397
```

Der folgende Test ist ein Body-Test, das heißt, er prüft den Inhalt der E-Mail. Bevor ein Body-Test angewendet wird, wird die E-Mail in eine »lesbare« Form umgewandelt, was bedeutet, dass Nicht-Text-Teile wie Anhänge entfernt, Quoted-Printable- und Base64-Kodierungen aufgelöst und Zeilenumbrüche sowie HTML-Tags entfernt werden.

```
body BILLION_DOLLARS       /[BM]ILLION DOLLAR/
describe BILLION_DOLLARS   Talks about lots of money
score BILLION_DOLLARS      0.193 1.185 0.407 0.134
```

Auch für Body-Tests gibt es eval-Tests. Der folgende Test überprüft mit Hilfe einer eingebauten Funktion, ob die E-Mail per HTML einen besonders großen Font verwendet.

```
body HTML_FONT_BIG         eval:html_test('big_font')
describe HTML_FONT_BIG     HTML tag for a big font size
score HTML_FONT_BIG        0 0.232 0 0.142
```

Um einen Body-Test stattdessen auf der nicht dekodierten E-Mail auszuführen, verwendet man die Direktive rawbody. Folgendes Beispiel zeigt dies:

```
rawbody HIDE_WIN_STATUS    /<[^>]+onMouseOver=[^>]+window\.status=/i
describe HIDE_WIN_STATUS   Javascript to hide URLs in browser
score HIDE_WIN_STATUS      0.032 0 0 0.063
```

Relativ selten verwendet wird die Direktive full, die den Test über die vollständige, nicht dekodierte E-Mail mit Headern und Inhalt ausführt. So wird zum Beispiel der Pyzor-Test eingebunden:

```
full PYZOR_CHECK            eval:check_pyzor()
describe PYZOR_CHECK        Listed in Pyzor (http://pyzor.sf.net/)
tflags PYZOR_CHECK          net
score PYZOR_CHECK           0 2.041 0 3.451
```

Der folgende Test ist ein URI-Test. URI-Tests suchen alle URIs im Body der E-Mail und testen den regulären Ausdruck dagegen. Derartige Tests könnten theoretisch auch als Body-Tests geschrieben werden, aber die Verwendung der Direktive uri ist einfacher und weniger fehleranfällig, weil man nicht selbst den Anfang und das Ende der URI erkennen muss. Außerdem sind Tests so schneller.

```
uri REMOVE_PAGE            /^https?:\/\/[^\/]+\/.*?remove/
describe REMOVE_PAGE       URL of page called "remove"
score REMOVE_PAGE          0.081 0.604 0 0.191
```

Metatests

Gelegentlich ist es sinnvoll, mehrere Tests zu einem zusammenzufassen. Dies ist insbesondere dann nötig, wenn Spam-Indizien an mehreren Stellen in einer E-Mail abgeglichen werden müssen. Mit einfachen regulären Ausdrücken ist das sehr schwierig zu implementieren.

Das folgende Beispiel soll dies anhand eines der vordefinierten Tests illustrieren. Der Test erkennt E-Mails, die vorgeben, mit dem AOL-E-Mail-Client geschrieben worden zu sein, die aber nicht von einer *aol.com*-Adresse kommen. Der E-Mail-Client wird über die Header-Zeile X-Mailer identifiziert, die Absenderadresse steht in der Header-Zeile From. Über die Direktive meta wird ein Metatest definiert, der erfolgreich ist, wenn der dahinter stehende logische Ausdruck aus anderen Tests zutrifft. Im logischen Ausdruck können && für »und«, || für »oder«, ! für »nicht« und Klammern zum Gruppieren verwendet werden.

```
header __AOL_MUA              X-Mailer =~ /\bAOL\b/
header __AOL_FROM             From:addr =~ /\@aol\.com$/i
meta FORGED_MUA_AOL_FROM      (__AOL_MUA && !__AOL_FROM)
describe FORGED_MUA_AOL_FROM  Forged mail pretending to be from AOL (by From)
score FORGED_MUA_AOL_FROM     1.076 1.278 0.863 1.516
```

Ein weiteres Beispiel, das die Möglichkeit von Metatests ausnutzt, ist die Definition des Tests, der feststellt, ob der Subject-Header fehlt:

```
header __HAS_SUBJECT          exists:Subject
meta MISSING_SUBJECT          !__HAS_SUBJECT
describe MISSING_SUBJECT      Missing Subject: header
score                         MISSING_SUBJECT 1.109 1.570 1.282 1.226
```

Wenn Metatests bei einer E-Mail erfolgreich sind, zählen sowohl die Metatests als auch die Tests, die Bestandteile der Metaregeln sind, für die Gesamtpunktzahl der E-Mail. In der Regel möchte man aber die Untertests nicht noch mal getrennt mitzählen. SpamAssassin ermöglicht dies, indem man den Untertests Namen gibt, die mit zwei Unterstrichen anfangen, wie in den obigen Beispielen zu sehen. Derartige Tests zählen grundsätzlich nicht separat in der Endabrechnung.

Eigene Tests überprüfen

Bevor selbst geschriebene Tests aktiviert werden, sollten sie auf gültige Syntax und auf korrektes Funktionieren getestet werden. Das Programm spamassassin bietet dazu einige Hilfen.

Zuerst bietet sich die Option --lint an. Der einfache Aufruf

```
spamassassin --lint
```

überprüft die Syntax aller Konfigurationsdateien und informiert über eventuelle Fehler.

Man sollte die eigenen Regeln testen, bevor man sie in die offiziellen Konfigurationsverzeichnisse kopiert. Dazu kann man mit der Option --siteconfigpath ein Verzeichnis als Ersatz für */etc/mail/spamassassin/* bestimmen. Beispiel 4-9 zeigt beide Optionen im Einsatz. Der erste Fehler wurde in diesem Beispiel absichtlich eingebaut, die anderen drei Warnungen stammen interessanterweise aus den vordefinierten Regeln.

Beispiel 4-9: Automatische Überprüfung eigener SpamAssassin-Regeln

```
$ spamassassin --lint --siteconfigpath=test/
config: SpamAssassin failed to parse line, skipping: boddy FOO_TEST /foo/
warning: score set for non-existent rule RCVD_IN_NJABL
warning: score set for non-existent rule RCVD_IN_SORBS
warning: score set for non-existent rule HTML_FONT_COLOR_RED
lint: 4 issues detected.  please rerun with debug enabled for more information.
```

Training und Anwender-Feedback

Da das Bayessche Klassifizierungssystem E-Mails anhand von Statistiken einstuft, müssen diese Statistiken angelegt und aktuell gehalten werden. Dies wird als das Training des Bayes-Systems bezeichnet. Das Training besteht daraus, dem Bayes-System mitzuteilen, welche E-Mails der eigenen Einschätzung nach Spam und welche Nicht-Spam sind. Es ist wichtig, dem Bayes-System beide Arten von E-Mails zu übergeben.

Automatisches Training

SpamAssassin kann das Bayes-System automatisch trainieren, indem es E-Mails, die auf Basis der statischen Tests klassifiziert worden sind, dem Bayes-System zum Lernen übergibt. Dazu muss die Option bayes_auto_learn auf 1 gesetzt werden, was in der Voreinstellung der Fall ist. Das automatische Training erkennt aber nur E-Mails, die SpamAssassin sowieso tendenziell als Spam einstufen würde, kann also nicht auf die spezifischen Umstände des tatsächlichen E-Mail-Aufkommens des Anwenders reagieren. Deswegen muss das Bayes-System zusätzlich noch von Hand trainiert werden.

Ein Nachteil des automatischen Lernens kann es sein, dass es Performance kostet, da jede eingehende E-Mail durch das Lernsystem laufen muss. Experimente haben gezeigt, dass die Vorteile des automatischen Lernens ab 10.000 gelernten E-Mails nachlassen. Wenn die Performance also ein Problem wird, könnte man das automatische Lernen nach einer Weile abschalten.

Anlernen

Bevor das Bayes-System anfangen kann, neue E-Mails selbstständig zu bewerten, muss es eine große Zahl alter E-Mails gesehen und erlernt haben. In der Voreinstellung benötigt das Bayes-System mindestens 200 erlernte Spam-E-Mails und mindestens 200 erlernte Nicht-Spam-E-Mails. In der Praxis benötigt man aber erheblich mehr, bevor die Schlussfolgerungen des Bayes-Systems signifikant besser als SpamAssassin ohne Bayes-System sind.

Wenn das automatische Lernen eingeschaltet ist, muss man im einfachsten Fall nur warten, bis eine ausreichend große Anzahl E-Mails aufgelaufen ist. Die Bayes-Tests werden danach automatisch anspringen.

Wer bereits eine ausreichende Anzahl Spam *und* Nicht-Spam gesammelt und selbst sortiert hat, der kann diese zu Beginn von Hand zum Lernen an das Bayes-System übergeben.

Befehle

Um E-Mails an das Bayes-System zum Lernen zu übergeben, wird das Programm sa-learn, das in der SpamAssassin-Distribution enthalten ist, verwendet. sa-learn kann einzelne E-Mails, aber auch E-Mail-Ordner in verschiedenen Formaten am Stück erlernen. Um eine einzelne E-Mail als Nicht-Spam (»Ham«) zu erlernen, wird folgender Befehl verwendet:

    sa-learn --ham *dateiname*

Um eine E-Mail als Spam zu erlernen, wird folgender Befehl verwendet:

    sa-learn --spam *dateiname*

Diese Befehle könnte man zum Beispiel an Tastenkürzel im E-Mail-Client binden.

Bequemer ist es in der Regel, wenn man sa-learn direkt auf die E-Mail-Ordnerdateien ausführt. E-Mail-Ordner liegen auf Unix-Systemen in der Regel in einem von zwei Formaten vor: Mbox oder Maildir. Die Entscheidung zwischen diesen Formaten wird durch die Wahl des SMTP-Servers und des IMAP- oder POP3-Servers bestimmt, aber beide Formate werden von SpamAssassin gleichermaßen unterstützt.

E-Mail-Ordner im Mbox-Format bestehen aus einer Datei pro Ordner. Der Ordner *Posteingang* oder *Inbox* liegt in der Regel unter */var/spool/mail/$USER* oder */var/mail/$USER*, weitere Ordner in der Regel unter *~/mail/ordnername*. Die Lage der

Ordner ist aber für SpamAssassin unerheblich. Um das Bayes-System den Inhalt eines Mbox-Ordners lernen zu lassen, wird sa-learn mit der Option --mbox verwendet, also zum Beispiel:

```
sa-learn --mbox --ham /var/spool/mail/$USER
sa-learn --mbox --ham mail/Gelesen
sa-learn --mbox --spam mail/Spam
```

Hier wird automatisch der Posteingang und der Ordner mit den gelesenen Nachrichten als Nicht-Spam eingestuft und der Ordner *Spam* als Spam. Der Inhalt der Ordner *Gelesen* und *Spam* könnte hiernach gelöscht werden.

Diese Befehlsfolge, natürlich an die lokalen Gegebenheiten angepasst, sollte regelmäßig ausgeführt werden, zum Beispiel per cron. SpamAssassin merkt sich, welche E-Mails bereits erlernt worden sind, und ignoriert diese, wenn ein Ordner erneut zum Lernen übergeben wird. Es besteht also keine Gefahr, die Statistiken durch zu häufiges Lernen zu verfälschen.

Wenn später eine E-Mail im Posteingang vom Anwender als Spam eingestuft wird und in den Ordner *Spam* verschoben wird, kann diese Befehlsfolge ebenfalls einfach erneut ausgeführt werden. SpamAssassin wird erkennen, dass eine nun als Spam eingestufte E-Mail zuvor als Nicht-Spam erlernt worden ist, und wird die vorherige Einstufung vergessen.

E-Mail-Ordner im Maildir-Format bestehen aus einem Verzeichnis mit einer Datei pro E-Mail. Die Verzeichnisse liegen meist unter *~/Maildir/*. Jedes Verzeichnis, das einen logischen Ordner enthält, enthält drei Unterverzeichnisse: *cur*, *new* und *tmp*. *cur* enthält alle aktuell im E-Mail-Ordner enthaltenen, schon gelesenen E-Mails, *new* enthält alle ungelesenen E-Mails, und *tmp* wird als temporäres Verzeichnis während der Zustellung verwendet. Zum Lernen sollte nur das Verzeichnis *cur* verwendet werden. Die interne Organisation von anderen Ordnern und Unterordnern hängt von der verwendeten Software ab, kann aber einfach durch Nachsehen herausgefunden werden. Die nachfolgenden Beispiele beziehen sich auf den Courier IMAP-Server, der Unterordner als Verzeichnisse, deren Namen mit einem Punkt beginnen, anlegt. sa-learn unterstützt das Erlernen kompletter Verzeichnisse automatisch. Die Befehle, die analog zum obigen Beispiel wären, sind:

```
sa-learn --ham Maildir/cur/
sa-learn --ham Maildir/.Gelesen/cur/
sa-learn --spam Maildir/.Spam/cur/
```

Im Fall von Maildir-Ordnern gibt es noch eine Optimierungsmöglichkeit: Die Bayes-Datenbank besteht aus den eigentlichen Daten und einem Journal. Wenn eine E-Mail erlernt wird, werden die neuen Daten zunächst in das Journal geschrieben, und erst am Ende von sa-learn wird das Journal in die eigentliche Datenbank zurückgeschrieben. Dies ist für Ordner im Mbox-Format das ideale Verhalten. Bei Ordern im Maildir-Format ist es sinnvoll, die einzelnen E-Mails nur in das Journal schreiben zu lassen und erst am Ende die Datenbank mit dem Journal abzugleichen. Dazu verwendet man beim Lernen die Option `--no-sync` und ruft am Ende `sa-learn` noch einmal mit der Option `--sync` auf, zum Beispiel:

```
sa-learn --ham --no-sync Maildir/cur/
sa-learn --ham --no-sync Maildir/.Gelesen/cur/
sa-learn --spam --no-sync Maildir/.Spam/cur/
sa-learn --sync
```

Lernstrategien

Nachdem das System angelernt ist, muss eine Strategie entworfen werden, wie die Bayes-Datenbank auf dem aktuellen Stand gehalten werden kann. Es reicht nicht aus, das System einmal zu trainieren und dann in Ruhe zu lassen.

Wenn das automatische Lernen eingeschaltet ist, wird der Großteil der E-Mails bereits von allein erlernt. Wichtig ist es in diesem Fall, die Fehlklassifizierungen, also falsche Positive und falsche Negative, zu berichtigen. Ein empfehlenswertes Vorgehen ist dabei, die falschen Positive und falschen Negative in zwei getrennte E-Mail-Ordner, zum Beispiel *falsepos* und *falseneg*, zu verschieben und sie per Cron-Job oder beim Verlassen des E-Mail-Clients regelmäßig automatisch erlernen zu lassen. Danach können sie, falls gewünscht, gelöscht werden, zum Beispiel gleich im selben Cron-Job. Diese Vorgehensweise erfordert nach einiger Zeit nur noch wenig Eingreifen, je nachdem, wie gut SpamAssassin arbeitet, und benötigt im Einzelfall nur wenige Tastendrücke oder Mausbewegungen, um einige E-Mail-Nachrichten in andere Ordner zu verschieben.

Wenn das automatische Lernen nicht eingeschaltet ist, müssen theoretisch alle E-Mails von Hand erlernt werden. Dazu sollte man alle E-Mails aufheben, zumindest bis sie dem Bayes-System zum Lernen übergeben worden sind. Nachrichten, die SpamAssassin als Spam erkannt hat, sowie solche, die man manuell als Spam identifiziert hat, sollte man in einen getrennten E-Mail-Ordner verschieben. Dort können sie per Cron-Job oder beim Verlassen des E-Mail-Clients regelmäßig als Spam erlernt und danach falls gewünscht gelöscht werden. Für Nachrichten, die kein Spam sind, gibt es verschiedene Verfahrensweisen. Einige Anwender heben alle E-Mails auf, dann ist das regelmäßige Erlernen dieser E-Mails kein Problem. Andere Anwender löschen alle E-Mails, nachdem sie sie gelesen haben. In dem Fall sollte man stattdessen gelesene E-Mails in einen anderen Ordner, zum Beispiel *Gelesen*, verschieben und sie erst löschen, wenn das Bayes-System sie erlernt hat.

Wie oben gesagt, ist es erfahrungsgemäß ab etwa 10.000 erlernter E-Mails fast genauso effektiv, nur die Fehler zu trainieren, anstatt alle E-Mails. Wenn diese Zahl erreicht ist und man die Performance verbessern möchte, kann man dann selbst bei abgeschaltetem automatischem Lernen dazu übergehen, wie oben nur die falschen Positive und die falschen Negative erlernen zu lassen.

Einsatz auf Mailservern

Die oben vorgeschlagenen Lernstrategien können nur umgesetzt werden, wenn SpamAssassin auf dem lokalen Rechner läuft oder die Endanwender Shell-Zugang zum Mailserver-System und eigene Home-Verzeichnisse darauf für die jeweils eigene Bayes-Datenbank haben. Ist dies nicht der Fall, wird es schwierig, eine sinnvolle Lernstrategie umzusetzen.

Wenn lediglich der Shell-Zugang unmöglich ist, könnten die Administratoren eventuell für jeden Benutzer die nötigen Postfächer und Cron-Jobs einrichten. Dies funktioniert jedoch nicht auf Gateway-Systemen, die die E-Mail lediglich filtern und zur Zustellung an andere E-Mail-Server weiterleiten.

Es wäre möglich, für alle Benutzer ein zentrales Postfach zum Mitteilen von Spam einzurichten. Dies kann kein öffentlich zugängliches Postfach sein, damit die Privatsphäre der einzelnen Nutzer gewahrt bleibt. Stattdessen könnte man eine E-Mail-Adresse einrichten, an die zum Lernen vorgeschlagene E-Mails gesendet werden. Leider werden aber von vielen E-Mail-Clients weitergeleitete E-Mails erheblich entstellt, sodass ein sinnvolles Lernen unter diesem System nicht möglich erscheint. Außerdem ist für das effektive Training sowohl Spam als auch Nicht-Spam nötig. Endanwender werden aber nur ungern gewillt sein, ihre legitimen Nicht-Spam-E-Mails kontinuierlich zum Training weiterzuleiten.

Ein effektives und präzises Training des Bayes-Systems ist also unter diesen erschwerten Umständen offensichtlich nicht möglich. In der Praxis wird sich in solchen Fällen auf das automatische Lernen verlassen. Wer dennoch ein Feedback-System für Anwender aufbauen will, sollte die Einrichtung eines eigenen Pyzor-Servers in Erwägung ziehen.

KAPITEL 5
DNS-basierte Blackhole-Lists

DNS-basierte Blackhole-Lists (DNSBL) waren eine der ersten Techniken, die speziell für die Bekämpfung von Spam entwickelt wurden. Gelegentlich werden sie auch als Realtime Blackhole Lists (RBL) bezeichnet. Allerdings ist RBL ein Warenzeichen für eine bestimmte DNSBL. Obwohl sich die Anwendungsmethode von DNSBL im Laufe der Zeit etwas gewandelt hat, sind sie nach wie vor erfolgreich im Einsatz und sollten Teil jeder Spam-Abwehrstrategie sein.

DNSBL sind im Internet zur Verfügung gestellte Listen von IP-Adressen oder Hostnamen, die im Verdacht stehen, von Spammern verwendet zu werden, oder anderweitig im Zusammenhang mit dem Missbrauch von E-Mail-Systemen aufgefallen sind. Die genauen Kriterien, nach denen eine IP-Adresse gelistet wird, variieren erheblich und sind nicht immer unumstritten. Dadurch erklärt sich auch, warum es mittlerweile dutzende Anbieter von DNSBL mit verschiedenen Regeln, Verfahrensweisen und Zielen gibt. Ein Großteil der Anbieter stellt die Listen kostenlos zur Verfügung.

Damit die von den Anwendern betriebenen Mailserver auf die von den DNSBL-Betreibern zusammengestellten Listen mit IP-Adressen oder Hostnamen zugreifen können, wird das DNS-Protokoll verwendet. Prinzipiell könnte man den Zugriff auf diese Listen auch über andere Protokolle regeln. Da das DNS-Protokoll aber im Internet universell installiert und auf die Übertragung von IP-Adressen und Hostnamen spezialisiert ist, hat sich dessen Verwendung angeboten. Mit der ursprünglichen Aufgabe des DNS, der Umwandlung von Hostnamen in IP-Adressen, haben DNSBL jedoch nichts zu tun.

In diesem Kapitel wird die Funktionsweise von DNSBL erklärt und die Einbindung von DNSBL in Mailserver und Spam-Filtersysteme beschrieben. Weiterhin werden die Kriterien für die Aufnahme in eine DNSBL diskutiert und eine Auswahl von aktuellen DNSBL vorgestellt.

Wie DNSBL arbeiten

Generell sind DNSBL Listen von IP-Adressen oder Hostnamen beziehungsweise Domainnamen, die im Internet über das DNS-Protokoll abgefragt werden können. Zum Ausprobieren können daher die bekannten DNS-Werkzeuge wie dig, nslookup und host verwendet werden. In C-Programmen würde man die üblichen Bibliotheksfunktionen wie gethostbyname() verwenden; entsprechende Funktionen finden sich in den meisten Programmiersprachen.

Eine Anfrage an eine DNSBL besteht aus einer IP-Adresse oder einem Hostnamen und erhält als Antwort entweder »Ja, diese Adresse ist gelistet.« oder »Nein, diese Adresse ist nicht gelistet.« Einige DNSBL haben mehrere Varianten für die »Ja«-Antwort, abhängig vom Grund des Listeneintrags. Um eine DNSBL-Anfrage durchzuführen benötigt man:

1. Die zu überprüfende IP-Adresse beziehungsweise den zu überprüfenden Host- oder Domainnamen. Diese bestimmt man selbst, beziehungsweise sie ergeben sich aus der zu überprüfenden E-Mail.
2. Den Domainnamen, unter dem die DNSBL gehostet wird, die so genannte Zone. Die Zone wird vom Anbieter der DNSBL bekannt gegeben.

An folgendem Beispiel soll das Protokoll illustriert werden. Die zu überprüfende IP-Adresse sei 156.17.81.125, die Zone der DNSBL *dnsbl.njabl.org*. Um diese IP-Adresse auf dieser Liste zu prüfen, schreibt man die IP-Adresse in umgekehrter Reihenfolge vor den Zonennamen, was hier *125.81.17.156.dnsbl.njabl.org* ergibt, und führt auf dem resultierenden Namen eine DNS-Anfrage (A-Record) durch, zum Beispiel:

```
$ host 125.81.17.156.dnsbl.njabl.org
125.81.17.156.dnsbl.njabl.org    A     127.0.0.2
```

Wenn die Anfrage wie hier eine IP-Adresse zurückgibt, ist die abgefragte IP-Adresse in der Liste enthalten. Ist die IP-Adresse nicht gelistet, ergibt die DNS-Anfrage einen Fehler:

```
$ host 67.11.71.195.dnsbl.njabl.org
67.11.71.195.dnsbl.njabl.org does not exist, try again
```

(Das Ausgabeformat ist hier speziell auf das Programm host bezogen. Andere Programme haben andere Ausgabeformate und andere Fehlermeldungen.)

Die im Fall eines Listeneintrags zurückgelieferte IP-Adresse (oben 127.0.0.2) ist vom Listenbetreiber willkürlich gewählt. Sie bezieht sich nicht auf einen bestimmten Host. Entscheidend ist, dass die Anfrage irgendeine IP-Adresse ergibt. Die meisten DNSBL geben Adressen aus dem Netz 127.0.0.0/8 und oft die Adresse 127.0.0.2 zurück. Bei manchen Listen kann man an der zurückgegebenen IP-Adresse erkennen, warum ein Eintrag in die Liste aufgenommen wurde. In manchen Fällen sind entsprechende Informationen im TXT-Record der abgefragten Adresse enthalten. Auch das kann man mit DNS-Werkzeugen testen, zum Beispiel:

```
$ host -t TXT 125.81.17.156.dnsbl.njabl.org
125.81.17.156.dnsbl.njabl.org    TXT    "relay tested -- 1107153610"
```

Der Betreiber der DNSBL informiert in jedem Fall über die genaue Semantik der Anfrageergebnisse.

Anfragen nach Hostnamen funktionieren ähnlich wie Anfragen nach IP-Adressen: Der Hostname wird, allerdings in der »richtigen« Reihenfolge, vor den Zonennamen der DNSBL geschrieben, und dieser zusammengesetzte Name wird per DNS abgefragt.

Alternative Verfahren

Im oben beschriebenen Verfahren wird die Adresse des verbindenden Clients in der DNSBL überprüft. Dies ist das ursprüngliche Verfahren und auch heute noch das wichtigste. Es gibt aber einige alternative Verfahren, die teilweise sinnvolle Ergänzungen sind.

URI-Blackhole-Lists

Statt die IP-Adressen oder Hostnamen der Clients in DNSBL nachzuschlagen, kann man auch den *Inhalt* der E-Mails nach IP-Adressen oder Domainnamen durchsuchen und diese in DNSBL nachschlagen. Der Hintergrund dieser Idee ist, dass viele Spam-E-Mails den Leser dazu verleiten sollen, eine bestimmte Website zu besuchen, sei es, um ein Produkt zu bestellen, eine Partnerschaftsbörse zu besuchen oder den Spam-Newsletter angeblich abzubestellen. Die Adressen dieser Websites werden dann logischerweise in der E-Mail erwähnt. Passende Tools können diese Adressen aus dem Text der E-Mail herausfiltern, sie in entsprechenden Blackhole-Lists nachschlagen und im Fall eines Listeneintrags die E-Mail ablehnen oder markieren. Da die nachzuschlagenden Adressen im E-Mail-Text in der Regel Teile von kompletten URI-Angaben sind, werden diese DNSBL zur Unterscheidung URI-Blackhole-Lists (URIBL) genannt.

Hier ein Beispiel. Eine E-Mail enthält folgenden Text:

```
For more information or to have a broker contact you please visit:
http://qbdconceit.just1ce.net/formupdate.asp
```

Die Filtersoftware erkennt die URL im Text und löst nun den enthaltenen Domainnamen auf. Das Ergebnis, wenn man es von Hand nachvollzieht, ist:

```
$ host just1ce.net
just1ce.net          A     221.208.208.4
```

Die IP-Adresse kann nun wie oben in einer DNSBL nachgeschlagen werden:

```
$ host 4.208.208.221.sbl.spamhaus.org
4.208.208.221.sbl.spamhaus.org  A     127.0.0.2
```

In diesem Fall ist die Domain also gelistet. Dies hier ist die Verfahrensweise mit einer bestimmten URIBL. Es wäre auch möglich, den Domainnamen direkt in der Liste zu suchen. Über die konkrete zu verwendende Methode informiert der jeweilige Listenbetreiber.

Genauso wie herkömmliche DNSBL umgangen werden können, indem immer neue anfällige Systeme (zum Beispiel offene Relays) für den Spam-Versand verwendet werden, können URI-Blackhole-Lists umgangen werden, indem die Kontakt-Websiten auf immer neuen Systemen gehostet werden. Heutzutage können relativ billig immer neue Domainnamen registriert werden, und Anbieter von kostenlosem Webspace gibt es zuhauf. URI-Blackhole-Lists sind daher nicht als Wunderwaffe zu sehen, sondern lediglich als zusätzlicher Erkennungsmechanismus.

Right-Hand-Side Blackhole-Lists

Schließlich ist es auch denkbar, die Absender- und Empfängeradressen einer E-Mail in DNSBL nachzuschlagen. Dazu werden die Domain-Teile der Absender- und Empfängeradressen im Envelope der E-Mail herangezogen. Da diese rechts vom @-Zeichen stehen, werden derartige DNSBL-Anfragen auch Right-Hand-Side Blackhole-Lists (RHSBL) genannt.

In der Praxis können aber zumindest Absenderadressen beliebig gefälscht werden, sodass diese DNSBL Spam höchstens abfangen, wenn immer auf die gleiche Art gefälscht wird. Die Empfängeradressen im Envelope sind in der Regel die Adressen der eigenen Anwender, es sei denn, man betreibt ein Relay oder einen Smarthost. Auch hier würde die Ausbeute dieser Art von DNSBL also eher gering sein. Aus diesen Gründen sind RHSBL in der Praxis eher unbedeutend.

Aufnahmekriterien

Die verfügbaren DNSBL unterscheiden sich durch die verschiedenen Kriterien, die bestimmen, wann und warum eine IP-Adresse oder ein Hostname aufgenommen wird und auch wann sie wieder gelöscht werden. In diesem Abschnitt werden die gängigen Aufnahmekriterien beschrieben. Später in diesem Kapitel werden diverse DNSBL mit ihren Kriterien vorgestellt.

Offene Relays

Solche DNSBL nehmen die Adressen von Hosts auf, auf denen ein offenes SMTP-Relay läuft. Offene Relays können leicht durch automatisierte Tests ermittelt werden. Die Testkandidaten werden beispielsweise aus von den Betreibern eingerichteten speziellen E-Mail-Adressen zum Spam-Sammeln, so genannten Spam-Traps, ermittelt oder können von Anwendern zum Beispiel über ein Webformular »nominiert« werden. Danach wird eine Test-E-Mail über das vermutete Relay gesendet. Wenn die E-Mail über das Relay auf einem dritten System eingeht, hat sich das Relay als offen bestätigt. Auf den Websites der Betreiber kann man häufig auch genau nachvollziehen, welche E-Mail zu Testzwecken über das offene Relay versendet wurde.

Es ist heutzutage allgemein akzeptiert, dass es keinen gültigen Grund gibt, ein offenes SMTP-Relay im Internet zu betreiben. Daher ist die Filterung von offenen Relays prinzipiell zu empfehlen. Oft ist der Grund dafür, dass ein SMTP-Server als offenes Relays erkannt wurde, eine Fehlkonfiguration, die später berichtigt wird. Daher sollten die gelisteten IP-Adressen von den DNSBL-Betreibern regelmäßig neu getestet werden. Die Verfahrensweisen sollten auf deren Websites dokumentiert sein.

Dynamische IP-Adressen

Solche DNSBL nehmen IP-Adressen auf, die von Internet Service Providern (ISP) dynamisch für Einwahlverbindungen vergeben werden. Diese Adressbereiche werden entweder von den ISPs direkt gemeldet oder von den Betreibern der DNSBL durch manuelle Analysen zusammengestellt. Relevant ist dabei, dass die IP-Adressen dynamisch vergeben werden. Einwahlverbindungen, denen IP-Adressen statisch zugeteilt werden, sollten nicht gelistet werden. Da diese IP-Adressen aber oft in denselben Adressbereich fallen, ist dies nicht immer auszuschließen, da IP-Adressen normalerweise als kompletter Block gelistet werden.

Diese Listen identifizieren also alle E-Mails, die *direkt* von einem Host gesendet worden sind, der keine permanente IP-Adresse im Internet hat. Damit soll erreicht werden, dass Hosts mit dynamischer IP-Adresse ihre E-Mails über den Mailserver ihres ISP senden (der eine feste IP-Adresse und eine permanente Internetverbindung hat). Diese Regelung ist zunächst durchaus sinnvoll, denn Hosts mit dynamischen IP-Adressen können zum Beispiel keine Fehlermeldungen oder Bounces verlässlich empfangen. Außerdem können sie sich faktisch der Rückverfolgung entziehen und werden daher besonders gern für E-Mail-Missbrauch herangezogen. Da sich die IP-Adressen dieser Systeme häufig ändern, können sie auch nicht sinnvoll in andere Blackhole-Lists eingetragen werden. Allerdings ist es für Anwender gelegentlich wünschenswert, einen Mailserver auch hinter einer Einwahlverbindung mit dynamischer IP-Adresse zu betreiben, zum Beispiel weil der Mailserver des ISPs nicht wie gewünscht konfiguriert ist. Zu beachten ist außerdem, dass auch die meisten Breitband-Internetzugänge wie DSL und Kabel zu den Verbindungen mit dynamischer IP-Adresse zählen.

Die Verwendung von DNSBL, die dynamische IP-Adressen listen, ist daher umstritten.

Verifizierte Spam-Quellen

Solche DNSBL nehmen Adressen auf, die manuell als Quellen von Spam verifiziert wurden. Die Kandidaten stammen zum Beispiel aus Spam-Traps oder aus Eingaben von Anwendern. Die Verfahrensweisen sollten auf der Website des Betreibers veröffentlicht sein. Oft haben diese Listen durch die manuelle Klassifizierung eine gute Qualität. Durch das manuelle Element kann es allerdings zu Problemen bei der zeitnahen Löschung von Einträgen kommen, und es besteht die Gefahr des Missbrauchs durch den Listenbetreiber.

Offene Multistage-Relays

Multistage-Relays sind Reihen von Mailservern, die E-Mails einander weiterleiten, bis der letzte in der Reihe die E-Mail schließlich an ihren Bestimmungsort sendet. Multistage-Relays können selbstverständlich durch Fehlkonfiguration ebenso wie ein einzelner Rechner als offenes Relay fungieren. Da einige Server in dieser Reihe (insbesondere der letzte) für die Weiterleitung von mehreren Sites verantwortlich sein könnten, ist das unqualifizierte Blocken von offenen Multistage-Relays oft mit dem Risiko verbunden, eine erhebliche Anzahl unschuldiger E-Mails zu verlieren. DNSBL, die offene Multistage-Relays lediglich auf Grund automatischer Tests in die Liste aufnehmen, sind daher mit Vorsicht zu betrachten. Einige Betreiber solcher DNSBL haben daher die Regel, dass die Verantwortlichen für das Relay zunächst benachrichtigt werden und ihnen ein Zeitrahmen für die Berichtigung des Problems zugestanden wird.

Anfällige CGI-Skripten

Solche DNSBL nehmen Adressen von Hosts auf, auf denen CGI-Skripten oder ähnliche dynamische Webseiten den unkontrollierten Versand von E-Mail erlauben, wodurch sie faktisch zu einem offenen Relay werden.

Offene Proxy-Server

In solche DNSBL werden Adressen von Hosts aufgenommen, auf denen Proxy-Server laufen, die unkontrolliert TCP/IP-Verkehr weiterleiten. Diese Hosts sind de facto ebenfalls offene Relays, die nur auf eine andere Weise ausgenutzt werden.

Viele Betreiber von DNSBL kombinieren diese Aufnahmekriterien in ihrem Angebot. Entweder die Aufnahmebedingungen einer Liste umfassen mehrere der genannten Kriterien, oder, was häufiger ist, die Betreiber bieten mehrere separate Listen an, die jeweils genau eins der genannten Kriterien anwenden. Diese werden dann unter unterschiedlichen Zonennamen angeboten. Dadurch kann der Anwender DNSBL nach seinen Vorstellungen flexibel kombinieren.

Potenzielle Probleme

Ein grundsätzliches Problem beim Einsatz von DNSBL als Teil der Spam-Abwehrstrategie ist, dass man sich damit auf die Entscheidungen von Fremden verlässt. Gute DNSBL informieren daher umfassend über ihre Regeln und halten sich selbstverständlich auch an sie. Insbesondere sollte man auf folgende Punkte achten:

- Beschreiben die Regeln präzise, welche Umstände zu einem Listeneintrag führen?
- Werden die Listeneinträge regelmäßig neu getestet?

- Geben die Regeln den Administratoren der betroffenen E-Mail-Systeme vernünftige Möglichkeiten, die Probleme zu beseitigen und eine Löschung zu erwirken?
- Gibt es für Anwender die Möglichkeit, die genauen Umstände nachzuvollziehen, die zu einem Listeneintrag geführt haben? Beispielsweise sollten die Test-E-Mails oder Exemplare des erhaltenen Spams einsehbar sein.

Trotzdem verbieten die internen Regularien einiger Institutionen das Filtern von E-Mail auf Grundlage fremder Datenbanken. In diesem Fall können DNSBL nicht verwendet werden.

Ein zweites Problem mit DNSBL sind dynamische IP-Adressen. Wenn ein Host mit einer dynamischen IP-Adresse in eine DNSBL aufgenommen wird, zum Beispiel als offenes Relay, ist dieser Eintrag bei der nächsten Neueinwahl hinfällig, häufig also nach spätestens 24 Stunden. Stattdessen blockiert der Eintrag nun einen unschuldigen Host, der von seinem ISP zufällig die gelistete IP-Adresse erhalten hat. In der Praxis stammen viele Einträge in DNSBL über offene Relays oder Spam-Quellen aus dem Bereich der dynamischen IP-Adressen. Wer der Meinung ist, dass dynamische IP-Adressen nicht als Mailserver fungieren sollten, der kann diese Problematik ignorieren. Für alle anderen gilt die Erkenntnis, dass DNSBL generell ungenau sein können.

Weiterhin gibt es verschiedene andere Situationen, in denen DNSBL Probleme bereiten können. Gelegentlich landen zum Beispiel auch die Mailserver von großen ISPs zumindest kurzzeitig auf einigen Listen. Damit würden dann eine große Zahl von E-Mails geblockt werden, von denen sicher die meisten kein Spam sind. Außerdem könnten DNSBL für die privaten Ziele der Betreiber missbraucht werden, indem diese zum Beispiel die Mailserver eines Konkurrenten oder einer unliebsamen Organisation blockieren. Einige DNSBL sind auch schon Ziele von Denial-of-Service-Attacken gewesen, wodurch dann alle Anfragen fehlschlugen. Dadurch würde dann keine IP-Adresse als gelistet gelten. Allerdings ist es auch schon vorgekommen, dass eine Liste in so einem Fall *jede* IP-Adresse als gelistet gemeldet hat. In jedem Fall sollte man also über den Zustand der bei sich im Einsatz befindlichen DNSBL auf dem Laufenden sein. Dazu gibt es in vielen Fällen Mailinglisten. Über besonders dramatische Fälle wird oft auch auf News-Websites berichtet.

Die allererste DNSBL, die MAPS RBL (inzwischen von Kelkea, Inc. übernommen), hat IP-Adressen nur nach manueller Prüfung und (versuchter) Rücksprache mit den Administratoren des betroffenen E-Mail-Systems aufgenommen. Für die Anwender dieser Liste war es daher durchaus vertretbar, E-Mails von gelisteten Hosts komplett zu blocken. Auf Grund der oben genannten Probleme können DNSBL heute allerdings nicht mehr als hundertprozentig zuverlässig gelten in dem Sinne, dass sie keine falschen Positive erzeugen. Unqualifiziertes Blocken auf Basis von DNSBL ist daher höchstens bei speziell ausgewählten Listen oder in Notfällen angebracht. Sinnvoller ist es, wie bei den meisten in diesem Buch beschriebenen Methoden, das

Ergebnis einer DNSBL-Anfrage anteilig in ein gewichtetes Spam-Erkennungsverfahren einzubringen. In SpamAssassin wird einer positiven DNSBL-Anfrage zum Beispiel wie allen anderen Tests eine Punktezahl zugewiesen.

Die Performance von DNSBL ist dagegen bei den meisten Anwendern kein Problem. Erstens sind DNS-Anfragen extrem klein und schnell, zweitens werden beim Verarbeiten einer E-Mail sowieso mehrere DNS-Anfragen, zum Beispiel nach der Empfänger-Domain, gestellt, und drittens enthält das DNS-System einen eingebauten Cache-Mechanismus. Für sehr große Mailserver-Installationen (weit über 10.000 Benutzer) gibt es oft die Möglichkeit, die DNSBL lokal zu spiegeln oder zu replizieren. Dies wird später in diesem Kapitel beschrieben.

Übersicht über verfügbare Dienste

Dieser Abschnitt listet einige populäre DNSBL-Anbieter mit einer Zusammenfassung der Kriterien für Listeneinträge und anderen wichtigen Informationen. Diese Informationen unterliegen natürlich Schwankungen, sind aber bei den hier aufgeführten Betreibern relativ stabil.

Alle hier beschriebenen DNSBL können kostenlos und ohne Voranmeldung verwendet werden. Wenn nichts anderes erwähnt ist, sind diese Dienste »klassische« DNSBL, die SMTP-Clients auf Grund ihrer IP-Adresse blocken sollen. URIBL werden ausdrücklich erwähnt.

Um mit wenig Aufwand zu überprüfen, in welchen der vielen Listen eine bestimmte IP-Adresse, zum Beispiel die eigene, enthalten ist, bieten sich einige DNSBL-Metasuchdienste an, zum Beispiel *http://openrbl.org/*, *http://moensted.dk/spam/* oder *http://www.dnsstuff.com/tools/ip4r.ch?ip=*. Weitere derartige Dienste sind unter *http://spamlinks.net/tools-dnsbl.htm* aufgeführt.

NJABL

NJABL steht für »Not Just Another Bogus List« und drückt die Unzufriedenheit der Betreiber mit den Verfahrensweisen und der Stabilität der bis dahin verfügbaren Listen aus. NJABL bietet mehrere Listen mit offenen Relays, offenen Proxies, dynamischen IP-Adressen und verifizierten Spam-Quellen. NJABL testet lediglich IP-Adressen, die mit den Mailservern eines ausgewählten Benutzerkreises kommuniziert haben. Dadurch werden großflächige Tests unbeteiligter Systeme vermieden. Verfahrensweisen und Testergebnisse können auf der Website eingesehen werden.

NJABL-Listen sind in SpamAssassin automatisch aktiviert.

Website: *http://www.njabl.org/*

SORBS

Das SORBS-Projekt (Spam and Open Relay Blocking System) bietet ebenfalls eine Reihe von Listen mit offenen Relays, offenen Proxies, dynamischen IP-Adressen und geprüften Spam-Quellen. Die meisten Listeneinträge werden semiautomatisch und manuell vorgenommen. Das Entfernen eines Eintrags aus der Liste der verifizierten Spam-Quellen kostet eine gemeinnützige Spende von 50 US-Dollar, alle anderen Listen werden automatisch aktualisiert. Die Verfahrensweisen und die aktuelle Datenbank können auf der Website eingesehen werden.

SORBS-Listen sind in SpamAssassin vorkonfiguriert. Die Liste der verifizierten Spam-Quellen hat in der Voreinstellung allerdings 0 Punkte, das heißt, sie wird nicht in die Spam-Klassifizierung einbezogen.

Website: *http://www.sorbs.net/*

OPM

OPM steht für Open Proxy Monitor und listet ausschließlich manuell geprüfte offene Proxies. Ursprünglich war der Dienst für Betreiber von IRC-Servern gedacht, mittlerweile hat er sich aber auch für E-Mail-Systeme als nützlich herausgestellt.

Die OPM-Datenbank ist in der Spamhaus-XBL-Liste enthalten und wird daher in SpamAssassin nicht separat zur Verfügung gestellt.

Website: *http://opm.blitzed.org/*

CBL

CBL steht für Composite Block List und listet offene Proxies. Die Tests sind hier im Gegensatz zu OPM vollautomatisch. Es gibt auch keinen Einblick in die Umstände, die zu einem Listeneintrag geführt haben. Allerdings ist es möglich, eine IP-Adresse ohne Rückfragen oder Tests aus der Liste entfernen zu lassen. (Sie wird aber möglicherweise beim nächsten automatischen Test wieder aufgenommen werden.)

Die CBL-Datenbank ist ebenfalls in der Spamhaus-XBL-Liste enthalten und wird daher in SpamAssassin nicht separat zur Verfügung gestellt.

Website: *http://cbl.abuseat.org/*

Spamhaus

Das Spamhaus-Projekt bietet zwei Listen: die SBL (Spamhaus Block List) und die XBL (Exploits Block List). Die SBL listet manuell verifizierte Spam-Quellen. Die Aufnahmekriterien und die Verfahrensweisen können auf der Website eingesehen werden. Außerdem kann die SBL als URIBL verwendet werden. Die XBL ist dagegen lediglich eine Kombination OPM-Liste und CBL-Liste.

Spamhaus-Listen sind in SpamAssassin automatisch aktiviert.

Website: *http://www.spamhaus.org/*

DSBL

DSBL ist die Distributed Sender Blackhole List, ehemals Distributed Server Boycott List. Sie listet offene Relays und offene Proxies, die in einem speziellen Verfahren ermittelt werden. Dazu versuchen ausgewählte Tester, eine speziell formatierte E-Mail-Nachricht über das vermutete offene Relay an *listme@listme.dsbl.org* zu senden. Der letzte Host, der diese Nachricht an das Zielsystem weiterleitet, wird gelistet. Da es den Testern freigestellt ist, welche Schwachstelle sie ausnutzen, um die Test-E-Mail über das offene Relay zu senden, können offene SMTP-Relays, offene Proxies, anfällige CGI-Skripten und andere Probleme gleichermaßen auf der Liste landen. Außerdem kann die Testmethode schnell an neu entdeckte Schwachstellen angepasst werden.

Die DSBL ist in SpamAssassin automatisch aktiviert.

Website: *http://dsbl.org/*

RFC Ignorant

rfc-ignorant.org verwaltet verschiedene Listen mit Hosts, die die Standards des Internets verletzen, die wiederum in so genannten RFC-Dokumenten niedergeschrieben sind. Dazu zählen Domains ohne *postmaster*-Adressen, Mailserver, die keine Bounces annehmen, oder Domains mit offensichtlich falschen Kontaktinformationen in der Whois-Datenbank. Einträge werden von Hand vorgenommen.

Die RFC Ignorant-Listen sind in SpamAssassin automatisch aktiviert, haben aber teilweise sehr niedrige Punktzahlen, da kein starker Zusammenhang zwischen dem Befolgen von RFCs und E-Mail-Missbrauch besteht.

Website: *http://rfc-ignorant.org/*

SpamCop

Die SpamCop Blocking List (SCBL) listet IP-Adressen von Hosts, die auf eine von mehreren Arten durch Spam aufgefallen sind. Dazu gehören zum Beispiel Spam-Traps und Eingaben von Benutzern. Außerdem werden für jeden verdächtigen Host die legitimen E-Mails gezählt. Daraus kann für jeden Host berechnet werden, zu welchem Anteil er legitimen E-Mail-Aktivitäten oder Spam dient. Eine Listeneintragung erfolgt erst ab einem bestimmten Spam-Anteil. Dieser Ansatz verhindert, dass eine gelegentliche Spam-ähnliche E-Mail oder eine kurzfristige Fehlkonfiguration des Servers zu einem sofortigen Listeneintrag führt.

Die SCBL kann kostenlos und ohne Voranmeldung verwendet werden. Der Betreiber bittet aber um eine Spende. Die SCBL ist in SpamAssassin automatisch aktiviert.

Website: *http://www.spamcop.net/*

510 Software Group

Die 510 Software Group unterhält mehrere DNSBL mit Spam-Quellen, offenen Relays, aber auch mit Sites, die Virenbenachrichtigungen an den vermeintlichen Absender schicken (der oft gefälscht ist). Die einzelnen Listen sind auf der Website erklärt.

Die Listen dieses Betreibers sind nicht in SpamAssassin vorkonfiguriert. Sie gelten als zu strikt.

Website: *http://www.five-ten-sg.com/blackhole.php*

ORDB

ORDB steht für Open Relay Database und listet, wie der Name schon sagt, nur offene Relays. Eintragung und Austragung geschieht ausschließlich über automatisierte Tests.

Die ORDB-Liste ist nicht in SpamAssassin vorkonfiguriert.

Website: *http://www.ordb.org/*

SURBL

SURBL steht für Spam URI Realtime Blocklists und bietet ausschließlich URIBL an. Es gibt verschiedene Listen mit verschiedenen Datenquellen, unter anderem extern gepflegte Listen mit Websites von Spammern, Spam-Traps sowie handgepflegte Listen.

SURBL-Listen sind in SpamAssassin ab Version 3 automatisch aktiviert.

Website: *http://www.surbl.org*

Welche Liste verwenden?

Auf Grund dieser Fülle von DNSBL-Angeboten mag sich mancher fragen, welche denn nun zum Einsatz empfohlen werden. Diese Frage kann man natürlich am besten nach eigener Prüfung beantworten. Wer sich diese Mühe aber zumindest anfänglich nicht machen möchte, kann mit den in SpamAssassin vorkonfigurierten DNSBL nicht allzu verkehrt liegen. Diese Listen wurden von den SpamAssassin-Entwicklern ausgewählt und nach ausgiebigen Tests in das Punktesystem von SpamAssassin gewichtet. In dieser Form werden sie von zahlreichen Anwendern verwendet.

Einbindung in das E-Mail-System

Ursprünglich wurden DNSBL direkt in den MTA eingebunden. Dabei wird eine eingehende SMTP-Verbindung sofort oder in einer frühen Phase des SMTP-Dialogs abgelehnt, wenn der Client-Host in einer der konfigurierten Listen enthalten ist. Wegen der oben beschriebenen potenziellen Probleme ist diese Vorgehensweise oft zu aggressiv und heutzutage mit Vorsicht zu genießen. Sie ist allenfalls bei sorgfältiger Auswahl der Listen oder in Notfällen vertretbar.

Die bessere Methode ist die Einbindung in SpamAssassin. Bei einer zu prüfenden E-Mail stellt SpamAssassin für alle in den Received-Headers verzeichneten IP-Adressen Anfragen an die konfigurierten DNSBL. Wenn eine IP-Adresse in einer Liste gefunden wird, wird eine bestimmte Punktzahl zur Spam-Punktzahl der E-Mail addiert. Die Auflistung in einer DNSBL ist bei diesem Verfahren also nur eine von mehreren Filterkriterien, wodurch die genannten potenziellen Probleme abgefangen werden können. Außerdem prüft SpamAssassin alle Hosts, die eine E-Mail durchlaufen hat, nicht nur den letzten.

Der Vollständigkeit halber wird hier zunächst die Einbindung von DNSBL in den MTA beschrieben. Im Anschluss wird die Einbindung in SpamAssassin erklärt.

Für die Einbindung einer bestimmten DNSBL benötigt man zwei Informationen: die Zone (die Domain, unter der sie gehostet wird) und die IP-Adressen, die sie als positive Antwort gibt. Diese Daten sollten vom Betreiber der DNSBL zur Verfügung gestellt werden.

Einbindung in den MTA

Alle drei in diesem Buch näher betrachteten MTA bieten Unterstützung für klassische DNSBL, nicht aber für URIBL. Dadurch, dass sich die Konfigurationskonzepte und die internen Architekturen aber erheblich unterscheiden, ergeben sich auch bei der Einbindung von DNSBL verschiedene Ansätze und ein unterschiedliches Spektrum an Möglichkeiten.

Einbindung in Postfix

In Postfix werden DNSBL über den Konfigurationsparameter smtpd_client_restrictions in der Konfigurationsdatei */etc/postfix/main.cf* eingebunden. Dieser Parameter bestimmt ganz allgemein, von welchen Clients der Mailserver SMTP-Verbindungen annehmen soll. In der Voreinstellung ist dieser Parameter leer, das heißt, alle Verbindungen werden angenommen. (Das heißt aber nicht, dass auch alle E-Mails angenommen werden, zum Beispiel bei unzulässigen Relay-Versuchen.) Eine typische Einstellung, um eine DNSBL einzubinden, wäre:

```
smtpd_client_restrictions = permit_mynetworks, reject_rbl_client dnsbl.njabl.org
```

Der Wert des Parameters ist eine Liste aus Bedingungen, die von links nach rechts ausgewertet werden, wobei der erste zutreffende Eintrag angewendet wird. In diesem Beispiel steht zuerst `permit_mynetworks`, womit Verbindungen aus dem eigenen, vertrauenswürdigen Netzwerk (Konfigurationsparameter mynetworks) automatisch akzeptiert werden. Das spart unnötige DNSBL-Anfragen für das eigene Netzwerk. Der zweite Wert, `reject_rbl_client`, sorgt dafür, dass ein Client abgelehnt wird, wenn seine IP-Adresse in der DNSBL unter der angegebenen Zone gefunden wird. Um mehrere DNSBL einzubinden, kann man mehrere `reject_rbl_client`-Einträge aufführen. Ebenso kann man nach dem Zonennamen auch die erwartete Antwort-IP-Adresse angeben, um zum Beispiel nur bestimmte Listeneinträge zu verwenden. Der Parameter `smtpd_client_restrictions` bietet noch eine Reihe weiterer Einstellungsmöglichkeiten. Hier ist ein komplexeres Beispiel:

```
smtpd_client_restrictions =
 permit_mynetworks,
 permit_sasl_authenticated,
 check_client_access hash:/etc/postfix/client_access,
 reject_rbl_client dnsbl.njabl.org,
 reject_rbl_client list.dsbl.org,
 reject_rbl_client sbl-xbl.spamhaus.org,
 reject_rbl_client dnsbl.sorbs.net=127.0.0.4
```

Hier werden vor den DNSBL-Prüfungen alle IP-Adressen im eigenen Netzwerk und authentifizierte Clients akzeptiert und die Client-IP-Adresse gegen die Access-Regeln in der Datei */etc/postfix/client_access* geprüft.

Analog zum Parameter `reject_rbl_client` gibt es `reject_rhsbl_client`, der statt der IP-Adresse den Hostnamen des Clients prüft.

Zusätzlich kann Postfix auch eine DNSBL-Prüfung des Envelope-Absenders und des Envelope-Empfängers veranlassen. Die Konfigurationsparameter heißen in diesen Fällen `smtpd_sender_restrictions` und `smtpd_recipient_restrictions`. Deren Werte bestehen genau wie bei `smtpd_client_restrictions` aus einer Liste von Bedingungen. Die Einträge für DNSBL-Prüfungen sind `reject_rhsbl_sender` beziehungsweise `reject_rhsbl_recipient`. Eine Beispielkonfiguration sieht so aus:

```
smtpd_sender_restrictions = reject_rhsbl_sender rddb.dnsbl.net.au
smtpd_recipient_restrictions = reject_rhsbl_recipient relays.ordb.org
```

Es ist auch möglich, in Postfix den Fehlercode und die Fehlerantwort einzustellen, die der Client bei einer Ablehnung auf Grund eines DNSBL-Listeneintrags erhält. Die relevanten Konfigurationsparameter heißen `default_rbl_reply`, `rbl_reply_maps` und `maps_rbl_reject_code`. Die Voreinstellungen sind hier aber ausreichend.

Einbindung in Exim

Die Einbindung von DNSBL in Exim hat sich in Version 4 komplett geändert. Die Beschreibung hier bezieht sich nur auf Versionen ab 4.

DNSBL werden in Exim über Access Control Lists (ACL) eingebunden. ACL bestimmen das Verhalten des Mailservers in bestimmten Situationen, beispielsweise beim Empfang von bestimmten SMTP-Befehlen. Darüber wird unter anderem konfiguriert, für welche Empfänger E-Mails angenommen werden.

DNSBL können in beliebige ACL eingebunden werden. Am praktischsten ist die Einbindung in die ACL, die RCPT TO bearbeitet. Dadurch kann zum Beispiel die *postmaster*-Adresse von der DNSBL-Prüfung ausgenommen werden. In der ACL-Definition werden dann DNSBL über die ACL-Bedingung dnslists ausgewählt. Dabei ist man nicht gezwungen, auf einen DNSBL-Eintrag mit einem Ablehnen der E-Mail zu reagieren, sondern kann die volle Flexibilität der Exim-ACL ausnutzen, um zum Beispiel einen zusätzlichen Header in die E-Mail einzufügen oder die E-Mail zum Schein anzunehmen und zu verwerfen. Natürlich kann man auch verschiedene ACL-Bedingungen miteinander kombinieren und so fordern, dass mehrere Kriterien vorliegen müssen, damit eine Aktion ausgeführt wird. Weitere Informationen zu Exim-ACL gibt es in Kapitel 3, *Spam- und Virenabwehr mit Postfix, Exim und Sendmail*.

Eine Konfiguration besteht aus folgenden Teilen. Zuerst muss eine ACL für RCPT TO zugewiesen werden. In der Standardkonfiguration ist dies normalerweise schon der Fall und sieht so aus:

```
acl_smtp_rcpt = acl_check_rcpt
```

Als Nächstes muss diese ACL definiert werden. Der Definitionsabschnitt muss im Abschnitt begin acl stehen und beginnt mit dem Namen der ACL, gefolgt von einem Doppelpunkt:

```
acl_check_rcpt:
```

In diesem Abschnitt stehen in der Standardkonfiguration schon eine Reihe von ACL-Anweisungen. In diese Regeln kann an beliebiger Stelle eine Regel für DNSBL-Anfragen eingefügt werden. Eine DNSBL-Regel sieht zum Beispiel so aus:

```
deny dnslists = opm.blitzed.org : \
                bl.spamcop.net : \
                sbl-xbl.spamhaus.org :\
                relays.ordb.org :\
                combined.njabl.org :\
                cbl.abuseat.org
```

Damit wird die E-Mail abgelehnt werden, wenn die IP-Adresse des Clients in einer der aufgeführten DNSBL gelistet ist. Um lediglich einen zusätzlichen Header einzufügen, wird die ACL-Anweisung warn statt deny verwendet, zum Beispiel:

```
warn message = X-Blacklisted-At: $dnslist_domain
     dnslists = opm.blitzed.org : \
                bl.spamcop.net
```

Normalerweise wird die IP-Adresse des Clients in der DNSBL nachgeschlagen. Man kann aber auch andere Werte suchen lassen. Der Wert, der in der Liste gesucht werden soll, wird hinter die DNSBL-Zone geschrieben, getrennt durch einen Schrägstrich. Diese Angabe sucht zum Beispiel nach der Domain des Absenders:

```
deny dnslists = dsn.rfc-ignorant.org/$sender_address_domain
```

Um nur bestimmte Listeneinträge zu verwenden, kann auch die erwartete Antwort-IP-Adresse angegeben werden, zum Beispiel:

```
deny dnslists = dsn.rfc-ignorant.org=127.0.0.2
```

Mehrere IP-Adressen werden durch Kommata getrennt. Eine eventuelle Angabe des Suchschlüssels steht hinter der Angabe der Antwort-IP-Adressen.

In der Standardkonfigurationsdatei ist bereits eine Stelle markiert, an der DNSBL-Regeln am sinnvollsten eingefügt werden können. Wenn diese nicht zu finden ist, sollte man DNSBL-Regeln auf jeden Fall hinter den Regeln einfügen, die dafür sorgen, dass lokale Clients ungefiltert akzeptiert werden, und hinter den Regeln, die dafür sorgen, dass die E-Mail an der *postmaster*-Adresse angenommen wird. Lokal gepflegte IP-basierte Whitelists und Blacklists sollten ebenfalls vorher abgearbeitet werden.

Einbindung in Sendmail

Zur Einbindung von DNSBL in Sendmail werden FEATURE-Makros verwendet. Wie bei Sendmail üblich, werden diese in die selbst erstellte Konfigurationsdatei *sendmail.mc* eingetragen, aus der mit Hilfe des Makroprozessors m4 die eigentliche Konfigurationsdatei */etc/mail/sendmail.cf* erzeugt wird.

Der Name des Features, also das erste Argument des FEATURE-Makros, ist dnsbl. Das zweite Argument ist der Zonenname der DNSBL. Der Standardwert ist hier blackholes.mail-abuse.org, dieser Dienst ist aber mittlerweile nicht mehr kostenlos verfügbar. Um mehrere DNSBL zu konfigurieren, werden mehrere Aufrufe des FEATURE-Makros benötigt. Über das dritte Argument kann die Fehlermeldung eingestellt werden; der Vorgabewert reicht aber aus. Wenn das vierte Argument t ist, werden DNS-Fehler nicht ignoriert, sondern münden in einer Ablehnung der E-Mail. Hier ist eine einfache Beispielkonfiguration:

```
FEATURE(`dnsbl', `dnsbl.njabl.org')
FEATURE(`dnsbl', `relays.ordb.org')
```

Wenn stattdessen der Featurename enhdnsbl verwendet wird, können zusätzlich ab dem fünften Argument die erwarteten Antwort-IP-Adressen angegeben werden, zum Beispiel:

```
FEATURE(`enhdnsbl', `dnsbl.njabl.org', , , `127.0.0.4', `127.0.0.5')
```

Da m4 maximal neun Argumente erlaubt, ist die Zahl der Antwort-IP-Adressen auf fünf begrenzt.

Über Makro-Definitionen können verschiedene Aspekte des DNSBL-Features im Detail eingestellt werden. Dies ist aber normalerweise nicht nötig.

Einbindung in SpamAssassin

In SpamAssassin werden DNSBL über die normalen Konfigurationsdateien eingebunden. Dies kann zum Beispiel global unter */etc/mail/spamassassin/* oder lokal unter *~/.spamassassin/user_prefs* erfolgen. Weitere Informationen zur Auswahl der passenden Konfigurationsdatei befinden sich in Kapitel 4, *SpamAssassin*. In der Konfigurationsdatei wird wie gewohnt ein Test definiert und eine Punktzahl zugewiesen. Dabei muss für jede gewünschte Liste ein separater Test definiert werden.

Die einfachste Definition eines DNSBL-Tests sieht wie folgt aus:

```
header TEST_NAME check_rbl('set', 'zone')
```

Der Testname kann frei gewählt werden. Mit dem Argument *set* können mehrere Regeln dieser Art verbunden werden. Dies ist nur relevant bei Listen, bei denen die zurückgegebene IP-Adresse von Bedeutung ist. Die *zone* ist schließlich die Domain, unter der die Liste gehostet wird. Es ist zu beachten, dass der Zonenname mit einem Punkt enden muss.

Das folgende Beispiel erzeugt einen Test mit dem Namen RCVD_IN_NJABL_RBL für die kombinierte NJABL-Liste, definiert einen Kommentar für den Test, deklariert den Test als Netzwerktest und weist ihm eine Punktzahl zu:

```
header   RCVD_IN_NJABL_RBL    eval:check_rbl('njabl', 'combined.njabl.org.')
describe RCVD_IN_NJABL_RBL    Relay in NJABL, http://www.njabl.org/
tflags   RCVD_IN_NJABL_RBL    net
score    RCVD_IN_NJABL_RBL    2.5
```

Dieser Test ist erfolgreich, wenn eine DNS-Anfrage nach der zu prüfenden IP-Adresse in der Zone *combined.njabl.org* (mit der entsprechenden Kodierung der IP-Adresse, wie oben beschrieben) erfolgreich ist, also irgendeine IP-Adresse zurückgibt.

Bei Listen, die über die zurückgegebene IP-Adresse differenzieren, kann die IP-Adresse als drittes Argument angegeben werden. Das folgende Beispiel illustriert dies:

```
header   RCVD_IN_NJABL_RELAY    eval:check_rbl('njabl', 'combined.njabl.org,
'127.0.0.2')
describe RCVD_IN_NJABL_RELAY    NJABL: sender is confirmed open relay
tflags   RCVD_IN_NJABL_RELAY    net

header   RCVD_IN_NJABL_SPAM     eval:check_rbl('njabl', 'combined.njabl.org',
'127.0.0.4')
describe RCVD_IN_NJABL_SPAM     NJABL: sender is confirmed spam source
tflags   RCVD_IN_NJABL_SPAM     net
```

Diese Tests können auch etwas kompakter geschrieben werden, indem ein Test nur die Zone deklariert und Subtests die Ergebnis-IP-Adresse bestimmen. Das folgende Beispiel hat fast den gleichen Effekt wie das obige:

```
header   __RCVD_IN_NJABL    eval:check_rbl('njabl', 'combined.njabl.org.')
describe __RCVD_IN_NJABL    Received via a relay in combined.njabl.org
```

```
tflags  __RCVD_IN_NJABL          net

header  RCVD_IN_NJABL_RELAY      eval:check_rbl_sub('njabl', '127.0.0.2')
describe RCVD_IN_NJABL_RELAY     NJABL: sender is confirmed open relay
tflags  RCVD_IN_NJABL_RELAY      net

header  RCVD_IN_NJABL_SPAM       eval:check_rbl_sub('njabl', '127.0.0.4')
describe RCVD_IN_NJABL_SPAM      NJABL: sender is confirmed spam source
tflags  RCVD_IN_NJABL_SPAM       net
```

Der erste Block definiert einen Test ähnlich wie im ersten Beispiel. Der im zweiten Block folgende Subtest wird aktiviert, wenn der erste Test erfolgreich war und die IP-Adresse 127.0.0.2 ermittelt wurde. Die Verbindung zwischen den beiden Tests wird über das *set*-Argument, hier willkürlich njabl, hergestellt. Da der Name des ersten Tests mit __ beginnt, wird er in der Endabrechnung nicht namentlich erscheinen. Er dient hier nur dazu, eine Reihe von Subtests einzuleiten.

Wird gegen eine Liste mit dynamischen IP-Adressen getestet, ist es wünschenswert, dass die IP-Adresse des ersten Hosts nicht getestet wird. Wenn die E-Mail von einem Host mit dynamischer IP-Adresse gesendet wurde, sollte die E-Mail keine Punkte erhalten, solange alle Hosts außer dem ersten nicht gelistet sind. Um dieses Verhalten zu wählen, hängt man -notfirsthop an den *set*-Namen an, zum Beispiel:

```
header  RCVD_IN_SORBS_DUL        eval:check_rbl('sorbs-notfirsthop',
                                 'dnsbl.sorbs.net.', '127.0.0.10')
describe RCVD_IN_SORBS_DUL       SORBS: sent directly from dynamic IP address
tflags  RCVD_IN_SORBS_DUL        net
```

Schließlich gibt es noch die Variante, statt check_rbl die Funktion check_rbl_txt zu verwenden. Damit wird die DNS-Anfrage nach einem TXT-Record statt nach einem A-Record gestellt. Der Betreiber der DNSBL sollte darauf hinweisen, dass seine Liste mit TXT-Anfragen verwendet werden muss. Der TXT-Record enthält dann häufig einen Hinweis darauf, warum die Adresse gelistet worden ist. Im Fall eines Treffers wird der Text von SpamAssassin mit in den Ergebnisbericht aufgenommen. Auch hierzu ein Beispiel:

```
header  RCVD_IN_DSBL             eval:check_rbl_txt('dsbl-notfirsthop', 'list.dsbl.org.')
describe RCVD_IN_DSBL            Received via a relay in list.dsbl.org
tflags  RCVD_IN_DSBL             net
```

Für die Einbindung von URIBL gibt es mehrere Varianten. Welche Variante verwendet werden muss, hängt von der DNSBL ab.

Die Konfigurationsdirektive uridnsbl sucht Domainnamen im Text der E-Mail, wandelt die Domainnamen per DNS in IP-Adressen um und sucht diese IP-Adressen in der DNSBL. Dies wird bei den Spamhaus-Listen angewandt. Die Syntax sieht wie folgt aus:

```
uridnsbl TEST_NAME zone TYP
```

TYP ist hier entweder A oder TXT. Zusätzlich muss noch ein body-Test mit einem Aufruf der Funktion check_uridnsbl() definiert werden. Eine komplette Test-Definition sieht zum Beispiel so aus:

```
uridnsbl    URIBL_SBL    sbl.spamhaus.org.   TXT
body        URIBL_SBL    eval:check_uridnsbl('URIBL_SBL')
describe    URIBL_SBL    Contains an URL listed in the SBL blocklist
tflags      URIBL_SBL    net
```

Die Direktive urirhsbl sucht den Hostnamen direkt in der DNSBL. Die Syntax ist ansonsten identisch.

Die Anweisung urirhssub funktioniert wie urirhsbl mit der Möglichkeit, die von der DNSBL zurückgegebene IP-Adresse mit einer Bitmaske zu überprüfen. Dies wird bei den SURBL-Listen angewandt. Die Syntax ist:

```
uridnssub TEST_NAME zone TYP BITMASKE
```

Eine vollständige Test-Definition sieht beispielsweise so aus:

```
urirhssub   URIBL_WS_SURBL   multi.surbl.org.   A   4
body        URIBL_WS_SURBL   eval:check_uridnsbl('URIBL_WS_SURBL')
describe    URIBL_WS_SURBL   Contains an URL listed in the WS SURBL blocklist
tflags      URIBL_WS_SURBL   net
```

Mit der Anweisung uridnsbl_skip_domain können Domains von der Prüfung in URIBL ausgeschlossen werden. Dies ist besonders bei sehr bekannten Domains, von denen man weiß, dass sie nicht in URIBL gelistet sind, sinnvoll.

Beispiel:

```
uridnsbl_skip_domain google.com w3.org yahoo.com
```

Es gibt in SpamAssassin noch weitere Optionen zur Einbindung von DNSBL mit anderen Verhaltensweisen. Diese werden jedoch selten gebraucht und hier nicht beschrieben.

Erfreulich ist, dass in SpamAssassin eine große Anzahl von DNSBL bereits vorkonfiguriert ist. Der Benutzer muss lediglich dafür sorgen, dass Netzwerktests eingeschaltet sind, was ebenfalls die Voreinstellung ist. Der Durchschnittsbenutzer muss also im einfachsten Fall außer der Installation von SpamAssassin gar nichts machen.

DNSBL lokal spiegeln

Für sehr große Mailserver-Installationen, zum Beispiel bei ISPs oder in großen Firmennetzwerken, kann es sich anbieten, die Informationen in einer DNSBL lokal zu spiegeln und die eigentlichen DNSBL-Anfragen dann an einen lokalen Nameserver zu stellen. Einige der oben genannten DNSBL-Betreiber bieten die Möglichkeit, die gesamten Daten der DNSBL herunterzuladen, um einen lokalen DNSBL-Server einzurichten. Dies ist in den meisten Fällen aber nur mit Voranmeldung, eventuell mit

Zahlung einer Gebühr und nur für Anwender mit einem ausreichend großen E-Mail-Aufkommen möglich. Es ist zu bedenken, dass DNSBL hochgradig dynamisch sind und ein lokaler Spiegel mehrmals täglich aktualisiert werden müsste, selbst wenn das E-Mail-Aufkommen gering ist. Beim direkten Zugriff auf DNSBL über das Internet hat man dagegen automatisch Zugang zu relativ aktuellen Informationen und nutzt die eingebauten mehrstufigen Cache-Mechanismen des DNS-Systems. Das lokale Spiegeln von DNSBL sollte also wirklich sehr großen Mailserver-Installationen vorbehalten sein mit weit über 10.000 Benutzern oder über 100.000 E-Mails pro Tag.

Um einen lokalen DNSBL-Server zu betreiben, kann man theoretisch beliebige Nameserver-Software verwenden, zum Beispiel den weit verbreiteten Nameserver BIND. Für den Betrieb eines DNSBL-Servers werden allerdings bei weitem nicht alle Features eines vollständigen Nameservers benötigt. Daher gibt es eine Nameserver-Implementierung, die auf DNSBL spezialisiert, einfacher einzurichten ist und effizienter arbeitet: RBLDNSD. Die meisten DNSBL-Anbieter, die Zugriff auf ihre Daten erlauben, unterstützen ausschließlich das Konfigurationsformat dieses Servers. Außerdem bietet sich die Verwendung von RBLDNSD an, wenn man selbst gepflegte DNSBL aufsetzen möchte, zum Beispiel um die DNSBL-Funktionalität des E-Mail-Systems mit einer bekannten Datenbank zu testen.

Die Konfiguration von RBLDNSD ist denkbar einfach. Es gibt keine Konfigurationsdatei im eigentlichen Sinn, sondern nur Listendateien, das heißt Dateien, die die Zuordnung von Namen und IP-Adressen definieren. Das Format dieser Dateien sei am folgenden Beispiel illustriert:

```
# Kommentar
10.8.60.0/24 :127.0.0.3:Address $ is from a private IP range
```

Das erste Feld ist eine IP-Adresse, ein IP-Adressblock oder ein Hostname (für Hostnamen-basierte DNSBL). Die angegebenen Adressen sind damit in der DNSBL gelistet. Nach dem Adressfeld folgen Leerzeichen. Hinter dem Doppelpunkt steht die Antwort-IP-Adresse, dann folgt ein weiterer Doppelpunkt und ein Text, der im TXT-Record zurückgegeben wird, also Details über die Gründe des Eintrags enthalten sollte. In dem Text wird $ durch die nachgeschlagene Adresse ersetzt.

Die Eingabe von IP-Adressen und Hostnamen im ersten Feld ist recht flexibel. Folgende Angaben sind zum Beispiel als IP-Adressen möglich:

```
10.8.60.1
10.8.60.0/24
10.8
10.8.4-200
# Negativer Eintrag:
!10.8.112
```

Für Hostnamen gibt es eine Wildcard-Möglichkeit:

```
# Nur "beispiel.de":
beispiel.de
```

```
# Nur Subdomains von "beispiel.de":
*.beispiel.de
# "beispiel.de" und Subdomains:
.beispiel.de
```

Die Antwort-IP-Adresse kann ebenfalls abgekürzt werden. Einzelne Zahlen werden immer an 127.0.0. angehängt.

Um eine Standardantwort festzulegen, damit die Antwort nicht in jeder Zeile wiederholt werden muss, schreibt man eine Zeile ohne Adressfeld. Danach führt man einfach nur noch die in die DNSBL aufzunehmenden Adressen auf. Ein Adresseintrag mit Antwortfeld hat Vorrang vor der Standardantwort, zum Beispiel:

```
:127.0.0.2:Listed in my DNSBL, see http://mydnsbl.org/lookup.cgi?addr=$
10.8.60.1
10.8.61/24
10.9.112.3 :127.0.0.7:Go away spammer!
```

Schließlich erlaubt RBLDNSD auch SOA- und NS-Einträge. Deren Parameter haben die gleiche Bedeutung wie bei BIND, beispielsweise:

```
$SOA 3000 ns1.example.com hostmaster.example.com 0 600 300 86400 300
$NS 3000 ns1.example.com ns2.example.com
```

Die 3000 ist die Time-To-Live (TTL), die 0 im SOA-Eintrag bestimmt, dass die Seriennummer (Serial) aus dem Zeitstempel der Datei berechnet wird, die restlichen Werte im SOA-Eintrag sind wie üblich Refresh, Update Retry, Expiry und Minimum.

Weitere Gestaltungsmöglichkeiten in RBLDNSD-Dateien sind in der Dokumentation beschrieben.

Die Listendateien werden aber in den seltensten Fällen vom Anwender geschrieben, sondern vom DNSBL-Anbieter bezogen. Dies erfolgt in den meisten Fällen über rsync. Einzelheiten und Zugangsdaten müssen beim DNSBL-Anbieter erfragt werden.

Wenn der Serverprozess rbldnsd gestartet wird, werden die Listendateien auf der Kommandozeile übergeben, nach dem Schema

```
rbldnsd zone:typ:datei,datei,... zone:typ:...
```

Die *zone* ist die Zone der gespiegelten DNSBL. Der *typ* ist der Typ des Formats der Listendatei, zum Beispiel ip4set für Listen aus IP-Adressen und dnset für Listen aus Domainnamen in den oben beschriebenen Formaten. Weitere Typen stehen für spezielle Anwendungen zur Verfügung. Es können mehrere Dateien pro Zone oder auch eine Datei in mehreren Zonen verwendet werden.

Um die gespiegelte DNSBL verwenden zu können, muss sie schließlich noch auf dem »richtigen« Nameserver der eigenen Organisation bekannt gegeben werden. Dazu muss die Zone, die normalerweise vom Nameserver des DNSBL-Anbieters bedient wird, auf den eigenen DNSBL-Server umgelenkt werden. Wenn die gespiegelte DNSBL zum Beispiel die Zone *sc.surbl.org* und der eigene DNSBL-Server die IP-Adresse 10.11.12.13 hat, sieht ein Eintrag in der Konfigurationsdatei des Nameservers BIND so aus:

```
zone "sc.surbl.org" IN {
    type forward;
    forward first;
    forwarders {
        10.11.12.13;
    };
};
```

Die Einbindung der DNSBL in den MTA oder in SpamAssassin ist also völlig transparent, weil der gleiche Zonenname weiter verwendet wird.

KAPITEL 6
Zusätzliche Ansätze gegen Spam

Der Kampf gegen Spam ist ein ständiges Wettrüsten zwischen den Spammern und ihren Gegnern, den Administratoren der E-Mail-Systeme. Damit Letztere einen Vorsprung gewinnen können, wurden in der letzten Zeit einige interessante neue Ansätze zur Abwehr von Spam entwickelt. Diese basieren teilweise auf völlig anderen Methoden als die klassischen regelbasierten oder statistischen Filter.

Zuerst behandelt dieses Kapitel das Greylisting, eine sehr wirksame Methode zur Abwehr von fehlerhaften SMTP-Clients. Danach werden einige verteilte Spam-Erkennungsmethoden vorgestellt, bei denen die Ressourcen vieler Mailserver im Internet im Kampf gegen E-Mail-Missbrauch vereint werden. Dann folgt eine kurze Beschreibung von Hashcash, einem Verfahren, das den massenhaften E-Mail-Versand dadurch unterbinden will, dass der Absender vor dem Versand eine gewisse Rechenzeit aufbringen muss. Schließlich werden einige Verfahren vorgestellt, die versuchen, die Fälschung der Absenderadressen zu verhindern.

Leider ist die Verbreitung dieser zusätzlichen Methoden noch so gering, dass ihre Wirksamkeit oft darunter leidet. Eine Ausnahme bildet das mittlerweile sehr populäre Greylisting, das sich als eine der derzeit wirksamsten Methoden etabliert hat. Aber auch die verteilten Spam-Erkennungsmethoden werden sich bei entsprechender Verbreitung als eine wirksame Spam-Abwehrmethode erweisen. Schließlich sehen viele Systeme mehr als eines.

Greylisting

Das Greylisting ist ein Verfahren, bei dem während des SMTP-Dialogs durch einen Vergleich von Client-IP-Adresse, Absenderadresse und Empfängeradresse mit einer Datenbank festgestellt wird, ob diese Kombination bereits vorgekommen ist. Wenn das nicht der Fall ist, wird die E-Mail mit einem temporären Fehler abgelehnt. Damit wird der sendende Mailserver informiert, dass ein vorübergehendes Problem vorliegt und die E-Mail nach einer gewissen Wartezeit erneut zugestellt werden kann. Ein korrekt implementierter Mailserver wird die E-Mail dann in seiner Queue speichern und zu einem späteren Zeitpunkt ausliefern. Darauf werden wiederum Client-IP-Adresse, Absender und Empfänger in der Datenbank gesucht. Da sich diese aber bereits in der Datenbank befinden, wird die E-Mail daraufhin akzeptiert.

Ein Großteil der Spam- und Viren-E-Mails wird heutzutage von Rechnern versendet, in die eingebrochen wurde oder auf denen ein Virus installiert werden konnte (»Zombies«). Diese fungieren als Roboter für Spam-Versender und werden von ihren Betreibern regelrecht an Spammer vermietet. Diese Programme enthalten für gewöhnlich nur eine minimale SMTP-Implementierung, die nicht in der Lage ist, einmal abgelehnte E-Mail zu spoolen und für einen späteren Versand vorzuhalten. Ein solcher Zombie macht daher normalerweise keinen zweiten Zustellungsversuch, so dass die Spam- oder Viren-E-Mail daraufhin nicht an das System ausgeliefert wird.

Das Greylisting zählt derzeit zu den effektivsten Methoden, um gegen unerwünschte E-Mails vorzugehen. Allein durch das Greylisting können derzeit rund 70% des potenziellen Spam-Aufkommens auf einem Mailserver vollständig geblockt werden. Allerdings ist es auch nur eine Frage der Zeit, bis sich die Gemeinde der Spammer und Virenautoren auf diese Methode der Spam-Bekämpfung eingerichtet und entsprechende Queues in ihre Software eingebaut hat. Aber selbst wenn sie durch den Einbau von Queues in ihre Software aktiv gegen Greylisting vorgehen, heißt das noch nicht, dass dieses dadurch vollkommen nutzlos geworden ist. Durch die Verzögerung, die beim Empfang der Spam- oder Viren-E-Mail entsteht, gewinnt man Zeit. Zeit, in der andere Spam-Erkennungssysteme wie DNSBL oder die unten beschriebenen verteilten Systeme den Spammer beziehungsweise seine E-Mail bereits aufgenommen haben könnten, so dass die E-Mail trotzdem erfolgreich erkannt und geblockt werden kann.

Probleme durch Greylisting

Trotz seiner großen Erfolge hat das Greylisting-Verfahren auch Nachteile. Ein Problem stellen Verbünde von Mailservern dar, die E-Mails für eine Organisation von verschiedenen IP-Adressen verschicken, was oft bei größeren ISPs der Fall ist. Normalerweise liegen diese Verbünde in einem Subnetz, so dass man sich hier behelfen kann, indem man an Stelle der kompletten IP-Adresse des Clients nur sein Netz speichert. Der Einfachheit halber wird hierfür normalerweise ein Netz der Klasse C (/24) angenommen. In der Praxis sieht das dann so aus, dass an Stelle der kompletten IP-Adresse wie zum Beispiel 217.72.192.188 nur 217.72.192 gespeichert wird. Dadurch werden in der Folge E-Mails von jedem Server im Netzbereich von 217.72.192 akzeptiert. Damit wird die E-Mail, selbst wenn sie von verschiedenen Mailservern im selben Subnetz ausgeliefert wird, nicht jedes Mal durch das Greylisting geblockt. Dieser Mechanismus ist für die meisten Betreiber von Mailservern ausreichend.

Es gibt einige SMTP-Server-Implementierungen, die E-Mails nach erfolgtem Greylisting nicht erneut verschicken, so dass die E-Mail daraufhin für den Empfänger verloren ist. Einige Mailinglisten verschicken jede E-Mail mit einer zufälligen Absenderadresse, so dass die E-Mail vom Greylist-Server nicht wiedererkannt und jedes Mal aufs Neue geblockt wird. Gegen solche Probleme hilft nur eine Whitelist, die bestimmte Mailserver vom Greylisting ausschließt. Auf der Website *http://www.greylisting.org/* wird eine solche Whitelist gepflegt und der Öffentlichkeit zur Verfügung gestellt. Dort sind die bekanntesten Mailserver aufgeführt, die Probleme mit Greylisting haben.

Ein weiteres Problem, dem man leider nicht mit technischen Mitteln beikommen kann, ist die Verzögerung, die beim Empfang von E-Mails auftritt. Benutzer sind es gewohnt, dass sie eine E-Mail nahezu augenblicklich nach dem Versand in ihrem Posteingang haben. Wenn nun Verzögerungen von bis zu einer Stunde auftreten, kann es durchaus passieren, dass dies zur Unzufriedenheit der Benutzer führt. Hier hilft nur, den Benutzern zu erklären, warum man diese Art der E-Mail-Verzögerung betreibt und welchen Nutzen sie davon haben.

Problematisch können ebenfalls zeitkritische E-Mails sein. Ein populäres Beispiel für solche E-Mails sind Benachrichtigungen von Auktionssystemen wie eBay. Hier hilft wiederum nur eine Identifizierung solcher E-Mails und ein Eintrag in die Whitelist.

Einbindung in das E-Mail-System

Für die meisten MTA gibt es mehrere Greylisting-Implementierungen. Hier wird jeweils stellvertretend eine Implementierung vorgestellt.

Einbindung in Postfix

Bei Postfix wird Greylisting normalerweise über einen Policy-Server realisiert. Policy-Server sind externe Dienste, die der Postfix-Server befragt, um zu entscheiden, ob eine E-Mail angenommen oder abgelehnt werden soll. Kapitel 3, *Spam- und Virenabwehr mit Postfix, Exim und Sendmail* enthält weitere Informationen dazu.

Hier wird der Greylisting-Server SQLgrey vorgestellt, der von *http://sqlgrey.sourceforge.net/* bezogen werden kann. SQLgrey ist in Perl geschrieben, läuft als Serverprozess und kann über die DBI-Schnittstelle verschiedenste Datenbank-Managementsysteme ansprechen, so dass man hier nicht an ein bestimmtes Datenbanksystem gebunden ist.

Sobald SQLgrey eingerichtet und gestartet ist (siehe Dokumentation), wird er als Policy-Server im Postfix-Parameter `smtpd_recipient_restrictions` in der Konfigurationsdatei *main.cf* eingetragen, zum Beispiel:

```
smtpd_recipient_restrictions =
    permit_mynetworks,
    reject_unauth_destination,
    reject_non_fqdn_recipient,
    reject_unknown_recipient_domain,
    check_policy_service inet:127.0.0.1:2501
```

Der Eintrag check_policy_service sollte nach dem Eintrag reject_unauth_destination stehen, sonst kann der Postfix-Server zum offenen Relay werden.

IP-Adresse und Port sind hierbei an das jeweilige Setup anzupassen. Üblicherweise laufen Greylisting-Server auf dem lokalen Host. Als Portnummern sind je nach Paket 2501 oder 2525 üblich, sie können aber in der Regel selbst konfiguriert werden.

Weitere Greylisting-Lösungen für Postfix sind Postgrey (*http://isg.ee.ethz.ch/tools/postgrey/*), das eine Berkeley-DB-Datenbank verwendet, und GLD (*http://www.gasmi.net/gld.html*), das MySQL verwendet.

Sollte der Policy-Server ausfallen, ist Postfix nicht mehr in der Lage, E-Mails anzunehmen oder auszuliefern. Jede E-Mail wird dann mit einem temporären Fehler (Configuration Error) abgelehnt. Die E-Mail geht so im ungünstigsten Fall verloren. Auf die Überwachung des Policy-Servers sollte bei kritischen Systemen also besonderer Wert gelegt werden, sonst besteht die Gefahr von E-Mail-Verlust.

Einbindung in Exim

Unter Exim benötigt man keine externen Greylisting-Dienste, sondern kann die Logik direkt in der Exim-Konfigurationsdatei implementieren. Das folgende Rezept von Tollef Fog Heen zeigt ein einfaches Beispiel mit einer PostgreSQL-Datenbank als Datenspeicher.

Eine Tabelle wird benötigt, die so aussieht:

```
CREATE TABLE greylist (
    id              serial PRIMARY KEY,
    relay_ip        inet,
    from_domain     varchar(255),
    block_expires   timestamp NOT NULL
                        DEFAULT current_timestamp + interval '60 seconds',
    record_expires  timestamp NOT NULL
                        DEFAULT current_timestamp + interval '1 week',
    origin_type     varchar(16) NOT NULL
                        CHECK (origin_type in ('MANUAL','AUTO'))
                        DEFAULT 'AUTO',
    create_time     timestamp NOT NULL
                        DEFAULT current_timestamp
);
```

In den allgemeinen Teil der Exim-Konfigurationsdatei wird Folgendes eingefügt:

```
GREYLIST_TEST = SELECT CASE \
                    WHEN current_timestamp - block_expires > 0 THEN 2 \
                    ELSE 1 \
                    END \
                    FROM greylist \
                    WHERE relay_ip = '${quote_pgsql:$sender_host_address}' \
                    AND from_domain = '${quote_pgsql:$sender_address_domain}'
```

```
GREYLIST_ADD  = INSERT INTO greylist (relay_ip, from_domain) VALUES ( \
                '${quote_pgsql:$sender_host_address}', \
                '${quote_pgsql:$sender_address_domain}')

hide pgsql_servers = localhost/greylist/exim/password
```

Die letzte Zeile bestimmt Hostname, Datenbank, Benutzername und Passwort des PostgreSQL-Servers und muss an die lokale Umgebung angepasst werden.

In der DATA-ACL werden schließlich folgende Anweisungen eingefügt:

```
warn  set acl_m7 = ${lookup pgsql{GREYLIST_TEST}{$value}{0}}

defer message = Greylisted - please try again a little later
      condition = ${if eq{$acl_m7}{0}{1}}
      condition = ${lookup pgsql{GREYLIST_ADD}{yes}{no}}

defer condition = ${if eq{$acl_m7}{1}{1}}
```

Die Greylisting-Anweisungen sollten möglichst weit vorne in der ACL stehen, aber man sollte wohl das eigene Netzwerk davon ausnehmen.

Einbindung in Sendmail

Für Sendmail gibt es einen Greylisting-Milter, Milter-greylist, erhältlich über *http://hcpnet.free.fr/milter-greylist/*. Milter sind Programme, die von Sendmail über eine spezielle Schnittstelle zur Filterung von E-Mail aufgerufen werden. Milter-greylist hat den Vorteil, dass es auf Empfängerbasis eingeschaltet werden kann, so dass man nicht gezwungen ist, Greylisting für alle aktivieren zu müssen. Außerdem ermöglicht es die Synchronisation der Greylisting-Datenbanken zwischen mehreren Mailservern.

Der Milter läuft wie alle Milter als Daemon-Prozess. Am praktischsten ist die Einbindung in den Boot-Prozess oder die Erstellung eines *init.d*-Skripts. Von Hand kann er wie folgt gestartet werden:

```
milter-greylist -u smmsp -p /var/milter-greylist/milter-greylist.sock
```

Dem angegebenen Benutzer muss natürlich Schreibzugriff auf das Verzeichnis gewährt werden. Weitere Optionen und Features von Milter-greylist sind in der Dokumentation beschrieben.

Milter-greylist verwendet eine Konfigurationsdatei */etc/mail/greylist.conf*, in der zumindest das lokale Netzwerk deklariert werden sollte, damit dieses vom Greylisting ausgenommen wird, zum Beispiel mit folgenden Einträgen:

```
addr 10.0.0.0/8
addr 192.0.12.0/24
```

Wenn man Greylisting für bestimmte Empfänger ausschalten möchte, trägt man hier auch die E-Mail-Adressen dieser Nutzer ein, zum Beispiel:

```
rcpt John.Doe@example.net
```

Reguläre Ausdrücke sind ebenfalls möglich:

```
rcpt /.*@example\.net/
```

Die Logik kann man auch umkehren, indem man stattdessen alle Nutzer einträgt, die am Greylisting teilnehmen möchten, und Milter-greylist mit der Option -T startet.

Schließlich wird der Milter wie folgt in die Sendmail-Konfigurationsdatei eingebunden:

```
INPUT_MAIL_FILTER(`greylist',
`S=local:/var/milter-greylist/milter-greylist.sock')
define(`confMILTER_MACROS_CONNECT', `j, {if_addr}')
define(`confMILTER_MACROS_HELO', `{verify}, {cert_subject}')
define(`confMILTER_MACROS_ENVFROM', `i, {auth_authen}')
```

Danach muss die Sendmail-Konfiguration neu gebaut werden.

Verteilte Spam-Erkennung

Bei der verteilten Spam-Erkennung werden die Ergebnisse der Spam-Erkennung zwischen allen teilnehmenden Mailservern ausgetauscht. Dies geschieht über im Internet zur Verfügung gestellte Datenbankserver oder über eigene derartige Server. Gefüttert werden diese Datenbanken durch Benutzer oder durch Spam-Traps oder Honey-Pots, das sind E-Mail-Adressen, die nur dazu dienen, Spam zu sammeln. Dadurch ist es möglich, eine bestimmte Spam-E-Mail innerhalb kurzer Zeit zu klassifizieren und für andere Nutzer des Anti-Spam-Netzwerks erkennbar zu machen.

In diesem Abschnitt werden drei populäre verteilte Spam-Erkennungssysteme vorgestellt, die die verteilte Spam-Erkennung auf unterschiedliche Arten angehen: das Distributed Checksum Clearinghouse, das E-Mails zählt, und die Systeme Razor und Pyzor, die Datenbanken von erkanntem Spam vorhalten.

Distributed Checksum Clearinghouse

Das Distributed Checksum Clearinghouse (DCC) wurde 2000 nach einer Idee von Paul Vixie entwickelt und ist eins der ältesten und bekanntesten Anti-Spam-Netzwerke. Das DCC-Netzwerk besteht aus etwa 250 Servern, die zählen, wie oft eine bestimmte E-Mail-Nachricht an teilnehmende Mailserver gesendet wird. Die teilnehmenden Mailserver können diese Zahlen abfragen und ab einer bestimmten Zahl entscheiden, dass eine E-Mail eine Massensendung und daher (wahrscheinlich) Spam ist. Bei der Zählung der E-Mails verwendet das DCC ungenaue (fuzzy) Prüfsummen, damit kleinere Variationen in den E-Mails erkannt beziehungsweise ignoriert werden. Die eigentlichen E-Mails werden also nicht mit anderen Rechnern ausgetauscht.

Laut Herstellerangaben laufen derzeit rund 150 Millionen E-Mails pro Tag über die DCC-Server. Dabei wird eine Effektivität von ungefähr 90% erzielt, das heißt, 90% aller im Internet versendeten Spam-E-Mails werden vom DCC erkannt.

Whitelisting

Eine Menge legitimer E-Mails werden in Massen versendet. Dazu gehören zum Beispiel Mailinglisten oder Bekanntmachungen von Herstellern über Sicherheits-Updates ihrer Produkte. Um das DCC verlässlich verwenden zu können, *muss* daher eine Whitelist mit allen erwarteten legitimen Absendern angelegt werden. Die Whitelist liegt üblicherweise in der Datei *whiteclnt* im DCC-Wurzelverzeichnis, normalerweise */var/lib/dcc* oder */var/dcc*. In allen DCC-Programmen, die im Anschluss beschrieben werden, wird eine Whitelist-Datei mit der Option -w gefolgt von einem Dateinamen angegeben. Wenn der Dateiname nicht absolut ist, wird er im DCC-Wurzelverzeichnis gesucht. Die Angabe -w whiteclnt ist daher ausreichend.

DCC-Whitelists können als Schlüssel Envelope-Absender, Envelope-Empfänger, From-Header, IP-Adresse oder den Hostnamen des Absenders und einige weitere Angaben verwenden. Hier ist ein Beispiel:

```
ok    env_from    abuse@earthlink.net
ok    from        cert-advisory@cert.org
ok    ip          megatron.ietf.org
```

Statt ok kann man auch many schreiben, um einen Blacklist-Eintrag zu erzeugen.

Einbindung in das E-Mail-System

Wenn man DCC einsetzen möchte, muss man sich entscheiden, ob man es direkt in den MTA einbindet oder über nachgelagerte Software wie beispielsweise Procmail oder SpamAssassin aufruft. Wenn man das in DCC integrierte Greylisting (siehe unten) einsetzen möchte, muss man die MTA-Methode wählen, da die E-Mail dann bereits während des SMTP-Dialogs abgelehnt werden muss. Wenn man DCC als SpamAssassin-Plugin einsetzt, hat man den Vorteil, dass die Bewertung einer E-Mail aus mehreren Methoden stammt und man so zu einer ausgewogeneren Einstufung der E-Mail gelangt.

Einbindung in Procmail

Die Einbindung von DCC in Procmail geschieht mit dem Programm dccproc. Dieses liest eine E-Mail über die Standardeingabe, sendet die Prüfsumme an einen DCC-Server, erhält die aktuelle Zahl der identisch versendeten E-Mails zurück, fügt einen Header in die E-Mail mit diesen Informationen ein und gibt die E-Mail auf der Standardausgabe wieder aus. Damit kann man das DCC-System auch einfach von Hand testen. Eine Beispielregel für Procmail sieht so aus:

```
:0 f
| dccproc -c CMN,25,50 -w whiteclnt
```

Die Option -c bestimmt hier, dass die E-Mail geloggt werden soll, wenn sie 25-mal im Internet aufgetreten ist, und dass sie ab 50fachem Auftreten als Massen-E-Mail markiert werden soll. Die Option -w bestimmt den Dateinamen der lokalen Whitelist, wie oben beschrieben.

Eine von dccproc analysierte E-Mail erhält einen neuen Header der Form

```
X-DCC-RHYOLITE-Metrics: calcite.rhyolite.com 101; bulk Body=68 Fuz1=68 Fuz2=68
```

Der Name RHYOLITE kann hier variieren; am besten sucht man nur nach X-DCC-. Wenn eine E-Mail die angegebene Schwelle, hier 50, überschreitet, ist das Wort bulk in diesem Header enthalten, und man kann danach filtern. In dem Fall beendet dccproc mit dem Exitcode 67, was auch zur Filterung in Procmail verwendet werden kann, zum Beispiel mit folgender Regel, die erkannte E-Mails einfach löscht:

```
:0 fW
| dccproc -c CMN,25,50 -w whiteclnt

:0 e
{
    EXITCODE=67
    :0
    /dev/null
}
```

Als Schwellenwert kann statt einer Zahl auch das Wort MANY angegeben werden, was für »sehr viele« steht, etwa eine Zahl im Millionen-Bereich. Dies ist möglicherweise ein sinnvoller Wert für vorsichtige Benutzer. Die Voreinstellung ist der ebenfalls spezielle Wert NEVER, also »nie«. In dem Fall wird der Header trotzdem eingefügt, und man kann dann die Zahlen selbst parsen. Dies ist zum Austesten sinnvoll, im Normalbetrieb jedoch ziemlich unpraktisch.

Das Programm dccproc hat noch eine Reihe weiterer Optionen, die aber in den meisten Fällen nicht verwendet werden müssen. Zu empfehlen sind noch die Optionen -E und -R. Zusammen sorgen sie dafür, dass der Envelope der E-Mail geloggt wird.

Einbindung in SpamAssassin

SpamAssassin verfügt über eine eingebaute Unterstützung für DCC. Eine von DCC erkannte E-Mail lässt den Test DCC_CHECK erfolgreich sein, was in der Standardkonfiguration 1,373 Punkte ohne Bayes-Tests und 2,169 Punkte mit Bayes-Tests erhält. Die Verwendung von DCC kann mit der Konfigurationsdirektive use_dcc 0 ausgeschaltet werden.

Damit SpamAssassin nicht für jede E-Mail einen neuen DCC-Prozess wie dccproc starten muss, verwendet es einen lokal laufenden Daemon, der die DCC-Abfragen durchführt. Dieser Daemon-Prozess ist das Programm dccifd, das also vor dem Start von SpamAssassin gestartet werden muss. In Binärpaketen gibt es dazu normalerweise ein vorgefertigtes Startskript. Auf Debian GNU/Linux kann der Server zum Beispiel mit /etc/init.d/dcc-client start gestartet werden. Dieser Daemon ist wohlgemerkt kein DCC-Server, sondern nur ein lokal laufender Daemon, der die DCC-Abfragen effizienter ausführt.

Der Schwellenwert, ab dem SpamAssassin eine im DCC gelistete E-Mail als Massen-E-Mail betrachtet, ist mit 999999 eingestellt, was der oben erwähnten Einstellung MANY entspricht. Dies kann mit den SpamAssassin-Konfigurationsdirektiven dcc_body_max, dcc_fuz1_max und dcc_fuz2_max geändert werden.

Einbindung in Postfix

In Postfix kann DCC als ein Before-Queue-Content-Filter eingebunden werden. Als Content-Filter wird dazu ebenfalls der Daemon-Prozess dccifd verwendet. Dieser muss mit den folgenden Optionen gestartet werden:

```
dccifd -p 127.0.0.1,10025,127.0.0.1/32 -o 127.0.0.1,10026
```

Die Option -p bestimmt hier, dass dccifd Verbindungen auf dem TCP-Port 10025 aus dem lokalen Netz annehmen soll, und die Option -o bestimmt, dass die verarbeitete E-Mail an den TCP-Port 10026 auf dem lokalen Rechner weitergeleitet werden soll. Dies schaltet dccifd vom ASCII-Protokoll, das von SpamAssassin verwendet wird, in das vereinfachte SMTP-Protokoll um, das von Postfix verwendet wird. Beide Modi gleichzeitig sind nicht möglich.

Um Postfix für diesen Filterdienst zu konfigurieren, bearbeitet man die Datei */etc/postfix/master.cf*. Direkt hinter der Zeile, die ungefähr so aussieht:

```
smtp      inet  n       -       -       -       smtpd
```

(normalerweise die erste Nicht-Kommentar-Zeile in dieser Datei), fügt man folgende Zeilen ein:

```
-o smtpd_proxy_filter=127.0.0.1:10025
-o smtpd_client_connection_count_limit=10
```

(mindestens ein Leerzeichen am Zeilenanfang). Damit wird der Dienst, der auf dem lokalen Rechner (127.0.0.1) auf Port 10025 läuft, also der dccifd-Prozess, als Before-Queue-Content-Filter bestimmt, und es wird festgelegt, dass ein Client maximal zehn Verbindungen mit dem Mailserver aufbauen darf, was Missbrauch verhindern kann.

An anderer Stelle in der Datei, zum Beispiel am Ende, fügt man folgenden Block ein:

```
127.0.0.1:10026 inet n  -       n       -       -       smtpd
  -o smtpd_authorized_xforward_hosts=127.0.0.0/8
  -o smtpd_client_restrictions=
  -o smtpd_helo_restrictions=
  -o smtpd_sender_restrictions=
  -o smtpd_recipient_restrictions=permit_mynetworks,reject
  -o smtpd_data_restrictions=
  -o mynetworks=127.0.0.0/8
  -o receive_override_options=no_unknown_recipient_checks
```

Dies definiert einen zusätzlichen SMTP-Serverdienst (in Postfix vom Programm `smtpd` implementiert), der die von DCC gefilterten E-Mails auf Port 10026 wieder annimmt und sie dann wie ein normaler Mailserver weiter verarbeitet. Die zusätzlichen Parameter schalten einige Prüfungen aus, die der erste SMTP-Server bereits erledigt hatte, sind aber zur korrekten Funktion nicht nötig.

Nach diesen Änderungen muss der Postfix-Server angewiesen werden, die Konfiguration neu einzulesen. Das geht mit dem Befehl `postfix reload`.

Anwender von Amavisd-new (siehe Kapitel 8, *AMaViS*), die DCC auf diese Art in Postfix einbinden wollen, müssen bei der Auswahl der Portnummern darauf achten, dass diese sich nicht mit den für Amavisd-new gewählten überschneiden. Beim Einsatz von Amavisd-new kann DCC schon indirekt über SpamAssassin verwendet werden, also mag sich die hier gezeigte Methode erübrigen.

In dieser Konfiguration wird DCC eine E-Mail analysieren und bei Überschreitung des Schwellenwerts dafür sorgen, dass Postfix sie noch während des SMTP-Dialogs ablehnt. Um einen Schwellenwert zu bestimmen, wird `dccifd` mit der Option `-t` gestartet, die wie die Option `-c` von `dccproc` arbeitet, also zum Beispiel

```
/usr/sbin/dccifd -p ... -o ... -t CMN,25,50 -w whiteclnt
```

Um nur einen Header wie oben einzufügen, ohne die E-Mail direkt abzulehnen, verwendet man zusätzlich die Option `-a IGNORE`. Das Standardverhalten entspricht der Option `-a REJECT`.

DCC beherrscht eine Form des Greylistings. Diese verwendet jedoch keine lokale Datenbank, sondern prüft auf DCC-Servern, ob die E-Mail überhaupt schon einmal vorgekommen war. Das Greylisting ist in `dccifd` automatisch eingeschaltet. Wenn Ausnahmen definiert werden müssen, kann die Option `-G` verwendet werden. Weitere Informationen dazu liefert die Manpage von `dccifd`.

Einbindung in Exim

Für Exim gibt es keine einfache vorgefertigte Methode, um DCC einzubinden. Verschiedene Ad-hoc-Lösungen mit Router- und Transport-Konfigurationen sind im Internet zu finden, ebenso eine `local_scan()`-Funktion, die DCC aufruft. Einfacher wird für den Einstieg der Umweg über SpamAssassin oder Procmail sein.

Einbindung in Sendmail

Wenn Sendmail als MTA verwendet wird, kann DCC über einen Milter aufgerufen werden, der mit DCC mitgeliefert wird.

Der DCC-Milter läuft als Serverprozess, muss also vor Inbetriebnahme gestartet werden. Wenn ein fertiges Paket verwendet wird, sollte dies automatisch beim Booten oder über ein Startskript geschehen. Von Hand kann man ihn folgendermaßen starten:

```
/usr/sbin/dccm -t CMN,25,50 -w whiteclnt
```

Die Option -t bestimmt dabei wie oben die Schwellenwerte, ab denen E-Mails geloggt beziehungsweise markiert werden sollen.

In dieser Konfiguration wird DCC eine E-Mail analysieren und bei Überschreitung des Schwellenwerts dafür sorgen, dass Sendmail sie noch während des SMTP-Dialogs ablehnt. Um nur einen Header wie oben einzufügen, ohne die E-Mail direkt abzulehnen, verwendet man zusätzlich die Option -a IGNORE. Das Standardverhalten entspricht der Option -a REJECT. Ferner gibt es die Möglichkeit -a DISCARD, die die E-Mail zum Schein erfolgreich annimmt und dann verwirft.

dccm verwendet wie dccifd automatisch das Greylisting-Feature von DCC. Auch hier kann dieses mit der Option -G konfiguriert werden. Weitere Informationen dazu liefert die Manpage von dccm.

Nachdem der Milter konfiguriert ist, wird die folgende Zeile in die Sendmail-Konfigurationsdatei eingefügt:

```
FEATURE(dcc)dnl
```

Danach muss die Sendmail-Konfiguration wie üblich neu gebaut werden. Die für dieses Feature nötigen m4-Dateien werden mit DCC mitgeliefert und sollten im Feature-Verzeichnis von Sendmail (zum Beispiel */usr/share/sendmail/cf/feature/*) installiert worden sein. Die übliche Konfiguration des Milters über das Makro INPUT_MAIL_FILTER ist nicht nötig.

Weitere Informationen zur Sendmail-Konfiguration und zum Thema Milter finden sich in Kapitel 3, *Spam- und Virenabwehr mit Postfix, Exim und Sendmail*.

DCC-Server

Eine DCC-Installation sollte normalerweise schon einige DCC-Server vorkonfiguriert haben. Die Server im DCC-Netzwerk tauschen sich untereinander aus, welcher Server genau verwendet wird, ist also egal. Mit dem Programm cdcc kann die Serverkonfiguration geändert werden; dies wird hier aber nicht weiter behandelt.

Wenn man selbst Spam klassifizieren möchte, muss man sich eine Benutzerkennung (DCC client ID) von der Kontaktadresse des DCC-Servers zuweisen lassen. Nähere Informationen hierzu findet man auf der DCC-Website. Möchte man mehr als 100.000 Nachrichten pro Tag prüfen, muss man einen lokalen DCC-Server installieren, da die öffentlichen DCC-Server einen Denial-of-Service-Schutz eingebaut haben und man bei zu hohem E-Mail-Aufkommen Gefahr läuft, geblockt zu werden. Die Einrichtung eines DCC-Servers wird hier allerdings nicht behandelt. Eine genaue Beschreibung dazu findet sich auf der DCC-Website.

Razor

Razor ist eine Lösung zur verteilten Spam-Erkennung. Die Razor-Server pflegen eine Datenbank von erkannten Spam-E-Mails, die von Benutzern des Diensts gemeldet worden sind. Benutzer können diese Datenbank zum Vergleich mit eigenen vorliegenden E-Mail-Exemplaren abfragen und somit erfahren, ob die eigene E-Mail bereits von anderen als Spam eingestuft worden ist. Diese Information kann dann als Grundlage für eigene Filterentscheidungen verwendet werden. Die Einbindung in das E-Mail-System kann über SpamAssassin oder Procmail erfolgen. Nähere Informationen dazu findet man in der Dokumenation von Razor.

Die Client-Software von Razor ist als Open Source verfügbar, aber die Benutzung des Servernetzwerks ist nur für privaten Gebrauch kostenlos. Bei kommerzieller Benutzung des Netzwerks muss eine Vereinbarung mit der Firma Cloudmark (*http://www.cloudmark.com/*) abgeschlossen werden. Daher steht die Server-Software auch nicht zur Verfügung und kann nicht eingesehen oder geprüft werden. Außerdem ist somit der Aufbau eines Proxys leider nicht möglich, so dass jede Prüfung in jedem Fall über das Internet erfolgen muss.

Die im folgenden Abschnitt beschriebene Software Pyzor ist eine offene Reimplementierung des Razor-Prinzips und sollte bevorzugt verwendet werden.

Pyzor

Auf Grund der Einschränkungen, die bei der Benutzung von Razor bestehen, wurde Pyzor als Alternative entwickelt. Das Pyzor-System ist vollständig Open Source; das gilt sowohl für den Client als auch für den Server. Das ermöglicht es auch, ein privates Netzwerk aufzubauen.

Bevor man Pyzor einsetzen kann, muss man mit dem Befehl pyzor discover eine Serverliste herunterladen. Diese wird in der Datei *~/.pyzor/servers* abgelegt. Dieser Befehl muss für jeden Benutzer ausgeführt werden, unter dem später Pyzor verwendet werden soll. Insbesondere bei Serverprozessen wie Amavisd-new ist dies nicht das eigene Benutzerkonto. Wenn man eigene Server betreibt, kann man die Datei von Hand anlegen.

Die Verwendung von Pyzor ist denkbar einfach. Der Befehl pyzor check liest eine E-Mail über die Standardeingabe und gibt den Exitcode 0 zurück, wenn die E-Mail auf mindestens einem Server als Spam gelistet ist und nirgendwo in einer Whitelist steht. Dies kann zum Beispiel in Procmail verwendet werden, etwa mit folgender Regel:

```
:0 Wc
| pyzor check

:0 a
pyzor-spam
```

In SpamAssassin ist die Unterstützung für Pyzor eingebaut. Eine von Pyzor erkannte E-Mail lässt den Test PYZOR_CHECK erfolgreich sein, der in der Standardkonfiguration mit 2,041 Punkten ohne Bayes-Tests und 3,451 Punkten mit Bayes-Tests bewertet ist. Die Verwendung von Pyzor kann mit der Konfigurationsdirektive use_pyzor 0 ausgeschaltet werden.

Mit dem Befehl pyzor report wird eine E-Mail über die Standardeingabe gelesen und an den Pyzor-Server als Spam gemeldet. Mit dem Befehl pyzor whitelist wird analog eine E-Mail als Nicht-Spam gemeldet. Es wird in jedem Fall nur eine Prüfsumme und nicht die gesamte E-Mail übertragen. Diese Befehle könnte man zum Beispiel an ein Tastenkürzel im E-Mail-Client binden. Das Problem ist allerdings, dass jedermann Meldungen an die öffentlichen Pyzor-Server senden kann, ohne jede Prüfung. Daher sollte man Pyzor besser nur als Teil des Spam-Erkennungsvorgangs verwenden – wie in SpamAssassin –, anstatt sich ausschließlich darauf zu verlassen.

Hashcash

Hashcash ist ein völlig anderer Ansatz zur Spam-Bekämpfung. Er versucht nicht, den Spam abzuwehren, sondern ermöglicht es Absendern, sich vom Spam abzugrenzen und den Anti-Spam-Systemen mitzuteilen, dass ihre E-Mail kein Spam ist, damit sie nicht aus Versehen herausgefiltert wird.

Hashcash beruht auf der Annahme, dass ein Spam-Versender möglichst viele E-Mails in möglichst kurzer Zeit mit möglichst geringen Kosten verschicken will. Einem normalen Nutzer ist es egal, ob seine E-Mail eine oder zehn Sekunden bis zum Verschicken braucht. Wenn ein Spammer für die Verarbeitung einer E-Mail allerdings zehnmal so lang braucht, würde das für ihn bedeuten, dass er nur noch ein Zehntel seines normalen E-Mail-Durchsatzes erzielen kann. Hashcash ermöglicht es dem Nutzer, für eine E-Mail und insbesondere die Markierung als Nicht-Spam mit Rechenzeit zu bezahlen.

Hashcash erzeugt beim Verschicken einer E-Mail ein so genanntes Token, das quasi ein virtuelles Porto darstellt. Ein Token wird hierbei durch die Erzeugung einer Hash-Kollision mit dem SHA1-Algorithmus erzeugt. Durch die Erhöhung der Bit-Zahl, die zur Ermittlung der Kollision herangezogen wird, kann das »Porto« beliebig verteuert werden. Ein P4-Rechner mit 2,53 GHz braucht beispielsweise etwa 30 Sekunden zur Berechnung einer Hash-Kollision bei einer Token-Länge von 24 Bits. Je mehr Bits das verwendete Token aufweist, desto mehr Rechenzeit wird benötigt. Der Empfänger der E-Mail kann nach Prüfung des Tokens entscheiden, ob diese E-Mail bevorzugt zu behandeln ist, und wird dabei längere Tokens kürzeren oder gar keinen vorziehen. (Das Prüfen des Tokens benötigt im Verhältnis zu seiner Erzeugung nur sehr wenig Rechenzeit.)

Beim massenhaften Versand von Spam wird es selbst mit großem Hardware-Aufwand kaum möglich sein, die Zeit zur Erstellung von Hashcash-Tokens aufzubringen, da Hashcash-Tokens für jede einzelne E-Mail neu erzeugt werden müssen.

In SpamAssassin ist die Prüfung der Hashcash-Tokens automatisch aktiviert. Spam-Assassin bewertet das Vorhandensein von Hashcash-Tokens durch negative Punktzahlen, je mehr Bits das Token hat, desto negativer, so dass eine mit Hashcash »frankierte« E-Mail mit großer Wahrscheinlichkeit nicht als Spam klassifiziert wird.

Ein Problem bei der Verwendung von Hashcash ist, dass es derzeit kaum E-Mail-Software gibt, die die Hashcash-Tokens beim Versand automatisch erzeugen kann. Unter den E-Mail-Clients unterstützen derzeit lediglich Mutt und Emacs (RMAIL, Gnus) Hashcash, während keiner der populären MTA Hashcash-Unterstützung bietet. Daraus folgt, dass Hashcash derzeit eine sehr geringe Verbreitung hat und eher als Idee für die Zukunft gelten kann.

Hashcash ist jedoch ein sehr interessanter Ansatz zur Spam-Bekämpfung und wird, wenn die Software für alle E-Mail-Clients und MTA zur Verfügung steht, hoffentlich eine größere Verbreitung und damit auch einen besseren Nutzen erlangen. Die Website *http://www.hashcash.org/* enthält weitere Informationen zum Thema Hashcash.

Sender Policy Framework

Das Sender Policy Framework (SPF, vormals für Sender Permitted From) gehört eigentlich nicht zu den Anti-Spam-Verfahren, sondern dient dazu, gefälschte Absenderadressen zu erkennen. Da gefälschte Absender aber mit vielen Spam- und Viren-E-Mails einhergehen, kann man SPF durchaus zur Abwehr von unerwünschten E-Mails verwenden. SPF verwendet speziell angelegte DNS-Einträge, um festzustellen, welche Mailserver berechtigt sind, E-Mails für eine bestimmte Domain zu versenden. Abbildung 6-1 zeigt das Funktionsprinzip.

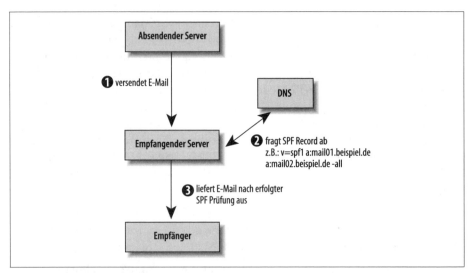

Abbildung 6-1: Das Funktionsprinzip von SPF

Ein SPF-Eintrag sieht dann beispielsweise so aus:

```
$ host -t txt beispiel.de
beispiel.de text "v=spf1 a:mail01.beispiel.de a:mail02.beispiel.de -all"
```

In diesem Fall wird festgelegt, dass die Mailserver mit den DNS-A-Records (also den Hostnamen) *mail01.beispiel.de* und *mail02.beispiel.de* berechtigt sind, für die Domain *beispiel.de* E-Mails zu versenden. Eine E-Mail, die einen Envelope-Absender aus der Domain *beispiel.de* hat, aber nicht von einem dieser beiden Server kommt, verletzt also die SPF-Policy und kann entsprechend als mögliche Fälschung angesehen werden.

Der Eintrag im für SPF angelegten TXT-Record besteht aus mehreren Feldern, getrennt durch Leerzeichen. Die Felder werden von links nach rechts geprüft, bis ein passendes Feld gefunden ist. Wenn ein Treffer erfolgt, also die Bedingung zutrifft, wird die in dem Feld angegebene Aktion durchgeführt. Die Aktion wird durch das erste Zeichen vor der Regel (Präfix) definiert. Steht der Regel kein Zeichen voran, wird ein »+« angenommen. Folgende Aktionen sind möglich:

»-« *(Fail)*
: Wenn dieser Eintrag passt, wird ein Fail, also ein Fehler generiert, und die SPF-Anfrage gilt als fehlgeschlagen. Eine Implementierung sollte die E-Mail daraufhin ablehnen.

»~« *(Softfail)*
: Es wird ein Softfail, also ein geringer Fehler generiert. Eine Implementierung sollte die E-Mail annehmen, aber da es zu einem geringen Fehler gekommen ist, kann ihr beispielsweise eine höhere Spam-Bewertung gegeben werden.

»+« *(Pass)*
: Die E-Mail entspricht der SPF-Policy der Domain und sollte akzeptiert werden.

»?« *(Neutral)*
: Der Client muss die Domain so behandeln, als wenn kein SPF-Datensatz existieren würde.

Die Bedingungen in den Feldern können folgende sein:

v=spf1
: Dieser Eintrag informiert, dass der TXT-Record ein SPF-Eintrag ist, der der SPF-Version 1 entspricht.

all
: Diese Regel trifft immer zu. Deshalb steht -all normalerweise am Ende eines SPF-Datensatzes, damit für alle Clients, auf die keine Regel zutrifft, ein »Fail« generiert wird.

include:*hostname*
: Bei einem include werden die SPF-Regeln von *hostname* eingelesen und evaluiert. Hierbei wird aber nur nach einer passenden »Pass«-Regel gesucht. »Fail«- und »Softfail«-Regeln werden dabei ignoriert. Dies ermöglicht es, die SPF-Datensätze an einer zentralen Stelle für viele Domains zu pflegen.

a
a:*hostname*[/*cidr-length*]
a/*cidr-length*
> Diese Regel trifft zu, wenn sich *hostname* zur IP-Adresse des einliefernden Mailservers auflösen lässt (DNS-A-Record). Ist kein Hostname angegeben, gilt der A-Record der Ziel-Domain. Wenn zusätzlich eine Netzmaske in CIDR-Schreibweise mit angegeben ist, trifft die Regel auch zu, wenn die IP-Adresse des Senders im angegebenen Netzbereich von *hostname* liegt. a/*cidr-length* ist eine Kurzfassung, die auf den Netzbereich der Ziel-Domain zutrifft. Wenn beim Auflösen eines Hostnamens mehrere A-Records zurückgeliefert werden, wird für jeden eine Prüfung durchgeführt.

mx
mx:*hostname*[/*cidr-length*]
mx/*cidr-length*
> Diese Regeln sind analog zu den »a«-Regeln, nur dass hier der Mailserver-Eintrag (MX-Record) herangezogen wird.

ptr
ptr:*domainname*
> Bei einer ptr-Regel wird geprüft, ob sich die IP-Adresse des einliefernden Mailservers zu *domainname* auflösen lässt (PTR-Record). Wenn kein *domainname* angegeben ist, wird die Ziel-Domain geprüft.

ip4:*cidr-spec*
> Diese Regel trifft zu, wenn die IP-Adresse des einliefernden Mailservers mit der angegebenen Netzmaske (in CIDR-Schreibweise) übereinstimmt.

ip6:*cidr-spec*
> Analog zu ipv4, nur für IPv6-Adressen.

exists:*hostname*
> Bei dieser Regel wird nur geprüft, ob sich die IP-Adresse des einliefernden Mailservers zu einem Hostnamen auflösen lässt. Diese Direktive ist nur mit Makros (siehe *http://spf.pobox.com/macros.html*) sinnvoll.

Auf der SPF-Website gibt es einen grafischen Assistenten (*http://spf.pobox.com/wizard.html*), der einen durch die Erstellung eines SPF-Datensatzes führt.

Ein Mailserver, der SPF implementiert, prüft bei einer ankommenden E-Mail, ob ein SPF-Datensatz existiert, und evaluiert diesen, wenn er vorhanden ist. Kommt es hierbei zu einem »Fail«, wird die E-Mail zurückgewiesen. Wenn kein SPF-Datensatz vorhanden ist, sollte der Mailserver die E-Mail annehmen, da nur ein sehr geringer Teil aller Domains SPF-Einträge hat. Einzelheiten zur Einbindung von SPF in E-Mail-Systeme folgen unten.

Probleme durch SPF

Wie viele Neuerungen bringt auch SPF einige Veränderungen mit sich, die dazu führen, dass einige alte Techniken nicht mehr verwendet werden können:

E-Mail-Weiterleitung
Wenn eine E-Mail von einem SMTP-Server weitergeleitet wird (etwa durch *.forward*-Dateien), schreibt der weiterleitende Server den Envelope der E-Mail nicht um. Dadurch sieht es für den empfangenden Mailserver bei aktiviertem SPF so aus, als käme die E-Mail von einem unberechtigten Mailserver. Deshalb wurde ein alternatives Weiterleitungsverfahren entwickelt, das als »Remailing« bezeichnet wird. Dort wird der Envelope-Sender beim Weiterleiten verändert. Allerdings existiert dieses Verfahren bisher nur auf dem Papier und ist noch in keinem der populären MTAs implementiert. Es gibt allerdings Pläne, das Remailing-Verfahren in den populären MTA-Produkten zu implementieren.

Mailserver von Providern
Bisher wurde Benutzern immer empfohlen, dass sie E-Mails über die Mailserver des jeweiligen Internet Service Providers (ISP) versenden sollten. Wer eine eigene Domain besitzt und diese für E-Mails benutzt, müsste dann also die Mailserver aller möglichen ISPs, über die jemals eine solche E-Mail versendet werden wird, in den SPF-Eintrag aufnehmen. Wenn die Anwender der E-Mail-Domain eine größere Gruppe sind, eventuell mit Mitarbeitern, die von zu Hause oder unterwegs arbeiten, oder der Versandweg der E-Mails aus anderen Gründen nicht immer einheitlich ist, ist dies nahezu unmöglich. Jeder Benutzer muss dann über speziell für die E-Mail-Domain bereitgestellte Mailserver seine E-Mails verschicken, was zusätzlichen Konfigurationsaufwand bedeutet und im Fall von restriktiven Netzumgebungen auch zu Problemen führen kann.

Nicht zuverlässig als Anti-Spam-Maßnahme
Derzeit haben nur sehr wenige Domains SPF-Datensätze eingetragen. Aus diesem Grund ist es für Betreiber von Mailservern nicht sinnvoll, E-Mails auf Grund von fehlenden SPF-Datensätzen zu blocken. Daher kann SPF nur als Abwehr gegen Spam mit gefälschten Absenderadressen funktionieren, und auch nur gegen solchen Spam, dessen Autor »dumm« genug war, eine falsche Absenderadresse aus einer Domain zu verwenden, die SPF einsetzt. SPF ist daher nur sehr eingeschränkt als Anti-Spam-Maßnahme zu gebrauchen.

Man sieht also, dass SPF mit einigen der heute üblichen Umgangsweisen mit E-Mail inkompatibel ist. Daher ist es zurzeit nicht klar, ob sich SPF durchsetzen wird.

Einbindung in das E-Mail-System

Es gibt zwei Ansätze, um SPF in ein E-Mail-System einzubinden. Wenn man SPF direkt in den SMTP-Server integriert, kann man eine E-Mail noch während des SMTP-Dialogs auf einen korrekten SPF-Eintrag prüfen und die E-Mail gegebenenfalls sofort ablehnen. Das hat den Vorteil, dass die E-Mail mit einer vernünftigen Fehlermeldung abgelehnt werden kann und das System gar nicht erreicht. Das bedeutet aber auch, dass E-Mails verloren gehen können, wenn die SPF-Einträge des Absenders fehlerhaft konfiguriert sind. Legt man Wert darauf, dass keine E-Mails verloren gehen, sollte man sich für eine Einbindung in den E-Mail-Client oder eine Einbindung in eine Anti-Spam-Lösung wie SpamAssassin entscheiden.

Einbindung in Postfix

Für Postfix gibt es einen in Perl implementierten SPF-Policy-Server. Der Quellcode ist über *http://spf.pobox.com/downloads.html* erhältlich. Der Code sollte als Datei */usr/libexec/postfix/smtpd-policy.pl* abgespeichert werden. Der Policy-Server wird, wie beim oben beschriebenen Greylisting-Policy-Server, in den Parameter smtpd_recipient_restrictions in der Konfigurationsdatei *main.cf* eingetragen, zum Beispiel:

```
smtpd_recipient_restrictions =
  permit_mynetworks,
  reject_unauth_destination,
  reject_non_fqdn_recipient,
  reject_unknown_recipient_domain,
  check_policy_service unix:private/policy
```

Der Eintrag check_policy_service sollte hinter dem Eintrag reject_unauth_destination stehen, sonst kann der Postfix-Server zum offenen Relay werden.

Da der SPF-Policy-Server allerdings nicht als Daemon läuft, muss er von Postfix gestartet werden. Dies wird bewerkstelligt, indem man ihn als eigenen Dienst in die Konfigurationsdatei *master.cf* einträgt:

```
policy    unix  -       n       n       -       -       spawn
  user=nobody argv=/usr/bin/perl /usr/libexec/postfix/smtpd-policy.pl
```

Dadurch wird der Policy-Server-Prozess jedes Mal gestartet, wenn Postfix auf den Dienst *policy* zugreift.

Einbindung in Exim

In Exim kann SPF-Unterstützung über eine ACL hinzugefügt werden. Diese ist mit Hilfe des Perl-Moduls Mail::SPF::Query in der Lage, SPF-Prüfungen durchzuführen. Die Datei mit der Exim-ACL und das Perl-Modul können über die Webseite *http://spf.pobox.com/downloads.html* heruntergeladen werden.

Zur Aktivierung wird die ACL in die normale Exim-Konfiguration eingebunden:

```
.include /etc/exim/spf.acl
```

Erfahrene Benutzer können diese ACL selbstverständlich an die eigenen Vorstellungen anpassen.

Zusätzlich muss der bei Mail::SPF::Query mitgelieferte Daemon spfd mit derselben Benutzerkennung wie der Exim-Server gestartet werden.

Einbindung in Sendmail

Für die Einbindung von SPF in Sendmail gibt es einen Milter, ebenfalls erhältlich über *http://spf.pobox.com/downloads.html*. Der Milter wird wie jeder Milter als Daemon-Prozess gestartet, zum Beispiel:

```
/usr/bin/perl /usr/local/bin/sendmail-milter.pl milter
```

Das letzte Argument ist der Benutzer, unter dem der Daemon laufen soll. Dieser benötigt Schreibzugriff für das Verzeichnis */var/spf-milter/*.

Der Milter wird folgendermaßen in die Sendmail-Konfigurationsdatei eingebunden:

```
define(`confMILTER_LOG_LEVEL',`9')dnl
define(`confMILTER_MACROS_HELO', `confMILTER_MACROS_HELO', `{verify}')dnl
INPUT_MAIL_FILTER(`spf-milter', `S=local:/var/spf-milter/spf-milter.sock, F=T,
T=C:4m;S:4m;R:8m;E:10m')
```

Danach muss die Sendmail-Konfiguration neu gebaut werden.

Einbindung in SpamAssassin

Wenn man SPF in eine Anti-Spam-Lösung wie SpamAssassin einbaut, werden die E-Mails nicht abgelehnt, sondern nur anders bewertet. Dadurch besteht nicht die Gefahr, E-Mails durch fehlerhaft konfigurierte SPF-Datensätze zu verlieren.

Um SPF in SpamAssassin zu verwenden, muss man nur

```
loadplugin Mail::SpamAssassin::Plugin::SPF
```

in */etc/mail/spamassassin/init.pre* (je nach Betriebssystem kann der Pfad abweichen) aktivieren. Standardmäßig sollte es bereits aktiviert sein. SPF wird in SpamAssassin durch mehrere Tests implementiert, die einer E-Mail bei bestimmten Fehlern eine geringe zusätzliche Punktzahl geben.

Sender ID

Sender ID ist eine Erweiterung von SPF, die von Microsoft zusammen mit der MARID-Arbeitsgruppe der IETF entwickelt wurde. Leider ist es während des Entwicklungsprozesses zu Unstimmigkeiten bezüglich der Lizenz von Sender ID gekommen, so dass sich Microsoft aus dem Standardisierungsprozess zurückgezogen hat. Microsoft hält allerdings weiterhin an Sender ID fest und setzt es nach eigenen Angaben sehr erfolgreich bei seinem kostenlosen Web-E-Mail-Dienst Hotmail ein. Sender ID verwendet die gleichen DNS-Einträge wie SPF, vergleicht diese aber statt mit dem Envelope-Absender mit der aus den E-Mail-Headern ermittelten vermutlichen Absenderadresse, der so genannten Purported Responsible Address (PRA). Da Sender ID allerdings patentbehaftet und mit einer sehr restriktiven Lizenz versehen ist, wird hier nicht weiter darauf eingegangen. Interessierte Leser können auf der Webseite *http://www.microsoft.com/mscorp/safety/technologies/senderid/default.mspx* weitere Informationen finden.

Yahoo Domain-Keys

Domain-Keys ist ein Verfahren, das von Yahoo entwickelt wurde, um das Problem der gefälschten Absenderadresse anzugehen. Abbildung 6-2 illustriert die Funktionsweise. Dazu wird hier auf kryptografische Methoden gesetzt. Für einen Mailserver, der Domain-Keys einsetzt, wird ein Schlüsselpaar (öffentlich/privat) generiert, der öffentliche Schlüssel wird daraufhin über den Nameserver des Mailservers veröffentlicht. Der private Schlüssel wird an alle Mailserver verteilt, die berechtigt sind, für die Domain E-Mails zu verschicken.

Wenn nun ein Benutzer eine E-Mail über einen berechtigten Mailserver versendet, berechnet dieser eine Signatur über Teile des E-Mail-Headers und schreibt diese Signatur über selbigen. Wenn dann ein Mailserver diese E-Mail empfängt, kann er mit Hilfe des öffentlichen Schlüssels die Korrektheit der Signatur prüfen und damit feststellen, ob die E-Mail einen korrekten Weg gegangen ist.

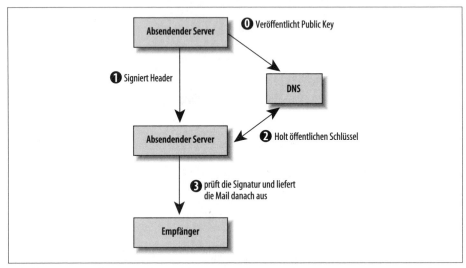

Abbildung 6-2: Funktionsweise von Yahoo Domain-Keys

Domain-Keys existiert derzeit erst als experimenteller Entwurf und wird noch nicht praktisch eingesetzt. Deshalb kann an dieser Stelle nicht auf die Einrichtung eingegangen werden. Weitere Informationen über Yahoo Domain-Keys kann man auf der Website *http://antispam.yahoo.com/domainkeys* finden.

Spam-Traps und Honey-Pots

Spam-Traps und Honey-Pots sind kein Spam-Abwehrmittel im eigentlichen Sinn. Da viele Anti-Spam-Methoden auf lernenden Verfahren beruhen, sollte man diese immer mit frischem Spam füttern, damit sie auch zuverlässig funktionieren. Zu diesem Zweck wurden Spam-Traps oder äquivalent Honey-Pots entwickelt. Diese fungieren als Fallen für Spam. Es handelt sich dabei entweder um eine spezialisierte Software oder ein Postfach in einem E-Mail-System. Diese dürfen nicht für normale E-Mails benutzt werden, sondern dienen nur dazu, Spam aufzufangen, das danach an lernende Filtersysteme übergeben werden kann. Um die Ausbeute an aufgefangenen Spam-E-Mails zu erhöhen, sollte man die E-Mail-Adressen dieser Fallen auf Websites »auslegen«, damit Spammer sie auch zuverlässig finden und ausnutzen können.

Aber auch die E-Mails in diesen Postfächern sollte man nicht blind an das Anti-Spam-System übergeben. Eine manuelle Überprüfung ist auch hier notwendig, damit man sich die Datenbanken der Systeme nicht mit Test-E-Mails oder gültigen E-Mails vergiftet und so die Erkennungsrate des Systems senkt.

KAPITEL 7
Virenscanner

Dieses Kapitel behandelt, wie Virenscanner in E-Mail-Systemen eingesetzt werden, um die Empfänger von E-Mails vor schädlichen Sendungen zu schützen. Da der Fokus dieses Buchs Open Source-Software ist, wird der führende Open Source-Virenscanner ClamAV im Detail beschrieben.

Funktionsweise

Die Aufgabe eines Virenscanners ist es herauszufinden, ob eine Datei oder ein anderer Teil eines Computersystems ein Virus enthält (zur Verwendung des Begriffs Virus siehe Kapitel 1, *Einführung*). Zusätzlich kann ein Virenscanner versuchen, das Virus zu entfernen und die Wirtsdatei wiederherzustellen, aber dies ist nicht immer möglich.

Virenscanner können diese Aufgabe auf verschiedene Weise erledigen. Die wichtigste und am häufigsten verwendete Methode ist, die verdächtige Datei mit einer Datenbank von bekannten Viren zu vergleichen. Diese Datenbanken enthalten normalerweise nicht das ganze Virus, sondern nur einen kurzen, charakteristischen Teil, eine so genannte Signatur. Alternativ können Virenscanner auch das Verhalten des Computersystems beobachten und bei verdächtiger Aktivität Alarm schlagen. Dadurch lassen sich insbesondere bisher unbekannte Viren entdecken. Beim Einsatz eines Virenscanners zur Filterung von E-Mail ist das Ziel jedoch, das Virus aufzuhalten, bevor es ein anfälliges System erreichen und infizieren kann. Daher ist die zweite Methode hier nicht anwendbar. Virenscanner müssen sich also im Großen und Ganzen auf Signaturdatenbanken stützen.

Die Einbindung von Virenscannern in ein E-Mail-System ist nicht frei von möglichen Problemen. E-Mails können durch verschiedene Mechanismen komplex kodiert werden: Anhänge, ZIP-Archive, MIME, Base64 und andere. Viele Virenscanner können auch Archive und bestimmte kodierte Formen scannen, aber nicht unbedingt alle. Deshalb muss dafür gesorgt werden, dass bei der Übergabe einer E-Mail an den Virenscanner die E-Mail so weit, wie es der Virenscanner verlangt, dekodiert ist. Dies ist eine der Hauptaufgaben der Software-Komponenten, die die Integration der Virenscanner in das E-Mail-System realisieren, die später in diesem Kapitel beschrieben werden.

Auswahlkriterien

Computerviren gibt es seit über 20 Jahren, also viel länger, als es E-Mail in signifikanter Verbreitung gibt. Die Virenscanner-Industrie ist heute kaum überschaubar, mit rund zwei Dutzend Firmen in aller Welt, oft mit jeweils mehreren Produkten, Varianten, Lizenzmodellen und Marketing-Sprüchen. Daneben gibt es seit geraumer Zeit auch im Open Source-Bereich erfolgreiche Anstrengungen, die sich mit der Herstellung von Antivirentechnologie beschäftigen. In diesem Abschnitt soll zunächst behandelt werden, wie man für sich in diesem Überangebot eine passende Lösung finden kann.

Erkennungsrate

Wenn ein Virenscanner-Produkt mehr Viren erkennt als ein anderes Virenscanner-Produkt, ist es natürlich zunächst einmal »besser«. Allerdings muss man die nackten Zahlen differenziert bewerten. Wenn ein Hersteller schon sehr viel länger im Geschäft ist als ein anderer, hat Ersterer womöglich sehr viele alte Viren in seiner Datenbank, die heute nicht mehr relevant sind. Virenscanner können auch auf verschiedene Arten eingesetzt werden. Viren, die nicht über E-Mail versendet werden, müssen auch nicht von einem Virenscanner erkannt werden, der nur für den Einsatz in E-Mail-Systemen gedacht ist. Virenscanner, die nur auf Windows-Betriebssystemen laufen, müssen keine Viren erkennen, die nur auf Macintosh-Betriebssystemen aktiv werden können. Und so weiter.

Man kann davon ausgehen, dass alle Virenscanner-Produkte, die heute am Markt sind und einigermaßen aktuell gehalten werden, vernünftig funktionieren. Detaillierte Bewertungen und Vergleiche kann man in Berichten von unabhängigen Testern finden, zum Beispiel regelmäßig in Fachzeitschriften oder auf der Website Virus Bulletin (*http://www.virusbtn.com/*). Wie sicher ein Virenscanner im konkreten Ernstfall ist, kann man nur selbst herausfinden. Wer sich trotz allem nicht sicher fühlt, der kann auch einfach mehr als ein Virenscanner-Produkt einsetzen und hat damit eine zusätzliche Absicherung.

Updates

Die Datenbanken von Virenscannern müssen laufend aktualisiert werden, da ständig neue Viren auftreten. Bei der Auswahl eines Virenscanners muss also auch beachtet werden, ob und wie diese Updates angeboten werden. Insbesondere müssen eventuelle Kosten mit einkalkuliert werden. Garantierte Reaktionszeiten kann natürlich kein Hersteller anbieten, aber man kann die Promptheit der Hersteller durch eigene Beobachtungen und Nachforschungen einschätzen lernen.

Vielseitigkeit

Obwohl es hier um den Einsatz von Virenscannern zur Filterung von E-Mails geht, gibt es weitere Einsatzbereiche. Der klassische Fall ist natürlich der Einsatz auf dem Arbeitsplatz-Computer zur Überwachung der installierten Dateien. Außerdem werden Virenscanner unter anderem zur Überwachung von HTTP- und FTP-Verkehr verwendet. Wenn mehrere dieser Einsatzfelder gewünscht sind, ist es einfacher und kostengünstiger, ein Virenscanner-Produkt auszuwählen, das alle Aufgaben erfüllen kann.

Features

Bisweilen können sich Virenscanner-Produkte auch durch zusätzliche Features unterscheiden. Zum Beispiel können nicht alle Virenscanner ein Virus aus einer Wirtsdatei entfernen, ohne diese zu beschädigen. Das Reparieren von verseuchten Dateien ist bei E-Mail-Viren normalerweise nicht nötig, da verseuchte Dateien keine »Nutzlast« enthalten. Für Virenscanner auf dem Desktop ist diese Fähigkeit aber natürlich ungleich wichtiger. Einige Virenscanner können Viren auch einfach an ungewöhnlicher Systemaktivität erkennen. Dies ist erst relevant, wenn das Virus schon im System ist, nicht wenn es per E-Mail transportiert wurde. Möchte man jedoch ein Virenscanner-Produkt an verschiedenen Stellen im Netzwerk einsetzen, ist dies ein Auswahlkriterium.

Schnittstellen

Virenscanner müssen in das E-Mail-System eingebunden werden. Dafür gibt es keine einheitliche Schnittstelle; daher muss evaluiert werden, inwiefern ein Virenscanner-Programm mit dem vorhandenen E-Mail-System zusammenarbeiten kann. Der Open Source-Virenscanner ClamAV wird von allen relevanten Programmen unterstützt, aber bei proprietären Virenscannern variiert der Grad der Unterstützung. Am Ende dieses Kapitels gibt es eine Übersicht, die zeigt, welche proprietären Virenscanner-Produkte von welcher E-Mail-Software unterstützt werden.

Fazit

Aus den obigen Ausführungen kann man schlussfolgern, dass zwischen den verschiedenen Virenscanner-Produkten kaum quantifizierbare Unterschiede bestehen, die für den Einsatz bei der E-Mail-Filterung relevant wären. Viele Hersteller proprietärer Virenscanner unterscheiden sich daher mittlerweile vornehmlich durch ergänzende Produkte, wie Spam-Erkennungssysteme, komplett vorkonfigurierte E-Mail-Filtersysteme oder andere EDV-Sicherheitslösungen. Da Leser dieses Buchs hauptsächlich am Einsatz von selbst konfigurierten Open Source-E-Mail-Systemen interessiert sein werden, wird darauf hier nicht eingegangen.

Testviren

Damit es möglich ist, Virenscanner und die mit ihnen ausgestatteten E-Mail-Systeme gefahrlos zu testen, gibt es ein spezielles Testvirus. Die meisten Virenscanner erkennen diese bestimmte Datei sowie je nach Funktionsumfang die gleiche Datei in gepackten oder kodierten Formen als Virus, obwohl die Datei harmlos ist.

Das Testvirus ist eine Datei, die aus den folgenden 68 Zeichen besteht:

```
X5O!P%@AP[4\PZX54(P^)7CC)7}$EICAR-STANDARD-ANTIVIRUS-TEST-FILE!$H+H*
```

Optional können bis zu 60 Whitespace-Zeichen (Leerzeichen, Tab, Newline, Carriage-Return, Strg-Z) angehängt werden. Diese Datei ist, um die Tarnung noch etwas perfekter zu machen, ein gültiges DOS-Programm, das bei Ausführung lediglich »EICAR-STANDARD-ANTIVIRUS-TEST-FILE!« ausgibt. Der übliche Dateiname ist *eicar.com*, aber ein Virenscanner sollte Viren unabhängig vom Dateinamen oder der Dateiendung erkennen.

Dieses Testvirus kann man sich, statt es oben abzutippen, von der Website des EICAR e.V. (European Institute for Computer Antivirus Research), *http://www.eicar.org/*, herunterladen. Wegen dieser Verbindung wird die Datei selbst als EICAR-Testvirus bezeichnet.

Ein interessanter Dienst, um das komplette E-Mail-System inklusive Virenscanner zu testen, ist *http://www.webmail.us/testvirus*. Über diese Website kann man sich eine E-Mail mit EICAR-Testvirus zusenden lassen und dann beobachten, ob das eigene E-Mail-System diese E-Mail abfängt.

ClamAV

Clam AntiVirus, kurz ClamAV, ist das einzige ausgereifte Virenscanner-Paket, das als Open Source-Software verfügbar ist. Sein hauptsächlicher Einsatzzweck ist als Virenscanner auf Mailservern. In diesem Bereich kann ClamAV in Sachen Funktionalität und Qualität mit den proprietären Angeboten mithalten. Für den Einsatz als Virenscanner auf Arbeitsplatz-Computern ist es wohl nur bedingt geeignet, da es zum Beispiel keine Viren aus Dateien entfernen kann. Es gibt nichtsdestoweniger eine Reihe von Zusatzpaketen, mit denen ClamAV auf dem Windows-Desktop, in HTTP-Proxies und anderen Situationen eingesetzt werden kann.

Schnittstellen

Die eigentliche Virenscanner-Maschinerie von ClamAV steht in einer in der Programmiersprache C geschriebenen Bibliothek, *libclamav*. Diese Bibliothek kann in beliebige Programme eingebunden werden, um Virenscanner-Funktionalität anzubieten, wodurch sich wie eben angedeutet viele Einsatzgebiete ergeben.

Zur Verwendung auf der Kommandozeilen-Ebene dient das Programm `clamscan`. Dieses Programm prüft einfach eine Datei und gibt einen Bericht aus. Der Exitcode gibt ebenfalls das Ergebnis wieder: 0 bedeutet »kein Virus gefunden«, 1 bedeutet »Virus gefunden«. Ein Beispiel:

```
# clamscan /etc/passwd
/etc/passwd: OK

----------- SCAN SUMMARY -----------
Known viruses: 33235
Engine version: 0.84rc1
Scanned directories: 0
Scanned files: 1
Infected files: 0
Data scanned: 0.00 MB
Time: 0.509 sec (0 m 0 s)
# echo $?
0
```

Ein weiteres Beispiel:

```
# clamscan eicar.com
eicar.com: Eicar-Test-Signature FOUND

----------- SCAN SUMMARY -----------
Known viruses: 33235
Engine version: 0.84rc1
Scanned directories: 0
Scanned files: 1
Infected files: 1
Data scanned: 0.00 MB
Time: 0.508 sec (0 m 0 s)
# echo $?
1
```

`clamscan` kann auch Verzeichnisse, E-Mail-Postfach-Dateien und gepackte Archive prüfen. Wenn ein Verzeichnis geprüft wird, werden Unterverzeichnisse nicht mit einbezogen. Um mit einem Aufruf einen ganzen Verzeichnisbaum rekursiv, also einschließlich Unterverzeichnissen, zu scannen, muss die Option `-r` angegeben werden, zum Beispiel:

```
clamscan -r /home
```

Da `clamscan` bei jedem Aufruf die Signaturdatenbank neu einlesen muss, kann der Overhead beim Start auf sehr beschäftigten Systemen signifikant werden. Deswegen gibt es alternativ eine Server-Variante, die im Hintergrund läuft und über ein Client-Programm abgefragt werden kann. Das Client-Programm muss keine Datenbank einlesen, sondern nur noch die Datei an den Server übergeben. Das ClamAV-Server-Programm heißt `clamd` und wird in der Regel beim Booten gestartet. Das Client-Programm heißt `clamdscan` und hat im Grunde die gleiche Schnittstelle wie `clamscan`. Hier eine Beispielausgabe:

```
# clamdscan eicar.com
//eicar.com: Eicar-Test-Signature FOUND

----------- SCAN SUMMARY -----------
Infected files: 1
Time: 0.010 sec (0 m 0 s)
# echo $?
1
```

Der Austausch von clamscan und clamdscan ist also sehr einfach. Ein wichtiger Unterschied ist, dass *clamdscan* Verzeichnisse automatisch rekursiv scannt.

Die servergestützte Variante sollte der allein stehenden Variante im normalen Betrieb vorgezogen werden, wenn dem keine außergewöhnlichen Umstände entgegenstehen. Der Geschwindigkeitsgewinn gleicht den minimalen zusätzlichen Administrationsaufwand (ein weiterer Serverprozess) wieder aus.

Signaturdatenbank

Die Signaturdatenbank von ClamAV, die übrigens aktuell über 33.000 Signaturen enthält, besteht aus zwei Dateien, normalerweise im Verzeichnis */var/lib/clamav/*:

```
# ls -l /var/lib/clamav/
total 1992
-rw-r--r--  1 clamav clamav  245611 Apr 20 20:32 daily.cvd
-rw-r--r--  1 root   root   1784802 Apr 20 20:31 main.cvd
```

Die Datei *main.cvd* enthält den Großteil der Signaturdatenbank, aktuell rund 31.000 Signaturen. Sie wird nur selten aktualisiert. Die Datei *daily.cvd* enthält Signaturen, die noch relativ neu sind. Sie sollte mit den im folgenden Abschnitt beschriebenen Methoden regelmäßig aktualisiert werden. Beide Dateien haben aber das gleiche Format. Der Grund dieser Aufteilung ist, dass *main.cvd* nicht ständig aktualisiert werden muss und man somit vermeidet, dass ständig über 1,5 MByte Daten heruntergeladen werden müssen.

Die Signaturdatenbank kann mit dem Programm sigtool analysiert werden. Mit der Option --info erhält man zum Beispiel eine Übersicht über den aktuellen Datenbankinhalt:

```
# sigtool --info /var/lib/clamav/daily.cvd
Build time: 20 Apr 2005 21-49 +0200
Version: 843
# of signatures: 2201
Functionality level: 4
Builder: arnaud
MD5: 5baa1313f78472e0a0892e6ed271603c
Digital signature: ORCNoV/j9r2zEdRRYciahITBKyVXe2EKYwYEV+WznT7rJiczOsmGBfIPOxX5/
XJwp1EbRw6HHjNWOoPScMKw5wOeVpIOJRzJC7EBiOV8isoJNuFHIBhCuqgLVQEqsCl9XUGRT3+G9TWJvtcO
qHWi8aMZO5RzxNtNpkCgyiSIJhk
Verification OK.
```

ClamAV liest in der Standardkonfiguration alle Signaturdatenbanken im Verzeichnis */var/lib/clamav/*. Es wäre also denkbar, eigene Datenbanken oder Datenbanken von Dritten zu verwenden. Öffentliche Drittanbieter von ClamAV-Signaturdatenbanken sind aber nicht bekannt.

Updates

Das ClamAV-Projekt hat ein ausgeklügeltes System aufgebaut, mit dem die Signaturdatenbank regelmäßig aktualisiert werden kann. Das Werkzeug dafür heißt FreshClam und ist im ClamAV-Paket enthalten.

Um prüfen zu können, ob Updates erforderlich sind, ist im DNS ein spezieller TXT-Record für den Hostnamen *current.cvd.clamav.net* veröffentlicht:

```
$ host -t TXT current.cvd.clamav.net
current.cvd.clamav.net  TXT     "0.83:30:843:1114028941"
```

Anhand der Antwort kann FreshClam feststellen, ob die Signaturdatenbank aktuell ist. Der Wert des DNS-Eintrags besteht aus vier Feldern, getrennt durch Doppelpunkte. Das erste Feld enthält die aktuelle Versionsnummer von ClamAV. Wenn die aktuell installierte Version älter ist, wird FreshClam eine Warnung ausgeben. Das zweite Feld enthält die Versionsnummer der Datei *main.cvd*, das dritte die Versionsnummer der Datei *daily.cvd* (siehe auch `sigtool`-Ausgabe oben). Das vierte Feld ist schließlich der Zeitstempel der letzten Aktualisierung im Unix-Epoch-Format.

Die eigentlichen Signaturdateien werden über ein weltweites Netz von knapp 100 Spiegelservern verteilt. Diese lassen sich durch ein einfach zu merkendes Hostnamen-Schema ansprechen. Im einfachsten Fall verwendet man einfach den Servernamen *database.clamav.net* oder *db.local.clamav.net*, der je nach Region einer anderen Spiegelserver-Liste entspricht. Alternativ gibt es auch Servernamen, die direkt die Region spezifizieren, zum Beispiel *db.europe.clamav.net* und *db.de.clamav.net*. Diese Hostnamen entsprechen alle wiederum mehreren IP-Adressen der eigentlichen Server, die von verschiedenen Organisationen als Beitrag zum ClamAV-Projekt gehostet werden. Dadurch, dass der jeweilige Hostname mehreren IP-Adressen entspricht, wird automatisch zufällig einer der angebotenen Server verwendet.

Mit dem Befehl `host` oder einem anderen DNS Werkzeug kann man dieses Schema erforschen:

```
$ host db.local.clamav.net
db.local.clamav.net     CNAME   db.europe.clamav.net
db.europe.clamav.net    A       213.186.33.38
db.europe.clamav.net    A       62.26.160.3
db.europe.clamav.net    A       62.133.206.90
db.europe.clamav.net    A       81.169.151.96
db.europe.clamav.net    A       147.229.3.16
```

```
            db.europe.clamav.net    A    159.149.155.69
            db.europe.clamav.net    A    194.228.2.38
            db.europe.clamav.net    A    195.70.36.141
            db.europe.clamav.net    A    195.85.130.84
            db.europe.clamav.net    A    195.95.205.245
            db.europe.clamav.net    A    195.184.96.15
            db.europe.clamav.net    A    195.214.240.53
            db.europe.clamav.net    A    212.71.0.71
            db.europe.clamav.net    A    213.184.16.3
       $ host db.europe.clamav.net
            db.europe.clamav.net    A    62.26.160.3
            db.europe.clamav.net    A    62.133.206.90
            db.europe.clamav.net    A    81.169.151.96
            db.europe.clamav.net    A    147.229.3.16
            db.europe.clamav.net    A    159.149.155.69
            db.europe.clamav.net    A    194.228.2.38
            db.europe.clamav.net    A    195.70.36.141
            db.europe.clamav.net    A    195.85.130.84
            db.europe.clamav.net    A    195.95.205.245
            db.europe.clamav.net    A    195.184.96.15
            db.europe.clamav.net    A    195.214.240.53
            db.europe.clamav.net    A    212.71.0.71
            db.europe.clamav.net    A    213.184.16.3
            db.europe.clamav.net    A    213.186.33.38
       $ host db.de.clamav.net
            db.de.clamav.net        A    62.26.160.3
            db.de.clamav.net        A    62.112.154.203
            db.de.clamav.net        A    81.169.151.96
            db.de.clamav.net        A    141.28.73.8
            db.de.clamav.net        A    212.162.12.159
            db.de.clamav.net        A    213.203.254.4
            db.de.clamav.net        A    217.110.63.228
```

Mit diesen Details muss man sich aber im praktischen Einsatz nicht beschäftigen. Es wird empfohlen, den Namen eines lokalen Spiegels zu verwenden und *database. clamav.net* zur Absicherung als zweite Alternative anzugeben (siehe Abschnitt »Konfiguration« unten).

Der Zugriff auf die Signaturdateien erfolgt über HTTP. Zugriffe auf Port 80 auf anderen Rechnern dürfen also nicht durch Firewalls oder Ähnliches verhindert werden.

 Wenn viele lokale Rechner häufig Updates ziehen, ist es effizienter, einen lokalen Spiegelserver einzurichten. Alternativ könnte man die Updates über einen eigenen HTTP-Proxy laden. Die Signaturdatenbankdateien würden dann automatisch im Proxy gecacht werden.

Um die Signaturdatenbank zu aktualisieren, kann man ganz einfach das Programm freshclam von Hand aufrufen:

```
# freshclam
ClamAV update process started at Sat Apr 23 10:59:09 2005
main.cvd is up to date (version: 30, sigs: 31086, f-level: 4, builder: tkojm)
Downloading daily.cvd [*]
daily.cvd updated (version: 849, sigs: 2361, f-level: 4, builder: ccordes)
Database updated (33447 signatures) from db.local.clamav.net (IP: 62.26.160.3)
Clamd successfully notified about the update.
```

Zur Automatisierung dieses Prozesses kann man diesen Befehl einfach in einen Cronjob eintragen. Updates sollten zumindest täglich erfolgen, wenn man genug Bandbreite hat, auch bis zu viermal pro Stunde.

Das Programm freshclam kann auch als Daemon gestartet werden. Dies wird mit der Option -d angegeben. Die Option -c bestimmt, wie oft pro Tag ein Update versucht werden soll. Folgender Aufruf würde zum Beispiel stündliche Updates verlangen:

```
freshclam -d -c 24
```

Die Wahl zwischen Cronjob und Daemon ist Geschmackssache. Vorgefertigte Pakete haben in der Regel eine der beiden Methoden vorkonfiguriert.

Die Signaturdateien kann man im Notfall auch von Hand herunterladen. Die URLs sind einfach *http://database.clamav.net/main.cvd* und *http://database.clamav.net/daily.cvd*.

Wenn FreshClam so konfiguriert ist, dass es die Aktualität der Signaturdatenbank über DNS prüft, sind bis zu vier Aufrufe pro Stunde sinnvoll. Ist die DNS-Prüfung ausgeschaltet, wird bei jedem Aufruf von FreshClam auf einen der Spiegelserver zugegriffen, um die Zeit der letzten Änderung der Dateien zu prüfen. In dem Fall sollte man FreshClam maximal einmal pro Stunde aufrufen. Versuche, FreshClam häufiger auszuführen, werden als Missbrauch angesehen und können dazu führen, dass man von den ClamAV-Spiegelservern ausgesperrt wird.

Konfiguration

Der ClamAV-Server hat eine Konfigurationsdatei in */etc/clamav/clamd.conf*; das Freshclam-Programm hat eine Konfigurationdatei in */etc/clamav/freshclam.conf*. Beide Dateien verwenden das gleiche Format und müssen, insbesondere bei den Pfaden zur Signaturdatenbank, aufeinander abgestimmt sein.

Die Konfigurationsdateien bestehen einfach aus Optionsnamen, jeweils optional gefolgt von Argumenten, getrennt durch Leerzeichen. Kommentare und leere Zeilen sind erlaubt.

Hier ist eine vollständige *clamd.conf* mit den wichtigeren Optionen:

```
# Log-Datei
LogFile /var/log/clamav/clamav.log

# Keine Maximalgröße für Log-Datei
LogFileMaxSize 0

# Zeit mit jedem Eintrag loggen
LogTime

# PID-Datei
PidFile /var/run/clamav/clamd.pid

# Verzeichnis für Signaturdatenbank
DatabaseDirectory /var/lib/clamav

# Unix-Domain-Socket
LocalSocket /var/run/clamav/clamd.ctl

# Alte Socket-Dateien beim Neustart entfernen
FixStaleSocket

# Länge der Verbindungswarteschlange
MaxConnectionQueueLength 15

# Maximale Anzahl paralleler Threads
MaxThreads 12

# Timeout für Daten vom Client
ReadTimeout 180

# Nicht mehr als 15 Verzeichnisse tief scannen
MaxDirectoryRecursion 15

# Interne Selbstprüfung alle 3600s
SelfCheck 3600

# Als Benutzer clamav laufen
User clamav

# Zusätzliche Gruppen initialisieren
AllowSupplementaryGroups

# Windows-Programme ("Portable Executable") scannen
ScanPE

# Kaputte Programme als "Virus" Broken.Executable markieren
DetectBrokenExecutables

# Microsoft-Office-Dateien auf Makroviren scannen
ScanOLE2
```

```
# HTML-Erkennung einschalten
ScanHTML

# E-Mail-Dateien scannen
ScanMail

# Archive (gepackte Dateien) scannen
ScanArchive

# Archivdateien über 10 MByte nicht scannen
ArchiveMaxFileSize 10M

# Nicht mehr als 5 geschachtelte Archive auspacken
ArchiveMaxRecursion 5

# Nicht mehr als 1000 Dateien auspacken
ArchiveMaxFiles 1000

# Archive mit höherem Kompressionsverhältnis als Virus markieren
ArchiveMaxCompressionRatio 250

# Verschlüsselte Archive als Virus markieren (fragwürdig!)
ArchiveBlockEncrypted

# Archive als Virus markieren, wenn ArchiveMaxFiles, ArchiveMaxFileSize oder
# ArchiveMaxRecursion überschritten werden
ArchiveBlockMax
```

Die Einstellung der Pfade muss eventuell an die Betriebssystemumgebung angepasst werden. Hier wird in eine Datei geloggt, aber mit LogSyslog ist auch die Verwendung des Syslog-Diensts möglich. Mit MaxConnectionQueueLength und MaxThreads kann der Durchsatz des Virenscanners eingegrenzt werden, um die Last des Gesamtsystems zu kontrollieren. Die Scan-Optionen sollten beim Einsatz in E-Mail-Systemen alle eingeschaltet sein. Die Archive-Optionen sollen zunächst unnötige Arbeiten verhindern, da sehr große Archive selten Viren enthalten. (Dies wäre der massenhaften Ausbreitung hinderlich.) Zusätzlich verhindern sie so genannte Archivbomben, die beim Auspacken auf ein Vielfaches ihrer Größe anwachsen und damit das System überfüllen. Mit den hier nicht gezeigten Optionen TCPAddr und TCPSocket kann clamd auch über TCP/IP erreichbar gemacht werden statt nur über Unix-Domain-Sockets. Eine vollständige Liste aller möglichen Konfigurationsoptionen findet man in der Manpage *clamd.conf(5)*.

Hier ist eine *freshclam.conf*-Datei mit den wichtigsten Optionen:

```
# Als clamav laufen, wenn als root gestartet
DatabaseOwner clamav

# Zusätzliche Gruppen initialisieren
AllowSupplementaryGroups

# Verzeichnis für Signaturdatenbank
```

```
DatabaseDirectory /var/lib/clamav/

# 24-mal pro Tag auf neue Datenbank prüfen
Checks 24

# Log-Datei
UpdateLogFile /var/log/clamav/freshclam.log

# Schaltet Versionsprüfung per DNS ein (siehe oben)
DNSDatabaseInfo current.cvd.clamav.net

# Datenbank-Spiegelserver
DatabaseMirror db.de.clamav.net
DatabaseMirror database.clamav.net

# 5 Versuche pro Spiegelserver, danach wird der nächste probiert
MaxAttempts 5

# Keine Maximalgröße für Log-Dateien
LogFileMaxSize 0

# Clamd nach Update informieren
NotifyClamd
```

Auch hier ist LogSyslog möglich, um die Log-Ausgabe an den Syslog-Dienst zu senden. Eine vollständige Liste aller möglichen Konfigurationsoptionen findet man in der Manpage *freshclam.conf(5)*.

Um Änderungen in den Konfigurationsdateien zu aktivieren, müssen die Dienste neu gestartet werden. Auf einem Debian GNU/Linux-System kann man dies beispielsweise auch durch

```
/etc/init.d/clamav-daemon force-reload
```

beziehungsweise

```
/etc/init.d/clamav-freshclam force-reload
```

erreichen. Auf anderen Systemen mit derartigen Startskripten funktioniert es ähnlich.

Einbindung in das E-Mail-System

In diesem Abschnitt wird beschrieben, wie ClamAV in das E-Mail-System eingebunden werden kann. Einige dieser Ausführungen gelten ganz allgemein für alle Virenscanner, sind also auch für Leser interessant, die ClamAV nicht einsetzen wollen.

Allgemeine Überlegungen

Der traditionelle Einsatzbereich eines Virenscanners ist auf einem Desktop-Computer als Hintergrundprozess, der regelmäßig alle Dateien und andere Speicherbereiche des Computers überprüft. Oft schalten sich solche Virenscanner auch in verschiedene Programme ein und verhindern zum Beispiel, dass man eine infizierte Datei im Webbrowser herunterladen kann.

Viren, die über E-Mail verschickt werden, werden hauptsächlich verbreitet durch Sicherheitslücken in den verwendeten E-Mail-Programmen oder durch Bedienfehler oder die Unvorsichtigkeit der Anwender. Das Ziel eines E-Mail-Virenfilters muss es daher sein zu verhindern, dass eine infizierte E-Mail das Computersystem des Empfängers überhaupt erreicht. Virenscanner-Systeme, die erst auf dem Computersystem des Empfängers aktiv werden, sind daher nicht tauglich. (Trotzdem ist ein Virenscanner auf jedem Arbeitsplatz-Computer natürlich sinnvoll.) Die Einbindung des Virenscanners in das E-Mail-System muss also auf dem Mailserver geschehen.

Einbindung in Postfix

Postfix selbst hat keine Schnittstelle, um Virenscanner direkt aufzurufen. Stattdessen wird sehr häufig das Programm Amavisd-new verwendet, das in Postfix als Content-Filter eingebunden wird und seinerseits Virenscanner wie ClamAV aufruft. ClamAV ist in Amavisd-new schon vorkonfiguriert und wird automatisch verwendet, wenn es installiert ist. Bevorzugt wird die Server-Variante verwendet, aber die allein stehende Variante dient automatisch als Alternative, wenn zum Beispiel der Server ausgefallen ist.

Wenn ClamAV oder ein anderer Virenscanner ein Virus gefunden hat, kann die E-Mail verworfen oder in einem Quarantänebereich abgelegt werden, für den Fall, dass die Virenscanner einen Fehler gemacht haben.

Ausführliche Informationen zu Amavisd-new folgen in Kapitel 8, *AMaViS*.

Alternativ kann auch MailScanner verwendet werden, das eine ähnliche Funktionalität wie Amavisd-new bietet; siehe Kapitel 9, *MailScanner*.

Einbindung in Exim

In Exim können Virenscanner direkt über das Content-Scanning-Feature aus einer ACL heraus aufgerufen werden. (Vor Exim 4.50 war Content-Scanning nur als zusätzlicher Patch unter dem Namen Exiscan erhältlich.)

Zuerst muss ClamAV als Virenscanner ausgewählt werden. Dazu wird folgende Zeile in den ersten Abschnitt der Konfigurationsdatei eingefügt:

```
av_scanner = clamd:/var/run/clamav/clam.ctl
```

Dann kann das Virenscannen mit folgender ACL-Anweisung in der DATA-ACL ausgeführt werden:

```
deny message = This message contains malware ($malware_name)
     demime = *
     malware = */defer_ok
```

Eine E-Mail mit einem Virus würde bei dieser Konfiguration mit der angegebenen Fehlermeldung abgelehnt.

Detaillierte Informationen über Exim, ACL und Content-Scanning finden sich in Kapitel 3, *Spam- und Virenabwehr mit Postfix, Exim und Sendmail*.

Alternativ kann das Virenscannen wie bei Postfix auch über ein externes Programm wie Amavisd-new oder MailScanner ausgeführt werden.

Einbindung in Sendmail

Wenn Sendmail als MTA verwendet wird, kann ClamAV über einen Milter aufgerufen werden, der mit ClamAV mitgeliefert wird. Milter sind Programme, die von Sendmail über eine spezielle Schnittstelle zur Filterung von E-Mail aufgerufen werden.

Der ClamAV-Milter läuft als Serverprozess, muss also vor Inbetriebnahme gestartet werden. Wenn ein fertiges Paket verwendet wird, geschieht dies automatisch beim Booten oder über ein Startskript (zum Beispiel */etc/init.d/clamav-milter* auf Debian GNU/Linux). Von Hand kann man ihn folgendermaßen starten:

```
/usr/sbin/clamav-milter --max-children=12 local:/var/run/clamav/clamav-milter.ctl
```

Die Angabe für --max-children sollte mit der Angabe für MaxThreads in *clamd.conf* übereinstimmen. Das letzte Argument ist der Pfad zur Socket-Datei, über die Sendmail mit dem ClamAV-Milter kommuniziert. Der Pfad kann frei gewählt werden, aber er muss mit dem in der Sendmail-Konfigurationsdatei angegebenen übereinstimmen (siehe unten).

Wenn der ClamAV-Milter ein Virus findet, wird die E-Mail mit einer Fehlermeldung abgelehnt. Über Kommandozeilen-Optionen kann jedoch bestimmt werden, wie der ClamAV-Milter bei erkannten Viren weiter verfährt. Die wichtigsten Möglichkeiten sind:

-A, --advisory
: Eine als Virus erkannte E-Mail wird nur markiert (X-Virus-Status: clean/infected/not-scanned) und weitergesendet. Dies ist zum Testen nützlich.

-b, --bounce
: Eine als Virus erkannte E-Mail wird abgelehnt, und eine Fehlermeldung wird an den Absender und den Postmaster gesendet. Da der Absender wahrscheinlich gefälscht ist, wird diese Einstellung nicht empfohlen.

-l, --local
: Diese Option sorgt dafür, dass auch E-Mails aus dem lokalen Netz geprüft werden. Dies ist zu empfehlen, wenn sich Windows-Installationen im eigenen Netz befinden.

-N, --noreject
: Eine als Virus erkannte E-Mail wird zum Schein angenommen und verworfen.

`-P, --postmaster-only`

> Bei einem erkannten Virus wird eine Meldung an den Postmaster gesendet, zusätzlich zu anderen Aktionen.

`-Q, --quarantine=`*adresse*

> Eine als Virus erkannte E-Mail wird an die angegebene E-Mail-Adresse zur Quarantäne gesendet.

`-U, --quarantine-dir=`*verzeichnis*

> Eine als Virus erkannte E-Mail wird im angegebenen Verzeichnis zur Quarantäne gespeichert. Das Verzeichnis darf nicht öffentlich lesbar oder schreibbar sein.

`-W, --whitelist-file=`*datei*

> Eine E-Mail, die an eine der in der angegebenen Datei gelisteten Adressen gesendet wird, wird nicht überprüft.

 Kapitel 8, *AMaViS* enthält einige Hinweise zum Umgang mit einer Virenquarantäne.

Nachdem der Milter konfiguriert ist, wird die folgende Zeile in die Sendmail-Konfigurationsdatei eingefügt:

```
INPUT_MAIL_FILTER(`clamav', `S=local:/var/run/clamav/clamav-milter.ctl, F=T')
```

Danach muss die Sendmail-Konfiguration wie üblich neu gebaut werden.

Weitere Informationen zur Sendmail-Konfiguration und zum Thema Milter finden sich in Kapitel 3, *Spam- und Virenabwehr mit Postfix, Exim und Sendmail*.

Alternativ kann ClamAV auch aus MIMEDefang aufgerufen werden. MIMEDefang ist ein komplexeres System zur Filterung von E-Mail in Zusammenarbeit mit Sendmail. Weitere Informationen zu MIMEDefang gibt es in Kapitel 10, *MIMEDefang*.

Einbindung in Procmail

Es ist auch möglich, ClamAV über Procmail aufzurufen. Folgende Procmail-Regeln zum Beispiel sorgen dafür, dass infizierte E-Mails in das Postfach virus statt in das normale Postfach gelegt werden:

```
:0ci: /tmp/clamscan.lock
| clamscan --stdout --mbox -
/dev/null


:0e:
virus
```

Sinnvolle Alternativen wären zum Beispiel */dev/null* als Zielpostfach oder die Angabe

```
:0e
! virusadmin@mydomain.com
```

womit infizierte E-Mails an die angegebene Adresse in Quarantäne geschickt werden.

Diese Lösungen sind aber nicht hundertprozentig verlässlich, weil ClamAV nicht alle E-Mail-Kodierungen versteht und daher möglicherweise einige infizierte E-Mails nicht erkennt. Daher wurden von verschiedenen Stellen kleine Wrapper-Skripten entwickelt, die die nötige Dekodierung der E-Mail vornehmen, bevor sie die E-Mail an ClamAV übergeben. Eine Liste dieser Wrapper-Skripten kann man auf der Webseite *http://www.clamav.net/3rdparty.html#mua* finden. Beispielhaft soll hier ClamAssassin (*http://drivel.com/clamassassin/*) erwähnt sein, das eine Schnittstelle ähnlich dem Programm `spamassassin` bietet. Eine einfache Procmail-Regel für ClamAssassin sieht so aus:

```
:0fw
| /usr/local/bin/clamassassin

:0
* ^X-Virus-Status: Yes
virus
```

Der Header `X-Virus-Status` wird von ClamAssassin hinzugefügt.

Die Einbindung von ClamAV in Procmail ist allerdings für den Normalbetrieb nicht zu empfehlen. Die Einbindung in den MTA ist effizienter, einfacher zu administrieren und weniger fehleranfällig.

Proprietäre Virenscanner

Obwohl es in diesem Buch um Open Source-Software geht, kann nicht vernachlässigt werden, dass in der Praxis beim Virenscannen sehr oft proprietäre Produkte eingesetzt werden. Dies hat mehrere Gründe. Erstens sind Open Source-Virenscanner noch relativ neu und unbekannt im Vergleich zu anderen Open Source-Projekten, die die Teile eines E-Mail-Systems bilden. Zweitens sind viele Anwender verunsichert angesichts eines kostenlosen Produkts ohne kommerzielle Unterstützung. (Es gibt jedoch sehr wohl kommerzielle Unterstützung für ClamAV.) Und drittens sind in vielen Organisationen schon bestimmte proprietäre Virenscanner-Produkte in anderen Bereichen etabliert, etwa auf den Arbeitsplatzrechnern, und es erscheint dann sinnvoll, das gleiche Produkt weiter zu verwenden. Open Source-Software im E-Mail-Bereich hat daher häufig auch Schnittstellen zu proprietären Virenscanner-Produkten.

Angesichts dieser Tatsachen sollen hier kurz einige proprietäre Virenscanner-Produkte erwähnt werden, die in Verbindung mit Open Source-Software eingesetzt werden können. Das heißt, sie können auf Open Source-Betriebssystemen laufen und in Open Source-E-Mail-Filter-Produkte eingebunden werden.

AntiVir
Hersteller: H+BEDV Datentechnik GmbH (Deutschland)
Deutsche Website: *http://www.antivir.de/*
Dieses Produkt wird unterstützt von Amavisd-new und MailScanner. Außerdem bietet der Hersteller einen Milter für Sendmail an.

Authentium ESP Antivirus
Hersteller: Authentium, Inc. (USA)
Englische Website: *http://www.authentium.com/*
Dieses Produkt wird unterstützt von Amavisd-new.

AVG Anti Virus
Hersteller: Grisoft Inc. (USA)
Deutsche Website: *http://www.grisoft.de/*
Dieses Produkt wird unterstützt von Amavisd-new.

BitDefender
Hersteller: SOFTWIN (Rumänien)
Deutsche Website: *http://www.bitdefender.de/*
Dieses Produkt wird unterstützt von Amavisd-new. Außerdem bietet der Hersteller einen SMTP-Proxy, eine Variante, die als Content-Filter in Postfix eingesetzt werden kann, sowie eine Variante, die direkt mit Sendmail integriert werden kann.

Dr. Web Virusscan
Hersteller: DrWeb (Russland)
Deutsche Website: *http://www.drweb-online.com/de/index.asp*
Dieses Produkt wird unterstützt von Amavisd-new und Exim.

eTrust Antivirus
Hersteller: Computer Associates (USA)
Deutsche Website: *http://ca.com/de/products/etrust/*
Dieses Produkt wird unterstützt von Amavisd-new und MailScanner.

F-Prot Antivirus
Hersteller: FRISK Software International (Island)
Englische Website: *http://www.f-prot.com/*
Dieses Produkt wird unterstützt von Amavisd-new und MailScanner. Außerdem ist die Verwendung als Content-Scanner in Postfix möglich, und ein Milter für Sendmail wird angeboten.

F-Secure Anti-Virus
Hersteller: F-Secure Corporation (Finnland)
Deutsche Website: *http://www.f-secure.de/*
Dieses Produkt wird unterstützt von Amavisd-new, Exim und MailScanner.

Ikarus Antivirus
: Hersteller: Ikarus Software GmbH (Österreich)

    Deutsche Website: *http://www.ikarus-software.at/*

    Dieses Produkt wird unterstützt von Amavisd-new.

Kapersky Anti-Virus
: Hersteller: Kaspersky Labs (Russland)

    Deutsche Website: *http://www.kaspersky.com/de/*

    Dieses Produkt wird unterstützt von Amavisd-new, Exim und MailScanner. Außerdem bietet der Hersteller einen SMTP-Proxy an.

McAfee VirusScan
: Hersteller: Networks Associates Technology, Inc. (USA)

    Deutsche Website: *http://www.mcafee.com/de/*

    Dieses Produkt wird unterstützt von Amavisd-new und MailScanner.

mks_vir
: Hersteller: MKS Sp. z o.o. (Polen)

    Englische Website: *http://english.mks.com.pl/*

    Dieses Produkt wird unterstützt von Amavisd-new und Exim.

NOD32 Antivirus System
: Hersteller: Eset Software (USA)

    Deutsche Website: *http://www.nod32.de/*

    Dieses Produkt wird unterstützt von Amavisd-new. Außerdem bietet der Hersteller einen SMTP-Proxy an.

Norman Virus Control
: Hersteller: Norman ASA (Norwegen)

    Deutsche Website: *http://www.norman.com/de*

    Dieses Produkt wird unterstützt von Amavisd-new.

Panda Antivirus
: Hersteller: Panda Software, S.L. (Spanien)

    Englische Website: *http://www.pandasoftware.com/*

    Dieses Produkt wird unterstützt von Amavisd-new und MailScanner.

Sophos Anti-Virus
: Hersteller: Sophos Plc (Großbritannien)

    Deutsche Website: *http://www.sophos.de/*

    Dieses Produkt wird unterstützt von Amavisd-new, Exim und MailScanner. Dabei wird das Open Source-Programm Sophie als zusätzliches Bindeglied verwendet.

Symantec AntiVirus
    Hersteller: Symantec Corporation (USA)
    Deutsche Website: *http://www.symantec.com/region/de/*
    Dieses Produkt wird unterstützt von Amavisd-new.

Trend Micro
    Hersteller: Trend Micro Incorporated (Japan)
    Deutsche Website: *http://de.trendmicro-europe.com/*
    Dieses Produkt wid unterstützt von Amavisd-new und MailScanner. Dabei wird das Open Source-Programm Trophie also zusätzliches Bindeglied verwendet.

Vexira Antivirus
    Hersteller: Central Command, Inc. (USA)
    Englische Website: *http://www.centralcommand.com/*
    Dieses Produkt wird unterstützt von Amavisd-new. Außerdem bietet der Hersteller Varianten für Postfix, Exim und Sendmail sowie einen SMTP-Proxy an.

VFind Security ToolKit
    Hersteller: CyberSoft, Inc. (USA)
    Englische Website: *http://www.cybersoft.com/*
    Dieses Produkt wird unterstützt von Amavisd-new.

VirusBuster
    Hersteller: VírusBuster Kft. (Ungarn)
    Englische Website: *http://www.virusbuster.hu/en/*
    Dieses Produkt wird unterstützt von Amavisd-new. Außerdem bietet der Hersteller einen Milter für Sendmail an.

Abschließend sei noch einmal gesagt, dass der Open Source-Virenscanner ClamAV für den Einsatz in Mailservern hervorragend geeignet ist. Er bietet sehr gute Erkennungsraten, zügige Updates, einfache Integration in alle Software-Komponenten, umfangreiche Konfigurationsmöglichkeiten und hat eine große Anwendergemeinde, die sich auf ihn verlässt. Leistungsfähige E-Mail-Filtersysteme, die vollständig aus Open Source-Software bestehen, sind also möglich.

KAPITEL 8
AMaViS

AMaViS steht für »A Mail Virus Scanner«. Es ist allerdings kein Virenscanner, sondern eine Software, die dazu dient, Virenscanner in Mailserver einzubinden. Neuere AMaViS-Varianten können auch SpamAssassin und andere Anti-Spam-Software einbinden. AMaViS kann daher als komplettes E-Mail-Filter-Framework verstanden werden. Dieses Kapitel beschreibt die Funktionsweise von AMaViS, die Einbindung in den MTA und die Konfigurationsmöglichkeiten. Weitere E-Mail-Filter-Frameworks, die ähnliche Funktionalität wie AMaViS bieten, werden in den folgenden Kapiteln behandelt.

Wie AMaViS arbeitet

Computerviren gab es schon, bevor E-Mail eine nennenswerte Verbreitung erreicht hatte. Ebenso gab es schon Antivirenprogramme, bevor es E-Mail-Viren gab. Als wirksamen Schutz vor E-Mail-Viren waren diese Programme allerdings ungeeignet, denn E-Mail-Viren nutzen in der Regel Schwachstellen der E-Mail-Clients oder die Unerfahrenheit der Anwender aus und sollten daher abgefangen werden, bevor sie überhaupt das System des Empfängers erreichen. Am effektivsten sind Virenscanner also, wenn sie schon auf dem Mailserver ausgeführt werden.

Bei der Integration von Virenscannern in MTA gibt es einige Probleme. Virenscanner arbeiten primär auf Dateiebene: Sie scannen eine Datei und stellen fest, ob ein Virus enthalten ist. E-Mails liegen auf dem Mailserver aber nicht als Datei vor, sondern nur im Speicher und in internen Spool-Dateien. Außerdem können E-Mails durch verschiedene Mechanismen komplex kodiert werden: Anhänge, ZIP-Archive, MIME, Base64 und weitere. Zwar können moderne Virenscanner oft auch Archive und bestimmte kodierte Formen scannen, aber nicht unbedingt alle. Und es wäre insbesondere beim Einsatz von mehreren Virenscannern effizienter, wenn die Dekodierung nur einmal geschehen müsste. Außerdem gibt es dutzende Virenscanner-Produkte und auch mehrere MTA-Produkte, aber keine normierte Schnittstelle zwischen beiden Welten. Die primäre Aufgabe von AMaViS ist es, diese Brücke zu schlagen.

AMaViS erhält eine E-Mail vom MTA über eine standardisierte Schnittstelle, entweder über eine Pipe oder über SMTP. Dann zerlegt AMaViS die E-Mail in ihre MIME-Bestandteile, dekodiert den Inhalt und entpackt eventuelle Archive. Diese Einzelteile, die nun in Dateiform auf der Festplatte vorliegen, werden dann von den eingestellten Virenscannern überprüft. Falls ein Virus gefunden wird, kann AMaViS nun je nach Konfiguration die E-Mail verwerfen, einen Fehler an den MTA melden oder eine Benachrichtigung versenden. Ist kein Virus gefunden worden, wird die E-Mail weitergesendet. Dazu wird sie über SMTP an einen zweiten MTA weitergereicht, der die E-Mail dann normal an die Empfänger ausliefern kann.

Wenn die E-Mail schon einmal dekodiert und ausgepackt ist, dann bietet es sich auch an, gleich diverse andere Prüfungen mit der nun im Klartext vorliegenden E-Mail durchzuführen. Neuere AMaViS-Versionen erlauben es zum Beispiel, E-Mail-Anhänge mit bestimmten Dateitypen abzulehnen. Sie können auch die komplette Spam-Erkennung unter Zuhilfenahme von SpamAssassin abwickeln. Unter einigen Anhängern von AMaViS ist diese Erweiterung der Kompetenzen zwar umstritten, in der Praxis hat sich der Einsatz von AMaViS (oder auch der in den folgenden Kapiteln besprochenen Alternativen) als Bindeglied zwischen allen an der E-Mail-Filterung beteiligten Software-Komponenten jedoch als nützlich erwiesen.

AMaViS-Zweige

Die ursprüngliche AMaViS-Software wurde mehrfach in verschiedenen Varianten reimplementiert und unabhängig weiterentwickelt, wobei die Namen der Pakete nur leicht oder gar nicht verändert worden sind. Wer also nur nach »AMaViS« sucht, kann leicht die Übersicht verlieren. In diesem Abschnitt werden diese verschiedenen Entwicklungszweige vorgestellt. Die aktuellste und mächtigste AMaViS-Variante, die sich mittlerweile als Standard etabliert hat, wird dann im Rest dieses Kapitels im Detail besprochen.

amavis

Die ursprüngliche Version von AMaViS entstand um 1997 und wurde zuletzt im Jahr 2000 aktualisiert (Version 0.2.1). Das ursprüngliche AMaViS diente ausschließlich der Einbindung von Virenscannern in den Mailserver. Es war als Shell-Skript mit einigen in C geschriebenen Hilfsprogrammen implementiert und wurde ähnlich wie zum Beispiel Procmail als Delivery- oder Transport-Programm in die Mailserver-Konfiguration eingebunden. Dieser ursprüngliche AMaViS-Entwicklungszweig ist eingestellt und sollte nicht mehr verwendet werden.

amavis-perl

amavis-perl ist eine Reimplementierung des ursprünglichen AMaViS-Pakets in Perl und wurde erstmals im Jahr 2000 veröffentlicht. Es kann als legitimer Nachfolger des ursprünglichen AMaViS gelten und führt auch dessen Changelog und Versionsnummern fort. (Die Pakete heißen in der Tat auch amavis. Der Name amavis-perl wird nur zur Unterscheidung verwendet.) Die aktuell stabile Version ist 0.3.12 aus dem Jahr 2003. Die Einbindung in den Mailserver funktioniert hier ebenfalls als Delivery- oder Transport-Programm. Es gibt aber auch komplexere Möglichkeiten, zum Beispiel die Einbindung als Content-Filter in Postfix. Der Entwicklungszweig amavis-perl ist theoretisch noch aktiv, die Software hat aber im Vergleich zu späteren AMaViS-Varianten erhebliche Funktionsdefizite und wird hier nicht zum Einsatz empfohlen.

amavisd

amavisd ist eine Server-Variante von amavis-perl. Die Implementierung begann im Jahr 2001. Sie wird ebenfalls vom erweiterten ursprünglichen Entwicklerteam gepflegt. Um einen Teil des erheblichen Start-Overheads des amavis-Perl-Skripts zu sparen, wird der eigentliche Scan-Vorgang von einem ständig im Hintergrund laufenden Server, amavisd, übernommen. Das dazugehörige Client-Programm wird in den Mailserver eingebunden und leitet lediglich die zu prüfende E-Mail an den amavisd-Server weiter. Das Client-Programm hat den gleichen Namen und die gleiche externe Schnittstelle wie bei amavis-perl; die Integration in den Mailserver funktioniert daher identisch.

Das erste und bisher letzte offizielle Release von amavisd (0.1) gab es im Jahr 2003. Die Zukunft des Projekts ist wie bei amavis-perl unklar, und auch hier gilt, dass andere AMaViS-Varianten besseren Funktionsumfang bieten.

amavis-ng

amavis-ng ist die selbst ernannte »Next Generation« von amavis und entstand etwa 2002. Dieses Paket ist eine unabhängige Reimplementierung von amavis-perl und amavisd und ist ebenfalls in Perl geschrieben. Die Ziele dieses Projekts waren, die interne Architektur modularer zu gestalten und bei der Konfiguration und der Einbindung in den Mailserver mehr Flexibilität zu ermöglichen. So kann amavis-ng als Delivery-Programm, als Server oder als Content-Filter eingesetzt werden oder gar in Exim direkt im eingebetteten Perl-Interpreter laufen. Die Konfiguration erfolgt bei amavis-ng erstmals komplett über eine Konfigurationsdatei zur Laufzeit, im Gegensatz zu den bisherigen Implementierungen, bei denen die Konfiguration größtenteils schon bei der Installation festgelegt werden musste.

amavis-ng hat eine gewisse Verbreitung erreicht, wird von den Projektbetreuern aber als »tot« eingestuft. Es gab zwar bis zuletzt regelmäßige Minor Releases, die Zukunft des Projekts ist angesichts solcher Aussagen allerdings zweifelhaft.

amavisd-new

amavisd-new entstand 2002 als unabhängige Weiterentwicklung von amavisd (Aussage des Autors: »finally a version which I can recommend to friends«). Es läuft ausschließlich als Server und wird als Content-Filter in den Mailserver eingebunden. Neben zahlreichen Verbesserungen bei der Performance, Stabilität und Konfigurierbarkeit bricht amavisd-new als erstes Mitglied der AMaViS-Familie aus der strikten Ausrichtung auf das Virenscannen aus und bietet zusätzlich die Integration von anderen Filterprogrammen wie SpamAssassin. Durch die Integration von Virenscannern und SpamAssassin kann amavisd-new fast das komplette heute übliche Spektrum an E-Mail-Filterung unter einem gemeinsamen Dach bedienen. In der Tat können die MTA beim Einsatz von amavisd-new von E-Mail-Filterungsaufgaben weitestgehend entbunden werden.

amavisd-new ist zurzeit die leistungsfähigste und am besten gepflegte AMaViS-Variante und wird aus diesem Grund im Folgenden im Detail besprochen. Der Einfachheit halber steht »AMaViS« im Folgenden für die Variante amavisd-new. Das aktuelle Release zum Zeitpunkt des Schreibens hat die Version 2.2.1.

Einbindung in das E-Mail-System

In diesem Abschnitt wird beschrieben, wie AMaViS in die verschiedenen MTA eingebunden werden kann. Da die Konfigurationssprachen der MTA bei speziellen Anforderungen eine sehr große Flexibilität erlauben, kann hier nur jeweils eine einfache Konfiguration beschrieben werden, die für die meisten Fälle jedoch geeignet ist.

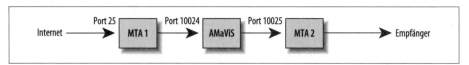

Abbildung 8-1: Fluss einer E-Mail durch ein MTA/AMaViS-System

Abbildung 8-1 zeigt den Fluss einer E-Mail durch ein MTA/AMaViS-System. Die E-Mail wird von einer ersten MTA-Instanz aus dem Internet über den normalen SMTP-Port 25 angenommen. Diese Instanz nimmt jetzt die Prüfungen vor, die ein MTA normalerweise durchführt, zum Beispiel ob die Empfängeradresse zu diesem Mailserver gehört. Dann wird die E-Mail ebenfalls über SMTP an den AMaViS-Server auf Port 10024 gesendet. AMaViS prüft nun die E-Mail nach den eingestellten Kriterien, ruft also meist Virenscanner und SpamAssassin auf. Wenn die E-Mail verworfen werden soll, ist die Verarbeitung hier beendet. Wenn die E-Mail aber ausgeliefert werden soll, wird sie über SMTP an eine zweite MTA-Instanz auf Port 10025 gesendet. Diese MTA-Instanz wird die E-Mail nun wie ein normaler MTA ausliefern, entweder in lokale Postfächer oder an den nächsten zuständigen Mailserver. Die Portnummern 10024 und 10025 sind hier willkürlich gewählt, haben sich aber in diesen Systemen als Standard etabliert. Alle drei Subsysteme laufen in den meisten Fällen auf demselben Rechner.

Die Konfiguration eines MTA/AMaViS-Systems besteht also aus drei Schritten:

1. AMaViS konfigurieren
2. die Verbindung vom MTA zu AMaViS konfigurieren
3. die Verbindung von AMaViS zum MTA konfigurieren

AMaViS ist in der Standardkonfiguration bereits fertig voreingestellt. Um dies zu testen, startet man den AMaViS-Server und baut eine Verbindung auf Port 10024 auf:

```
$ telnet localhost 10024
Trying 127.0.0.1...
Connected to localhost.localdomain.
Escape character is '^]'.
220 [127.0.0.1] ESMTP amavisd-new service ready
QUIT
221 2.0.0 [127.0.0.1] (amavisd) closing transmission channel
Connection closed by foreign host.
```

Wenn es hierbei Probleme gibt, sollte man in der Konfigurationsdatei prüfen, ob folgende drei Einstellungen vorhanden sind:

```
$inet_socket_port = 10024;
$inet_socket_bind = '127.0.0.1';
@inet_acl = qw( 127.0.0.1 );
```

Diese Einstellungen bestimmen den Port, die IP-Adresse, an die gebunden wird, und die IP-Adressen, von denen Verbindungen angenommen werden sollen. Einzelheiten folgen später in diesem Kapitel.

Die Konfiguration der Verbindung vom MTA zu AMaViS und zurück hängt vom MTA ab und wird im Folgenden beschrieben.

Postfix

Obwohl AMaViS mit verschiedenen MTA zusammenarbeiten kann, ist die Kombination mit Postfix die vom AMaViS-Entwicklerteam am besten getestete. In der Postfix-Terminologie läuft AMaViS als »Content Filter« oder in Postfix-Versionen ab Version 2.1 genauer gesagt als »After-Queue Content Filter«. Diese Content-Filter sind beliebige Programme, die SMTP sprechen und E-Mails nach eigenem Gutdünken filtern, umschreiben oder löschen können.

Obwohl eine E-Mail – wie in Abbildung 8-1 gezeigt – zwei logische MTA-Instanzen durchläuft, werden diese Instanzen vom selben Postfix-Server betrieben. Der tatsächliche Ablauf sieht daher eher wie in Abbildung 8-2 aus. Insbesondere teilen sich beide Instanzen einen Queue-Bereich und können über dieselben Dateien und Kommandos konfiguriert und administriert werden.

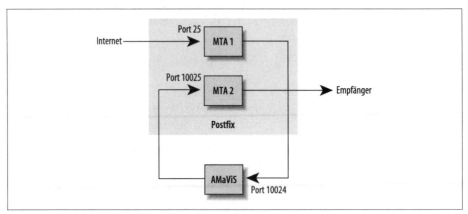

Abbildung 8-2: Fluss einer E-Mail durch ein Postfix/AMaViS-System

Zuerst konfiguriert man die Verbindung von Postfix zu AMaViS. Dazu bearbeitet man die Konfigurationsdatei */etc/postfix/master.cf* und fügt folgende Zeilen ans Ende an:

```
smtp-amavis unix -        -       y/n     -       2  smtp
    -o smtp_data_done_timeout=1200
    -o smtp_send_xforward_command=yes
    -o disable_dns_lookups=yes
```

Statt y/n sollte entweder y oder n geschrieben werden, abhängig davon, ob der Postfix-Server in einer Chroot-Umgebung läuft oder nicht. Wenn Postfix in einer Chroot-Umgebung läuft, steht in dieser Spalte in allen Zeilen von *master.cf* ein y, ansonsten ein n. Den gleichen Buchstaben, den die anderen Einträge verwenden, verwendet man auch hier.

Die gezeigten Konfigurationszeilen definieren einen ausgehenden SMTP-Dienst (in Postfix vom Programm *smtp* implementiert) unter dem Namen smtp-amavis. Dieser Name wird später verwendet, um E-Mails zum Zweck der Filterung an AMaViS umzuleiten. Die Optionen -o legen bestimmte Konfigurationseinstellungen fest, die nur für diesen Dienst gelten sollen. Wichtig sind diese Einstellungen nicht, sie dienen nur der Optimierung, weil man zum Beispiel für die lokale Auslieferung keine DNS-Anfragen benötigt.

Als Nächstes wird die Verbindung von AMaViS zurück zu Postfix konfiguriert. Dazu werden diese Zeilen ebenfalls an die Datei */etc/postfix/master.cf* angefügt (die relative Reihenfolge ist egal):

```
127.0.0.1:10025 inet n  -       y/n     -       -  smtpd
    -o content_filter=
    -o local_recipient_maps=
```

```
        -o relay_recipient_maps=
        -o smtpd_restriction_classes=
        -o smtpd_client_restrictions=
        -o smtpd_helo_restrictions=
        -o smtpd_sender_restrictions=
        -o smtpd_recipient_restrictions=permit_mynetworks,reject
        -o mynetworks=127.0.0.0/8
        -o strict_rfc821_envelopes=yes
        -o smtpd_error_sleep_time=0
        -o smtpd_soft_error_limit=1001
        -o smtpd_hard_error_limit=1000
        -o smtpd_client_connection_count_limit=0
        -o smtpd_client_connection_rate_limit=0
        -o receive_override_options=no_header_body_checks
```

Auch hier sollte man bei y/n die passende Wahl treffen.

Diese Zeilen definieren einen eingehenden SMTP-Dienst (in Postfix vom Programm *smtpd* implementiert), der auf der IP-Adresse 127.0.0.1 auf Port 10025 läuft. Dies ist die oben beschriebene zweite Postfix-Instanz. Die Einstellung -o content_filter= sorgt hierbei dafür, dass dieser Server *keinen* Content-Filter verwendet, da an dieser Stelle ja bereits ein Content-Filter, nämlich AMaViS, durchlaufen wurde und sonst eine unendliche Schleife entstünde. Die anderen Einstellungen sind wieder optional und schalten diverse Prüfungen ab, die schon von der ersten Postfix-Instanz durchgeführt wurden.

Anschließend kann man den Postfix-Server mit dem Befehl `postfix reload` die Konfiguration neu laden lassen und die zweite Instanz testen:

```
$ telnet localhost 10025
Trying 127.0.0.1...
Connected to localhost.localdomain.
Escape character is '^]'.
220 mail.example.net ESMTP Postfix (Debian/GNU)
QUIT
221 Bye
Connection closed by foreign host.
```

Falls es hierbei Probleme geben sollte, prüft man am besten die Postfix-Log-Dateien, ob es eventuell Probleme bei der Konfiguration gegeben hat.

Nun fehlt noch, dass die erste Postfix-Instanz ihre E-Mails zur Filterung an AMaViS weiterleitet. Bevor das System sozusagen scharf geschaltet wird, sollte man noch einen Blick auf die AMaViS-Konfiguration werfen, um zu überprüfen, ob das eingestellte Verhalten den eigenen Vorstellungen entspricht. Als letzten Test kann man auch eine E-Mail direkt an den AMaViS-Server senden und prüfen, ob sie korrekt ausgeliefert wird. Hier ein Beispiel für eine solche SMTP-Sitzung:

```
$ telnet 127.0.0.1 10024
Trying 127.0.0.1...
Connected to 127.0.0.1.
Escape character is '^]'.
220 [127.0.0.1] ESMTP amavisd-new service ready
```

```
MAIL FROM:<test@example.com>
250 2.1.0 Sender test@example.com OK
RCPT TO:<postmaster>
250 2.1.5 Recipient postmaster OK
DATA
354 End data with <CR><LF>.<CR><LF>
Subject: test1

test1
.
*** 250 2.6.0 Ok, id=31859-01, from MTA: 250 Ok: queued as 90B7F16F
QUIT
```

Die E-Mail sollte anschließend in der Mailbox des Empfängers zu finden sein.

Denkbar wären an dieser Stelle auch Tests mit Viren- oder Spam-Exemplaren. Beispiele dazu finden sich in Kapitel 4, *SpamAssassin* und Kapitel 7, *Virenscanner*.

Um schließlich alle E-Mails an den AMaViS-Server umzuleiten, wird folgende Zeile in die Konfigurationsdatei */etc/postfix/main.cf* eingefügt:

```
content_filter = smtp-amavis:[127.0.0.1]:10024
```

Anschließend muss die Postfix-Konfiguration mit `postfix reload` neu geladen werden.

Wenn es jemals Probleme mit AMaViS geben sollte, kommentiert man einfach diese letzte Zeile aus und umgeht AMaViS damit vorübergehend.

Sind Postfix und AMaViS so konfiguriert, dass sie Log-Meldungen an Syslog senden (was in der Voreinstellung der Fall ist), kann man nun in */var/log/mail* oder */var/log/mail.info* (je nach Betriebssystem) verfolgen, wie die E-Mails Postfix, AMaViS und noch mal Postfix durchlaufen. Beim Einsatz von Log-Analyse-Werkzeugen ist zu beachten, dass jede E-Mail von Postfix zweimal gesehen wird und daher die in der Statistik gezeigte E-Mail-Zahl halbiert werden muss.

Exim

Der Fluss einer E-Mail durch ein Exim/AMaViS-System ist vom Konzept her identisch mit dem soeben für Postfix beschriebenen Setup. Insbesondere werden auch bei Exim die beiden logischen MTA-Instanzen vom selben Server betrieben, wie in Abbildung 8-2 illustriert.

Um ein Exim/AMaViS-System zu konfigurieren, wird zunächst Port 10025 in Exim freigeschaltet. Dazu wird folgende Zeile in den allgemeinen Konfigurationsabschnitt (am Anfang der Konfigurationsdatei) eingefügt beziehungsweise eine bestehende Zeile entsprechend geändert:

```
local_interfaces = 0.0.0.0.25 : 127.0.0.1.10025
```

Wenn man sichergestellt hat, dass die AMaViS-Konfiguration den eigenen Vorstellungen entspricht, kann man nun die Exim-Konfiguration neu laden lassen, wie oben beschrieben eine Test-E-Mail direkt an den AMaViS-Server auf Port 10024 senden und schauen, ob sie zugestellt oder gefiltert wird. Eine E-Mail, die normal an Exim gesendet wird, ist zu diesem Zeitpunkt noch nicht betroffen.

Nun konfiguriert man die Verbindung von Exim zu AMaViS. Dazu bearbeitet man die Exim-Konfigurationsdatei und fügt im Abschnitt routers folgenden Block als ersten Router ein:

```
amavis:
        driver = manualroute
        condition = "${if eq {$interface_port}{10025} {0}{1}}"
        domains = +local_domains
        transport = amavis
        route_list = "* localhost byname"
        self = send
```

Dieser Abschnitt besagt, dass alle E-Mails außer denen, die über Port 10025 hereinkamen und damit schon von AMaViS verarbeitet worden sind, an den Transport namens amavis übergeben werden sollen. Die Reihenfolge der Router ist wichtig, und durch Variieren der Reihenfolge lassen sich verschiedene spezielle Konfigurationen realisieren. Wenn zum Beispiel nur eingehende E-Mails gefiltert werden sollen, kann der Router amavis hinter den Router remote_smtp gesetzt werden.

Sollte es jemals Probleme mit AMaViS geben, kann man den obigen Block auskommentieren und damit AMaViS umgehen.

Schließlich wird der Transport amavis eingerichtet. Dazu wird in den Abschnitt transports folgender Block eingefügt:

```
amavis:
        driver = smtp
        port = 10024
        allow_localhost
```

Der oben definierte Router ordnet E-Mails, die von AMaViS gefiltert werden sollen, diesem Transport zu. Die Definition des Transports besagt, dass die E-Mails per SMTP an Port 10024 gesendet werden.

Anschließend lädt man die Exim-Konfiguration neu, und AMaViS ist somit aktiv.

Sendmail

Dieser Abschnitt beschreibt das so genannte Dual-Sendmail-Setup, das das in Abbildung 8-1 gezeigte Prinzip realisiert. Alternativ gibt es auch das so genannte Sendmail/Milter-Setup, das aber nur eingeschränkte Funktionalität bietet und in diesem Buch nicht behandelt wird. Die Einrichtung des Dual-Sendmail-Setup ist relativ aufwendig und wird nur denjenigen Anwendern empfohlen, die schon einige Erfahrung mit Sendmail haben. Einsteiger sollten zuerst die Einrichtung mit Postfix oder Exim versuchen.

Die AMaViS-Dokumentation bezeichnet die erste MTA-Instanz als Sendmail-RX (»receiving«) und die zweite Instanz als Sendmail-TX (»transmitting«). Die vorhandene Sendmail-Installation wird zur TX-Instanz umfunktioniert, und die RX-Instanz muss neu aufgesetzt werden. Dazu werden getrennte Konfigurationsdateien und ein neuer Spool-Bereich eingerichtet.

Für die TX-Instanz werden die folgenden Pfade verwendet. Sie entsprechen den Pfaden einer einfachen Sendmail-Installation.

- Queue-Verzeichnis: */var/spool/mqueue*
- Konfigurationsdatei: */etc/mail/sendmail.cf*
- Quelle der Konfigurationsdateien: *sendmail-tx.mc*

Für die RX-Instanz werden die folgenden Pfade vorgeschlagen.

- Queue-Verzeichnis: */var/spool/mqueue-rx*
- Konfigurationsdatei: */etc/mail/sendmail-rx.cf*, */etc/mail/submit.cf*
- Quelle der Konfigurationsdateien: *sendmail-rx.mc*

Wenn bereits eine Sendmail-Installation vorhanden ist, kann die Konfiguration größtenteils übernommen werden. Die Konfigurationseinstellungen, die sich auf das Annehmen von E-Mail beziehen, insbesondere Ressourceneinstellungen, verschiebt man nach *sendmail-rx.mc*. Die Einstellungen, die sich auf das Ausliefern von E-Mail beziehen, verschiebt man nach *sendmail-tx.mc*. Allgemeine Einstellungen kopiert man in beide Dateien.

Nun muss ein neuer Queue-Bereich für die RX-Instanz angelegt werden. Dazu verwendet man folgende Befehle als root:

```
mkdir /var/spool/mqueue-rx
chown root:wheel /var/spool/mqueue-rx
chmod 700 /var/spool/mqueue-rx
```

Der Eigentümer und die Zugriffsrechte sollten mit dem TX-Queue-Bereich in */var/spool/mqueue* übereinstimmen.

Jetzt werden die Konfigurationsdateien angepasst. Die Datei *sendmail-rx.mc* kontrolliert die Annahme von E-Mail aus dem Internet. Die relevanten Einstellungen können aus der bisherigen Sendmail-Konfiguration übernommen werden. Dazu gehört beispielsweise, welche Domains akzeptiert werden, sowie Client-Authentifizierung, Ressourcenlimits und Milter-Einstellungen. Schließlich wird folgender Block angehängt. Die Bedeutung der einzelnen Einstellungen kann man der Sendmail- oder der AMaViS-Dokumentation entnehmen.

```
define(`confRUN_AS_USER',`smmsp:smmsp')dnl   je nach Betriebssystem

define(`confPID_FILE', `/var/run/sendmail-rx.pid')dnl
define(`STATUS_FILE', `/etc/mail/stat-rx')dnl
define(`QUEUE_DIR', `/var/spool/mqueue-rx')dnl
define(`confQUEUE_SORT_ORDER',`Modification')dnl   oder `Random'

QUEUE_GROUP(`mqueue', `P=/var/spool/mqueue-rx, R=2, F=f')dnl

FEATURE(stickyhost)dnl
```

```
define(`MAIL_HUB', `esmtp:[127.0.0.1]')dnl
define(`SMART_HOST',`esmtp:[127.0.0.1]')dnl

define(`confDELIVERY_MODE',`q')dnl
define(`ESMTP_MAILER_ARGS',`TCP $h 10024')dnl
MODIFY_MAILER_FLAGS(`ESMTP',`+z')dnl
define(`SMTP_MAILER_MAXMSGS',`10')dnl
define(`confTO_DATAFINAL',`20m')dnl
DAEMON_OPTIONS(`Name=MTA-RX')dnl

undefine(`ALIAS_FILE')dnl
define(`confFORWARD_PATH')dnl
undefine(`UUCP_RELAY')dnl
undefine(`BITNET_RELAY')dnl
undefine(`DECNET_RELAY')dnl

MAILER(smtp)
```

In der Zeile QUEUE_GROUP sollte die Anzahl der Queue-Runner (R=) mit dem Wert der Variablen $max_servers in der AMaViS-Konfiguration übereinstimmen.

Die Datei *sendmail-tx.mc* kontrolliert die Auslieferung von E-Mail. Auch dazu können die relevanten Einstellungen aus der bisherigen Sendmail-Konfiguration übernommen werden. Dazu gehören unter anderem die benötigten Mailer, Aliase und Queue-Einstellungen, nicht jedoch Ressourcenlimits. Die zusätzliche Konfiguration ist nun noch:

```
FEATURE(`no_default_msa')dnl
DAEMON_OPTIONS(`Addr=127.0.0.1, Port=10025, Name=MTA-TX')dnl
define(`confSMTP_LOGIN_MSG', `$w.tx.$m Sendmail $v/$Z; $b')dnl
define(`confTO_IDENT', `0')dnl

MAILER(smtp)
MAILER(local)
```

Jetzt kann man mit m4 die eigentlichen Konfigurationsdateien erzeugen:

```
# m4 /usr/share/sendmail/cf/m4/cf.m4 sendmail-rx.mc >/etc/mail/sendmail-rx.cf
# m4 /usr/share/sendmail/cf/m4/cf.m4 sendmail-tx.mc >/etc/mail/sendmail.cf
```

Anschließend können beide Sendmail-Instanzen gestartet werden:

```
# /usr/sbin/sendmail -C /etc/mail/sendmail-rx.cf -L sm-mta-rx -bd -qp
# /usr/sbin/sendmail                             -L sm-mta-tx -bd -q15m
```

Mit telnet kann man zum Beispiel nun testen, ob SMTP-Verbindungen auf Port 25 und 10025 möglich sind.

Wenn Sendmail beim Booten automatisch gestartet wird, sollte man das entsprechende Skript anpassen, damit automatisch beide Sendmail-Instanzen gestartet und gestoppt werden.

Bei allen Sendmail-Befehlen, die mit der RX-Instanz arbeiten sollen, muss die Konfigurationsdatei explizit angegeben werden, zum Beispiel:

```
mailq -C /etc/mail/sendmail-rx.cf
sendmail -C /etc/mail/sendmail-rx.cf
```

Diese Sendmail-Konfiguration ist zweifellos sehr aufwendig und fehleranfällig. Sehr viel einfacher geht es zum Beispiel mit Postfix und Exim, wie in den vorangegangenen Abschnitten beschrieben wurde.

Konfiguration

Die Konfiguration von AMaViS erfolgt primär über die Konfigurationsdatei *amavisd.conf*, die normalerweise in */etc/amavis/* liegt. Zusätzliche externe Dateien können verwendet werden, um den Text von diversen Benachrichtigungs-E-Mails einzustellen. Diese liegen abhängig vom Betriebssystem entweder ebenfalls unter */etc/amavis/*, unter */usr/share/amavis/* oder unter */usr/local/share/amavis/*. Weitere Konfigurationsdaten können in SQL- oder LDAP-Datenbanken abgelegt werden.

Im Folgenden werden die wichtigsten und interessantesten Konfigurationsoptionen besprochen, insbesondere jene, die ein Administrator vor dem ersten Start anpassen oder zumindest überdenken sollte. Eine vollständige Liste aller Konfigurationsvariablen und -möglichkeiten kann man in der kommentierten Beispielkonfigurationsdatei *amavisd.conf-sample* in der AMaViS-Distribution finden. Die Reihenfolge, in der die Konfigurationsoptionen unten besprochen werden, entspricht in etwa der Reihenfolge in der Beispielkonfigurationsdatei.

Perl-Schnellstart

Die Konfigurationsdatei *amavisd.conf* wird als normales Perl-Skript gelesen. Als Konfigurationssyntax steht somit die gesamte Perl-Sprache zur Verfügung. Es ist zwar normalerweise nicht nötig, in Perl programmieren zu können, da die meisten Konfigurationseinstellungen einfache Variablenzuweisungen sind, es kann aber in komplexeren Setups durchaus von Nutzen sein. Anwender, die von dieser Möglichkeit Gebrauch machen wollen, müssen beachten, dass AMaViS sowohl als »tainted« als auch als »strict« läuft. Das heißt unter anderem, dass alle neuen Variablen deklariert und Daten aus externen Quellen ent-»taint«-et werden müssen. Wenn in diesen Bereichen Fehler gemacht werden, erscheint beim Start des AMaViS-Servers oft ein Perl-Compiler-Fehler.

Für Leser, die sich mit Perl nicht auskennen, seien hier die wichtigsten Syntaxregeln und Idiome, die bei der Konfiguration von AMaViS zur Anwendung kommen, vorgestellt. Um die Funktionalität von AMaViS voll ausnutzen zu können, ist ein detaillierteres Studium der Perl-Syntax und der Funktionsweise von verschachtelten Datenstrukturen jedoch sehr zu empfehlen. Aushilfsweise kann man sich auch an die vielen Beispiele halten und setzt dort nur die eigenen Werte ein.

Alle Befehle in Perl können über mehrere Zeilen gehen und enden mit einem Semikolon. Kommentare fangen mit # an und gehen bis zum Ende der Zeile. Die meisten Konfigurationseinstellungen in AMaViS sind Variablenzuweisungen irgendeiner Art. Die Namen einfacher Variablen, so genannter Scalars, fangen mit $ an. Die Namen von Arrays (mit numerischem Index) beginnen mit @, die Namen von assoziativen Arrays (mit Strings als Index), so genannten Hashes, mit %. Der Zuweisungsoperator ist =. Werte für Scalars sind entweder Zahlen, Strings (gequotet mit " oder ') oder Ausdrücke. Einige Beispiele:

```
# Scalar-Variable mit Zahl als Wert
$log_level = 0;

# Scalar-Variable mit String als Wert
$SYSLOG_LEVEL = 'mail.debug';

# "undef" ist ein Sonderwert, der für "nichts" steht.
$LOGFILE = undef;

# Arithmetischer Ausdruck
$child_timeout = 8*60;

# In mit " gequoteten Strings werden Variablen eingesetzt, in mit ' gequoteten
# Strings dagegen nicht.
$MYHOME   = '/var/amavis';
$pid_file = "$MYHOME/amavisd.pid";

# Sonderzeichen müssen in mit " gequoteten Strings escapt werden.
$virus_admin = "virusalert\@$mydomain";

# Funktionsaufruf
$notify_sender_templ = read_text("$MYHOME/notify_sender.txt");
```

In vielen Einstellungen wird ein Feature durch Angabe eines logischen Werts ein- oder ausgeschaltet. In Perl sind alle Werte logisch wahr mit Ausnahme von 0, "0", leeren Strings und undef. Der Einfachheit halber wird für »wahr« oft die Zahl 1 angegeben.

Werte von Arrays und Hashes werden aus einfachen Ausdrücken aufgebaut. Auch hier einige erklärende Beispiele:

```
# Array mit drei String-Werten
@inet_acl = ('127/8', '10/8', '172.16/12', '192.168/16');

# Alternative Schreibweise mit Leerzeichen als Trennung
@inet_acl = qw( 127/8 10/8 172.16/12 192.168/16 );

# Eckige Klammern ergeben eine Array-Referenz. Die Scalar-Variable fungiert
# als eine Art Pointer auf das Array.
$uncompress = ['uncompress', 'gzip -d', 'zcat'];
```

Funktionsprinzipien

AMaViS erkennt vier verschiedene Arten unerwünschter E-Mails:

Ungültige Header
Ungültige Header (bad headers) sind E-Mail-Header, die nicht den Standards entsprechend kodiert sind. AMaViS erkennt diese durch eingebaute Prüfungen.

Die Prüfung auf ungültige Header ist in der Praxis relativ unnötig, weil sie gleichermaßen Spam und legitime E-Mail von mangelhaft konfigurierten E-Mail-Programmen identifiziert. Sie sollte daher nicht eingeschaltet werden.

Verbotene Dateien
Verbotene Dateien (banned files) sind E-Mail-Anhänge mit unerwünschten Dateitypen. Welche Dateitypen verboten sind, wird in der AMaViS-Konfiguration eingestellt.

Man sollte diese Funktionalität als eine Art handgesteuerten Virenscanner sehen, wenn man weiß, dass bestimmte Dateitypen oft Ärger machen und normalerweise nicht über E-Mail verschickt werden müssen (zum Beispiel vorgebliche Bildschirmschonerprogramme). Das Durchsetzen von Arbeitsplatzbestimmungen oder Ähnlichem (Beispiel: Anwender dürfen keine MP3-Dateien versenden) ist zwar auch möglich, ist aber nicht das Ziel dieser Implementierung und ließe sich von findigen Anwendern auch leicht umgehen.

Viren
Viren werden durch externe Virenscanner-Programme erkannt. Virenscanner müssen getrennt installiert und in AMaViS konfiguriert werden. Eine Vielzahl von Virenscannern ist bereits vorkonfiguriert; diese werden automatisch verwendet, wenn sie beim Start des AMaViS-Servers gefunden werden.

Spam
Spam wird durch das Programm SpamAssassin analysiert. Dazu ermittelt SpamAssassin eine Punktzahl, die anzeigt, wie wahrscheinlich eine E-Mail Spam ist. SpamAssassin wird in Kapitel 4, *SpamAssassin* im Detail besprochen.

Diese vier Prüfungen werden in dieser Reihenfolge durchlaufen. Alle vier Prüfungen können auch mehr oder weniger getrennt konfiguriert werden. In einigen Fällen ist diese Trennung aber nur unscharf. Insbesondere werden aus historischen Gründen das Virenscannen und das Erkennen verbotener Dateien teilweise durch die gleichen Einstellungen konfiguriert.

Allgemeine Einstellungen

Die ersten Einstellungen bestimmen einige Pfadangaben und den Ressourcenverbrauch. Man sollte diese Einstellungen vor dem ersten Start an das eigene System anpassen.

$MYHOME
Diese Variable setzt das Wurzelverzeichnis für verschiedene Pfadangaben. Speziell ist dies das Arbeitsverzeichnis, in dem zu prüfende E-Mails ausgepackt

werden. Außerdem werden in diesem Verzeichnis die Bayes-Datenbank von SpamAssassin und AMaViS-interne Datenbanken angelegt. Dieses Verzeichnis sollte daher auf einer Partition liegen, die ausreichend Platz hat und auf einer schnellen Festplatte liegt. Für maximale Performance kann man dieses Verzeichnis und das Spool-Verzeichnis des Mailservers (zum Beispiel */var/spool/postfix*) auf verschiedene Festplatten legen.

Die Voreinstellung ist */var/amavis*, für Linux-Systeme passt aber */var/lib/amavis* besser in die Dateisystemhierarchie. Dieses Verzeichnis muss angelegt werden, bevor der AMaViS-Server gestartet werden kann. Außerdem muss dem mit $daemon_user ausgewählten Benutzer Schreibzugriff auf dieses Verzeichnis gewährt werden. Bei Binärpaketen passiert beides automatisch.

$mydomain
: In dieser Variablen wird die eigene E-Mail-Domain eingestellt. In Wahrheit setzt diese Variable lediglich die Voreinstellung für verschiedene andere Einstellungen, insbesondere @local_domains_maps und Administrator-E-Mail-Adressen (siehe unten). Wenn die Mailserver-Installation nur eine Domain betreut, stellt man diese hier ein, ansonsten kann man hier seine »Hauptdomain« angeben.

$daemon_user
$daemon_group
: Diese Variablen bestimmen, unter welchem Benutzer und unter welcher Gruppe der AMaViS-Server laufen soll. Wie alle Server sollte auch der AMaViS-Server nicht als root laufen, sondern unter einem eigenen Benutzer. Typischerweise verwendet man hier amavis als Benutzer- und als Gruppenname. Der gewählte Benutzer muss bei einer manuellen Installation von Hand angelegt werden; bei Binärpaketen geschieht dies automatisch.

$max_servers
: Diese Variable ist der wichtigste Performance-Tuning-Parameter in AMaViS. Sie bestimmt, wie viele Serverprozesse der AMaViS-Server vorrätig hält. Jeder Serverprozess kann eine E-Mail gleichzeitig bearbeiten. Der Wert dieser Variablen sollte daher mit derjenigen Einstellung im MTA übereinstimmen, die festlegt, wie viele E-Mails parallel angenommen oder an AMaViS ausgeliefert werden. Ein sinnvoller Ausgangswert sind zwei oder drei Serverprozesse pro CPU. Danach sollte man im laufenden Betrieb die CPU-Last und den Speicherverbrauch überwachen. Wenn der Speicher auf der Maschine ausgeht oder die Load-Average pro CPU dauerhaft größer als 2 oder 3 ist, sollte man die Einstellung reduzieren. Ist die Maschine jedoch noch nicht ausgelastet, kann man die Einstellung erhöhen, aber ab 10 sind keine merkbaren Verbesserungen mehr zu erwarten.

@local_domains_maps
: Diese Einstellung bestimmt, welche Domains lokal sind. Dadurch wird festgestellt, welche E-Mails eingehend und welche ausgehend sind. Einige Konfigurationseinstellungen und Features unterscheiden zwischen eingehenden und

ausgehenden E-Mails, zum Beispiel Virenbenachrichtigungen. In der Voreinstellung ist $mydomain als lokal gelistet. Wenn man mehrere Domains betreut, trägt man diese hier ein. Zur Syntax siehe Abschnitt »Lookup-Maps« unten.

$insert_received_line

Wenn diese Variable logisch wahr ist, fügt AMaViS wie ein MTA einen Received-Header in jede E-Mail ein, zum Beispiel einen wie diesen:

```
Received: from mail.example.net ([127.0.0.1])
    by localhost (mail.example.net [127.0.0.1]) (amavisd-new, port 10024)
    with ESMTP id 10684-10 for <peter@example.net>;
    Fri, 18 Feb 2005 23:48:23 +0100 (CET)
```

Dies ist durchaus sinnvoll, damit der Lauf der E-Mail genau protokolliert wird. Wer seine AMaViS-Instanz allerdings verstecken will, kann dies ausschalten.

$X_HEADER_TAG
$X_HEADER_LINE

Mit diesen Einstellungen kann ein zusätzlicher Header in jede E-Mail eingefügt werden, um anzuzeigen, dass die E-Mail auf Viren gescannt wurde. Die Voreinstellung ist:

```
$X_HEADER_TAG = 'X-Virus-Scanned';
$X_HEADER_LINE = "$myproduct_name at $mydomain";
```

Daraus ergibt sich zum Beispiel folgender Header:

```
X-Virus-Scanned: by amavisd-new at example.net
```

Auch diese Einstellungen dienen der Protokollierung und Überwachung, können aber ohne Probleme abgeschaltet werden, indem die Variablen auf undef gesetzt werden.

$inet_socket_port

Diese Variable bestimmt, auf welchem TCP-Port der AMaViS-Server SMTP-Verbindungen für zu filternde E-Mail annimmt. In den meisten Situationen sollte diese Einstellung

```
$inet_socket_port = 10024;
```

sein, in Abstimmung mit der Konfiguration des MTA (siehe oben). In einigen Situationen kann es sinnvoll sein, AMaViS für mehrere Ports zu konfigurieren, zum Beispiel um verschiedene Konfigurationen für verschiedene Clients zu verwenden (siehe Abschnitt »Policy-Banks«). In dem Fall enthält diese Variable eine Referenz auf ein Array mit den Portnummern, zum Beispiel:

```
$inet_socket_port = [10024, 10026, 10028];
```

$inet_socket_bind

Diese Variable bestimmt, auf welche IP-Adresse sich der AMaViS-Server bindet. Die Voreinstellung ist '127.0.0.1', wodurch nur Verbindungen vom lokalen Rechner ermöglicht werden. In den meisten Fällen laufen MTA und AMaViS auf demselben Rechner, und diese Einstellung ist ausreichend und sinnvoll. Wenn AMaViS nicht auf demselben Rechner wie der MTA läuft, wird hier entweder die IP-Adresse des entsprechenden externen Netzwerk-Interface eingetragen oder undef, um auf alle Interfaces zu binden.

AMaViS ist nicht dafür vorgesehen, auf einem für jedermann zugänglichen Port zu laufen. Es hat keine besonderen Schutzmechanismen für Angriffe aus dem Internet, wie MTA sie normalerweise haben. Daher sollte man, wenn man AMaViS überhaupt für externe Verbindungen freischalten muss, mit Hilfe dieser und der nächsten Einstellung sowie Firewall-Regeln größtmöglichen Schutz einrichten.

`@inet_acl`
: Diese Variable bestimmt, von welchen IP-Adressen AMaViS Verbindungen akzeptiert. Dies unterscheidet sich von `$inet_socket_bind` dadurch, dass Letzteres die »Sichtbarkeit« des AMaViS-Servers einschränkt, wohingegen diese Variable nur relevant wird, wenn vom Kernel bereits eine TCP/IP-Verbindung aufgebaut worden ist. Die Voreinstellung ist:

```
@inet_acl = qw( 127.0.0.1 ::1 );
```

Soll AMaViS Verbindungen von einem MTA auf einem anderen Rechner annehmen, muss diese Variable sowie `$inet_socket_bind` entsprechend angepasst werden.

`$DO_SYSLOG`
: Wenn diese Variable logisch wahr ist, wird über den Syslog-Dienst geloggt, ansonsten in eine Datei. Die Verwendung von Syslog ist zu empfehlen.

`$log_level`
: Diese Variable bestimmt, wie viele Details in den Log geschrieben werden. Sinnvolle Werte gehen von 0 (sehr wenig, nur Fehler) bis 5 (sehr viel, einschließlich Debug-Meldungen). Die Voreinstellung ist 0, die beste Balance bietet jedoch die Einstellung 2. Damit wird unter anderem für jede verarbeitete E-Mail eine Zeile mit dem Erkennungsergebnis (Spam/Virus/sauber) in den Log geschrieben, was die Überwachung des E-Mail-Verkehrs erleichtert. Log-Analysewerkzeuge benötigen ebenfalls diese Informationen, um Statistiken über den E-Mail-Durchsatz zu erstellen (siehe zum Beispiel Abschnitt »Statistiken mit Amavis-stats« unten).

Verhalten

Die interessantesten Einstellungen in AMaViS sind die, die bestimmen, wie mit gescannten E-Mails im Detail verfahren wird. Hier kann man einstellen, ob unerwünschte E-Mails verworfen werden, nur markiert werden, ob Benachrichtigungen versendet werden und mehr.

`$final_bad_header_destiny`
`$final_banned_destiny`
`$final_virus_destiny`
`$final_spam_destiny`
: Diese Einstellungen bestimmen, was mit einer E-Mail passiert, die einen ungültigen Header, eine verbotene Datei oder ein Virus enthält beziehungsweise als

Spam eingestuft wird. Jede dieser Variablen kann auf einen der folgenden vordefinierten Werte gesetzt werden:

D_PASS
>   Die E-Mail wird an die beabsichtigten Empfänger ausgeliefert, egal ob ein ungültiger Header, eine verbotene Datei, ein Virus oder Spam erkannt worden ist. Andere Aktionen, wie das Einfügen von zusätzlichen E-Mail-Headerzeilen oder das Umschreiben der Betreffzeile werden, falls konfiguriert, trotzdem durchgeführt.

D_DISCARD
>   Die E-Mail wird angenommen und ohne Benachrichtigung verworfen. Das heißt, die E-Mail geht im Prinzip verloren. Diese Einstellung wird auch für das Quarantänisieren genutzt (siehe weiter unten).

D_BOUNCE
>   Die E-Mail wird nicht an die Empfänger ausgeliefert. Stattdessen wird eine Benachrichtigung an den Absender gesendet, die besagt, dass die E-Mail nicht zugestellt wurde (so genannte Delivery Status Notification – DSN). Eine DSN wird nicht gesendet, wenn die E-Mail ein Virus enthält und AMaViS der Meinung ist, dass der Absender gefälscht ist, oder wenn die E-Mail von einer Mailingliste kam oder wenn die Spam-Punktzahl $sa_dsn_cutoff_level übersteigt.

D_REJECT
>   Die E-Mail wird nicht an die Empfänger ausgeliefert. Stattdessen versucht AMaViS, die Ablehnung an den Mailserver zu kommunizieren, der dann eine DSN an den Absender senden könnte. Diese Einstellung hat den gleichen Endeffekt wie D_BOUNCE. Der Unterschied ist nur, dass bei D_REJECT der Mailserver die DSN sendet, während bei D_BOUNCE AMaViS dies selbst tut. Die Einstellung D_REJECT funktioniert nur mit Sendmail/Milter, nicht mit den oben beschriebenen Setups für Postfix, Exim und Dual-Sendmail.

Von der Verwendung von D_BOUNCE und D_REJECT ist grundsätzlich abzuraten. Die Absenderadressen von Viren und Spam sind heutzutage fast ausschließlich gefälscht, und es ist daher nahezu unmöglich, sinnvolle DSN für solche E-Mails zu verschicken. Die in AMaViS eingebaute Heuristik, die bei gefälschten Absenderadressen DSN unterbinden soll, funktioniert nur in den seltensten Fällen. Dazu kommen zwei weitere Problematiken: Erstens sind viele Anwender wegen der Vielzahl der fehlgeleiteten Virenbenachrichtigungen dazu übergegangen, solche Meldungen prinzipiell zu ignorieren oder gar selbst als eine Art Spam zu blocken. Und zweitens spielen solche Benachrichtigungen vielen Viren sogar in die Hände, weil sie die Denial-of-Service-Attacken noch verschlimmern, teilweise exponentiell. Wer E-Mail nicht ausliefern, aber auch nicht kommentarlos verwerfen will, sollte daher die Einrichtung einer Quarantäne in Erwägung ziehen (siehe unten).

Die Voreinstellungen sind: D_PASS für ungültige Header, D_BOUNCE für verbotene Dateien und Spam sowie D_DISCARD für Viren.

Die besten Einstellungen sind wohl: D_PASS für ungültige Header, D_DISCARD für verbotene Dateien und Viren, bei Bedarf in Verbindung mit einer Quarantäne, sowie D_PASS für Spam mit nachträglicher Aussortierung im Client.

$warnbadhsender
$warnbannedsender
$warnvirussender
$warnspamsender

Wenn diese Variablen logisch wahr sind, wird eine Warnmeldung an den *Absender* einer E-Mail gesendet, wenn sie einen ungültigen Header, eine verbotene Datei oder ein Virus enthält beziehungsweise als Spam eingestuft wurde. Diese Warnmeldung wird auch gesendet, wenn $final_*_destiny auf D_PASS gesetzt ist. Wenn $final_*_destiny auf D_DISCARD gesetzt ist und das entsprechende $warn*sender auf wahr, wird aus dem D_DISCARD automatisch ein D_BOUNCE.

Alle vier Werte sind in der Voreinstellung falsch. Wie oben beschrieben, ist vom Versenden von Warnmeldungen aller Art an Absender prinzipiell abzuraten.

$warnbadhrecip
$warnbannedrecip
$warnvirusrecip

Wenn diese Variablen logisch wahr sind, dann wird eine Warnmeldung an den *Empfänger* einer E-Mail gesendet, wenn sie einen ungültigen Header, einen verbotenen Anhang beziehungsweise ein Virus enthält. Sinnvoll sind diese Einstellungen in Verbindung mit D_DISCARD und einer Quarantäne. Dann erhält der Empfänger die E-Mail zunächst nicht, hat aber die Möglichkeit, bei Bedarf auf die Benachrichtigung hin die eigentlich verworfene E-Mail aus der Quarantäne zu holen. Die Voreinstellung für alle drei Werte ist falsch. (Man beachte, dass es keine analoge Einstellung für Spam gibt.)

$warn_offsite

Wenn diese Variable logisch wahr ist, werden Warnmeldungen an den *Empfänger* einer E-Mail (laut $warn*recip) auch dann gesendet, wenn der Empfänger nicht zu einer lokalen Domain gehört. Dies wird über die Variable @local_domains_maps bestimmt. Die Voreinstellung ist »aus«, und diese Einstellung ist in der Regel auch angebracht, denn man möchte in den seltensten Fällen externe Personen darüber informieren, dass die eigenen Anwender Viren versenden. Sinnvoller ist die Benachrichtigung des Administrators in diesen Fällen (siehe nächste Einstellung).

`$virus_admin`
`$spam_admin`
: Diese Variablen bestimmen E-Mail-Adressen, an die zusätzlich Benachrichtigungen gesendet werden sollen, wenn eine E-Mail ein Virus (oder eine verbotene Datei) enthält beziehungsweise als Spam eingestuft wurde. Wenn `D_DISCARD` mit einer Quarantäne verwendet wird, ist es eventuell sinnvoll, hiermit den E-Mail-Verkehr von einem Administrator überwachen zu lassen. Dies erfordert natürlich zusätzlichen personellen Aufwand.

  Die Voreinstellung für beide Werte ist undef, das heißt, es werden keine Nachrichten an Administratoren versendet. Denkbare Einstellungen sind zum Beispiel:

  ```
  $virus_admin = "virusalert\@$mydomain";
  $spam_admin = "spamalert\@$mydomain";
  ```

  Natürlich müssen diese E-Mail-Adressen irgendwo einrichtet werden.

`$mailfrom_notify_recip`
`$mailfrom_notify_admin`
`$mailfrom_notify_spamadmin`
: Diese Einstellungen bestimmen den Envelope-Absender, der bei Benachrichtigungen an den Empfänger einer E-Mail, an den Administrator bei einem erkannten Virus beziehungsweise an den Administrator bei erkanntem Spam verwendet wird. Die Voreinstellungen sind in allen drei Fällen undef, womit ein so genannter Null-Return-Path verwendet wird (`MAIL FROM: <>`), der keine Bounces zulässt. Das ist in den meisten Fällen die richtige Einstellung. Alternativ kann man eine E-Mail-Adresse eintragen, die dann auch Bounces erhalten würde.

`$hdrfrom_notify_sender`
`$hdrfrom_notify_admin`
`$hdrfrom_notify_spamadmin`
: Diese Einstellungen bestimmen den Absender in der `From:`-Zeile bei Benachrichtigungen an den Absender einer E-Mail, an den Administrator beziehungsweise an den Administrator bei erkanntem Spam. Dies sollte eine gültige E-Mail-Adresse sein, an die Anwender bei eventuellen Fragen eine Antwort-E-Mail senden können. Die Voreinstellung ist:

  ```
  "\"Content-filter at $myhostname\" <postmaster\@$myhostname>"
  ```

  Wer zum Beispiel Postmaster und Content-Filter-Administration trennen möchte, kann hier eine andere E-Mail-Adresse angeben.

Die Texte der verschiedenen Benachrichtigungs-E-Mails, die hier konfiguriert werden, sind von AMaViS vorgegeben. Sie informieren den Empfänger, was an der E-Mail zu beanstanden war, wie mit ihr verfahren wurde (zum Beispiel verworfen) und welche Möglichkeiten es gibt, sie zurückzubekommen (zum Beispiel aus der Quarantäne). Die Texte können über die Konfigurationsdatei angepasst werden; dieses Verfahren kann hier aus Platzgründen nicht beschrieben werden.

Quarantäne

Wenn man E-Mails mit Viren, Spam oder anderem abgelehnten Inhalt weder an den Empfänger weiterleiten möchte noch die E-Mail ohne weiteres verwerfen möchte, bietet AMaViS die Möglichkeit, derartige E-Mails in einem Quarantäne-Bereich abzulegen. Die Idee dahinter ist, dass der beabsichtigte Empfänger die E-Mail in Einzelfällen mit Hilfe eines Administrators oder einer anderen berechtigten Person aus dem Quarantäne-Bereich herausholen kann, wenn sich herausstellt, dass die Viren- oder Spam-Erkennung einen Fehler gemacht hat. Der Quarantäne-Bereich kann ein spezielles Verzeichnis oder ein Postfach auf irgendeinem Mailserver sein. Wichtig ist, dass die Quarantäne, wie Quarantänen in anderen Bereichen, nur berechtigten Personen zugänglich ist und dass verdächtige E-Mails die Quarantäne erst nach sorgfältiger Prüfung verlassen können.

Es gibt getrennte Quarantäne-Einstellungen für ungültige Header, verbotene Dateien, Viren und Spam. Der eigentliche Quarantäne-Bereich kann aber für alle Arten derselbe sein. Am sinnvollsten ist eine Quarantäne für die Kategorien »verbotene Dateien« und »Viren«, da diese E-Mails gefährlich für Endanwender sind. Wenn eine Quarantäne verwendet wird, sollte die entsprechende Einstellung $final_*_destiny nicht D_PASS sein, da sonst das Quarantäne-Konzept ausgehebelt würde. Die normale Wahl wäre D_DISCARD. Außerdem sollte die entsprechende Einstellung $warn*recip an sein, damit der Empfänger informiert wird, wenn eine E-Mail in die Quarantäne überführt wurde. (Daraus ergibt sich, dass eine Quarantäne für Spam sinnlos ist, denn das würde den E-Mail-Fluss insgesamt noch erhöhen statt ihn zu reduzieren.)

Bevor man sich zur Verwendung einer Quarantäne entschließt, sollte man bedenken, dass ein Quarantäne-Bereich nicht nur eingerichtet, sondern auch betrieben werden muss. Dazu gehört, dass die Endanwender darüber unterrichtet werden, wie sie E-Mails aus der Quarantäne erhalten können, dass Administratoren auf diese Anfragen reagieren und dass E-Mails nach einer Zeit aus der Quarantäne gelöscht werden.

Es gibt zwei prinzipielle Varianten, wie der Quarantäne-Bereich organisiert werden kann. Der Quarantäne-Bereich kann ein Verzeichnis auf dem Rechner sein, auf dem AMaViS läuft. Das hat den Vorteil, dass dieses sehr einfach einzurichten ist und die in Quarantäne geschickten E-Mails im Klartext vorliegen. Der Nachteil ist, dass es eventuell nicht besonders komfortabel ist, an die aussortierten E-Mails heranzukommen oder sie weiterzuleiten. Alternativ kann man die E-Mail-Nachrichten per SMTP zur Quarantäne an ein beliebiges E-Mail-Postfach senden lassen, entweder auf demselben Rechner wie AMaViS oder auf einem anderen. Das hat den Vorteil, dass man die Konfigurationsmöglichkeiten des MTA nutzen kann, um die E-Mails auszuliefern. Zum Beispiel kann man Alias-Tabellen verwenden, Procmail einsetzen und ist auch beim File-Locking auf der sicheren Seite. Außerdem kann man einfach einen E-Mail-Client verwenden, um die Quarantäne zu verwalten. Der Nachteil ist, dass man vorsichtig sein muss, um bei der Inspektion der Quarantäne nicht eben jene Viren zu aktivieren, die zuvor von AMaViS aussortiert worden sind, weil zum Beispiel der E-Mail-Client eine Sicherheitslücke hat oder ungefragt Anhänge öffnet. Außerdem ist diese Variante etwas komplizierter in der Installation.

Denkbar wäre zum Beispiel folgendes Arrangement: Die Quarantäne wird in einem Postfach auf demselben Rechner abgelegt, auf dem AMaViS läuft. Dazu ist in der Regel keine zusätzliche Konfiguration im MTA erforderlich. Als E-Mail-Client wird ein einfaches textbasiertes Programm oder eventuell ein Webmail-Paket mit wenigen »dynamischen« Features verwendet. Zugriff auf das Postfach erfolgt entweder direkt über das Dateisystem oder über lokales IMAP. Dadurch kann kein Virus das Filtersystem ohne manuelles Eingreifen verlassen.

Um E-Mails aus der Quarantäne weiterzuleiten, kann einfach die entsprechende Funktion des E-Mail-Programms verwendet werden. Bei einer Quarantäne auf demselben Rechner wie AMaViS muss man jedoch darauf achten, dass diese weitergeleiteten E-Mails nicht noch einmal gescannt werden. Dazu setzt man im E-Mail-Client als Versandmethode SMTP auf Port 10025, die zweite MTA-Instanz. Wenn die Quarantäne auf einem anderen Rechner liegt, gibt es dieses Problem nicht, und man kann ganz normal SMTP auf Port 25 als Versandmethode verwenden. Auch hier muss man allerdings darauf achten, dass nicht zusätzliche Virenscanner oder andere Filtersysteme die weitergeleitete E-Mail aufhalten.

Die im Folgenden besprochenen Variablen konfigurieren den AMaViS-Quarantäne-Bereich.

$bad_header_quarantine_to
$banned_quarantine_to
$virus_quarantine_to
$spam_quarantine_to

    Diese Variablen bestimmen das Quarantäneverfahren von E-Mails, wobei diese für ungültige Header, verbotene Dateien, Viren und Spam unterschiedlich sein können, was aber meistens nicht sinnvoll ist.

    Wenn der Wert einer Variablen undef oder ein leerer String ist, wird für die E-Mail der entsprechenden Kategorie keine Quarantäne verwendet. Die E-Mail wird in diesem Fall ausschließlich entsprechend der Einstellung $final_*_destiny verarbeitet.

    Wenn ein Wert kein @ enthält, wird der Wert über eine spezielle Alias-Tabelle aufgelöst und die zu quarantänisierende E-Mail entsprechend dem Ergebnis in einem lokalen Verzeichnis abgelegt. Vordefinierte Aliase sind 'bad-header-quarantine', 'banned-quarantine', 'virus-quarantine' und 'spam-quarantine', die auch die Voreinstellungen für die entsprechenden Variablen sind. Diese Aliase führen alle dazu, dass die E-Mails unter dem durch die Variable $QUARANTINEDIR bestimmten Verzeichnis abgelegt werden.

Wenn ein Wert ein @ enthält, ist dies eine E-Mail-Adresse, an die zu quarantänisierende E-Mail-Nachrichten gesendet werden. Mögliche Werte sind sowohl vollständige E-Mail-Adressen wie `"infected\@$mydomain"` als auch implizit lokale Adressen wie `"virus-quarantine\@"`.

$QUARANTINEDIR

Diese Einstellung bestimmt das Wurzelverzeichnis für den Quarantäne-Bereich, wenn eine lokale Quarantäne verwendet wird (siehe vorige Einstellung). Die Voreinstellung ist `undef`, das heißt, es gibt keine Quarantäne. Ein sinnvolles Verzeichnis wäre zum Beispiel */var/lib/amavis/virusmails* (kein Schrägstrich am Ende).

Wenn $QUARANTINEDIR ein bestehendes Verzeichnis ist, werden quarantänisierte E-Mails in einzelnen Dateien in diesem Verzeichnis abgelegt, wie beim Maildir-Postfach-Format. Ansonsten wird $QUARANTINEDIR als Datei verstanden, und quarantänisierte E-Mails werden an die Datei angehängt, wie beim Mbox-Postfach-Format (einschließlich der `From`-Zeile am Anfang). Auf beide Formate kann man auch mit einem E-Mail-Client oder IMAP-Server zugreifen, der das entsprechende Format versteht. Das Mbox-Format verwendet jedoch einen Lock-Mechanismus, der sehr ineffizient und nicht NFS-sicher ist. Wer solchen Problemen aus dem Weg gehen möchte, der sollte die zu quarantänisierenden E-Mails per SMTP über einen MTA ausliefern lassen.

Verbotene Dateien

In diesem Abschnitt wird beschrieben, wie man AMaViS konfiguriert, um Anhänge mit bestimmten Dateitypen zu filtern. Zu beachten ist, dass in diesem Fall die ganze E-Mail gefiltert wird. AMaViS kann nicht einzelne Anhänge aus einer E-Mail entfernen.

Der Zweck dieses Features ist, dass man Dateitypen, die Anwendern oft Ärger machen und normalerweise nicht über E-Mail verschickt werden müssen, herausfiltern kann, selbst wenn sie keine Viren im eigentlichen Sinn sind. Dazu gehören zum Beispiel vorgebliche Bildschirmschonerprogramme oder bestimmte MIME-Typen, die selten sinnvoll sind und oft E-Mail-Programme verwirren. Außerdem kann durch Blockieren von bestimmten Dateitypen schnell auf neu entdeckte Viren oder andere Schwachstellen reagiert werden, indem man den entsprechenden Dateityp komplett blockiert, bis eine bessere Lösung gefunden ist. Dieses Feature kann allerdings *nicht* verhindern, dass Anwender bestimmte Dateiarten in das interne Rechnernetz einschleusen. Es verhindert nur, dass unvorsichtige Anwender bestimmte Dateiarten per E-Mail erhalten. Wie Ersteres verhindert werden kann, ist nicht Thema dieses Buchs.

Der Typ einer als E-Mail-Anhang verschickten Datei wird anhand folgender Kriterien bestimmt:

- der deklarierte MIME-Typ der Datei (E-Mail-Header `Content-Type`)
- der vorgeschlagene Dateiname der Datei (Subfeld `name` im E-Mail-Header `Content-Type` sowie Subfeld `filename` im E-Mail-Header `Content-Disposition`)
- der mit dem Unix-Programm `file` ermittelte Dateityp

Damit werden unerwünschte Dateien sowohl erkannt, wenn sie einen bestimmten Namen haben, als auch, wenn der Inhalt einem bestimmten Dateityp entspricht, egal wie der Dateiname lautet.

Dies sei an einem Beispiel illustriert. Ein JPEG-Bild wird als Anhang kodiert im Base64-Format verschickt. Der Anfang des entsprechenden MIME-Parts sieht so aus:

```
--Boundary_(ID_fl/pYw2qfD9IVBPNZXA7PQ)
Content-Type: image/jpeg; name=beispiel.JPG
Content-Transfer-Encoding: base64
Content-Disposition: attachment; filename=beispiel.JPG

/9j/4AAQSkZJRgABAQEAYABgAAD/2wBDAAgGBgcGBQgHBwcJCQgKDBQNDAsLDBkSEw8UHRofHh0a
HbwgJC4nICIsIxwcKDcpLDAxNDQ0Hyc5PTgyPC4zNDL/2wBDAQkJCQwLDBgNDRgyIRwhMjIyMjIy
...
```

Diese Datei würde blockiert werden, wenn einer der folgenden Einträge in der Blockliste stehen würde:

- ein regulärer Ausdruck, der auf `image/jpeg` passt
- ein regulärer Ausdruck, der auf `beispiel.JPG` passt

Wenn diese Datei abgespeichert und `file` ausgeführt wird, ergibt sich Folgendes:

```
$ file beispiel.JPG
beispiel.JPG: JPEG image data, JFIF standard 1.01
```

AMaViS parst diese Ausgabe und »übersetzt« sie zurück in eine Dateiendung, die diese Dateiart typischerweise haben würde, in diesem Fall `.jpg`. (Diese Werte beginnen immer mit einem Punkt.) Die Datei würde also auch blockiert werden, wenn der folgende Eintrag in der Blockliste stehen würde:

- ein regulärer Ausdruck, der auf `.jpg` passt

Die Übersetzung der `file`-Ausgabe in Dateiendungen wird intern von AMaViS erledigt und hat nichts mit dem eigentlichen Dateinamen zu tun, sondern dient nur der einfacheren Konfiguration. Ein Eintrag von `.jpg` in die Blockliste würde somit nämlich Dateien erkennen, die vom Namen her vorgeben, JPEG-Dateien zu sein, also auch Dateien, die intern wirklich JPEG-Dateien sind, auch wenn sie (zur Tarnung?) anders heißen. Außerdem muss man sich dadurch nicht um die Details des `file`-Ausgabeformats kümmern, das nicht einheitlich oder standardisiert ist.

Die Internet Assigned Numbers Authority (IANA) verwaltet die Liste gültiger MIME-Typen, die unter *http://www.iana.org/assignments/ media-types/* eingesehen werden kann. Informationen über Dateiendungen gibt es auf verschiedenen Websites, unter anderem *http://filext.com/*. Da beide Angaben aber in der Praxis variieren können, nicht zuletzt um E-Mail-Filterprogramme zu täuschen, sollten die Angaben in tatsächlich erhaltenen E-Mail-Exemplaren bei der Erstellung von Blocklisten mit einbezogen werden.

Die Beispielkonfiguration von AMaViS enthält bereits eine umfangreiche Liste von Dateitypen, deren Blockierung im Mailserver sinnvoll sein könnte.

Die zu blockierenden Dateitypen werden durch die Variable $banned_filename_re festgelegt. Der Wert dieser Variablen ist eine Liste aus regulären Ausdrücken, die durch einen speziellen Konstruktur erzeugt wird. Hier ist ein Beispiel:

```
$banned_filename_re = new_RE(
    qr'^image/jpeg$'i,
    qr'\.jpg$'i,
);
```

Die Funktion new_RE() ist vorgegeben; die eigentlichen regulären Ausdrücke werden durch den Operator qr definiert. Informationen zu regulären Ausdrücken findet man in Anhang A, *Das SMTP-Protokoll* sowie in der Perl-Dokumentation, insbesondere der Manpage perlre. Das i am Ende sorgt jeweils dafür, dass zwischen Groß- und Kleinschreibung nicht unterschieden wird.

Um mehrere Dateiformate in einem Ausdruck anzugeben, kann man folgende Syntax verwenden:

```
qr'^\.(Z|gz|bz2)$'
```

Es ist zu beachten, dass reguläre Ausdrücke, die einen Punkt am Anfang erzwingen (wie der gerade gezeigte), nur auf mit dem Programm file ermittelte Formate passen, da diese immer mit einem Punkt starten, MIME-Typen und Dateinamen in der Regel jedoch nicht. Diese Unterscheidung kann man ausnutzen, wenn man lieber nach Dateiname oder nach tatsächlichem Dateityp filtern möchte. Sinnvoll ist das normalerweise aber nicht.

$banned_filename_re ist ein Fall einer Lookup-Map (siehe Abschnitt »Lookup-Maps«), das heißt, es kann sowohl positive als auch negative Einträge enthalten. Die bisher gezeigten Einträge waren Abkürzungen für positive Einträge (also Einträge, die zu einer Filterung der E-Mail führen). In Langschreibweise würden sie so aussehen:

```
$banned_filename_re = new_RE(
    [ qr'^\.(Z|gz|bz2)$' => 1 ],
    ...
);
```

Ein negativer Eintrag gibt an, ein bestimmtes Dateiformat *nicht* zu filtern. Dazu verwendet man folgende Konstruktion:

```
$banned_filename_re = new_RE(
    [ qr'^\.(Z|gz|bz2)$' => 0 ],
    ...
);
```

Die lange und die kurze Schreibweise können in einer Liste gemischt verwendet werden.

Die gelisteten Ausdrücke werden für jede in der E-Mail enthaltenen Datei in der angegebenen Reihenfolge angewendet. Wenn die Datei in einem Archiv oder einem Multipart-MIME-Teil enthalten ist, werden die Ausdrücke zuerst für das Archiv beziehungsweise den Multipart-Teil, dann für die Datei selbst angewendet, bei tieferen Schachtelungen analog beginnend beim äußersten Archiv. Sobald dabei eine Übereinstimmung gefunden wurde, wird die gesamte Suche für diese Datei beendet. Regeln für Archivtypen haben also Vorrang vor den Regeln für die enthaltenen Dateien. Somit kann man durch Kombination von positiven und negativen Regeln verschiedene Effekte erzielen. Die Einstellung

```
$banned_filename_re = new_RE(
    [ qr'^\.zip$' => 0 ],
    [ qr'^\.exe$' => 1 ],
);
```

würde zum Beispiel *.exe*-Dateien verbieten, außer wenn sie sich in einem ZIP-Archiv befinden.

Die Voreinstellung von `$banned_filename_re` ist undef. Die Beispielkonfigurationsdatei von AMaViS enthält eine ganze Reihe von Einstellungen zu verbotenen Dateitypen, die man je nach den eigenen Anforderungen übernehmen kann.

SpamAssassin

AMaViS hat eine eingebaute SpamAssassin-Instanz, kann also die komplette Spam-Erkennung abwickeln. Dies bietet sich an, wenn der Einsatz von SpamAssassin ebenfalls geplant ist, da die Konfiguration und Administration so zentralisiert werden kann und das Scannen der E-Mails beschleunigt wird.

Wenn SpamAssassin schon an anderer Stelle eingebunden ist, sollte man entweder diese Instanz entfernen oder die Einbindung in AMaViS abschalten, um doppelte Arbeit zu vermeiden. Die SpamAssassin-Instanz in AMaViS wird mit folgender Einstellung *aus*geschaltet:

```
@bypass_spam_checks_maps = (1);
```

Wenn das in AMaViS integrierte SpamAssassin verwendet wird, übernimmt AMaViS auch die Konfiguration von SpamAssassin. Einige der wichtigsten SpamAssassin-Einstellungen sind auf AMaViS-Konfigurationsvariablen abgebildet. Es besteht jedoch nach wie vor die Möglichkeit, die normalen SpamAssassin-Konfigurationsdateien wie */etc/mail/spamassassin/local.cf* zu verwenden. Man sollte aber beachten, dass das Home-Verzeichnis der AMaViS-Instanz durch die Variable $MYHOME bestimmt wird, also zum Beispiel */var/lib/amavis* ist. Die »benutzerspezifische« Spam-Assassin-Konfigurationsdatei wäre dann in diesem Fall */var/lib/amavis/.spamassassin/user_prefs*. Wirkliche benutzerspezifische Konfigurationseinstellungen sind bei der Einbindung von SpamAssassin in AMaViS nicht möglich. Das kann eventuell ein Grund sein, diesen Ansatz nicht zu wählen.

Folgende SpamAssassin-Konfigurationseinstellungen können in der AMaViS-Konfigurationsdatei vorgenommen werden. Weitere Informationen zur Konfiguration von SpamAssassin finden sich in Kapitel 4, *SpamAssassin*.

$sa_local_tests_only
: Wenn diese Einstellung wahr ist, werden nur SpamAssassin-Tests ausgeführt, die keinen Netzwerkzugriff benötigen (zum Beispiel keine DNSBL-Abfragen). Die Voreinstellung ist falsch, das heißt, Tests, die Netzwerkzugriff benötigen, werden durchgeführt.

$sa_tag_level_deflt
: Diese Einstellung bestimmt, ab welcher Spam-Punktzahl (inklusive) von AMaViS Header zur Information über die Spam-Punktzahl eingefügt werden, genauer gesagt die Header X-Spam-Status und X-Spam-Level. Dies ist nicht die Grenze zur Klassifizierung als Spam, sondern nur die Grenze, ab der die Spam-Punktzahl überhaupt berichtet wird. Die Vorgabe in der Beispielkonfiguration ist 2,0. Wenn man die Variable auf undef setzt, werden die Header immer eingefügt. Um das Verhalten von SpamAssassin in allen Situationen beobachten zu können, erscheint letztere Einstellung empfehlenswert.

$sa_tag2_level_deflt
: Diese Einstellung bestimmt, ab welcher Spam-Punktzahl (inklusive) eine E-Mail als Spam eingestuft wird. Eine E-Mail, die diese Punktzahl erreicht, erhält einen Header X-Spam-Flag: YES (zum einfachen Aussortieren im Client) und abhängig von der Einstellung $sa_spam_modifies_subj eine umgeschriebene Betreffzeile. Die Vorgabe in der Beispielkonfiguration ist 6,31.

$sa_kill_level_deflt
: Diese Einstellung bestimmt, ab welcher Spam-Punktzahl (inklusive) die in $final_spam_destiny angegebene Aktion ausgeführt werden soll (D_BOUNCE, D_DISCARD oder D_REJECT) und, falls konfiguriert, die E-Mail in die Quarantäne gelegt werden soll. Die Vorgabe in der Beispielkonfiguration ist gleich $sa_tag2_level_deflt. Es ist normalerweise sinnvoll, diese Werte gleich zu behalten.

$sa_spam_modifies_subj
$sa_spam_subject_tag

Diese beiden Einstellungen konfigurieren, ob die Betreffzeile einer als Spam eingestuften E-Mail umgeschrieben werden soll. Wenn dies gewünscht ist, muss $sa_spam_modifies_subj auf wahr gesetzt und das gewünschte Präfix in $sa_spam_subject_tag eingetragen werden. Denkbar wäre zum Beispiel folgende Konfiguration:

```
$sa_spam_modifies_subj = 1;
$sa_spam_subject_tag = '***SPAM*** ';
```

Eine E-Mail mit der Betreffzeile

```
Subject: Check this out!
```

würde, wenn als Spam eingestuft, mit der Betreffzeile

```
Subject: ***SPAM*** Check this out!
```

beim Empfänger ankommen. In der Voreinstellung ist $sa_spam_modifies_subj wahr, aber $sa_spam_subject_tag ist undef, womit dieses Feature ausgeschaltet ist.

$sa_spam_level_char

In eine E-Mail über dem ersten Tag-Level (siehe oben) kann ein Header X-Spam-Level eingefügt werden, der die Spam-Punktzahl symbolisch durch die Wiederholung eines Symbols darstellt. Eine E-Mail mit Punktzahl 5 (gerundet) würde zum Beispiel einen solchen Header erhalten, wenn der Stern das gewählte Symbol ist:

```
X-Spam-Level: *****
```

Dieser Header kann nützlich zum automatischen Sortieren von Spam mit Procmail oder ähnlicher Software sein. (Er ist einfacher zu parsen als eine numerische Angabe.)

Um diesen Header abzuschalten, setzt man die Variable auf undef. Ansonsten bestimmt diese Variable, welches Zeichen zur Darstellung der Punktzahl verwendet werden soll. Die Voreinstellung ist

```
$sa_spam_level_char = '*';
```

Dies entspricht der SpamAssassin-Einstellung

```
add_header all Level _STARS(*)_
```

$sa_spam_report_header

Diese Variable bestimmt, ob der Header X-Spam-Report in die E-Mail eingefügt wird. In diesem Header wird aufgeschlüsselt, aus welchen Tests sich die Spam-Punktzahl zusammensetzt. Dies ist zum Debuggen nützlich, ansonsten eher nicht. In der Voreinstellung ist dieser Header abgeschaltet.

Virenscanner

Zur Erkennung von Viren benötigt AMaViS externe Virenscanner-Programme. Diese muss der Anwender selbst erwerben und installieren. Informationen zur Auswahl von Virenscannern finden sich in Kapitel 7, *Virenscanner*.

AMaViS verwaltet zwei Listen von Virenscannern: eine primäre und eine sekundäre. Bei jeder zu scannenden E-Mail wird zuerst versucht, alle Virenscanner der primären Liste auszuführen. Wenn einer der primären Virenscanner die E-Mail als infiziert oder sauber eingestuft hat, ist die Virenerkennung abgeschlossen. Ist keiner der primären Virenscanner verfügbar (entweder nicht installiert oder fehlerhaft), werden alle sekundären Virenscanner auf die gleiche Art ausgeführt. Der Sinn dieser Aufteilung ist, dass langsamere Virenscanner in die sekundäre Liste aufgenommen werden, damit sie nur im Ausnahmefall verwendet werden. Insbesondere werden einige Virenscanner-Produkte in zwei Varianten ausgeliefert: einer langsameren Kommandozeilen-Variante und einer schnelleren Server-Variante. In diesem Fall würde man die Servervariante in die primäre Liste eintragen und die Kommandozeilen-Variante in die sekundäre Liste. Nur wenn der Server ausfällt (und alle anderen primären Scanner ebenfalls), würde die Kommandozeilen-Variante verwendet werden.

Die Einbindung von Virenscannern in AMaViS ist nicht ganz einfach, da alle Virenscanner-Programme unterschiedliche Kommandozeilen-Optionen verwenden und die Scan-Ergebnisse durch Parsen der Ausgabe des Scan-Programms ermittelt werden müssen. Aus diesem Grund ist AMaViS schon für über 30 Virenscanner-Produkte vorkonfiguriert.

Beim Start des AMaViS-Servers wird überprüft, welche der konfigurierten Produkte tatsächlich installiert sind, und nur diese werden verwendet. Um zu überprüfen, ob der beabsichtigte Virenscanner tatsächlich gefunden wurde und verwendet wird, sollte man also zur Sicherheit den AMaViS-Log lesen.

Zum Konfigurieren seiner gewünschten Virenscanner sucht man daher am besten in der Konfigurationsdatei nach den Variablen `@av_scanners` (primäre Scanner) und `@av_scanners_backup` (sekundäre Scanner) und kommentiert die nicht gewünschten Einträge aus beziehungsweise entfernt die Kommentare vor den gewünschten Einträgen.

Um zu verhindern, dass bei einem erkannten Virus alle restlichen Virenscanner auch noch ausgeführt werden, kann man die Variable `$first_infected_stops_scan` auf wahr setzen. Dies beschleunigt zwar den Scan-Vorgang, verhindert aber eventuell einen vollständigen Bericht, wenn andere Virenscanner umfangreichere Virendatenbanken haben.

Lookup-Maps

Die bisher gezeigten Konfigurationseinstellungen von AMaViS sind alle global, das heißt, sie werden bei jeder von AMaViS verarbeiteten E-Mail angewendet. AMaViS bietet darüber hinaus die Möglichkeit, viele Konfigurationseinstellungen von der Empfängeradresse oder anderen Suchschlüsseln abhängig zu machen. Zur Steuerung dieser Konfiguration können verschiedene Datenquellen wie Hashes und Tabellen mit regulären Ausdrücken oder auch SQL- und LDAP-Datenbanken verwendet werden.

Eine komplette Abhandlung der Lookup-Funktionalität würde den Rahmen dieses Kapitels sprengen. Die Datei *README.lookups* in der AMaViS-Distribution enthält die vollständige Beschreibung und erläutert ebenfalls die Einbindung von SQL- und LDAP-Datenbanken.

Die vielfältigen Möglichkeiten dieses Features sollen hier mit einem Beispiel angedeutet werden. Den Schwellenwert, ab dem eine E-Mail als Spam eingestuft und eventuell verworfen wird, bestimmt im einfachen Fall wie zuvor beschrieben die Variable $sa_kill_level_deflt. Diese Variable hat einen numerischen Wert, zum Beispiel $sa_kill_level_deflt = 6.0. Die eigentliche Konfigurationsvariable für dieses Feature ist jedoch @spam_kill_level_maps. Dieses Array enthält eine Liste von Tabellen und anderen Quellen, so genannten Lookup-Maps, die anhand der Empfängeradresse durchsucht werden und eine numerische Antwort zurückgeben sollen. Hier ist eine etwas komplexere Konfiguration, die diese Möglichkeit ausnutzt:

```
our %some_hash = (
    'beispiel.de' => 6.5,
    'info@' => 3.0,
    'postmaster@mydomain.com' => 10
);

$sa_kill_level_deflt = 5.0;

@spam_kill_level_maps = (\%some_hash, \$sa_kill_level_deftl);
```

In diesem Fall sind zwei Lookup-Maps aufgeführt. Zur Bestimmung des tatsächlich zu verwendenden Werts werden die Lookup-Maps von links nach rechts durchprobiert, bis es eine Antwort gibt. Wenn ein Hash angegeben ist, wird in dem Hash mit verschiedenen Schreibweisen der E-Mail-Adresse nachgeschlagen. Wurde keine Antwort gefunden, wird die nächste Lookup-Map probiert. Im obigen Fall ist dies eine Referenz auf eine Konstante beziehungsweise einen skalaren Wert. Dieser Wert wird dann in jedem Fall als Antwort genommen. Konstanten sind also nur als letzter Eintrag in einer Lookup-Map-Liste sinnvoll. Es ist zu beachten, dass die Variable $sa_kill_level_deflt keine Sonderbehandlung erfährt: Wenn sie nicht in @spam_kill_level_maps gelistet ist, wird sie nicht verwendet. Die Voreinstellung ist allerdings:

```
@spam_kill_level_maps = (\$sa_kill_level_deflt);
```

wodurch $sa_kill_level_deflt die einzige relevante Einstellung ist.

Ein anderes Beispiel ist die Einstellung @local_domains_maps, die, wie oben beschrieben, bestimmt, welche Domains als lokal betrachtet werden sollen. Die Einstellung in der Beispielkonfigurationsdatei von AMaViS ist:

```
@local_domains_maps = ( [".$mydomain"] );
```

Der führende Punkt steht für die Domain und ihre Subdomains. Dies könnte man auch so schreiben:

```
our @some_array = (
    ".$mydomain"
);

@local_domains_maps = (\@some_array);
```

In diesem Fall ist die einzige angegebene Lookup-Map ein Array. Ein Array kann lediglich wahr oder falsch als Antwort zurückgeben, keine anderen Werte, wie dies beim Hash möglich ist. Ob logische, numerische oder andere Werte nötig sind, hängt selbstverständlich von der jeweiligen Konfigurationsoption ab.

Eine vollständige Auflistung aller Einstellungen, die über Lookup-Maps konfigurierbar sind, gibt es leider nicht. Die Beispielkonfigurationsdatei von AMaViS erwähnt allerdings die meisten. Die Namen der Variablen enden alle auf _maps.

Obwohl das Lookup-Map-Feature sehr große Flexibilität bei der Konfiguration von AMaViS ermöglicht, sollte man sich auch überlegen, welchen Administrationsaufwand man dadurch erzeugt. Es ist eine Sache, für einige besondere E-Mail-Adressen, zum Beispiel von Administratoren, Ausnahmen einzurichten. Es ist aber eine andere Sache, für jeden Benutzer die persönliche Wunschkonfiguration zu pflegen. Zurückhaltung ist also angesagt.

Policy-Banks

Eine Policy-Bank ist eine separate Menge von Konfigurationseinstellungen, die nur verwendet wird, wenn die bei AMaViS ankommende SMTP-Verbindung über einen bestimmten TCP-Port hereinkommt. Dadurch ist es möglich, für verschiedene Benutzergruppen unterschiedliche Konfigurationen (»Policys«) zu verwenden.

Es liegt in der Hand des Administrators, wie es arrangiert wird, dass die Verbindungen über verschiedene TCP-Ports eingehen. Entweder kommen die Verbindungen sowieso von separaten MTA auf verschiedenen Rechnern, wobei jeder Rechner einen Port zugewiesen bekommt, oder man weist durch Filter im MTA jeder Empfänger-Domain einen anderen Port zu (in Postfix zum Beispiel über Header-Checks).

Um verschiedene Policy-Banks zu verwenden, schaltet man zunächst die gewünschten Portnummern in AMaViS frei, zum Beispiel:

```
$inet_socket_port = [10024, 10026, 10028];
```

Man beachte, dass der MTA in der Regel schon den Port 10025 verwendet.

Dann kann man die eigentlichen Policy-Banks definieren, zum Beispiel:

```
$policy_bank{'SPECIAL'} = {
    log_level => 1,
    final_bad_header_destiny => D_BOUNCE,
    spam_kill_level_maps => 10.0,
};

$policy_bank{'TEST1'} = {
    log_level => 5,
    final_virus_destiny => D_PASS,
};
```

SPECIAL und TEST1 sind hier willkürliche Namen. Die Namen der Hash-Schlüssel entsprechen den in der globalen Konfiguration verwendeten Variablennamen. Falls für eine Variable sowohl eine Lookup-Map als auch Scalars existieren, muss, wie hier bei spam_kill_level_maps, der Name der Lookup-Map verwendet werden. Das Policy-Bank-Feature ist noch relativ neu, und eine einheitliche Namensgebung wird sich erst noch herausarbeiten müssen.

Anschließend werden die definierten Policy-Banks den Portnummern zugewiesen:

```
$interface_policy{'10026'} = 'SPECIAL';
$interface_policy{'10028'} = 'TEST1';
```

Die tatsächlich zur Laufzeit verwendete Konfiguration ergibt sich dann folgendermaßen: Zuerst werden die nicht an eine Policy-Bank gebundenen, globalen Einstellungen ausgewertet. Dies ist die implizite Policy-Bank $policy_bank{''}. Danach wird, falls vorhanden, die Policy-Bank für die verwendete Portnummer ausgewertet, wodurch einige der globalen Einstellungen überschrieben werden. Eine Policy-Bank muss also nicht alle möglichen Einstellungen angeben, sondern nur die, die sich von der globalen Konfiguration unterscheiden. Wenn AMaViS die IP-Adresse des ursprünglichen SMTP-Clients kennt und diese in @mynetworks enthalten ist (also der Client vermutlich aus dem eigenen Netzwerk kommt), wird schließlich die Policy-Bank $policy_bank{'MYNETS'} ausgewertet, die wiederum einige Einstellungen überschreiben könnte. Dies funktioniert nur, wenn die XFORWARD-Erweiterung von Postfix verwendet wird, was in der oben beschriebenen Konfiguration für Postfix der Fall ist. In jedem Fall sollte man Tests durchführen, um sicherzustellen, dass die Policy-Bank MYNETS richtig verwendet wird. Eine denkbare Einstellung für MYNETS wäre zum Beispiel:

```
policy_bank{'MYNETS'} = {
    bypass_spam_checks_maps   => [1],
};
```

Damit würde die Spam-Prüfung für E-Mails von internen Absendern ausgeschaltet.

Man beachte den Unterschied zwischen diesem Feature und Lookup-Maps. Lookup-Maps unterscheiden die Konfiguration nach Empfängeradresse oder anderen Eigenschaften der zu verarbeitenden E-Mail; Policy-Banks unterscheiden die Konfiguration nach eingehendem TCP-Port. Eine Policy-Bank kann Konfigurationen von Lookup-Maps enthalten, aber nicht umgekehrt.

Statistiken mit Amavis-stats

Um das E-Mail-Aufkommen des eigenen Mailservers sowie die Leistung von AMaViS zu überwachen, kann man mit Hilfe des Programmpakets Amavis-stats ansehnliche Grafiken erstellen lassen.

Amavis-stats analysiert die Log-Dateien von AMaViS und erstellt Statistiken über die Anzahl der versendeten, geblockten und als Spam eingestuften E-Mails. Zusätzlich wird aufgeschlüsselt, welcher Virentyp wie oft gesehen wurde. Diese Statistiken können in Diagrammen mit verschiedener Zeitstaffelung grafisch dargestellt werden. Die Grafiken werden dynamisch durch ein PHP-Skript erzeugt und können mit einem Webbrowser angesehen werden. Abbildung 8-3 zeigt, wie eine monatliche Durchsatzgrafik aussieht, Abbildung 8-4 zeigt eine monatliche Zusammenfassung aller erfassten Virentypen.

 Die letzte »stabile« Release von Amavis-stats, Version 0.1.12, erkennt keine Spam-E-Mails im AMaViS-Log. Wer Statistiken über Spam-E-Mails in den Diagrammen sehen möchte, wie in Abbildung Abbildung 8-3, sollte die »instabile« Version 0.1.13-rc6 verwenden, die in der Einschätzung der Buchautoren durchaus stabil läuft.

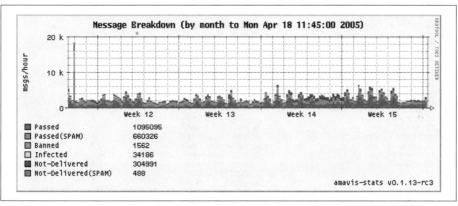

Abbildung 8-3: Grafische Darstellung des monatlichen Durchsatzes von AMaViS

Die internen Statistiken von Amavis-stats werden über einen regelmäßigen Cronjob aktualisiert. Somit kann man die Aktualität der Statistiken selbst beeinflussen. Voreingestellt sind Updates alle fünf Minuten.

Damit Amavis-stats die Log-Dateien von AMaViS analysieren kann, muss die Konfigurationsvariable $log_level mindestens auf 2 stehen, so dass der Log genügend Informationen darüber enthält, wie mit jeder E-Mail verfahren wurde.

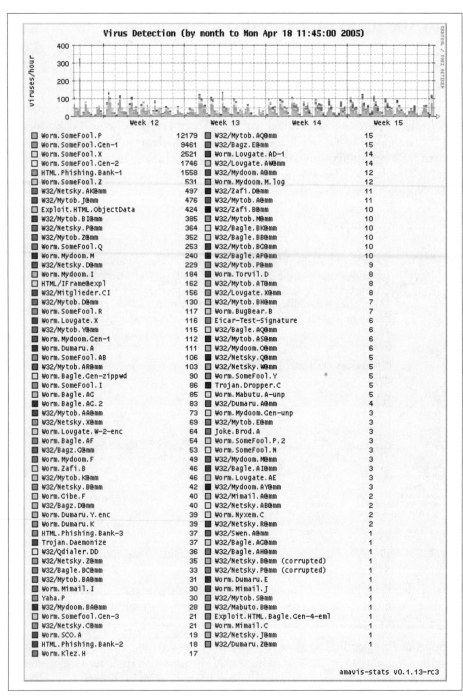

Abbildung 8-4: Grafische Darstellung der von AMaViS erfassten Viren in einem Monat

KAPITEL 9
MailScanner

MailScanner ist ein komplexes Framework zur Überprüfung von E-Mails auf Viren, Spam und andere Gefahren. Es wurde im Jahr 2000 von Julian Field an der Universität von Southampton entwickelt. MailScanner bietet die Möglichkeit, E-Mail-Überprüfungen mit 14 verschiedenen Virenscannern durchzuführen, E-Mails mit SpamAssassin auf Spam zu prüfen, Webbugs zu entfernen und sogar Phishing-Attacken zu erkennen und unschädlich zu machen. Die Kombination all dieser Möglichkeiten und seine Flexibilität machen MailScanner zu einem leistungsfähigen Werkzeug gegen die Unwägbarkeiten und Gefahren, die mit dem E-Mail-Verkehr verbunden sind. MailScanner wurde in Perl geschrieben und arbeitet mit nahezu jeder Mailserver-Software zusammen. Dieses Kapitel beschreibt die Einbindung von MailScanner in den MTA und seine Konfiguration.

Wie MailScanner arbeitet

MailScanner wird als Filter in den MTA eingebaut, so dass eine E-Mail geprüft werden kann, noch bevor sie an den Benutzer ausgeliefert wird und anhand des Prüfergebnisses konfigurierbare Aktionen durchgeführt werden können. So können Viren, Exploits oder Webbugs bereits frühzeitig unschädlich gemacht werden. Dadurch kann der Gefahr begegnet werden, dass eine E-Mail einen Fehler in einem E-Mail-Client ausnutzen und Schaden anrichten kann.

MailScanner setzt sich als Filter zwischen die Eingangs-Queue und die Ausgangs-Queue der Mailserver-Software. Dies erfordert bei einigen Mailservern, dass zwei Instanzen der Software gestartet werden müssen: eine Instanz, die nur E-Mails von außen annimmt, die dann von MailScanner geprüft und an eine zweite Instanz weitergeleitet werden, die die E-Mails dann ausliefert, siehe Abbildung 9-1.

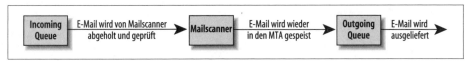

Abbildung 9-1: Arbeitsweise von MailScanner

Da die Original-E-Mail immer auf der Festplatte bleibt, ist zu jedem Zeitpunkt sichergestellt, dass im Fall eines Absturzes oder Fehlers kein E-Mail-Verlust auftreten kann. Andererseits ist der Einrichtungsaufwand höher als bei anderen Systemen wie beispielsweise Amavisd-new.

Einbindung in das E-Mail-System

In diesem Abschnitt wird das Einbinden von MailScanner in ein bereits bestehendes E-Mail-System beschrieben. Da es mehrere Möglichkeiten geben kann, MailScanner in das E-Mail-System einzubinden, wird sich hier auf die gebräuchlichste Konfiguration für das jeweilige E-Mail-System beschränkt.

Um MailScanner einzubinden, wird normalerweise der bestehende MTA in der Mitte »aufgebrochen«, das heißt, die normale Verarbeitung zwischen Ein- und Ausgang wird unterbrochen. In der Regel betritt eine E-Mail das System über die Eingangs-Queue und wird dann an die Ausgangs-Queue übergeben. Genau zwischen diesen beiden Schritten wird MailScanner eingebunden. Das Weiterleiten der E-Mail von der Ein- in die Ausgangs-Queue übernimmt dann nicht mehr der MTA, sondern MailScanner. Je nach verwendetem MTA kann das bedeuten, dass zwei Instanzen des MTA gestartet werden müssen: eine, die die E-Mail annimmt, und eine, die die von MailScanner geprüfte E-Mail weiterversendet.

Einbindung in Postfix

Um MailScanner in ein Postfix-System einzubinden, muss der E-Mail-Verarbeitungsprozess in der Mitte aufgeteilt werden. Postfix kann das daraus resultierende System angenehmerweise mit einer Instanz betreuen.

Um die Aufteilung des Prozesses zu bewirken, muss die folgende Zeile in */etc/postfix/main.cf* einefügt werden:

```
header_checks = regexp:/etc/postfix/header_checks
```

Danach fügt man der Datei */etc/postfix/header_checks* folgende Zeile hinzu:

```
/^Received:/ HOLD
```

Diese Zeile bewirkt, dass jede eingehende E-Mail in die »Hold-Queue« geschoben wird. Dort kann MailScanner sie dann abholen und prüfen.

Damit MailScanner seine E-Mails auch findet, müssen folgende Einstellungen in der MailScanner-Konfigurationsdatei */etc/MailScanner/MailScanner.conf* geändert werden:

```
Run As User = postfix
Run As Group = postfix
Incoming Queue Dir = /var/spool/postfix/hold
Outgoing Queue Dir = /var/spool/postfix/incoming
MTA = postfix
```

Da MailScanner unter Umständen in die MailScanner-Verzeichnisse schreiben muss, sollten diese dem Benutzer gehören, unter dem Postfix arbeitet. Um das anzupassen, führt man folgende Befehle aus:

```
chown postfix:postfix /var/spool/MailScanner/incoming
chown postfix:postfix /var/spool/MailScanner/quarantine
```

Einige Betriebssysteme setzen die Rechte nach einem Update von MailScanner wieder auf das Original zurück, deshalb muss man gegebenenfalls die Rechte nach jedem MailScanner-Update korrigieren.

Nach diesen Einstellungen kann man Postfix mit dem Befehl `postfix reload` anweisen, die Konfiguration neu zu laden. Danach landen alle E-Mails in der Hold-Queue und warten darauf, dass MailScanner sie abholt.

Einbindung in Exim

Da Exim leider nicht die Möglichkeit bietet, mit getrennten Ein- und Ausgangs-Queues zu arbeiten, muss man bei Exim zwei voneinander getrennte Exim-Instanzen konfigurieren. Um sicherzustellen, dass alle E-Mails von MailScanner geprüft werden, muss die bereits vorhandene Instanz zum annehmenden Prozess gemacht werden, weil die Kommandozeilen-Programme wie `sendmail` ihre Pfade fest einkodiert haben und es normalerweise nicht die Möglichkeit gibt, diesen Programmen eine andere Konfiguration mit auf den Weg zu geben.

Um MailScanner mit Exim betreiben zu können, müssen zwei Dinge beachtet werden:

- Die Standardinstallation muss ein anderes Spool-Verzeichnis benutzen (im folgenden Beispiel */var/spool/exim.in*).
- Die Standardinstallation darf keine E-Mails mehr selbstständig verschicken.

In diesem Beispiel werden die Pfade aus einer typischen Installation eines Binärpakets verwendet. Je nach eingesetztem Betriebssystem müssen die verwendeten Pfade unter Umständen angepasst werden.

Als Erstes wird die Originalkonfiguration von */etc/exim/exim.conf* nach */etc/exim/exim-out.conf* kopiert. Danach können die notwendigen Einstellungen vorgenommen werden.

Spool-Verzeichnis ändern

Um für den annehmenden Exim-Prozess das Spool-Verzeichnis zu ändern, muss in der Konfigurationsdatei */etc/exim/exim.conf* der Pfad geändert werden:

```
spool_directory = /var/spool/exim.in
```

Standardmäßig schreibt Exim seine Log-Dateien in *$spool_directory/log/%slog*. Da aber zwei getrennte Spool-Verzeichnisse erstellt wurden, würde Exim die Informationen über eine E-Mail in zwei verschiedene Dateien schreiben. Um das zu umgehen, sollte man den Pfad für die Log-Dateien in beiden Konfigurationen auf die gleiche Einstellung setzen:

```
log_file_path = /var/spool/exim/log/%slog
```

Ein ähnliches Problem existiert für das Programm exiwhat, ein Überwachungswerkzeug von Exim. Dieses Programm sendet ein Signal (SIGUSR1) an Exim, das Exim veranlasst, Statusinformationen in der Datei *exim-process.info* in seinem Spool-Verzeichnis zu speichern. exiwhat wertet diese Informationen dann aus und stellt sie für den Benutzer dar. Auch hier existieren wieder zwei verschiedene Spool-Verzeichnisse, so dass exiwhat nur die Hälfte der Informationen einsehen kann. Um dieses Problem zu beseitigen, kann man seit Exim 4.21 das Verzeichnis bestimmen, in dem die Prozessinformationen abgelegt werden sollen, zum Beispiel:

```
process_log_path = /var/spool/exim/exim-process.info
```

Auslieferung von E-Mails unterbinden

Um das Verschicken von E-Mails durch Exim zu unterbinden, existieren mehrere Möglichkeiten. Die einfachste Möglichkeit besteht darin, das Bearbeiten der E-Mail-Queue durch Exim abzuschalten:

```
queue_only = true
```

Benutzer mit Administratorrechten bei Exim können dies allerdings umgehen, wenn E-Mails direkt über Exim mit Optionen wie -q oder -M verschickt werden. Ist die Variable prod_requires_admin auf false gesetzt, kann das sogar jeder Benutzer des Systems.

Seit Exim 4.21 kann man die Option queue_only_override setzen, um dieses Verhalten zu unterbinden.

Wenn man eine ältere Exim-Version benutzt, kann man auch eine etwas komplexere Möglichkeit verwenden, um sicherzustellen, dass Exim die E-Mails nicht weiterleitet. Dazu fügt man in den Router-Abschnitt der Exim-Konfiguration einen neuen Router ein, der nur die Aufgabe hat, das Versenden von E-Mails zu verhindern. Deshalb muss er auf jeden Fall vor allen anderen Routern stehen. Dieser Router sieht wie folgt aus:

```
defer_router:
    driver = smartuser
    allow_defer
    data = :defer: All deliveries are defered
    verify = false
```

Exim starten

Wie zuvor beschrieben, müssen zwei Exim-Instanzen gestartet werden: eine, die eingehende E-Mails via SMTP annimmt, und eine, die die E-Mails aus der Ausgangs-Queue nimmt, nachdem MailScanner sie geprüft hat, und anschließend versendet. Dazu muss das Startskript von Exim modifiziert werden, das je nach Betriebssystem zum Beispiel unter */etc/init.d/exim* oder */etc/rc.d/init.d/exim* liegt.

Normalerweise wird Exim dort einmal aufgerufen. Das sieht dann ungefähr so aus:

```
/usr/sbin/exim -bd -q15m
```

Das muss nun aufgeteilt werden. Exim wird zweimal gestartet.

```
# der annehmende Exim
/usr/sbin/exim -bd
# der ausliefernde Exim
/usr/sbin/exim -q15m -C /etc/exim/exim-out.conf
```

Wenn man Exim aus Inetd heraus startet, braucht man die Inetd-Konfiguration nicht zu verändern. Allerdings muss man den Cronjob anpassen, der die Mail-Queue abarbeitet:

```
/usr/sbin/exim -q -C /etc/exim/exim-out.conf
```

Damit MailScanner weiß, dass es mit Exim zusammenarbeiten soll, müssen folgende Einstellungen in der MailScanner-Konfigurationsdatei */etc/MailScanner/MailScanner.conf* vorgenommen werden:

```
Sendmail = /usr/sbin/exim -C /etc/exim/exim-out.conf
```

Diese Einstellung bewirkt, dass E-Mails, die von MailScanner erzeugt werden (Warnungen oder Benachrichtigungen), nicht durch MailScanner geprüft werden. Wenn man möchte, dass auch MailScanner-E-Mails geprüft werden, muss man die Option -C weglassen. Dann muss man allerdings die Sendmail2-Einstellung setzen, damit MailScanner weiß, wie es bereits geprüfte E-Mails behandeln muss:

```
Sendmail2 = /usr/sbin/exim -C /etc/exim/exim-out.conf
```

MailScanner muss auch darüber informiert werden, wo sich die Queue-Verzeichnisse befinden. Im Gegensatz zur Exim-Konfiguration muss das »Input«-Verzeichnis hier explizit mit angegeben werden, zum Beispiel:

```
Incoming Queue Dir = /var/spool/exim.in/input
Outgoing Queue Dir = /var/spool/exim/input
```

Wenn man in der Exim-Konfiguration die Option split_spool_directory gesetzt hat, sieht die Konfiguration etwas anders aus:

```
Incoming Queue Dir = /var/spool/exim.in/input/*
Outgoing Queue Dir = /var/spool/exim/input
Split Exim Spool = yes
```

MailScanner muss außerdem unter demselben Benutzer laufen wie Exim. Dazu ist folgende Einstellung nötig:

```
Run As User = exim
Run As Group = exim
```

Einbindung in Sendmail

Um MailScanner mit Sendmail zu kombinieren, muss man die Sendmail-Installation in zwei Teile mit je einem Sendmail-Prozess und einer eigenen Queue aufsplitten:

- Die erste Sendmail-Instanz nimmt eine E-Mail über Port 25 an und übergibt diese anschließend an MailScanner.
- Die zweite Instanz bekommt die E-Mail von MailScanner und liefert sie dann aus.

Bei einer normalen Sendmail-Installation wird */var/spool/mqueue* als Standard-Queue genommen. Wenn dieses Verzeichnis noch nicht existiert, muss man anhand des Parameters `QueueDirectory` in der Datei *sendmail.cf* feststellen, in welchem Verzeichnis diese liegt.

Ausgehend von der Standardinstallation, legt man nun eine zweite Queue */var/spool/mqueue.in* an und versieht diese mit den gleichen Rechten wie die Standard-Queue. Diese neue Queue wird später die eingehenden E-Mails aufnehmen, so dass MailScanner diese von dort abholen kann.

```
# cd /var/spool
# ls -ld mqueue
drwxr-s---   2 smmta smmsp 6 Mar 15 05:09 mqueue
# cp -pR mqueue mqueue.in
# ls -ld mqueue mqueue.in
drwxr-s---   2 smmta smmsp 6 Mar 15 05:09 mqueue
drwxr-s---   2 smmta smmsp 6 Mar 15 05:09 mqueue.in
```

Der nächste Schritt hängt vom Betriebssystem ab. Üblicherweise wird Sendmail über ein Init-Skript gestartet, zum Beispiel */etc/init.d/sendmail* oder */etc/rc.d/init.d/sendmail*. Dort muss dafür gesorgt werden, dass statt eines Sendmail-Prozesses zwei gestartet werden, von denen jeder für ein anderes Spool-Verzeichnis zuständig ist. Das sieht dann beispielsweise so aus:

```
sendmail -bd -OPrivacyOptions=noetrn -ODeliveryMode=queueonly -OQueueDirectory=/var/spool/mqueue.in
sendmail -q15m
```

Der erste Sendmail-Prozess lauscht auf Port 25 (-bd), nimmt die E-Mails nur an (-ODeliveryMode=queueonly) und speichert sie in der Incoming-Queue (-OQueueDirectory=/var/spool/mqueue.in). Das noetrn schaltet den SMTP-Befehl `ETRN` (eine Möglichkeit, Queues remote abzuarbeiten) ab, so dass die Queues in jedem Fall synchron bearbeitet werden.

Der zweite Sendmail-Prozess arbeitet lediglich alle 15 Minuten seine Queue ab (-q15m).

Im Stoppteil des Init-Skripts ist darauf zu achten, dass auch beide Sendmail-Prozesse gestoppt werden.

In der MailScanner-Konfigurationsdatei /etc/MailScanner/MailScanner.conf werden nun noch folgende Optionen gesetzt:

```
Incoming Queue Dir = /var/spool/mqueue.in
Outgoing Queue Dir = /var/spool/mqueue
MTA = sendmail
Sendmail = /usr/lib/sendmail
```

Konfiguration

MailScanner verwendet mehrere Konfigurationsdateien, die normalerweise im Verzeichnis /etc/MailScanner/ abgelegt sind:

MailScanner.conf
: Dies ist die wichtigste aller Konfigurationsdateien. Hier befinden sich die wichtigsten Einstellungen von MailScanner.

spamassassin.prefs.conf
: Diese Datei entspricht der Datei *local.cf* in einer normalen SpamAssassin-Installation und wird in Kapitel 4, *SpamAssassin* ausführlich behandelt. Hier können alle SpamAssassin-Einstellungen gesetzt werden, die man auch in einer normalen SpamAssassin-Installation benutzt.

virus.scanners.conf
: In dieser Datei werden der Pfad und der Speicherort für Antiviren-Definitionen für die unterstützten Virenscanner konfiguriert. Diese Datei muss normalerweise nicht vom Benutzer bearbeitet werden, da sehr viele Virenscanner schon vorkonfiguriert sind.

filename.rules.conf
: In dieser Datei kann man Dateinamen auf der Basis von regulären Ausdrücken blocken, erlauben oder blocken und löschen; siehe Abschnitt »Prüfen von E-Mail-Anhängen« unten.

filetype.rules.conf
: Hier können Dateien analog zu *filename.rules.conf* anhand ihres MIME-Typs behandelt werden; siehe Abschnitt »Prüfen von E-Mail-Anhängen« unten.

spam.lists.conf
: In diese Datei können DNS-Blacklists eingetragen werden, die MailScanner für seine interne DNSBL-Prüfung benutzen kann. Diese Datei hat keinen Einfluss auf Tests, die SpamAssassin durchführt. Viele DNSBL sind schon vorkonfiguriert.

phishing.safe.sites.conf
: In dieser Datei werden Websites eingetragen, die nicht auf Phishing-Attacken geprüft werden sollen.

Nachfolgend werden die *MailScanner.conf*-Konfigurationsoptionen beschrieben, die für den Administrator wichtig sind. Dabei werden sie der Einfachheit halber ungefähr in der Reihenfolge aufgeführt, in der sie in der Beispielkonfiguration vorkommen.

Dateiformat

Die Hauptkonfigurationsdatei *MailScanner.conf* besteht aus Variablenzuweisungen, zum Beispiel:

```
Quarantine Silent Viruses = no
```

Im Gegensatz zur sonst üblichen Praxis können die Optionsnamen in MailScanner auch durchaus Leerzeichen enthalten. Um eine Ein/Aus-Option einzuschalten, wird als Wert yes geschrieben, um sie auszuschalten, wird no geschrieben. Andere Optionen haben Zahlen oder Text als Werte. Wenn eine Option eine Liste von Werten verlangt, werden die Werte durch Leerzeichen voneinander getrennt. Kommentare werden wie üblich durch ein # eingeführt.

Um Änderungen in der Konfiguration zu aktivieren, muss der MailScanner-Daemon neu gestartet werden.

Eigene Regeldateien

Viele Konfigurationsoptionen ermöglichen es, an Stelle eines simplen »An« oder »Aus« eine externe Regeldatei als Wert anzugeben. Regeldateien ermöglichen es, Konfigurationsoptionen über einfache Musterausdrücke oder Perl-kompatible reguläre Ausdrücke zu konfigurieren. Dadurch ist es möglich, eine Option an die eigenen Erfordernisse anzupassen. Am schnellsten versteht man das Prinzip durch ein Beispiel.

Die Datei *use_spamassassin.rules* wird mit folgendem Inhalt angelegt:

```
From:       yourcustomer.com    yes
To:         user@foo.bar        yes
FromOrTo:   default             no
```

Dieses Beispiel ersetzt die Konfigurationsoption Use SpamAssassin und aktiviert SpamAssassin nur für E-Mails, die von der Domain yourcustomer.com kommen oder an den Empfänger user@foo.bar gehen.

Eine einfache Regel besteht aus drei Feldern, getrennt durch Tabs:

1. dem Feld, gegen das geprüft werden soll
2. einem Suchbegriff
3. einem Ergebnis

Als Felder können folgende Werte angegeben werden:

`From:`
: Es wird nur der Empfänger durchsucht.

`To:`
: Es wird nur der Absender durchsucht.

`FromOrTo:`
: Es wird der Absender oder der Empfänger durchsucht.

`FromAndTo:`
: Es müssen Absender und Empfänger auf den Suchbegriff passen.

`Virus:`
: Der Name des Virus muss auf den Suchbegriff passen.

Als Suchbegriffe können folgende Angaben verwendet werden:

`user@sub.domain.com`
: Eine bestimmte E-Mail-Adresse.

`user@*`
: Ein bestimmter Benutzername in einer beliebigen Domain.

`*@sub.domain.com`
: Beliebige Benutzernamen in einer bestimmten Domain.

`*@*.domain.com`
: Beliebige Benutzer in beliebigen Unterdomains der angegebenen Domain.

`/pattern/`
: Ein beliebiger Perl-kompatibler regulärer Ausdruck.

`192.168.`
: Jeder SMTP-Client im Klasse-B-Netz 192.168.*.*.

`/pattern-ohne-buchstaben/`
: Wenn der reguläre Ausdruck keine Buchstaben enthält, wird er gegen die IP-Adresse des SMTP-Clients geprüft.

`*@` oder `default`
: Standard – trifft auf alles zu – sollte immer am Ende einer Regeldatei stehen.

Als Ergebnis einer Regel kann alles stehen, was an Stelle der Regeldatei in der eigentlichen Option stehen würde.

Es gibt auch die Möglichkeit, zwei Regeln miteinander zu verknüpfen, indem das Schlüsselwort and verwendet wird:

> *Feld Suchbegriff* and *Feld Suchbegriff Ergebnis*

Mit Regeldateien lassen sich ohne großen Aufwand Optionen für bestimmte Nutzer ein- oder ausschalten. Nahezu jede wichtige Option lässt sich so unabhängig für verschiedene Nutzer konfigurieren. Wenn man mehrere Nutzer hat, die alle unterschiedliche Wünsche äußern, kann man sich so ohne großen Aufwand das Einrichten mehrerer MailScanner-Server ersparen.

Allgemeine Einstellungen

Die folgenden Einstellungen definieren zunächst die Umgebung, in der MailScanner läuft.

%report-dir%

Der Wert dieser Variablen setzt das Verzeichnis, aus dem die Vorlagen für E-Mails entnommen werden. Normalerweise wird es /etc/MailScanner/*sprachkürzel* lauten, zum Beispiel /etc/MailScanner/en für Vorlagen in englischer Sprache. Daraufhin würden alle E-Mails, die von MailScanner verschickt werden, in englischer Sprache verfasst.

%etc-dir%

Über diese Variable wird der Speicherort der Konfigurationsdateien festgelegt. Die Voreinstellung ist /opt/etc/MailScanner, normalerweise wird man aber /etc/MailScanner bevorzugen, da sich das besser in das bestehende System einfügt.

%rules-dir%

Diese Variable bestimmt den Speicherort für eigene Regeldateien. Jede Datei in diesem Verzeichnis, die auf .rules endet, wird interpretiert und zur Regelbildung herangezogen; siehe Abschnitt »Eigene Regeldateien«.

%org-name%

In dieser Variablen steht eine kurze Zeichenkette, die die Firma oder Organisation identifiziert. Sie darf keine Leerzeichen enthalten. Mehrere Server, die zu einer Firma oder Organisation gehören, sollten hier den gleichen Text verwenden, damit nicht unnötig Header eingefügt werden.

%org-long-name%

Hier wird der vollständige Name der Firma oder Organisation eingetragen. Dabei dürfen auch Leerzeichen verwendet werden. Zeilenumbrüche sind ebenfalls möglich, dazu trägt man ein \n an Stelle eines Umbruchs ein. Dies wird dann zur Laufzeit korrekt in Zeilenumbrüche umgewandelt.

%web-site%

In diese Variable gehört die Website der Firma oder Organisation. Diese wird dann im Fuß von durch MailScanner versendeten E-Mails angegeben. Im günstigsten Fall sollte diese Seite Informationen darüber beinhalten, warum die E-Mail geblockt wurde, was man dagegen tun kann und an wen man sich bei Fragen wenden kann.

Systemeinstellungen

In diesem Block stehen Einstellungen, die das Systemverhalten von MailScanner beeinflussen. Die MTA-spezifischen Einstellungen wurden bereits in »Einbindung in das E-Mail-System« erklärt und werden hier nicht wiederholt.

Max Children
: Diese Variable gibt an, wie viele MailScanner-Prozesse gleichzeitig laufen dürfen. Jeder dieser Prozesse verbraucht etwa 20 MByte Speicher. Für normale Systeme ist die Voreinstellung von fünf Prozessen völlig ausreichend. Wenn eine E-Mail allerdings zu langsam abgearbeitet wird und das System noch ausreichend Ressourcen hat, kann man die Anzahl der Prozesse erhöhen.

Queue Scan Interval
: Das Queue Scan-Intervall gibt an, alle wie viel Sekunden jeder MailScanner-Prozess prüfen soll, ob neue E-Mails zum Verarbeiten vorliegen. Wenn das System, auf dem MailScanner läuft, zu hoch belastet ist, sollte man diesen Wert herunterstellen. Allerdings besteht dann die Gefahr, dass die Zeitspanne zunimmt, die eine E-Mail benötigt, bis sie verarbeitet wird.

Incoming Work Dir
: Im Incoming Work-Verzeichnis werden die E-Mails entpackt, bevor sie überprüft werden. Wenn man die Geschwindigkeit der Verarbeitung erhöhen möchte, sollte man dieses Verzeichnis auf ein Dateisystem von Typ *tmpfs* (ein Dateisystem im RAM für temporäre Dateien, dessen Größe sich dynamisch anpasst) oder eine RAM-Disk legen. Der Pfad darf kein Link sein und muss absolut angegeben werden.

Quarantine Dir
: Im Quarantäne-Verzeichnis werden infizierte E-Mails und ihre Anhänge aufbewahrt. Alternativ kann die Variable auch den Dateinamen eines Regelsatzes zeigen. Mit solchen Regelsätzen kann der Administrator anhand von regulären Ausdrücken flexibel bestimmen, wann die Option eingeschaltet werden soll.

Restart Every
: Um Speicherlecks zu umgehen, werden MailScanner-Prozesse regelmäßig neu gestartet. Normalerweise steht dieser Wert auf 14.400 Sekunden. Wenn ein System in sehr kurzer Zeit sehr viele E-Mails verarbeitet, kann man den Wert reduzieren, falls der Speicherverbrauch des E-Mail-Systems in kurzer Zeit stark ansteigt.

PID file
: Hier wird angegeben, in welcher Datei die Prozess-ID des MailScanner-Prozesses gespeichert werden soll, damit man MailScanner korrekt stoppen oder neu starten kann.

Quarantäne- und Archiveinstellungen

Wenn man den Nutzern erlauben möchte, zum Beispiel mit einem Web-Interface auf die in Quarantäne befindlichen Dateien zuzugreifen, ist es oft erforderlich, dass die Rechte der Dateien in der Quarantäne so gesetzt sind, dass der Webserver darauf zugreifen kann. Dazu dienen die folgenden Einstellungen. Man sollte sie aber nur dann ändern, wenn es wirklich notwendig erscheint.

Quarantine User
: Durch diese Variable wird festgelegt, unter welchem Benutzernamen die Dateien gespeichert werden sollen. Wenn MailScanner nicht als root-Benutzer läuft, wird man nicht in der Lage sein, den Benutzer der Dateien zu verändern. Dann muss man auf Gruppenrechte oder Dateizugriffsrechte zurückgreifen.

Quarantine Group
: In dieser Variablen wird festgelegt, mit welcher Gruppen-ID Dateien in der Quarantäne-Queue gespeichert werden.

Quarantine Permissions
: Normalerweise kann nur der Benutzer, unter dem MailScanner läuft, oder root auf die in Quarantäne befindlichen Dateien zugreifen. Wenn man möchte, dass auch andere Benutzer (oder zum Beispiel der Webserver) diese Dateien betrachten und ändern können, muss man die Rechte von 0600 auf einen anderen Wert ändern. Wenn man diesen Wert unbedacht verändert, können Sicherheitsprobleme entstehen.

Verarbeitung von eingehenden E-Mails

Mit diesen Optionen wird das Verhalten von MailScanner bei der Behandlung von eingehenden E-Mails konfiguriert.

Max Unscanned Bytes Per Scan
Max Unsafe Bytes Per Scan
Max Unscanned Messages Per Scan
Max Unsafe Messages Per Scan
: Mit diesen Variablen kann man beeinflussen, wie viele E-Mails von MailScanner verarbeitet werden können. Wenn das System die E-Mails nicht ausreichend schnell genug verarbeitet, kann man diese Werte hochsetzen.

Max Normal Queue Size
: Wenn die Anzahl der E-Mails in der Eingangs-Queue den angegebenen Wert übersteigt, schaltet MailScanner in einen »beschleunigten« Modus um, der E-Mails schneller verarbeiten kann. Normalerweise werden E-Mails streng nach dem Datum ihres Eingangs verarbeitet. Im beschleunigten Modus wird das Datum ignoriert, und die E-Mails werden zufällig geprüft. Das führt zu einer beschleunigten E-Mail-Verarbeitung, da es nicht mehr nötig ist, das Datum der E-Mails zu prüfen. Das kann aber auch dazu führen, dass einige E-Mails sehr lange in der Queue verbleiben, bis sie bearbeitet werden.

Maximum Attachments Per Message
: Wenn eine E-Mail mehr Anhänge hat, als in der Variablen erlaubt sind, wird die E-Mail zurückgewiesen. Das verhindert, dass MailScanner E-Mails mit einigen hundert Anhängen entpacken und prüfen muss. Alternativ kann die Variable auch auf den Dateinamen einer eigenen Regel gesetzt werden.

Expand TNEF
: TNEF ist ein Format, das Microsoft Office verwendet, um E-Mail-Anhänge zu versenden. Wenn diese Variable auf yes steht, wird ein externer TNEF-Decoder verwendet, um die Anhänge zu entpacken und an den Virenscanner zu übergeben. Wenn man Sophos oder McAfee als Virenscanner verwendet, ist es nicht nötig, die Anhänge zu entpacken, da diese selbstständig in der Lage sind, die Anhänge zu verarbeiten.

Deliver Unparsable TNEF
: Einige Versionen von Microsoft Outlook erzeugen TNEF-Anhänge, die MailScanner derzeit nicht verarbeiten kann. In dieser Variablen wird angegeben, ob diese Dateien zurückgewiesen oder angenommen werden sollen. Wenn man die E-Mail akzeptiert, besteht die Gefahr, dass mit einer solchen E-Mail Viren oder Trojaner akzeptiert werden. Alternativ kann die Variable auch auf den Dateinamen einer eigenen Regel gesetzt werden.

TNEF Expander
: Wenn diese Variable auf intern steht, wird zum Entpacken von TNEF-Anhängen eine interne Perl-Version des TNEF-Entpackers verwendet. Möchte man das externe tnef-Programm benutzen, muss man die Variable auf den Pfad des Programms setzen.

TNEF Timeout
: Diese Einstellung gibt an, wie lange das Entpacken des TNEF-Anhangs maximal dauern darf (in Sekunden).

File Command
: MailScanner kann das externe Programm file verwenden, um den Typ einer Datei unabhängig von seinem Dateinamen festzustellen. Wenn man dies wünscht, muss diese Variable auf den Pfad des file-Programms gesetzt werden. Soll file nicht verwendet werden, bleibt die Variable einfach ungesetzt.

File Timeout
: Hier wird die maximale Zeit (in Sekunden) angegeben, die file aufwenden darf, um eine Gruppe von E-Mails zu bearbeiten.

Maximum Message Size
: In dieser Variablen wird die maximale E-Mail-Größe angegeben, die im System erlaubt ist. Wenn die Variable auf 0 steht, wird keine Prüfung durchgeführt. Alternativ kann die Variable auch auf den Dateinamen einer eigenen Regel gesetzt werden.

Maximum Attachment Size
: Mit dieser Variablen wird die maximale Größe (in Bytes) eines Anhangs definiert. Wenn der Wert kleiner als 0 ist, wird keine Größenprüfung von Anhängen vorgenommen. Alternativ kann die Variable auch auf den Dateinamen einer eigenen Regel gesetzt werden.

Minimum Attachment Size
: Mit dieser Variablen kann man eine minimale Größe für Anhänge angeben. Es gibt beispielsweise einige Viren, die kaputte 0-Byte-Anhänge erzeugen. Wenn man nun den Wert dieser Variablen auf 1 setzt, werden diese Viren geblockt. Ist der Wert kleiner als 0, wird keine Prüfung vorgenommen. Alternativ kann die Variable auch auf den Dateinamen einer eigenen Regel gesetzt werden.

Maximum Archive Depth
: Diese Variable gibt an, bis zu welcher Tiefe Archive entpackt werden, um Dateinamen und Dateitypen zu prüfen. Diese Einstellung bezieht sich nicht auf den Virenscanner. Wenn man nicht möchte, dass die Inhalte von Archiven auf verbotene Dateitypen geprüft werden, sollte man den Wert dieser Variablen auf 0 setzen.

Find Archives By Content
: Wenn diese Variable auf yes gesetzt ist, versucht MailScanner Archive anhand ihres Inhalts und nicht anhand ihres Dateinamens zu erkennen. Das verhindert, dass Benutzer ihre Archive einfach umbenennen, damit sie nicht geprüft werden.

Virenprüfung

Mit diesen Optionen wird die Virenprüfung konfiguriert.

Virus Scanning
: Sollen eingehende E-Mails auf Viren geprüft werden: yes/no. An dieser Stelle kann auch wieder der Dateiname einer Regel verwendet werden. Im Gegensatz zur normalen Regelverarbeitung wird die E-Mail hier bereits geprüft, wenn irgendeine Regel außer der Standardregel zutrifft, um zu verhindern, dass Benutzer aus Versehen ungeprüfte E-Mails erhalten.

Virus Scanners
: In dieser Variablen wird angegeben, welche Virenscanner benutzt werden sollen. Wenn man ClamAV, Sophos und F-Prot benutzen möchte, sähe es so aus:

    Virus Scanners = clamav sophos f-prot

    Die unterstützten Virenscanner-Programme sind in der Datei *virus.scanners.conf* definiert. Vor der Verwendung eines Virenscanners sollte man prüfen, ob alle Pfade in dieser Datei korrekt sind.

Virus Scanner Timeout
: In dieser Variablen wird die maximale Verarbeitungszeit eines Virenscanners für eine Gruppe von E-Mails eingestellt (in Sekunden).

Deliver Disinfected Files
: MailScanner kann versuchen, ein Virus in einer E-Mail durch ein ungefährliches Dokument (die Datei *VirusWarning.txt*) zu ersetzen, um die E-Mail zu entschärfen. Allerdings klappt das nur bei etwa einem Prozent aller Viren

zuverlässig. Deshalb steht diese Variable normalerweise auf no, weil das Entschärfen von E-Mails einige Ressourcen beansprucht. Wenn MailScanner trotzdem versuchen soll, die E-Mails zu entschärfen, wird dieser Parameter auf yes gesetzt.

Silent Viruses
Wird eines der in dieser Option aufgelisteten Viren in einer E-Mail gefunden, dann wird der Absender der E-Mail nicht informiert, dass die E-Mail geblockt wurde. Hier kann man also Viren eintragen, die bekanntermaßen die Absenderadresse fälschen, was aber heutzutage so ziemlich alle tun.

Neben Virennamen können hier auch Namen von »Pseudoviren«, also anderen verdächtigen Umständen in der E-Mail, aufgeführt werden:

HTML-IFrame
Wenn dieses Schlüsselwort aufgeführt ist, werden Absender einer E-Mail nicht informiert, die wegen HTML-IFrames geblockt wurde.

HTML-Codebase
Wenn dieses Schlüsselwort aufgeführt ist, werden Absender einer E-Mail nicht informiert, die wegen nicht erlaubten HTML-Codes geblockt wurde.

HTML-Form
Ist dieses Schlüsselwort verwendet worden, wird der Absender einer E-Mail nicht informiert, die wegen Verwendung von Formularen in der E-Mail geblockt wurde.

Zip-Password
Wenn der Empfang von durch Passwort geschützten Zip-Dateien untersagt ist und dieses Schlüsselwort in Silent Viruses aufgeführt ist, wird der Absender einer solchen E-Mail nicht informiert.

All-Viruses
Dieses Schlüsselwort unterbindet das Versenden von Warnmeldungen an Absender bei jedem Virus. Da die meisten Absenderadressen bei Viren gefälscht sind, ist die Benutzung dieses Schlüsselworts ein sinnvoller Vorschlag.

Wird eine E-Mail als Silent Virus eingestuft, wird sie nicht an den Empfänger ausgeliefert.

Non-Forging Viruses
Diese Variable hat den entgegengesetzten Effekt von Silent Viruses. Die Ausgabe eines Virenscanners wird nach den hier angegebenen Zeichenketten (getrennt durch Leerzeichen) durchsucht. Wenn eine Zeichenkette gefunden wird, verschickt MailScanner auf jeden Fall eine Warnung an den Absender der E-Mail. Dies geschieht auch dann, wenn in Silent Viruses etwas anderes steht. Ein guter Kandidat für diese Variable ist zum Beispiel der EICAR-Testvirus, der verwendet wird, um die Funktion von Virenscannern zu testen, aber selbst völ-

lig ungefährlich ist. Zusätzlich kann man hier das Schlüsselwort Zip-Password angeben, damit Versender von durch Passwort geschützten Zip-Dateien, die geblockt wurden, auf jeden Fall informiert werden.

Block Encrypted Messages
Wenn diese Variable auf yes gesetzt ist, werden verschlüsselte Nachrichten blockiert.

Block Unencrypted Messages
Wenn diese Variable auf yes gesetzt ist, werden unverschlüsselte Nachrichten blockiert.

Allow Password-Protected Archives
Einige Viren verschicken sich selbst in verschlüsselten Zip-Archiven. Deshalb hat man die Möglichkeit, verschlüsselte Zip-Archive generell zu blocken. Dazu muss man Allow Password-Protected Archives auf yes setzen.

Zusätzlich befinden sich in diesem Konfigurationsblock Einstellungen für bestimmte Virenscanner. Diese sind allerdings selbsterklärend und brauchen hier nicht nochmals aufgeführt zu werden.

Behandlung von gefährlichem Inhalt

MailScanner bietet die Möglichkeit, E-Mails auf möglicherweise gefährlichen oder unangenehmen Inhalt zu prüfen und diesen teilweise zu entfernen.

Dangerous Content Scanning
Wenn MailScanner den Inhalt von E-Mails prüfen soll, muss diese Variable auf yes gesetzt sein. Ansonsten wird keine Inhaltsprüfung vorgenommen.

Allow Partial Messages
Mit dieser Variablen kann man einstellen, ob MailScanner E-Mails akzeptieren soll, deren Anhänge nur unvollständig vorhanden sind. Dadurch könnte ein Virus unentdeckt bleiben und den Benutzer erreichen. Deshalb ist es am sichersten, diese Variable auf no zu setzen. Alternativ kann die Variable auch auf den Dateinamen einer eigenen Regel gesetzt werden.

Allow External Message Bodies
Netscape 6 bietet die Möglichkeit, dass Anhänge einer E-Mail nicht in der E-Mail selbst gespeichert werden, sondern irgendwo im Internet heruntergeladen werden. Da MailScanner diese aber nicht prüfen kann und nicht sicherstellen kann, ob sie frei von Viren sind, kann man diese E-Mails blocken. Da externe Anhänge eigentlich nie verwendet werden, sollte man diese Option auf yes setzen.

Find Phishing Fraud
MailScanner bietet die Möglichkeit, E-Mails auf Phishing-Attacken zu prüfen. Bei diesen Attacken wird dem Benutzer vorgegaukelt, die E-Mail käme bei-

spielsweise von seiner Bank, um ihn auf eine gefälschte Webseite zu locken, auf der er seinen Benutzernamen, sein Passwort und sogar noch eine TAN für Banktransaktionen angeben soll. MailScanner prüft, ob die Links in der E-Mail auf eine andere Webseite zeigen, als in der Beschreibung zum Link angegeben. Wenn das der Fall ist, macht MailScanner den Link unwirksam. Wenn E-Mails einer bestimmten Seite mehrfach fälschlich als Phishing-E-Mails erkannt wurden, kann man diese in die Datei *phishing.safe.sites.conf* eintragen, damit sie ignoriert werden. Alternativ kann die Variable auch auf den Dateinamen einer eigenen Regel gesetzt werden.

Also Find Numeric Phishing
: Diese Option bietet die Möglichkeit, Phishing-Tests auch bei Links durchzuführen, die auf numerische IP-Adressen zeigen.

Allow IFrame Tags
: HTML-IFrame-Tags werden oft missbraucht, um Schwachstellen in Microsoft Outlook auszunutzen. Deshalb bietet MailScanner die Möglichkeit, diese zu verbieten oder zu entschärfen. Folgende Werte sind einstellbar:

yes
: IFrame-Tags werden zugelassen.

no
: IFrame-Tags werden geblockt.

disarm
: Die E-Mail wird ausgeliefert, aber die IFrame-Tags werden entschärft.

Alternativ kann die Variable auch auf den Dateinamen einer eigenen Regel gesetzt werden.

Allow Form Tags
: Formulare in E-Mails sind grundsätzlich eine schlechte Idee, da erstaunlich viele Menschen ohne Zögern ihre Kreditkartennummer in ein E-Mail-Formular eintragen und freundlicherweise dann auch noch absenden. Deshalb bietet MailScanner die Möglichkeit, Formulare in E-Mails zu verbieten oder zu entschärfen. Folgende Werte sind einstellbar:

yes
: Formulare werden zugelassen.

no
: Formulare werden geblockt.

disarm
: Die E-Mail wird ausgeliefert, aber das Formular wird deaktiviert.

Alternativ kann die Variable auch auf den Dateinamen einer eigenen Regel gesetzt werden.

Allow Script Tags
: Skripten in E-Mails ausführen zu lassen ist immer eine schlechte Idee, da diese Skripten immer die Gefahr mit sich bringen, Sicherheitslücken in E-Mail-Clients oder Browsern auszunutzen. Deshalb bietet MailScanner die Möglichkeit, diese zu verbieten oder zu entschärfen. Folgende Werte sind einstellbar:

yes
: Skripten werden zugelassen.

no
: Skripten werden geblockt.

disarm
: Die E-Mail wird ausgeliefert, aber die Skripten werden deaktiviert. Man sollte beachten, dass das Entschärfen von Skripten nicht hunderpozentig sicher ist und unter bestimmten Umständen umgangen werden kann.

Alternativ kann die Variable auch auf den Dateinamen einer eigenen Regel gesetzt werden.

Allow WebBugs
: Webbugs sind kleine Bilder, die in eine E-Mail eingebettet sind. Beim Anzeigen der E-Mail werden diese aus dem Internet nachgeladen und ermöglichen es dem Ersteller der E-Mail, Informationen über den Leser der E-Mail zu sammeln. Webbugs sind an sich nicht gefährlich, sollten aber trotzdem deaktiviert werden, um die Privatsphäre zu schützen. Deshalb erlaubt MailScanner es, diese Webbugs unschädlich zu machen. Mögliche Werte hier sind:

yes
: Webbugs werden zugelassen.

disarm
: Die E-Mail wird ausgeliefert, aber die Webbugs werden deaktiviert.

Es ist nicht möglich, diese E-Mails komplett zu blocken, da das zu viele falsche Positive erzeugt.

Alternativ kann die Variable auch auf den Dateinamen einer eigenen Regel gesetzt werden.

Convert Dangerous HTML To Text
: Diese Option erlaubt es, E-Mails beim Auftreten von gefährlichen HTML-Tags in Nur-Text-E-Mails umzuwandeln. Wenn eine der Optionen Allow *Typ* auf yes steht und Convert Dangerous HTML To Text auf yes steht, wird die gesamte E-Mail in reinen Text umgewandelt. Steht die relevante Option Allow *Typ* auf no oder disarm, wird keine Umwandlung durchgeführt.

Convert HTML To Text
: Wenn diese Option auf yes steht, werden alle HTML-E-Mails in reinen Text umgewandelt.

Prüfen von E-Mail-Anhängen

MailScanner ermöglicht es, Anhänge von E-Mails auf bestimmte Namen oder MIME-Typen zu prüfen. Die Regeln dazu stehen normalerweise in zwei Dateien im selben Verzeichnis wie die anderen MailScanner-Konfigurationsdateien: *filename.rules.conf* zur Prüfung der Dateinamen und *filetype.rules.conf* zur Prüfung der Dateitypen (MIME-Typen). Anderen Regeldateien können mit folgenden Optionen festgelegt werden:

Filename Rules
: Diese Variable zeigt auf die Datei mit Regeln zur Prüfung von Dateinamen von E-Mail-Anhängen. Sie kann auch auf eine selbst erstellte Regel zeigen; dieser Dateiname muss dann aber explizit auf *.rules* enden, damit er als Regel erkannt wird.

Filetype Rules
: Diese Variable zeigt auf die Datei mit Regeln zur Prüfung von Dateitypen bei E-Mail-Anhängen. Sie kann auch auf eine selbst erstellte Regel zeigen.

Die Regeldateien für Dateinamen und Dateitypen sind jeweils vierspaltig aufgebaut, wobei das Feldtrennzeichen der Tabulator ist:

```
aktion  regexp  log-kommentar   benutzer-kommentar
```

Die Aktion kann sein:

allow
: Die E-Mail wird erlaubt.

deny
: Die E-Mail wird geblockt.

Der reguläre Ausdruck wird mit den Dateinamen beziehungsweise dem MIME-Typ verglichen. Die angegebenen Kommentare werden in die Log-Datei geschrieben beziehungsweise in einer eventuellen Benachrichtigungs-E-Mail an den Benutzer weitergegeben.

Der folgende Eintrag in der Datei *filename.rules.conf* würde zum Beispiel dafür sorgen, dass Anhänge, deren Dateiname auf .exe endet, abgelehnt werden:

```
deny    \.exe$  Programmdatei   Programmdateien in E-Mails sind sehr gefährlich.
```

Der folgende Eintrag blockt alle Dateinamen mit mehr als 150 Zeichen, da es eine Sicherheitslücke in Outlook Express bei der Behandlung von sehr langen Dateinamen gibt:

```
deny    .{150,} langer Dateiname    Sehr lange Dateinamen sind ein Zeichen für
Angriffe gegen MS-E-Mail-Programme.
```

Das folgende Beispiel für die Datei *filetype.rules.conf* blockiert alle selbstentpackenden Archive:

```
deny    self-extract    selbstentpackendes Archiv    Selbstentpackende Archive
sind nicht erlaubt.
```

Dieser Eintrag lässt alle Textanhänge passieren und erzeugt dabei keine Log-Einträge:

```
allow   text    -   -
```

Quarantäne und Warnmeldungen

Mit diesen Optionen wird das Verhalten von MailScanner nach dem Blocken einer E-Mail eingestellt.

Quarantine Infections
: Wenn diese Einstellung auf yes gesetzt ist, werden Kopien aller infizierten E-Mails im Quarantäne-Verzeichnis gespeichert. Alternativ kann die Variable auch auf den Dateinamen einer eigenen Regel gesetzt werden.

Quarantine Whole Message
: Normalerweise wird nur der Anhang einer infizierten Nachricht gespeichert. Wenn diese Variable auf yes gesetzt ist, wird die gesamte Nachricht gespeichert.

Quarantine Whole Messages As Queue Files
: Beim Abspeichern der E-Mail im Quarantäne-Verzeichnis hat man die Wahl, die E-Mail entweder als einzelne Datei oder als Queue-Datei zu speichern. Ersteres ist für einen Menschen leichter zu lesen, während Zweiteres leichter mit dem E-Mail-Server zu verschicken ist. Wenn man die E-Mails als Queue-Dateien speichern möchte, muss man hier yes angeben.

Keep Spam And MCP Archive Clean
: Wenn man Benutzern selbst die Möglichkeit geben möchte, E-Mails aus dem Quarantäne-Verzeichnis zu holen, ist es ungünstig, wenn erkannte Viren in der Queue liegen. Zu leicht passiert es, dass ein Benutzer sich selbst ein Virus schickt. Deshalb besitzt MailScanner die Option, dass erkannte Viren nicht im Quarantäne-Verzeichnis gespeichert werden. Dazu setzt man Keep Spam And MCP Archive Clean auf yes.

Hide Incoming Work Dir
: Wenn diese Option auf yes gesetzt ist, sind Pfadnamen, die MailScanner in E-Mails an Benutzer sendet, relativ. Damit wird verhindert, dass Benutzer oder Angreifer zu viele Informationen über das System bekommen.

Include Scanner Name In Reports
: Wenn diese Option gesetzt ist, wird der Name des verwendeten Virenscanners in E-Mails angezeigt. Das ist nützlich, wenn man mehrere Scanner einsetzt und

wissen möchte, welcher Scanner das Virus erkannt hat. Möchte man allerdings vermeiden, dass der Benutzer mitbekommt, welche Scanner verwendet werden, sollte man diese Option auf no setzen.

Die Konfiguration enthält in diesem Abschnitt noch diverse Optionen mit Pfadangaben. Diese sind selbsterklärend und werden hier nicht weiter behandelt.

Änderungen am E-Mail-Header

MailScanner schreibt diverse Status- und Laufzeitinformationen in den Kopf einer E-Mail. Diese Optionen werden in diesem Abschnitt erläutert. Es gibt verschiedene Möglichkeiten, das Aussehen der eingefügten Header zu verändern. Diese brauchen aber normalerweise nicht verändert zu werden.

Add Envelope From Header
: Wenn diese Option eingeschaltet ist, wird der Envelope-Absender als Header Envelope-From in den Kopf der E-Mail geschrieben. Dieser Header kann bei der Spam-Verfolgung sehr nützlich sein.

Add Envelope To Header
: Diese Option ist analog zu Add Envelope From Header, bezieht sich allerdings auf den Envelope-Empfänger der E-Mail. Da sie unter Umständen auch die Empfänger von Blind Carbon Copys (BCC) mit angibt und damit vertrauliche Informationen preisgibt, wird von dieser Option abgeraten.

Spam Score Character
: Um die Konfiguration von E-Mail-Filtern zum Aussortieren von Spam zu erleichtern, schreibt MailScanner einen SpamScore-Header. Dabei wird für jeden Punkt, den SpamAssassin in seiner Bewertung vergibt, ein Zeichen zum Header hinzugefügt, zum Beispiel:

    X-foo.bar-MailScanner-SpamScore: sssss

    Diese E-Mail erhielt zwischen 5 und 5,99 Spam-Punkte. Mit der Option Spam Score Character kann man das Zeichen ändern, das MailScanner dafür verwendet. MailScanner empfiehlt hierfür das s, da der von SpamAssassin normalerweise verwendete Stern beim Schreiben von regulären Ausdrücken zu Komplikationen führen kann.

SpamScore Number Instead Of Stars
: Wenn man statt einiger Zeichen lieber die Punktzahl selbst sehen möchte, kann man diese Variable auf yes setzen. Der Header sieht dann zum Beispiel so aus:

    X-foo.bar-MailScanner-SpamScore: 7

Minimum Stars If On Spam List
: MailScanner verfügt über die Möglichkeit, DNS-Blackhole-Lists einzubinden. Dabei kann es vorkommen, dass der versendende Server als Spam-Server gelistet ist, aber die eigentliche E-Mail nur eine sehr geringe Spam-Bewertung bekommen hat. Der Parameter Minimum Stars If On Spam List ermöglicht es,

deshalb eine minimale Punktzahl zu definieren, die eine E-Mail auf jeden Fall erhalten soll, wenn deren absendender Server auf einer DNSBL steht. Dadurch ist sichergestellt, dass eine E-Mail, deren Absender auf einer DNSBL steht, auch dann als Spam markiert wird, wenn SpamAssassin diese nicht als Spam erkennt. Um dieses Feature zu deaktivieren, setzt man den Wert auf 0.

Detailed Spam Report
SpamAssassin bietet die Möglichkeit, einen detaillierten Bericht über die erfolgte Spam-Analyse in den Header der E-Mail einzufügen. Um ihn einzuschalten, setzt man diese Variable auf yes.

Always Include SpamAssassin Report
Normalerweise wird der detaillierte Spam-Bericht nur bei als Spam erkannten E-Mails angehängt. Mit dieser Variablen ist es möglich, den Bericht auch für alle anderen E-Mails einzuschalten.

Multiple Headers
Mit dieser Variablen kann man einstellen, wie sich MailScanner verhalten soll, wenn es bereits Header von anderen MailScanner-Installationen in einer E-Mail vorfindet. Mögliche Werte sind:

append
: Der vorhandene MailScanner-Header wird erweitert, so dass die Informationen der anderen Mailscanner-Installationen nicht verloren gehen und weiterhin eingesehen werden können.

add
: Ein neuer Header wird hinzugefügt.

replace
: Der bestehende Header wird ersetzt.

Sign Clean Messages
MailScanner kann unter jede saubere E-Mail eine Signatur setzen, die anzeigt, dass die E-Mail geprüft und für sauber befunden wurde. Wenn man dieses Verhalten wünscht, setzt man Sign Clean Messages auf yes.

Mark Infected Messages
Wenn MailScanner an jede E-Mail, in der gefährliche Anhänge entfernt wurden, eine Signatur anhängen soll, die darüber informiert, sollte diese Option auf yes gesetzt werden.

Mark Unscanned Messages
MailScanner kann eine Warnung ausgeben, wenn eine E-Mail nicht geprüft wurde. Damit diese Signatur angehängt wird, muss diese Option auf yes stehen.

Remove These Headers
MailScanner bietet die Möglichkeit, bestimmte Header aus E-Mails zu entfernen. Einige Spammer benutzen zum Beispiel verschiedene Status-Header, die

einem E-Mail-Programm vorgaukeln, eine E-Mail sei schon gelesen worden, um interne Anti-Spam-Systeme im E-Mail-Client zu umgehen. Man kann beliebige Header aus einer E-Mail entfernen, indem man sie an dieser Stelle einträgt, zum Beispiel:

```
Remove These Headers = X-Mozilla-Status: X-Mozilla-Status2:
```

In diesem Beispiel werden die Header X-Mozilla-Status und X-Mozilla-Status2 entfernt.

Deliver Cleaned Messages
   Über diese Option kann man einstellen, ob E-Mails, bei denen Viren entfernt wurden, zugestellt werden sollen. Alternativ kann die Variable auch auf den Dateinamen einer eigenen Regel gesetzt werden.

Benachrichtigungen an Absender geblockter E-Mails

Die meisten Viren verwenden heutzutage gefälschte Absender, um sich selbst zu verbreiten. Daher ist es in der Regel eine schlechte Idee, eine E-Mail an den »Versender« eines Virus zu verschicken. Fast immer trifft es dabei den Falschen. Hingegen kann es unter Umständen nützlich sein, dem Absender einer E-Mail mit einem geblockten Anhang eine Benachrichtigung zu schicken. MailScanner bietet hierfür mehrere Optionen an, die nachfolgend erläutert werden.

Notify Senders
   Mit dieser Option wird eingestellt, ob ein Absender einer geblockten E-Mail informiert werden soll. Wenn die Option eingeschaltet ist, gibt es weitere Optionen, in denen man einstellen kann, bei welchen Typen von blockierten Nachrichten der Absender informiert werden sollte. Diese Optionen werden nachfolgend erklärt. Alternativ kann die Variable auch auf den Dateinamen einer eigenen Regel gesetzt werden.

Notify Senders Of Viruses
   Hier kann man einstellen, ob Absender von Viren darüber informiert werden sollen, dass sie ein Virus verschickt haben. Da die meisten Viren mit gefälschten Absendern arbeiten, sollte man diese Option auf no belassen, wenn man unschuldige Menschen nicht mit E-Mails belästigen will. Alternativ kann die Variable auch auf den Dateinamen einer eigenen Regel gesetzt werden.

Notify Senders Of Blocked Filenames Or Filetypes
   Über diese Option werden Benachrichtigungen an Absender von geblockten Dateinamen oder Dateitypen eingeschaltet. Alternativ kann die Variable auch auf den Dateinamen einer eigenen Regel gesetzt werden.

Notify Senders Of Other Blocked Content
   Über diese Option wird die Benachrichtigung von Absendern von E-Mails mit geblockten Inhalten oder anderen Unregelmäßigkeiten eingeschaltet. Alternativ kann die Variable auch auf den Dateinamen einer eigenen Regel gesetzt werden.

Never Notify Senders Of Precedence
: Rückmeldungen von Virenscannern auf Mailinglisten werden nicht gern gesehen. Um das zu unterdrücken, kann man bei MailScanner die Benachrichtigung an Absender mit bestimmten Dringlichkeitsstufen (precedence) abschalten. Eine richtig konfigurierte Mailingliste sollte immer die Precedence »list« oder »bulk« tragen, deshalb sollte man diese beiden Typen in dieser Option eintragen.

Veränderungen an der Betreffzeile einer E-Mail

MailScanner hat verschiedene Möglichkeiten, die Betreffzeile einer E-Mail umzuschreiben. Diese Möglichkeiten werden nachfolgend erläutert. Durch das Umschreiben der Betreffzeile kann ein Benutzer auf den ersten Blick erkennen, dass in einer E-Mail ein Problem gefunden wurde und welcher Art dieses Problem ist, ohne vorher in den Header der E-Mail schauen zu müssen. Dadurch kann er eine Spam-E-Mail, ohne sie öffnen zu müssen, sofort als solche erkennen und löschen.

Scanned Modify Subject
: Auch wenn keine der Regeln zur Änderung der Betreffzeile zutrifft, kann man den Betreff ändern, um anzuzeigen, dass die E-Mail geprüft wurde. Dafür bietet diese Option drei Einstellungsoptionen:

  no
  : Die Betreffzeile wird nicht umgeschrieben.

  start
  : Der Inhalt von Scanned Subject Text wird an den Anfang der Betreffzeile geschrieben.

  stop
  : Der Inhalt von Scanned Subject Text wird ans Ende der Betreffzeile geschrieben.

  Alternativ kann die Variable auch auf den Dateinamen einer eigenen Regel gesetzt werden.

Virus Modify Subject
: Diese Option regelt, ob ein gefundenes Virus die Betreffzeile ändert. Alternativ kann die Variable auch auf den Dateinamen einer eigenen Regel gesetzt werden.

Filename Modify Subject
: Diese Option legt fest, ob ein geblockter Dateityp oder Dateiname die Betreffzeile ändert. Alternativ kann die Variable auch auf den Dateinamen einer eigenen Regel gesetzt werden.

Content Modify Subject
: Wenn eine E-Mail möglicherweise gefährlichen Inhalt mitbringt, aber MailScanner so eingestellt ist, dass die E-Mail trotzdem versendet wird, kann man die

E-Mail markieren, indem man die Betreffzeile umschreibt. Alternativ kann die Variable auch auf den Dateinamen einer eigenen Regel gesetzt werden.

Spam Modify Subject
Über diese Option kann man einstellen, ob das Erkennen von Spam die Betreffzeile einer E-Mail umschreiben soll. Alternativ kann die Variable auch auf den Dateinamen einer eigenen Regel gesetzt werden.

High Scoring Spam Modify Subject
Wenn eine E-Mail durch SpamAssassin mit einer Punktzahl markiert wurde, die über High SpamAssassin Score liegt, kann man mit dieser Variablen die Änderung der Betreffzeile explizit einstellen. Das ermöglicht es zum Beispiel, Spam Modify Subject abzuschalten und den Betreff nur dann umzuschreiben, wenn die E-Mail mit Sicherheit als Spam markiert wurde. Alternativ kann die Variable auch auf den Dateinamen einer eigenen Regel gesetzt werden.

Veränderungen am Inhalt einer E-Mail

MailScanner bietet verschiedene Möglichkeiten, Veränderungen am Text einer E-Mail vorzunehmen. Die in der Praxis wichtigsten Möglichkeiten werden nachfolgend erläutert.

Warning Is Attachment
Wenn ein Virus oder ein geblockter Anhang durch MailScanner gelöscht wird, generiert MailScanner eine Mitteilung für den Empfänger der E-Mail. Dabei kann diese Mitteilung an die E-Mail angehängt (Option auf yes) oder direkt unter den Text der E-Mail geschrieben werden (Option auf no). Alternativ kann die Variable auch auf den Dateinamen einer eigenen Regel gesetzt werden.

Attachment Warning Filename
Wenn die Mitteilung als Anhang versendet wird, kann man hier den Dateinamen angeben, mit dem diese an die E-Mail angehängt wird. Alternativ kann die Variable auch auf den Dateinamen einer eigenen Regel gesetzt werden.

Mitteilungen an den Systemadministrator

MailScanner bietet die Möglichkeit, den Systemadministrator zu informieren, wenn eine infizierte Datei gefunden wurde. Nachfolgend werden Einstellungen beschrieben, mit denen man diese Mitteilungen konfigurieren kann.

Send Notices
Wenn diese Einstellung auf yes steht, bekommt der Administrator von MailScanner Mitteilungen über jede mit Viren infizierte E-Mail. Alternativ kann die Variable auch auf den Dateinamen einer eigenen Regel gesetzt werden.

Notices Include Full Headers
: Wenn diese Option auf yes steht, werden alle Header der infizierten E-Mail in die Mitteilung geschrieben. Dies ermöglicht es nachzuvollziehen, woher die E-Mail stammt, ohne die verseuchte E-Mail betrachten zu müssen. Alternativ kann die Variable auch auf den Dateinamen einer eigenen Regel gesetzt werden.

Hide Incoming Work Dir in Notices
: Um eine geblockte E-Mail wieder aus dem Quarantäne-Verzeichnis herausholen zu können, beinhalten Mitteilungen von MailScanner den Pfadnamen der archivierten Datei. Es gibt die Möglichkeit, den kompletten Pfadnamen des Quarantäne-Verzeichnisses zu verstecken, um eventuellen Angreifern nicht zu viele Informationen über das System zu geben oder um Benutzer nicht zu verwirren. Dateinamen werden dann relativ zum Pfad des Quarantäne-Verzeichnisses angegeben. Um den Pfadnamen zu verstecken, setzt man Hide Incoming Work Dir in Notices auf yes.

Notice Signature
: Möchte man an die Mitteilungen von MailScanner eine Signatur anhängen, kann man diese hier angeben. Um einen Zeilenumbruch zu erzeugen, kann man \n angeben; das sieht dann etwa so aus:

    -- \nMailScanner\nEmail Virus Scanner\nwww.mailscanner.info

Die zwei -- bewirken bei den meisten E-Mail-Clients, dass die Signatur korrekt erkannt und nicht als zur E-Mail gehörig betrachtet wird.

Notices From
: Damit kann man den Namen angeben, mit dem MailScanner E-Mails als Absender versenden soll. Hier steht normalerweise »MailScanner«. Als E-Mail-Adresse wird der Wert aus Local Postmaster verwendet.

Notices To
: Hiermit wird die E-Mail-Adresse angegeben, an die die Mitteilungen gesendet werden sollen. Normalerweise steht hier postmaster. Alternativ kann die Variable auch auf den Dateinamen einer eigenen Regel gesetzt werden.

Local Postmaster
: Über diese Option stellt man die E-Mail-Adresse ein, mit der als Absender MailScanner Viruswarnungen verschickt. Normalerweise steht hier postmaster. Alternativ kann die Variable auch auf den Dateinamen einer eigenen Regel gesetzt werden.

Spam-Erkennung

MailScanner kann Spam-Erkennung über SpamAssassin sowie über eingebaute Unterstützung von DNS-Blackhole-Lists realisieren. Folgende Einstellung muss gesetzt werden, um Spam-Erkennung zu aktivieren:

Spam Checks
: Wenn diese Option auf yes steht, führt MailScanner Spam-Prüfungen durch. Alternativ kann die Variable auch auf den Dateinamen einer eigenen Regel gesetzt werden.

Details der Spam-Erkennung werden in den folgenden Abschnitten beschrieben.

Spam-Erkennung mit DNS-Blackhole-Lists

Obwohl SpamAssassin bereits die Möglichkeit bietet, DNSBL zu verwenden, besitzt MailScanner die Möglichkeit, solche Listen direkt einzubinden. Das hat den Vorteil, dass man für DNSBL Aktionen durchführen kann, die unabhängig von der Punktbewertung in SpamAssassin sind. Die Konfiguration der DNSBL wird in diesem Abschnitt erläutert.

Spam List
: Wenn MailScanner DNSBL einbinden soll, müssen diese hier angegeben werden. Die Namen, die hier verwendet werden dürfen, werden in der Datei *spam.lists.conf* konfiguriert. Um beispielsweise NJABL und Spamhaus zu verwenden, würde man Folgendes einstellen:

    Spam List = spamhaus.org NJABL

Alternativ kann die Variable auch auf den Dateinamen einer eigenen Regel gesetzt werden.

Informationen zur Auswahl von DNSBL findet man in Kapitel 5, *DNS-basierte Blackhole-Lists*.

Spam Domain List
: Hier werden DNSBL eingetragen, die Spammer nicht über die IP-Adresse, sondern über den Domainnamen des Absenders erkennen. Diese DNSBL werden ebenfalls in *spam.lists.conf* konfiguriert. Alternativ kann die Variable auch auf den Dateinamen einer eigenen Regel gesetzt werden.

Spam Lists To Reach High Score
: Über diese Option kann man einstellen, ab wie vielen DNSBL-Treffern eine E-Mail mit Sicherheit als Spam angesehen wird (High Score). Sie wird dann genau so behandelt, als hätte sie in SpamAssassin mehr als die in High SpamAssassin Score eingestellten Punkte erhalten. Normalerweise sollte man diesen Wert nicht zu niedrig ansetzen, da sonst die Gefahr besteht, dass ein falscher Eintrag in einer Blacklist dazu führt, dass die E-Mail als Spam angesehen wird. Ein guter Wert für diese Option ist 2 oder 3. Alternativ kann die Variable auch auf den Dateinamen einer eigenen Regel gesetzt werden.

Spam List Timeout
: Über diese Option wird der Timeout (in Sekunden) für eine DNSBL eingestellt.

Max Spam List Timeouts
: Hier kann eingestellt werden, wie oft eine Liste mit Timeout fehlschlagen darf, bevor sie als unerreichbar markiert wird. Die Anzahl der Timeouts wird bei jedem Neustart des MailScanner-Daemons zurückgesetzt (siehe Restart Every).

Spam List Timeouts History
: Über diese Option kann man einstellen, auf wie viele Versuche sich Max Spam List Timeouts bezieht. Bei den Standardeinstellungen von 10 und 5 bedeutet es, dass bei fünf Timeouts auf zehn Versuche die Liste als unbenutzbar markiert wird.

Is Definitely Not Spam
: Diese Option zeigt auf eine Regeldatei. Immer wenn eine Regel yes zurückliefert, wird die E-Mail auf keinen Fall mehr als Spam betrachtet. Diese Option ist also eine Whitelist. Diese Option wird vor Is Definitely Spam (Blacklist) ausgewertet und hat immer Vorrang.

Is Definitely Spam
: Diese Option ist das Gegenstück zu Is Definitely Not Spam und stellt eine Blacklist dar. Wenn eine Regel yes zurückliefert, wird die E-Mail auf jeden Fall als Spam markiert, wenn sie nicht vorher durch Is Definitely Not Spam abgefangen wurde.

Definite Spam Is High Scoring
: Normalerweise wird Spam, das durch Is Definitely Spam markiert wird, nur als normales Spam markiert. Wenn man diese Variable jedoch auf yes setzt, wird es als High Score-Spam markiert. Daraus ergeben sich andere Filtermöglichkeiten; siehe unten.

Ignore Spam Whitelist If Recipients Exceed
: Viele Spammer versuchen E-Mail-Filter auszutricksen, indem sie E-Mails an möglichst viele Empfänger gleichzeitig schreiben und dabei hoffen, dass einer der Empfänger auf einer Whitelist steht und die ganze E-Mail dann akzeptiert wird. MailScanner bietet eine Möglichkeit, gegen diese Versuche vorzugehen, indem es die Whitelist ignorieren kann, wenn eine E-Mail eine gewisse Empfängeranzahl überschreitet. Diese Empfängeranzahl kann man über die Option Ignore Spam Whitelist If Recipients Exceed angeben.

Spam-Erkennung mit SpamAssassin

MailScanner bindet SpamAssassin ein, um E-Mails auf Spam zu prüfen. Zusätzlich zur internen MailScanner-Konfiguration gibt es die Datei */etc/Mailscanner/spam.assassin.prefs.conf*. Diese Datei entspricht der Datei *local.cf* einer normalen SpamAssassin-Installation und kann viele SpamAssassin-Konfigurationsdirektiven aufnehmen. Weitere Informationen zur Konfiguration von SpamAssassin sind in

Kapitel 4, *SpamAssassin* zu finden. Um Unklarheiten vorzubeugen, sollte man die Datei */etc/mail/spamassassin/local.cf* entfernen. Möchte man später mit sa-learn SpamAssassin trainieren, muss der Pfad der Konfigurationsdatei mit angegeben werden, zum Beispiel:

```
sa-learn --ham -p /etc/MailScanner/spam.assassin.prefs.conf --mbox ham_mbox
```

Ähnliches gilt auch für andere SpamAssassin-Befehle.

Folgende MailScanner-Optionen beziehen sich auf SpamAssassin:

Use SpamAssassin
: Um SpamAssassin zu benutzen, muss hier yes stehen

Max SpamAssassin Size
: Da Spam-E-Mails meistens sehr klein sind, lohnt es sich nicht, größere E-Mails mit SpamAssassin zu prüfen. Deshalb kann man hier die Maximalgröße der zu prüfenden E-Mails angeben (in Bytes).

Required SpamAssassin Score
: Hier wird die Punktzahl angegeben, die eine E-Mail erzielen muss, um als Spam markiert zu werden. Alternativ kann die Variable auch auf den Dateinamen einer eigenen Regel gesetzt werden.

High SpamAssassin Score
: Zusätzlich zur normalen Spam-Grenze kann eine höhere Grenze angegeben werden, ab der man andere Aktionen durchführt. Das ermöglicht es beispielsweise, normalen Spam nur zu markieren, aber besonders hoch markierten Spam zu löschen. Alternativ kann die Variable auch auf den Dateinamen einer eigenen Regel gesetzt werden.

SpamAssassin Auto Whitelist
: Wenn das Autowhitelisting-Feature in SpamAssassin aktiviert werden soll, muss hier yes stehen. Dies ist zu empfehlen. Nähere Informationen zu diesem Feature findet man in Kapitel 4, *SpamAssassin*.

SpamAssassin Timeout
: Dauert die Prüfung einer Datei durch SpamAssassin länger als der hier eingestellte Timeout (in Sekunden), wird die Prüfung abgebrochen.

Max SpamAssassin Timeouts
: Hier kann eingestellt werden, wie oft SpamAssassin fehlschlagen darf, bevor es als nicht verfügbar markiert wird. Die Anzahl der Timeouts wird bei jedem Neustart des MailScanner-Daemons zurückgesetzt (siehe Restart Every).

SpamAssassin Timeouts History
: Über diese Option kann man einstellen, auf wie viele Versuche sich Max SpamAssassin Timeouts bezieht. Die Standardeinstellungen von 10 und 5 bedeuten, dass bei fünf Timeouts auf zehn Versuche SpamAssassin als unbenutzbar markiert wird.

Check SpamAssassin If On Spam List
: Mit dieser Einstellung kann man festlegen, ob SpamAssassin auch dann noch ausgeführt werden soll, wenn eine E-Mail bereits durch eine DNSBL als Spam klassifiziert wurde.

Spam Score
: Mit dieser Option kann man festlegen, ob ein SpamScore-Header eingefügt werden soll. Dieser Header stellt ein Zeichen (siehe Spam Score Character) für jeden Punkt dar, den SpamAssassin vergeben hat. Dies ermöglicht es, E-Mail sehr leicht zu filtern, da man lediglich das x-malige Vorkommen des Spam-Score-Zeichens suchen muss. Um diese Funktionalität einzuschalten, muss diese Option auf yes stehen. Alternativ kann die Variable auch auf den Dateinamen einer eigenen Regel gesetzt werden.

Rebuild Bayes Every
: Mit dieser Option kann das Zeitintervall (in Sekunden) eingestellt werden, in dem die Bayes-Datenbank von SpamAssassin neu gebaut werden soll. Dabei werden alte Einträge aus der Datenbank entfernt und die Strukturen neu geordnet.

Wait During Bayes Rebuild
: Das Neubauen der Bayes-Datenbank kann zwischen zwei und drei Minuten in Anspruch nehmen. In dieser Zeit steht SpamAssassin nicht zur Verfügung. Über diese Option kann man einstellen, ob MailScanner in der Zeit warten (yes) oder die SpamAssassin-Prüfung überspringen soll (no).

Was soll mit dem Spam geschehen?

Wenn MailScanner Spam erkannt hat, bietet es verschiedene Möglichkeiten, damit zu verfahren. Das beginnt beim normalen Versenden der markierten E-Mail und hört beim Löschen der Spam-E-Mail auf. Die verschiedenen Möglichkeiten werden in diesem Abschnitt aufgeführt und erläutert.

Spam Actions
: Über diese Option wird festgelegt, was mit erkanntem Spam geschehen soll. Die Option kann auf eines oder eine beliebige Kombination der im Folgenden erklärten Schlüsselwörter gesetzt werden. Alternativ kann die Variable auch auf den Dateinamen einer eigenen Regel gesetzt werden, die dann allerdings auf *.rule* oder *.rules* enden muss.

    deliver
    : Die E-Mail wird ganz normal an den Empfänger versendet.

    delete
    : Die E-Mail wird gelöscht.

    store
    : Die E-Mail wird im Quarantäne-Verzeichnis gespeichert.

bounce
: Die E-Mail wird abgelehnt und der Versender benachrichtigt. Da bei einem Großteil der Spam-E-Mails der Absender gefälscht ist, sollte man mit dieser Option sehr vorsichtig umgehen. Fast immer trifft die Benachrichtigung den Falschen.

forward *user@domain.com*
: Eine Kopie der E-Mail wird an die angegebene E-Mail-Adresse geschickt.

striphtml
: Alle HTML-Anteile der E-Mail werden entfernt. Damit die E-Mail verschickt wird, muss zusätzlich noch deliver angegeben werden.

attachment
: Die Original-E-Mail wird in einen E-Mail-Anhang umgewandelt. Dadurch muss der Empfänger der Mail den Anhang extra öffnen, um das Spam zu sehen. Das Umwandeln in einen Anhang ist eine gute Methode, um Webbugs unwirksam zu machen.

header "*name: wert*"
: Der E-Mail wird ein zusätzlicher Header hinzugefügt. Der Name darf dabei keine Leerzeichen enthalten.

Wenn Spam-E-Mails zum Beispiel normal ausgeliefert werden sollen, aber eine Kopie an *foo@bar.de* gehen und HTML gelöscht werden soll, würde das Ganze so aussehen:

```
Spam Actions = deliver forward foo@bar.de striphtml
```

High Scoring Spam Actions
: Diese Option ist analog zu Spam Actions mit dem Unterschied, dass sie nur für Spam gilt, das die High-Score-Grenze überschritten hat.

Non Spam Actions
: Diese Option ist analog zu Spam Actions mit dem Unterschied, dass sie nur für E-Mails gilt, die *nicht* als Spam erkannt wurden. Sie sollte also im Normalfall immer auf deliver stehen, wenn man keine E-Mails verlieren möchte.

Bounce Spam As Attachment
: Wenn dem Absender einer Spam-E-Mail eine Benachrichtigung zugestellt wird, kann die Original-E-Mail, die als Spam erkannt wurde, der Benachrichtigung als Anhang beigefügt werden. Setzt man diese Möglichkeit ein, muss man die IP-Adresse 127.0.0.1 auf die Whitelist setzen (Is Definitely Not Spam), da Spam sonst ein zweites Mal erkannt und daraufhin wieder eine Benachrichtigung erzeugt wird, die wiederum als Spam erkannt wird und so weiter – bis die E-Mail-Queue überläuft. Das Benachrichtigen von Absendern ist jedoch sowieso nicht zu empfehlen.

Logging

MailScanner bietet diverse Möglichkeiten, alle Aspekte seiner Arbeit aufzuzeichnen. In einem Produktivsystem tut man sich allerdings keinen Gefallen, wenn man alle Optionen einschaltet. Zum einen kostet es Leistung, außerdem wird es schwierig, den Überblick zu behalten. Wenn man aber ein Problem hat, sind die Debugging-Möglichkeiten von MailScanner unverzichtbar. Sie werden nachfolgend erläutert.

Syslog Facility
: Die Syslog Facility ist die Syslog-Kategorie, in der Log-Nachrichten eingeordnet werden. Je nach Syslog-Konfiguration landen die verschiedenen Facilities in unterschiedlichen Log-Dateien. Wenn man möchte, dass die MailScanner-Nachrichten in derselben Datei landen wie der Rest der Meldungen vom E-Mail-System, sollte diese Option auf mail stehen.

Log Speed
: Wenn diese Option auf yes steht, werden Laufzeitinformationen von MailScanner geloggt. Dies kann sehr nützlich sein, wenn ein System Performanceprobleme hat und man diesen Problemen auf den Grund gehen möchte.

Log Spam
: Steht diese Option auf yes, werden Informationen über erkanntes Spam geloggt.

Log Non Spam
: Wenn diese Option auf yes steht, werden Informationen über E-Mails geloggt, die nicht als Spam markiert wurden.

Log Permitted Filenames
: Wenn diese Option auf yes steht, werden Informationen über E-Mails, in denen geblockte Dateinamen gefunden wurden, geloggt. Alternativ kann die Variable auch auf den Dateinamen einer eigenen Regel gesetzt werden.

Log Permitted Filetypes
: Wenn diese Option auf yes steht, werden Informationen über E-Mails, in denen geblockte Dateitypen gefunden wurden, geloggt. Alternativ kann die Variable auch auf den Dateinamen einer eigenen Regel gesetzt werden.

Log Silent Viruses
: Normalerweise werden Informationen über Viren, die in Silent Viruses definiert sind, nicht geloggt. Ist dies doch gewünscht, stellt man diese Option auf yes.

Log Dangerous HTML Tags
: Wenn diese Option auf yes steht, werden Informationen über E-Mails mit gefährlichen HTML-Inhalten geloggt. Alternativ kann die Variable auch auf den Dateinamen einer eigenen Regel gesetzt werden.

KAPITEL 10
MIMEDefang

MIMEDefang wurde im Jahr 2000 von der Firma Roaring Pinguin als Open Source-Software freigegeben. MIMEDefang wurde als Anti-Spam- und Antivirenlösung für Sendmail entwickelt. Die Firma Roaring Penguin vertreibt MIMEDefang auch als kommerzielle Lösung in ihrer Canit Anti-Spam-Lösung.

MIMEDefang ist in C geschrieben und kann über Perl-Skripten flexibel angepasst und erweitert werden. Dadurch ist mit MIMEDefang nahezu alles möglich, was auch mit Perl möglich ist.

MIMEDefang integriert SpamAssassin als Anti-Spam- und ClamAV als Antivirenlösung. Die Einbindung anderer Antivirenscanner ist ebenfalls möglich. Dieses Kapitel geht auf die Funktionsweise und Konfiguration von MIMEDefang in Sendmail ein. Zusätzlich wird die Programmierung von eigenen Filtern mit Perl in MIMEDefang exemplarisch erklärt und erläutert. Am Ende des Kapitels wird das Programm GraphDefang vorgestellt, das eine grafische Auswertung der Arbeit von MIMEDefang ermöglicht.

Wie MIMEDefang arbeitet

MIMEDefang wird als Milter-Plugin in Sendmail eingebunden. Milter ist die Schnittstelle von Sendmail zur Einbindung von Filtern. Hierbei kommuniziert Sendmail über einen TCP- oder Unix-Socket mit diesem Filter. An verschiedenen Punkten der SMTP-Funktion wird dem Filter ermöglicht, steuernd in die Kommunikation zwischen Client und Sendmail einzugreifen und eine E-Mail an diesem Punkt zurückzuweisen. Weitergehende Informationen zu Milter findet man in Kapitel 3, *Spam- und Virenabwehr mit Postfix, Exim und Sendmail*.

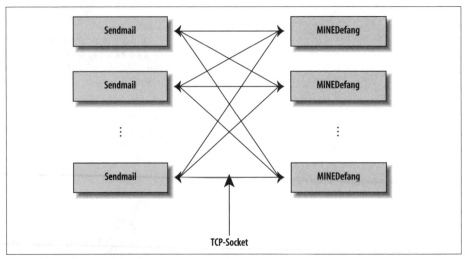

Abbildung 10-1: MIMEDefang-Kommunikation mit Sendmail

Um eine möglichst hohe Verarbeitungsgeschwindigkeit zu erreichen, besteht MIMEDefang aus mehreren Komponenten:

mimedefang
> MIMEDefang wurde in C geschrieben und ist das eigentliche Milter-Plugin. Es kommuniziert direkt mit Sendmail, nimmt eingehende Verbindungen an und verteilt sie an den Multiplexer.

mimedefang-multiplexer
> Der Multiplexer ist ein Daemon, der auf eingehende Verbindungen von MIMEDefang wartet und diese auf einen Pool von mimedefang.pl-Prozessen, die eigentlichen Filter, verteilt. Seine Aufgabe ist es, die einzelnen Perl-Prozesse vorzuhalten und die Arbeit zu verteilen. Zusätzlich startet er die Prozesse nach einer gewissen Zeit neu, um Speicherlöchern in Perl entgegenzuwirken.

mimedefang.pl
> Dies stellt den eigentlichen Filter dar. Er wurde in Perl geschrieben, da Perl zum einen leicht erlernbar ist und zum andern hervorragend zur Verarbeitung von Textinformationen geeignet ist. Die mimedefang.pl-Prozesse sind es, die die eigentliche Arbeit erledigen und die Filterung vornehmen.

Diese Struktur ermöglicht eine gute Balance zwischen Geschwindigkeit und Flexibilität.

Einbindung in Sendmail

Da MIMEDefang für Sendmail entwickelt wurde, gestaltet sich seine Einbindung recht unspektakulär. Wie bei Sendmail üblich, wird die Konfigurationsdatei *send-*

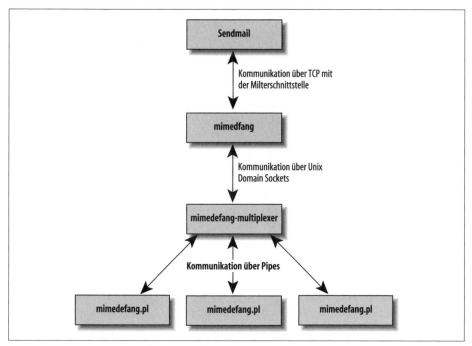

Abbildung 10-2: MIMEDefang-Interne Kommunikation

mail.cf nicht direkt editiert, sondern zunächst in der Makrosprache *m4* geschrieben. Aus dieser Datei wird dann mit *m4* die eigentliche Konfigurationsdatei erzeugt. In *sendmail.cf* wird MIMEDefang als Filter eingetragen:

```
INPUT_MAIL_FILTER(`mimedefang', `S=unix:/var/spool/MIMEDefang/mimedefang.sock, F=T,
T=S:360s;R:360s;E:15m')
```

Anschließend ist die Sendmail-Konfigurationsdatei *sendmail.cf* neu zu erzeugen. Für die meisten Linux-Distributionen bedeutet dies, dass man in */etc/mail* ein *make* ausführt.

Wenn man MIMEDefang aus den Quellen installiert hat, muss man darauf achten, dass MIMEDefang vor Sendmail gestartet wird. Entweder schreibt man ein eigenes Init-Skript oder fügt folgende Zeilen in das Sendmail-Init-Skript ein, bevor Sendmail gestartet wird:

```
rm -f /var/spool/MIMEDefang/mimedefang.sock
/usr/local/bin/mimedefang -p /var/spool/MIMEDefang/mimedefang.sock &
```

Das bewirkt, dass bei einem Sendmail-Neustart zuerst der alte Socket gelöscht wird und eine neue MIMEDefang-Instanz gestartet wird.

Sendmail kommuniziert dann mit MIMEDefang über einen Unix-Socket. Deshalb ist darauf zu achten, dass Sendmail über Lese- und Schreibrechte auf dem Socket verfügt.

Konfiguration

Die Konfigurationsdateien von MIMEDefang liegen in /etc/mail, wo auch die Sendmail-Konfigurationsdateien liegen.

mimedefang.conf
  In der Datei *mimedefang.conf* stehen Einstellungen, die beim Starten des MIME-Defang-Daemons vom Init-Skript gelesen werden.

mimedefang-filter
  Diese Datei ist das Herzstück von MIMEDefang. Im Gegensatz zu anderen Filtern, die einen starren Programmablauf haben und nur ein paar Einstellungen erlauben, ist es hier genau umgekehrt. Nahezu jede Funktion muss als Filter selbst geschrieben werden. Nützlicherweise wird ein gutes Beispiel mitgeliefert, das man auch als Basis nehmen sollte. Alle weiteren Erklärungen und Beispiele stützen sich auf diese Beispielkonfiguration.

sa-mimedefang.cf
  Diese Datei ist das Äquivalent zur Datei *local.cf* einer normalen SpamAssassin-Konfiguration. Ihre Optionen werden in Kapitel 4, *SpamAssassin* ausführlich beschrieben. Allerdings ist zu beachten, dass alle SpamAssassin-spezifischen Einstellungen zur Header- und Subject-Veränderung keine Auswirkungen haben, da diese komplett von MIMEDefang bearbeitet werden.

mimedefang.pl.conf
  Diese Datei wird von den Perl-mimedefang.pl-Prozessen eingelesen. In dieser Datei kann man Konfigurationseinstellungen wie beispielsweise Pfade zu Virenscannern setzen. Da diese Datei direkt von einem Perl-Programm eingelesen wird, ist es nötig, diese Datei mit 1; abzuschließen!

mimedefang.conf

Diese Konfigurationsdatei wird im MIMEDefang-Startskript eingelesen und hat daher eine Shell-Syntax. In ihr werden die Einstellungen des *mimedefang*-Programms festgelegt, das direkt mit Sendmail kommuniziert. Nachfolgend werden die einzelnen Optionen dargestellt und erläutert.

SOCKET=$SPOOLDIR/mimedefang.sock
  Diese Option gibt den Dateinamen des Sockets an, über den MIMEDefang mit Sendmail kommuniziert. Normalerweise liegt diese Datei in */var/spool/MIMEDefang* und sollte nicht geändert werden, da eine Änderung der Socket-Datei einige Änderungen in MIMEDefang und in der Sendmail-Konfiguration nach sich ziehen würde.

MX_USER=defang
  Es ist nicht empfehlenswert, MIMEDefang mit Administratorrechten zu betreiben. Deshalb gibt es die Möglichkeit, MIMEDefang unter einem anderen Nut-

zer zu betreiben. Als Standard schlägt MIMEDefang hier den defang-Benutzer vor.

SYSLOG_FACILITY=mail

MIMEDefang schreibt seine Log-Nachrichten über den Syslog-Dienst. Über diese Option kann man die Syslog-Kategorie einstellen, in der diese Nachrichten einsortiert werden sollen. Normalerweise sollen diese Nachrichten an die gleiche Stelle wie die Sendmail-Nachrichten geschrieben werden. Deshalb wird diese Option normalerweise auf mail gesetzt.

KEEP_FAILED_DIRECTORIES=no

Wenn ein Filter fehlschlägt, kann man das erstellte Spool-Verzeichnis, in dem die E-Mail bearbeitet wurde, zu Debug-Zwecken aufheben.

MX_RELAY_CHECK=no

Ist diese Option gesetzt, führt MIMEDefang eine Relay-Prüfung durch. Das bedeutet, dass die Funktion filter_relay aus *mimedefang-filter* mit der IP-Adresse und dem Hostnamen des absendenden Servers aufgerufen wird. Im Beispielfilter ist diese Funktion nicht definiert, aus diesem Grund ist die Option standardmäßig auf no. Wenn also eine filter_relay-Funktion geschrieben werden soll, muss der Parameter auf yes gesetzt werden, damit die Funktion genutzt werden kann.

MX_SENDER_CHECK=no

Wenn diese Funktion gesetzt ist, führt MIMEDefang eine Überprüfung des Absenders aus. Dazu wird die Funktion filter_sender aus der Datei *mimedefang-filter* mit der Envelope-Adresse des Absenders aufgerufen. In der mitgelieferten Konfiguration ist diese Funktion nicht definiert, daher ist diese Option standardmäßig ausgeschaltet.

MX_RECIPIENT_CHECK=no

Wenn diese Funktion gesetzt ist, führt MIMEDefang eine Überprüfung des Empfängers aus. Dazu wird die Funktion filter_recipient aus der Datei *mimedefang-filter* mit der Envelope-Adresse des Empfängers aufgerufen. In der mitgelieferten Konfiguration ist die Funktion nicht definiert, daher ist diese Option standardmäßig ausgeschaltet.

MX_LOG=yes

Wenn diese Option eingeschaltet ist (default), loggt der *mimedefang*-Prozess Informationen über Syslog.

MX_EMBED_PERL=yes

Wenn der Multiplexor-Prozess das Skript *mimedefang.pl* aufruft, hat man zwei Möglichkeiten:

- Das Skript wird jedes Mal inklusive eines neues Perl-Interpreters gestartet. Das hat den Vorteil, dass die Gefahr von Speicherlöchern komplett umgangen wird, aber die Startgeschwindigkeit jedes *mimedefang.pl*-Aufrufs ist etwas geringer als bei der Embedded-Variante.

- Wenn MIMEDefang mit der Unterstützung für embedded (integriertes) Perl kompiliert wurde, hat man die Möglichkeit, *mimedefang.pl* mit einem integrierten Perl-Interpreter vorzuladen. Dabei wird dann *mimedefang.pl* eingelesen, aber noch nicht initialisiert. Wenn nun eine neue E-Mail für den Prozess kommt, muss der Filter nur noch initialisiert werden. Das beschleunigt das Starten des *mimedefang.pl*-Prozesses erheblich. Allerdings kann es dabei auf Systemen mit alten Perl-Versionen zu Memory-Leaks und Problemen beim Neueinlesen von *mimedefang*-Filtern kommen. Wenn dies der Fall ist, schreibt MIMEDefang Informationen dazu ins Syslog.

Empfohlen wird die integrierte Methode, da sie die Ausführzeiten der Filter erheblich beschleunigt.

MX_SLAVE_DELAY=3

Vom Multiplexer werden nicht alle *mimedefang.pl*-Instanzen gleichzeitig gestartet, stattdessen wird alle MX_SLAVE_DELAY Sekunden ein neuer Prozess gestartet, bis MX_MINIMUM Prozesse erreicht sind. Das gilt nur für ein unbeschäftigtes System; wenn das System beschäftigt ist, werden die Prozesse so schnell gestartet, wie sie benötigt werden.

MX_MIN_SLAVE_DELAY=0

Mit dieser Variablen kann man den minimalen Abstand in Sekunden festlegen, in dem neue *mimedefang.pl*-Prozesse gestartet werden. MIMEDefang wird diese Zeit niemals unterschreiten. Wenn die Variable auf 0 steht (default), werden neue Prozesse so schnell erstellt, wie sie benötigt werden (unter Berücksichtigung von MX_SLAVE_DELAY).

MX_STATS=no

Der Multiplexer kann Statistiken über seine Arbeit in die Datei */var/log/mimedefang/stats* schreiben. Dabei ist zu beachten, dass das Verzeichnis */var/log/mimedefang/* existiert und für den Benutzer, unter dem MIMEDefang läuft, beschreibbar ist.

MX_FLUSH_STATS=no

Wenn diese Variable auf yes steht, werden neue Einträge sofort in die Statistikdatei geschrieben.

MX_STATS_SYSLOG=no

Wenn man nicht möchte, dass der Multiplexer seine Statistiken direkt in eine Datei schreibt, kann man die Daten auch über den Syslog-Dienst schreiben lassen. Dazu muss diese Option auf yes stehen.

MX_MINIMUM=2

Dies gibt die Anzahl der *mimedefang.pl*-Prozesse an, die der Multiplexer mindestens vorhalten soll. Empfohlen wird, mindestens zwei Prozesse vorzuhalten. Auf Systemen, die sehr viele E-Mails bearbeiten, muss dieser Wert entsprechend nach oben korrigiert werden.

MX_MAXIMUM=10
: Dies gibt die Anzahl der maximalen Prozesse an, die der Multiplexer erzeugen darf. Die Standardeinstellung von 2 ist etwas zu niedrig, führt zu unnötigen Wartezeiten und sollte deshalb auf 10 erhöht werden.

MX_IDLE=300
: Bevor MIMEDefang in Erwägung zieht, die Anzahl der Prozesse wieder zu senken, muss ein Prozess eine bestimmte Anzahl von Sekunden untätig sein. Dies wird hier in Sekunden eingestellt.

MX_BUSY=300
: Über diese Option wird eingestellt, ab wie viel Sekunden ein Prozess, der eine E-Mail scannt, als »tot« betrachtet wird. Standardeinstellung ist 30 Sekunden, allerdings sollte dies auf 300 Sekunden erhöht werden, um zu vermeiden, dass bei einem ausgelasteten System unnötig arbeitende Prozesse »gekillt« werden.

MX_QUEUE_SIZE=10
: Wenn MIMEDefang ausgelastet ist, kann es E-Mails queuen und sie erst dann bearbeiten, wenn wieder Prozesse frei sind. Ansonsten würden die E-Mails mit einem temporären Fehler abgelehnt. Über diese Option wird die Anzahl der E-Mails eingestellt, die sich maximal in der Queue befinden dürfen.

MX_QUEUE_TIMEOUT=30
: Die Option legt die maximale Anzahl von Sekunden fest, die sich eine E-Mail in der Queue befinden darf, bevor sie ein Timeout bekommt.

mimedefang.pl.conf

Diese Datei wird von *mimedefang.pl* eingelesen und muss deshalb ein gültiges Perl-Skript sein. Die letzte Zeile sollte deshalb auf keinen Fall entfernt werden. Außerdem müssen Zuweisungen immer mit einem Semikolon abgeschlossen werden. In dieser Datei können Standardeinstellungen aus *mimedefang.pl* überschrieben werden. Normalerweise ist diese Datei leer, aber nachfolgend werden einige Parameter aufgeführt, für die ein Überschreiben sinnvoll ist. Weitere Einstellungen findet man beim Lesen von *mimedefang.pl*.

Virenscanner

Zum Zeitpunkt der Erstellung dieses Buchs liegt MIMEDefang in der Version 2.51 vor und unterstützt die folgenden Virenscanner:

Tabelle 10-1: Von MIMEDefang unterstützte Virenscanner

Interne Bezeichnung	Name	URL	Bemerkungen
AVP	Kaspersky Antivirus	http://www.kaspersky.com/	für < Version 5
AVP5	Kaspersky Antivirus	http://www.kaspersky.com/	für Version 5

Tabelle 10-1: Von MIMEDefang unterstützte Virenscanner (Fortsetzung)

Interne Bezeichnung	Name	URL	Bemerkungen
CLAMAV	ClamAV	http://www.clamav.net/	bei Verwendung des Kommandozeilen-Scanners
CLAMD	ClamAV	http://www.clamav.net/	bei Verwendung des Daemons
FPROT	F-Prot Antivirus	http://www.f-prot.com/	bei Verwendung des Kommandozeilen-Scanners
FPROTD	F-Prot Antivirus	http://www.f-prot.com/	bei Verwendung des Daemons
FSAV	F-Secure Anti-Virus	http://www.f-secure.com/	
HBEDV	Antivir	http://www.hbedv.com/	
VEXIRA	Vexira Antivirus	http://www.centralcommand.com/	
NAI	NAI McAfee uvscan	http://www.mcafeesecurity.com/	
BDC	Bitdefender AntiVirus	http://www.bitdefender.com/	
NVCC	Norman Antivirus	http://www.norman.com/	
SymantecCSS	Symantec AntiVirus	http://enterprisesecurity.symantec.com/	
SOPHIE	Sophos AntiVirus	http://www.sophos.com/	
TREND	Trend Micro AntiVirus	http://www.trendmicro.com/	
CSAV	Command AntiVirus	http://www.authentium.com/	

Um einen dieser Virenscanner einzubinden, muss man in *mimedefang.pl.conf* den Pfad des Virenscanners angeben. Für ClamAV sieht das beispielsweise so aus:

```
$Features{'Virus:CLAMAV'}    = '/usr/bin/clamscan';
```

Wenn man MIMEDefang selbst kompiliert, erkennt MIMEDefang die installierten Virenscanner und bindet sie auch schon ein. Bei einigen Virenscannern muss man darauf achten, dass sie unter demselben Benutzer wie MIMEDefang arbeiten, damit MIMEDefang Zugriff auf sie hat.

$URL = 'http://www.roaringpenguin.com/mimedefang/enduser.php3';
> Hier kann man eine URL angeben, unter der Benutzer, deren E-Mail geblockt wurde und die eine Nachricht erhalten, sich darüber informieren können, warum ihre E-Mail geblockt wurde.

$CSSHost   = "127.0.0.1:7777:local";
> Bei der Verwendung von Symantec kann man hier angeben, wo der Server läuft.

$FprotdHost = "127.0.0.1:10200";
> Bei der Verwendung von F-Prot als Daemon kann man hier angeben, wo der Server läuft.

$SophieSock = "/var/spool/MIMEDefang/sophie";
> Bei der Verwendung von Sophos kann man hier angeben, wo die Socket-Datei liegt, über die MIMEDefang mit Sophos kommunziert. Dabei ist zu beachten, dass MIMEDefang diese Datei lesen und in sie schreiben können muss.

```
$ClamdSock = "/var/spool/MIMEDefang/clamd.sock";
```
Bei der Verwendung von ClamAV-Daemon kann man hier angeben, wo die Socket-Datei liegt, über die MIMEDefang mit ClamAV kommunziert. Dabei ist zu beachten, dass MIMEDefang diese Datei lesen und in sie schreiben können muss.

```
$TrophieSock = "/var/spool/MIMEDefang/trophie";
```
Bei der Verwendung von Trophie in Verbindung mit Trend Micro kann man hier angeben, wo die Socket-Datei liegt, über die MIMEDefang mit Trophie kommunziert. Dabei ist zu beachten, dass MIMEDefang diese Datei lesen und in sie schreiben können muss.

mimedefang-filter

Die Konfigurationsdatei *mimedefang-filter* ist das Herzstück einer jeden MIMEDefang-Installation. Mit ihr ist es möglich, das gesamte Verhalten von MIMEDefang zu steuern. Da es aber den Rahmen dieses Buchs sprengen würde, die kompletten Möglichkeiten von MIMEDefang inklusive der Filterentwicklung zu behandeln, wird als Ausgangspunkt der mitgelieferte Beispielfilter von MIMEDefang genommen.

Wenn man MIMEDefang aus den Quellen installiert, findet man diese Datei unter *examples/suggested-minimum-filter-for-windows-clients*. Die meisten Distributionen installieren diesen Beispielfilter ebenfalls. Da *mimedefang-filter* als Perl-Skript interpretiert wird, muss sie der Perl-Syntax entsprechen. Die letzte Zeile sollte deshalb auf keinen Fall entfernt werden, und Zuweisungen müssen immer mit einem Semikolon abgeschlossen werden. Kommentare werden durch eine Raute (#) eingeleitet.

Funktion von mimedefang-filter

mimedefang-filter ist eigentlich ein Perl-Fragment, das die Arbeitsweise von *mimedefang.pl* steuert. Man kann durch das Setzen von Variablen seine Arbeitsweise steuern. Zusätzlich kann man durch das Definieren von Subroutinen das Verhalten von MIMEDefang vollständig an die eigenen Bedürfnisse anpassen. Im Beispielfilter werden nur vier Routinen überschrieben, MIMEDefang unterstützt allerdings noch mehr Subroutinen (so genannte Callbacks). In diesem Buch werden nur die Beispielfilter besprochen, für alle weiteren Callbacks sei an die MIMEDefang-Dokumentation verwiesen. In der Beispielkonfiguration durchläuft eine E-Mail folgende Callbacks:

```
filter_initialize
```
Diese Funktion wird beim Starten des *mimedefang.pl*-Prozesses durchgeführt. Hier können zum Beispiel Perl-Module geladen oder SpamAssassin vorgeladen

werden. In der Beispielkonfiguration wird hier SpamAssassin geladen, damit er nicht bei jeder E-Mail geladen werden muss.

`filter_begin`
Diese Funktion wird aufgerufen, bevor die einzelnen E-Mail-Teile verarbeitet werden. Der Beispielfilter führt hier einen Virenscan und eine Prüfung auf ungültige Zeichen im Header durch.

`filter`
Diese Funktion wird einmal für jedes Element einer MIME-kodierten Nachricht aufgerufen. Der Beispielfilter führt hier Dateitypprüfungen durch und säubert HTML-E-Mails von gefährlichen Elementen.

`filter_multipart`
Diese Funktion wird einmal für jeden »Multipart«-Container aufgerufen, wie zum Beispiel angehängte E-Mails nach RFC 822. Dabei ist zu beachten, dass in solchen Containern nicht der Inhalt geändert werden kann. Allerdings sollte man auf unerlaubte Dateitypen prüfen. Der Beispielfilter führt hier Dateitypprüfungen durch.

`defang_warning`
Diese Funktion wird aufgerufen, wenn ein Dateiname aus Sicherheitsgründen umbenannt wurde. Der Beispielfilter konfiguriert an dieser Stelle die Warnung, die der Empfänger erhält, nachdem ein Dateiname in einem Anhang geändert wurde.

Die einzelnen Möglichkeiten der Filter werden in diesem Buch nicht weiter beschrieben, da sie zu vielfältig und umfangreich sind. Außerdem wird zum Anpassen der Filter ein Grundwissen in der Programmiersprache Perl benötigt.

Die Beispielkonfiguration ist gut dokumentiert und kann hier als Startpunkt dienen. Weitere Informationen findet man unter:

http://www.mimedefang.org – die MIMEDefang-Webseite

http://www.rudolphtire.com/mimedefang-howto/ – das MIMEDefang-Howto

http://www.thompsonic.com/util/antispam/mimedefang.html – praktische Tipps und Beispielfilter

Konfigurationsoptionen von mimedefang-filter

Im Folgenden werden die Konfigurationsoptionen für *mimedefang-filter* aufgeführt.

```
$AdminAddress = 'postmaster@localhost';
$AdminName = "MIMEDefang Administrator's Full Name";
```
Der Administrator empfängt Quarantäne-E-Mails und ist als Kontakt in den MIMEDefang-E-Mails angegeben.

`$DaemonAddress = 'mimedefang@localhost';`
DaemonAddress ist die Absenderadresse, von der MIMEDefang-Nachrichten kommen. Wenn Antworten auf MIMEDefang-Nachrichten funktionieren sollen, empfiehlt es sich, einen Alias auf die richtige Admin-Adresse zu setzen.

`$AddWarningsInline = 0;`
Wenn diese Option gesetzt ist, versucht MIMEDefang, Warnungen direkt in den Nachrichtentext zu schreiben, anstatt die Warnungen als Anhang anzufügen.

`md_graphdefang_log_enable('mail', 1);`
Diese Option schaltet das Logging von Spam und Vireninformationen über den Syslog-Dienst an. Wenn diese Option aktiviert ist, akzeptiert sie zwei Argumente:

1. 'mail' - Das ist die Kategorie, in der die Nachrichten im Syslog eingeordnet werden.
2. 1/0 - Wenn dieser Parameter auf 1 steht, wird eine Zusammenfassung für jeden Empfänger einer E-Mail generiert, ansonsten wird nur eine Zusammenfassung für alle Empfänger generiert.

`$Stupidity{"NoMultipleInlines"} = 0;`
Es gibt E-Mail-Clients, die nicht in der Lage sind, mehrere Anhänge vom Typ »inline« zu verwenden. Wenn solche Programme verwendet werden, kann man diese Option auf 1 setzen.

GraphDefang

GraphDefang ist ein Perl-Skript, das aus den MIMEDefang-Log-Dateien ansprechende grafische Auswertungen erstellen kann. Um GraphDefang einzusetzen, müssen eine Reihe von Perl-Modulen installiert sein:

- File::ReadBackwards
- GD
- GD::Graph
- GD::Text::Align
- Date::Parse
- Date::Format
- MLDBM
- Storable

Ein Teil dieser Module sollte bei den meisten Distributionen bereits installiert sein. Um GraphDefang mit MIMEDefang einzusetzen, muss das Logging von Statusinformationen eingeschaltet werden. Im Beispielfilter ist diese Option bereits eingeschaltet:

```
md_graphdefang_log_enable('mail', 1);
```

In der GraphDefang-Dokumentation wird der Parameter fälschlich als md_log beschrieben, allerdings wurde dieser Parameter 2003 in md_graphdefang_log umbenannt.

GraphDefang liegt neueren MIMEDefang-Versionen im *contrib/*-Verzeichnis des Quellverzeichnisses bei. Um GraphDefang zu installieren, muss die Datei *graphdefang-config-mimedefang-example* nach */etc/graphdefang/* kopiert und in *graphdefang-config* umbenannt werden. In der Datei ist die Variable $OUTPUT_DIR auf das Verzeichnis anzupassen, in dem die Dateien auf dem Webserver abgelegt werden sollen. Zusätzlich muss $DATAFILE auf die Datei zeigen, in der MIMEDefang seine Statusinformationen ablegt (normalerweise */var/log/mail* oder */var/log/maillog*).

Zusätzlich müssen die Dateien *web/index.php* und *graphdefang.cgi* in $OUTPUT_DIR abgelegt werden, und die Variable $OUTPUT_DIR muss in der Datei *index.php* auf das Verzeichnis gesetzt werden, in dem die Dateien generiert werden sollen.

Abschließend muss man nur noch *graphdefang.pl* nach */usr/local/bin* kopieren und über einen Cronjob dafür sorgen, dass er regelmäßig (empfohlen wird alle 15 Minuten) ausgeführt wird. Abbildung 10-3 zeigt, wie eine Durchsatzgrafik aussieht, Abbildung 10-4 zeigt eine Zusammenfassung aller erfassten Virentypen.

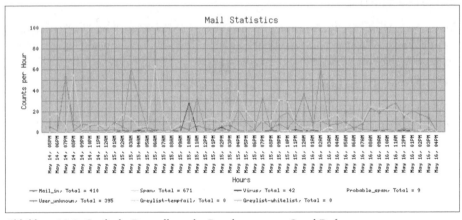

Abbildung 10-3: Grafische Darstellung des Durchsatzes von GraphDefang

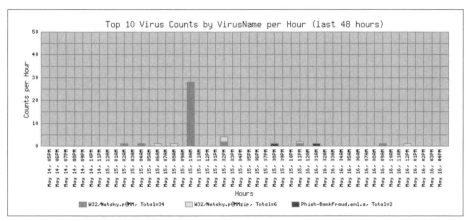

Abbildung 10-4: Grafische Darstellung der erkannten Virentypen mit GraphDefang

KAPITEL 11
E-Mail-Clients

Dieses Kapitel behandelt, wie Spam und Viren auf der Clientseite abgewehrt werden können. Clientseitige E-Mail-Filter sind zunächst notwendig, wenn auf dem Mailserver keinerlei Filterung stattfindet und man auch keinen Zugriff auf den Mailserver hat, um dies zu ändern. Clientseitige Filterung kann aber auch eine sinnvolle Ergänzung zu serverseitiger Filterung sein. So können alle Anwender individuelles Filterverhalten festlegen, zusätzliche Erkennungsmethoden verwenden und zuvor markierte E-Mails aussortieren.

Die clientseitige E-Mail-Filterung kann auf verschiedene Arten geschehen. Dieses Kapitel geht zuerst auf das Programm Fetchmail ein, mit dessen Hilfe ein lokaler Mailserver betrieben werden kann, der alle Fähigkeiten eines normalen Mailservers hat. Dann werden einige POP3-Proxies vorgestellt, die E-Mails während der Übertragung vom Mailserver an das E-Mail-Client-Programm analysieren und filtern können. Und schließlich werden die E-Mail-Clients selbst behandelt, wobei für einige populäre Produkte jeweils verschiedene Features vorgestellt werden, mit denen Spam oder Viren abgewehrt werden können.

IMAP und POP3

IMAP und POP3 sind Protokolle, über die E-Mail-Client-Programme E-Mails vom Mailserver abholen können. Sie unterscheiden sich konzeptionell von SMTP dadurch, dass hier der Empfänger die Transaktion steuert.

POP3 (Post Office Protocol Version 3), beschrieben in RFC 1939, ist ein sehr einfach gehaltenes Protokoll, das Clients lediglich die Möglichkeit gibt, E-Mails vom Server herunterzuladen und sie vom Server zu löschen. POP3 hat keine Möglichkeit, E-Mails auf dem Server zu bearbeiten oder mehrere Postfächer auf dem Server zu pflegen (außer mit getrennten Benutzerkonten). POP3 wird von den meisten E-Mail-Clients unterstützt.

Fortsetzung

IMAP (Internet Message Access Protocol), beschrieben in RFC 3501 und weiteren Dokumenten, ist ein umfangreicheres Protokoll, das unter anderem mehrere Postfächer auf dem Server unterstützt und die Bearbeitung von E-Mails auf dem Server ermöglicht. Im Gegensatz zu POP3 verbleiben E-Mails beim Zugriff über IMAP in der Regel auf dem Server und werden nur bei Bedarf vorübergehend auf den Client geladen. Das ermöglicht auch den Zugriff auf die E-Mails von verschiedenen Orten aus. Da IMAP verglichen mit POP3 ein wesentlich robusteres Protokoll ist, wird es gelegentlich auch in »POP3-Manier« verwendet, also einfach zum Herunterladen und Löschen von E-Mails. Viele E-Mail-Clients unterstützen IMAP, wenn auch in unterschiedlichem Umfang. ISPs bieten mitunter absichtlich keinen IMAP-Zugang auf ihre Mailserver, damit die Nutzer gezwungen werden, die E-Mails mit POP3 vom Server zu entfernen.

Sowohl IMAP als auch POP3 benötigen spezielle Server-Software, um den jeweiligen Dienst anzubieten. Diese Software wird auf dem Mailserver installiert, der die E-Mails für eine bestimmte Domain annimmt. Dabei muss der IMAP- beziehungsweise POP3-Server mit dem jeweiligen SMTP-Server abgestimmt werden. Es gibt zahlreiche freie IMAP- und POP3-Server-Produkte, auf die hier aber nicht weiter eingegangen werden soll.

E-Mail-Filterung mit Fetchmail

Fetchmail ist ein Programm, das E-Mails von einem entfernten Mailserver über eines der üblichen Protokolle IMAP oder POP3 abholt und in einen lokal laufenden Mailserver über SMTP einspeist. Dieser lokale SMTP-Server verhält sich dann so, als kämen die E-Mails aus dem Internet (außer dass die IP-Adresse des SMTP-Clients jetzt der lokale Rechner ist), und kann die E-Mails wie jeder andere normale SMTP-Server verarbeiten, also je nach Konfiguration in Postfächer ausliefern, weiterleiten, filtern oder zurücksenden. Fetchmail wird oft verwendet, wenn ein Rechner oder das Netzwerk einer Organisation nur über eine Einwahlleitung mit dem Internet verbunden ist und die aus dem Internet kommenden E-Mails daher nicht direkt zugestellt werden können. Dann werden die E-Mails auf einem mit dem Internet permanent verbundenen Rechner gesammelt und von einem innerhalb des lokalen Netzes stehenden zweiten Mailserver von Zeit zu Zeit mit Fetchmail abgeholt. Auf den lokalen Mailserver kann man dann vom E-Mail-Client aus je nach Notwendigkeit und Konfiguration wiederum mit IMAP, POP3 oder direkt über das Dateisystem zugreifen. Abbildung 11-1 veranschaulicht das Funktionsprinzip von Fetchmail.

Die Verwendung von Fetchmail ist aber auch ein Ausweg, wenn der eigentliche Mailserver mit permanenter Verbindung zum Internet, der möglicherweise vom ISP

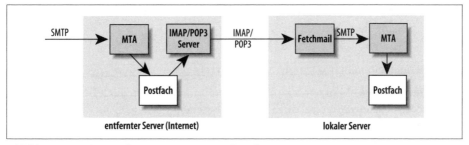

Abbildung 11-1: Das Funktionsprinzip von Fetchmail

gestellt wird, keine oder nur unzureichende E-Mail-Filterung oder mangelnde Konfigurationsmöglichkeiten bietet. Dann kann lokal ein eigener Mailserver eingerichtet werden, der die E-Mails vom Mailserver des ISP abholt und dann die in diesem Buch behandelten Spam- und Virenfilterlösungen selbst anwendet. Fetchmail selbst enthält aber ausdrücklich keine besonderen Vorrichtungen zur Filterung von E-Mails; dies muss der MTA oder eine andere Komponente erledigen.

Die Einrichtung von Fetchmail soll hier nicht beschrieben werden. Sie hängt sehr von der lokalen Netzwerkkonfiguration, der Anbindung an das Internet, der Konfiguration der Mailserver und anderen spezifischen Details ab. Eine grafische Bedienoberfläche, Fetchmailconf, die mit Fetchmail mitgeliefert wird, kann beim Einrichten und Testen der Konfiguration behilflich sein (siehe Abbildung 11-2).

In Bezug auf die in diesem Buch vorgestellten serverseitigen Spam- und Virenfilterlösungen seien für Anwender von Fetchmail folgende Hinweise gegeben:

- Alle in diesem Buch behandelten MTA-Implementierungen – Postfix, Exim, Sendmail – arbeiten gleichermaßen gut mit Fetchmail zusammen. Das Gleiche gilt für die behandelten Filter-Frameworks AMaViS, MailScanner und MIME-Defang.
- Gegen den Einsatz von SpamAssassin bestehen keine Bedenken.
- DNS-Blackhole-Lists sind nur sinnvoll, wenn sie aus SpamAssassin heraus zur Bewertung einer E-Mail mit Punkten verwendet werden, nicht aber im MTA zur Ablehnung der Verbindung, da diese ja vom lokalen Rechner oder einem anderen Rechner unter eigener Kontrolle und nicht mehr vom ursprünglichen Client kommt. Allerdings sollte bedacht werden, dass DNS-Blackhole-Lists eine Internetverbindung benötigen. Wenn Fetchmail verwendet wird, weil die Internetverbindung zu langsam oder nicht ständig aktiv ist, sollten DNS-Blackhole-Lists nicht verwendet werden.
- Pyzor und DCC können eingesetzt werden, aber ebenfalls nur, wenn eine ausreichende Internetverbindung vorhanden ist.

- Greylisting ist natürlich sinnlos, da alle Client-Verbindungen immer vom selben Rechner kommen werden.
- Virenscanner können unverändert eingesetzt werden.
- Procmail kann ebenso problemlos weiterverwendet werden.

Die Analyse einer E-Mail auf Spam und Viren im MTA kann auch bei Verwendung von Fetchmail schon während des SMTP-Dialogs oder erst nach Annahme der E-Mail stattfinden. Die in Kapitel 3, *Spam- und Virenabwehr mit Postfix, Exim und Sendmail* beschriebenen Techniken behalten also auch beim Einsatz von Fetchmail ihre Gültigkeit. Wenn die Analyse nach der Annahme stattfindet, spielt die Verwendung von Fetchmail zur Einlieferung keine Rolle mehr; die Umstände sind also aus Sicht des MTA unverändert. Wird eine E-Mail schon während des SMTP-Dialogs abgelehnt, muss Fetchmail als agierender SMTP-Client darauf reagieren und bietet dabei zwei Möglichkeiten:

- Wenn eine E-Mail vom lokalen Mailserver abgelehnt wird, sendet Fetchmail eine Fehlermeldung (so genannte Bounce-Meldung) an den Absender und stellt die E-Mail nicht mehr zu. Dieses Verhalten ist bei den meisten Fehlertypen wünschenswert, um Absender zum Beispiel über einen ungültigen Benutzernamen zu informieren. Aus Sicht des Absenders simuliert dieses Verhalten ungefähr das Verhalten von »normalen« Mailservern ohne Verwendung von Fetchmail.
- Wenn eine E-Mail vom lokalen Mailserver abgelehnt wird und der Fehlercode darauf hindeutet, dass die E-Mail als Spam oder Virus eingestuft wurde, verwirft Fetchmail die E-Mail einfach. Dieses Verhalten ist sinnvoll, weil der Absender einer solchen E-Mail wahrscheinlich sowieso gefälscht ist. Wie schon mehrfach erwähnt, sollte auf Spam oder Viren auf gar keinen Fall mit Rücksendungen oder Warnmeldungen an den Absender reagiert werden.

Fetchmail ist also schon darauf vorbereitet, vernünftig mit Spam- und Virenfiltern zusammenzuarbeiten. Leider ist der Fehlercode, der auf eine als Spam oder Virus abgelehnte E-Mail hindeutet, nicht einheitlich. Richtig ist laut relevanten Standards RFC 2821 der Code 550 (»Requested action not taken: mailbox unavailable (e.g., mailbox not found, no access, or command rejected for policy reasons)«). Die neueren Versionen von Exim und Sendmail verwenden diesen Code. Bei Postfix erzeugen Ablehnungen auf Grund von Zugangskontrollregeln (`smtpd_*_restrictions`, Access-Tabellen) stattdessen den Code 554 (laut RFC 2821: »Transaction failed«). Ältere Versionen von Exim verwendeten den Code 501, ältere Versionen von Sendmail den Code 571. Da diese Codes auch im MTA umgestellt werden können, sollte man am besten am konkreten Fall austesten, welche Codes erzeugt werden.

In der Voreinstellung interpretiert Fetchmail *keinen* Fehlercode als Anti-Spam-Code. Die zu verwendenden Codes müssen mit der Server-Option `antispam` gesetzt werden. Außerdem muss die globale Option `set no spambounce` gesetzt sein, sonst wird auf Anti-Spam-Codes trotzdem mit einer Bounce-Meldung reagiert. Die globale Option set bouncemail legt fest, dass Fehlermeldungen an den Absender gehen; mit set no bouncemail würden sie nur an den Postmaster gehen. Beispiel 11-1 zeigt eine Fetchmail-Konfigurationsdatei (*.fetchmailrc*), mit der Fehlermeldungen normalerweise an den Absender gehen, aber die Fehlercodes 550 und 554 als Spam (oder Virus) interpretiert werden und daraufhin keine Fehlermeldungen gesendet werden.

Beispiel 11-1: Fetchmail-Konfiguration mit Anti-Spam-Konfiguration

```
set postmaster "postmaster"
set bouncemail
set no spambounce

poll pop.provider.net with proto POP3
    user 'john' there with password 'sekret' is 'john' here
    antispam 550 554
```

Abbildung 11-2 zeigt, wie die Anti-Spam-Codes in Fetchmailconf eingestellt werden.

Ist die E-Mail-Filterung auf dem Mailserver nicht möglich oder nicht zufrieden stellend, ist die Verwendung von Fetchmail und einem lokalen Mailserver oft besser, als die E-Mail direkt vom E-Mail-Client herunterladen und filtern zu lassen, denn die Konfigurationsmöglichkeiten eines Mailservers sind üblicherweise viel umfangreicher als die eines E-Mail-Clients. Für Netzwerke ohne permanenten Internetzugang ist Fetchmail ebenfalls eine exzellente Lösung. Außerdem wird so eine zusätzliche Sicherheitsebene zwischen dem Internet und dem möglicherweise unsicheren E-Mail-Client geschaffen. Fetchmail läuft allerdings nur auf Unix-ähnlichen Betriebssystemen, ist also für Rechner, die auf Microsoft Windows laufen, keine Option.

POP3-Proxies

Wenn man keine Administratorrechte auf dem Mailserver hat und die Einrichtung eines lokalen Mailservers in Verbindung mit Fetchmail nicht in Frage kommt, bietet sich die Möglichkeit, einen POP3-Proxy einzurichten, der die Filterung von E-Mails erledigen kann. Ein POP3-Proxy läuft als Serverprozess auf einem lokalen Rechner, entweder auf dem Arbeitsplatzrechner des Empfängers oder auf einem anderen Rechner im lokalen Netzwerk. E-Mail-Programme werden so konfiguriert, dass sie statt des POP3-Servers im Internet den lokalen Rechner als POP3-Server ansprechen. Durch IP-Filter- oder Firewall-Regeln im Router des lokalen Netzes kann diese Umleitung auch »transparent«, also automatisch und für den Client unsichtbar, gemacht werden. Der POP3-Proxy reicht alle Anfragen an den POP3-Server im

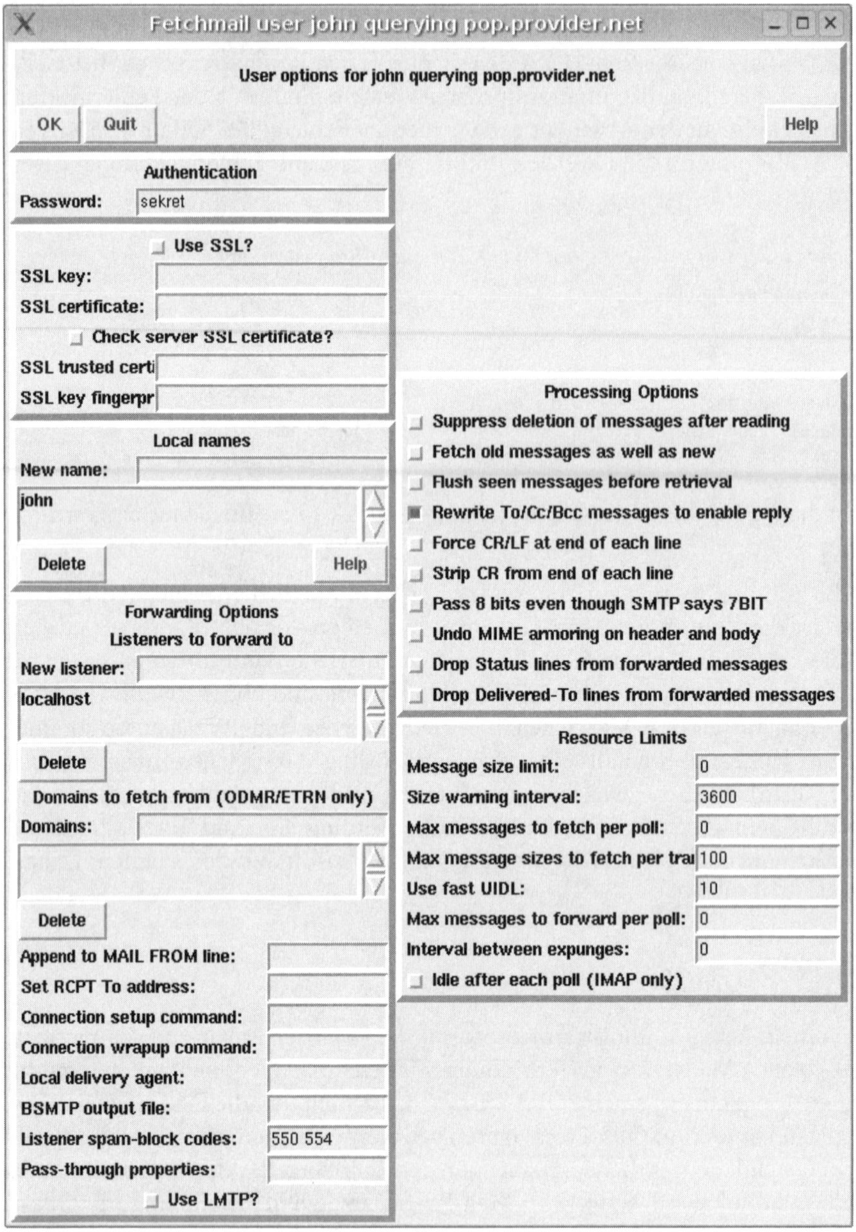

Abbildung 11-2: Fetchmailconf

Internet weiter. Wenn eine E-Mail heruntergeladen werden soll, wird der POP3-Proxy die E-Mail auf Spam oder Viren prüfen, je nach Funktionsumfang, und die E-Mail je nach Einstellung verwerfen oder in eine Quarantäne legen.

In diesem Abschnitt werden einige POP3-Proxy-Produkte vorgestellt, die zur E-Mail-Filterung verwendet werden können. Davon läuft eines auf Unix-ähnlichen Betriebssystemen, zwei laufen auf Microsoft-Windows-Betriebssystemen und eines ist plattformunabhängig. Neben diesen gibt es noch zahlreiche proprietäre Lösungen für den Windows-Bereich, die hier nicht beschrieben werden. Bei der Bewertung anderer Produkte sollte man jedoch beachten, dass nicht alle POP3-Proxies der E-Mail-Filterung dienen. Einige sind für andere Aufgaben wie eine effizientere Verbindungsverwaltung ausgelegt.

Es gibt auch IMAP-Proxies, aber diese werden üblicherweise nicht zur Filterung von E-Mails eingesetzt. Daher können hier keine einsatzbereiten Produkte vorgestellt werden.

POP3-Proxies unterstützen teilweise keine SSL-Verschlüsselung oder ausgefallene Authentifizierungsmechanismen. Wenn darauf Wert gelegt wird, sollten die Produkte sorgfältig überprüft und getestet werden.

P3Scan

P3Scan ist ein POP3-Proxy für Linux- und BSD-Systeme. Es ist der Nachfolger von POP3VScan und zurzeit der einzige POP3-Proxy für Linux und BSD mit ansprechender Funktionalität. P3Scan unterstützt unter anderem die Spam-Erkennung über SpamAssassin und DSPAM (ein statischer Spam-Filter, *http://www.nuclearelephant.com/projects/dspam/*) sowie diverse Virenscanner-Produkte, einschließlich ClamAV. P3Scan wird üblicherweise verwendet, um ein lokales Netzwerk mit »anderen« Betriebssystemen, also insbesondere Windows, vor Spam und Viren zu schützen. Dazu wird es auf dem unter Linux oder BSD laufenden Router des lokalen Netzwerks installiert, und dann werden per IP-Paket-Filterregeln alle POP3-Verbindungen über den Proxy geleitet. Weder die E-Mail-Clients noch der entfernte POP3-Server bekommen davon etwas mit oder müssen umkonfiguriert werden, was der erhebliche Vorteil dieser Lösung ist.

Wenn P3Scan ein Virus entdeckt, wird stattdessen eine Warnmeldung an den Empfänger weitergeleitet. Die ursprüngliche E-Mail kann entweder gelöscht oder in einem Verzeichnis auf dem Proxy-Server aufgehoben werden. Wenn P3Scan Spam entdeckt, wird die E-Mail vom externen Spam-Erkennungsprogramm umgeschrieben und dann von P3Scan weitergeleitet. SpamAssassin könnte zum Beispiel die Betreffzeile umschreiben oder zusätzliche Header einfügen.

P3Scan hat eine umfangreiche und ausführlich dokumentierte Konfigurationsdatei */etc/p3scan/p3scan.conf*, in der das Filterverhalten konfiguriert wird. Die wichtigsten Einstellungen sind:

`user = mail`
: Diese Einstellung bestimmt den Benutzer, unter dem der Proxy laufen soll. Die Voreinstellung ist `mail`. Die Einstellung wird aber nur beachtet, wenn der Proxy als root gestartet wird. Bei der manuellen Installation von P3Scan muss beachtet werden, dass alle von P3Scan benötigten Verzeichnisse (siehe folgende Einstellungen) von diesem Benutzer gelesen und geschrieben werden können.

`notifydir = /var/spool/p3scan/notify`
: Dieses Verzeichnis wird als vorübergehender Speicher zur Erstellung der Warnmeldungen verwendet.

`virusdir = /var/spool/p3scan`
: In diesem Verzeichnis werden E-Mails zur Überprüfung durch den Virenscanner abgespeichert. Der Virenscanner muss auf dieses Verzeichnis Lesezugriff haben.

`justdelete`
: Wenn diese Einstellung gesetzt ist, werden E-Mails mit Viren oder Spam gelöscht, ansonsten werden sie im Quarantäne-Verzeichnis (Option `virusdir`) belassen.

`scannertype = ...`
`scanner = ...`
: Damit wird der Virenscanner ausgewählt. Die Konfigurationsdatei enthält Beispiele für mehrere Virenscanner-Produkte.

`viruscode = ...`
`goodcode = ...`
: Damit werden die zu erwartenden Exitcodes der Virenscanner-Programme eingestellt. Die Konfigurationsdatei enthält hierfür Hinweise.

`virusregexp`
: Damit wird ein regulärer Ausdruck angegeben, mit dem P3Scan aus der Ausgabe des Virenscanners den Namen des Virus ermitteln kann. Die Konfigurationsdatei enthält auch hierfür Beispiele.

`demime`
: Diese Einstellung bestimmt, dass P3Scan die MIME-Kodierung der E-Mail auflösen soll, bevor die E-Mail dem Virenscanner übergeben wird. Dies ist nötig, wenn der Virenscanner das nicht selbst kann. Bei ClamAV ist dies beispielsweise nicht nötig, wenn dort die Option `ScanMail` gesetzt ist.

`broken`
: Diese Option kann bei bestimmten Versionen von Outlook oder Outlook Express nötig sein, wenn es Probleme beim Herunterladen von E-Mails gibt.

`ispspam = ...`
: Wenn der Mailserver schon selbst die E-Mails auf Spam prüft und markiert, kann hier eine Zeichenkette eingegeben werden, an der das erkannt wird, damit

P3Scan schon als Spam erkannte E-Mails nicht noch einmal prüfen lassen muss. Wenn auf dem Mailserver beispielsweise schon SpamAssassin im Einsatz ist, dann wäre

    ispspam = X-Spam-Flag: YES

hier eine sinnvolle Einstellung.

checkspam
: Mit dieser Einstellung wird die Spam-Erkennung eingeschaltet. In der Voreinstellung wird nicht auf Spam geprüft.

spamcheck = ...
: Damit wird das Programm zur Erkennung von Spam eingestellt. Die Konfigurationsdatei enthält Beispiele für SpamAssassin und DSPAM.

renattach = /usr/bin/renattach
: Mit dieser Einstellung, die das separate Paket renattach benötigt, werden die Bezeichnungen gefährlicher Anhänge in unschädliche Namen umbenannt, zum Beispiel *test.exe* in *test.exe.bad*. renattach muss separat konfiguriert werden.

overwrite = /usr/bin/p3pmail
: Mit dieser Einstellung, die das separat über die Website von P3Scan erhältliche Programm p3pmail benötigt, werden HTML-E-Mails automatisch so umgeschrieben, dass sie im E-Mail-Client unschädlich sind.

template = /etc/p3scan/p3scan.mail
: Mit dieser Einstellung wird der Inhalt der Warnmeldung bei einem Virus konfiguriert. Das voreingestellte Template ist auf Englisch, aber unter */etc/p3scan/p3scan-ge.mail* gibt es auch ein deutsches, das man stattdessen verwenden kann.

subject = ...
: Mit diesen Einstellungen wird der Betreff der Warnmeldung bei einem Virus konfiguriert. Der voreingestellte Text ist auf Englisch, so dass man ihn vielleicht ändern möchte.

Beispiele zur Konfiguration der IP-Filterregeln zur Umleitung des POP3-Verkehrs über den Proxy sind ebenfalls in der mitgelieferten Dokumentation enthalten. Diese sollten so eingerichtet werden, dass sie beim Booten des Rechners oder Starten des P3Scan-Daemons automatisch aktiviert werden. Das *init.d*-Skript wäre auf Linux-Systemen der richtige Platz dafür. In fertigen Paketen ist dies teilweise schon erledigt.

P3Scan ist eine gute Lösung, um mit geringem Aufwand ein Netzwerk mit Windows-Clients, die ihre E-Mails über POP3 abholen, vor Spam und Viren zu schützen, wenn die E-Mail-Filterung nicht auf dem Mailserver abgewickelt werden kann.

ClamMail

ClamMail (*http://www.bransoft.com/clammail/clammail.html*) ist ein POP3-Proxy für Windows, der die heruntergeladenen E-Mails auf Viren scannt. Dazu wird die Bibliothek des Virenscanners ClamAV verwendet. ClamMail ist als persönlicher Proxy gedacht, also als Proxy, der nur einen oder wenige Rechner bedient, nicht ein ganzes Netzwerk. Ein Windows-Installer-Paket von ClamMail kann über die Website bezogen und wie üblich mit wenigen Mausklicks installiert werden.

ClamMail läuft als Windows-Dienst im Hintergrund. Über ein Symbol in der Taskleiste wird das Konfigurationsfenster aufgerufen (siehe Abbildung 11-3).

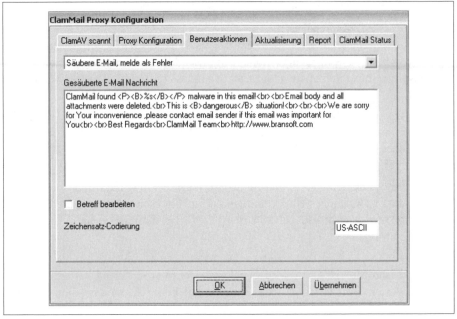

Abbildung 11-3: Konfiguration von ClamMail

- Im Register *ClamAV scannt* werden einige ClamAV-Einstellungen vorgenommen. Informationen über die verschiedenen Konfigurationsoptionen von ClamAV findet man in Kapitel 7, *Virenscanner*.

- Im Register *Proxy Konfiguration* können die IP-Adresse und die Portnummer des Proxy-Servers bestimmt werden. Normalerweise wird localhost (also 127.0.0.1) und 110, die Standardportnummer von POP3, verwendet. Wenn auch andere Rechner den Proxy-Server verwenden sollen, muss eine extern erreichbare IP-Adresse angegeben werden. Mit der Angabe 0.0.0.0 werden alle Verbindungen angenommen.

- Im Register *Benutzeraktionen* wird eingestellt, wie ClamMail mit Viren verfahren soll. ClamMail bietet drei Verfahrensweisen: Es kann das Virus löschen und stattdessen den Inhalt der E-Mail durch eine Warnmeldung ersetzen, es kann einen Fehler an den Benutzer melden und die E-Mail vergessen, oder es kann lediglich den Header X-Virus in die E-Mail einfügen und sie nebst Virus weiterleiten. Der Text der Warnmeldung kann ebenfalls eingestellt werden. Wenn das Feld *Betreff bearbeiten* markiert ist, wird in jeder erkannten E-Mail »[VIRUS] Virusname« vor den ursprünglichen Betreff gestellt. Damit kann die E-Mail auch in Clients aussortiert werden, die nur nach Betreff filtern können.
- ClamMail verwaltet auch die Aktualisierung der Virensignaturen von ClamAV. Dies wird im Register *Aktualisierung* eingestellt. Informationen zum Aktualisierungsmechanismus von ClamAV sind ebenfalls in Kapitel 7, *Virenscanner* zu finden.
- Im Register *Report* kann eingestellt werden, dass bei jedem erkannten Virus eine Nachricht an eine bestimmte E-Mail-Adresse, zum Beispiel einen Administrator, gesendet wird.
- Schließlich kann im Register *ClamMail Status* der aktuelle Zustand des Diensts eingesehen werden.

Die unter *Proxy Konfiguration* eingestellten Werte bestimmen, wie der Proxy von einem E-Mail-Client kontaktiert werden kann. Im E-Mail-Client werden als POP3-Verbindungsparameter also in der Regel als Hostname localhost und als Portnummer 110 angegeben. Die Verbindungsparameter zum ursprünglichen POP3-Server werden nicht in ClamMail konfiguriert, sondern in den im E-Mail-Client konfigurierten Benutzernamen kodiert. Daher kann ClamMail auch einfach mit mehreren POP3-Servern gleichzeitig verwendet werden. Der Hostname des POP3-Servers wird an den Benutzernamen mit einem Backslash angehängt. Wenn der Benutzername zum Beispiel john ist und der POP3-Server auf dem Host *pop.provider.net* läuft, wird im E-Mail-Client folgender Benutzername eingestellt:

```
john\pop.provider.net
```

Eine TCP-Portnummer kann mit einem Doppelpunkt angehängt werden, aber der Standardport 110 reicht normalerweise aus. ClamMail unterstützt auch SSL/TLS über POP3. Normalerweise wird dies automatisch ausgehandelt. Wenn SSL jedoch Pflicht ist, muss an das Ende der Benutzerangabe ein + angehängt werden. Soll SSL vermieden werden, dann kann ein - angehängt werden.

ClamMail ist ein kleines und kompaktes Produkt, das genau eine Aufgabe erfüllt, nämlich Viren vom E-Mail-Client fern zu halten. Da ClamMail aber nichts gegen Spam unternimmt, ist der Einsatz nur sinnvoll, wenn der E-Mail-Client selbst oder eine andere Komponente die Spam-Filterung übernehmen kann.

Pop3Proxy

Pop3Proxy (*http://mcd.perlmonk.org/pop3proxy/*) ist ein POP3-Proxy mit SpamAssassin-Unterstützung, gedacht für Windows-Betriebssysteme. Es war einer der ersten SpamAssassin-Proxies überhaupt und ist anscheinend nach wie vor der einzige wirklich einsatzfähige, der auf Windows-Systemen läuft und unter einer Open Source-Lizenz steht. Pop3Proxy wurde für SpamAssassin Version 2.31 geschrieben, arbeitet aber auch mit den Versionen 2.6x zusammen. Um SpamAssassion Version 3 zu unterstützen, muss ein Patch eingespielt werden, der unter *http://opensource.perlig.de/misc/pop3proxy.html* erhältlich ist.

Die Installation von Pop3Proxy kann für Windows-Benutzer eine Herausforderung sein. Es müssen Perl, diverse Perl-Module und SpamAssassin installiert sowie oben genannter Patch eingespielt werden. Pop3Proxy selbst ist als ZIP-Archiv erhältlich und muss ebenfalls von Hand installiert werden. Detaillierte Anweisungen sind auf der Website von Pop3Proxy zu finden. Ein mit der Kommandozeile vertrauter Administrator sollte die Installation durchführen.

Wenn Pop3Proxy installiert ist, kann es ganz einfach mit folgendem Befehl gestartet werden:

```
c:\perl\bin\perl c:\pop3proxy\pop3proxy.pl --host pop.provider.net
```

Mit der Option `--host` wird der eigentliche POP3-Server angegeben, an den Pop3Proxy alle Anfragen weiterleiten soll. Dieser Befehl startet Pop3Proxy in einem DOS-Fenster. Dort kann das Programm mit der Tastenkombination Strg-C beendet werden. Läuft alles wie geplant, kann man Pop3Proxy stattdessen folgendermaßen starten:

```
c:\perl\bin\wperl c:\pop3proxy\pop3proxy.pl --host pop.provider.net
```

Mit `wperl` wird das Programm im Hintergrund ausgeführt. Diesen Befehl könnte man sich dann zum Beispiel in eine Verknüpfung auf den Arbeitsplatz legen oder beim Start des Systems automatisch aus dem Autostart-Ordner ausführen lassen. Beendet werden kann Pop3Proxy, wenn es im Hintergrund läuft, entweder über den Taskmanager oder über das mit Pop3Proxy mitgelieferte Programm `kill_proxy.pl`.

Im E-Mail-Client muss einfach der Eintrag des POP3-Servers auf `localhost` geändert werden, damit auf alle E-Mails über Pop3Proxy zugegriffen wird.

Pop3Proxy übergibt alle heruntergeladenen E-Mails an SpamAssassin, das damit entsprechend seinen Einstellungen verfährt, also zum Beispiel die Betreffzeile umschreibt oder zusätzliche Header einfügt. Benutzerspezifische Einstellungen werden dabei in der Datei *user_prefs* im Installationsverzeichnis von Pop3Proxy erwartet (also zum Beispiel *c:\pop3proxy\user_prefs*). Nicht-lokale Tests (zum Beispiel DNSBL-Abfragen) führt Pop3Proxy automatisch nicht aus. Da SpamAssassin E-Mails nur markiert, muss die Aussortierung der E-Mails im E-Mail-Client erfolgen.

Abgesehen von der umständlichen Installation ist Pop3Proxy eine einfache und funktionelle Lösung zur Spam-Erkennung auf Windows. Da es aber keinerlei Unterstützung für Virenscanner bietet, ist es nur nützlich, wenn die Virenerkennung schon anderswo erledigt wird. Die »Verkettung« mit anderen POP3-Proxies wie ClamMail wäre denkbar. Dazu muss einfach einer der Proxies eine andere Portnummer verwenden. Die Stabilität solcher Konstruktionen ist allerdings zweifelhaft.

POPFile

POPFile (*http://popfile.sourceforge.net/*) ist ein POP3-Proxy, der E-Mails nach dem Bayes-Verfahren anhand der statistischen Häufigkeit von Wörtern klassifiziert. POPFile ist in Perl geschrieben und läuft auf allen verbreiteten Betriebssystemen. POPFile ist eigentlich darauf ausgelegt, sämtliche E-Mails thematisch zu sortieren, also nicht nur in Spam und Nicht-Spam, sondern zum Beispiel auch privat, Beruf, Hobby, wichtig. Als reiner Spam-Filter ist es daher vielleicht ein wenig unterfordert, kann aber trotzdem nützlich sein.

Installiert wird POPFile auf Windows durch einen einfachen Installer, für andere Betriebssysteme gibt es ein ZIP-Archiv, das man selbst installieren kann. Konfiguriert, administriert und vor allem trainiert wird POPFile komplett über ein Web-Interface.

Bei klassifizierter E-Mail kann POPFile wahlweise entweder einen zusätzlichen Header einfügen, zum Beispiel X-Text-Classification: privat, oder die Betreffzeile umschreiben, zum Beispiel [privat] Alter Betreff.

POPFile ist eine interessante Lösung zur Filterung von Spam. Da es sich aber ausschließlich auf das Bayes-Verfahren verlässt, muss man mit viel Trainingsaufwand insbesondere zu Anfang rechnen, und man verzichtet auch auf mehrere andere Spam-Erkennungstechniken, die zum Beispiel SpamAssassin bietet. Der Einsatzbereich von POPFile ist auch eingeschränkt, da es ausschließlich als POP3-Filter ausgelegt ist. Da POPFile keine Virenscanner-Unterstützung bietet, sollte die Virenfilterung beim Einsatz von POPFile entweder auf dem Mailserver oder durch Verkettung mit einem anderen Proxy geschehen. Konfigurationshinweise dazu findet man auf der POPFile-Website.

Anti-Spam-Features der E-Mail-Clients

In diesem Abschnitt werden die Features der E-Mail-Clients beschrieben, die zur Abwehr von Spam und Viren dienen können. Dabei wird auf zwei Punkte eingegangen:

1. Wie kann der E-Mail-Client so sicher wie möglich konfiguriert werden?
2. Wie können Spam-Erkennungssysteme eingebunden werden?

Die folgenden Einstellungen, die in den meisten E-Mail-Clients auf die eine oder andere Art möglich sind, sind relevant für Sicherheit und Privatsphäre:

- Die automatische Darstellung von HTML-E-Mails ist oft anfällig für Sicherheitslücken, insbesondere auch weil Angreifer in HTML-Dokumente »aktive« Inhalte wie JavaScript, ActiveX und Java-Applets einbauen können, die mitunter unkontrolliert auf dem lokalen Rechner ausgeführt werden. E-Mail-Clients sollten die Möglichkeit bieten, die HTML-Darstellung und die Darstellung von aktiven Inhalten abzuschalten.

- E-Mail-Clients sollten keine Bilder oder andere in die E-Mail eingebundenen Verweise automatisch aus dem Internet laden dürfen. Dies ist eine häufig von Spammern verwendete Technik, um überprüfen zu können, ob die E-Mail von jemandem gelesen worden ist. Zu diesem Zweck sind solche verlinkten Bilder oft nur ein Pixel groß und durchsichtig. Solche externen Links in E-Mails werden auch Webbugs (also Web-Wanzen) genannt. Legitime E-Mails können Bilder und andere zusätzliche Medien einfach an die E-Mail anhängen und mitsenden, anstatt Links auf externe Websites zu setzen.

Dies sind hier selbstverständlich keine Bedienungsanleitungen für die E-Mail-Clients, sondern nur kurze Hinweise dazu, wie die Programme im Sinne des bisher Behandelten sicher konfiguriert werden und mit Spam- und Virenfiltern zusammenarbeiten können.

Evolution

Evolution ist der E-Mail-Client des GNOME-Desktops (*http://www.gnome.org/projects/ evolution/*).

Sicherheitseinstellungen

Sicherheitsrelevante Einstellungen werden erreicht über das Menü *Bearbeiten → Einstellungen* (in früheren Versionen unter *Werkzeuge → Einstellungen*) im Abschnitt *E-Mail-Einstellungen*, Register *HTML-E-Mail*. Abbildung 11-4 zeigt das Dialogfeld mit den empfohlenen Einstellungen.

Der Button *Laden von Bildern* sollte auf *Bilder nie aus dem Internet laden* stehen, um Webbugs zu deaktivieren.

Spam-Filterung

Evolution verwendet intern SpamAssassin zur Spam-Filterung. Die Konfiguration der Spam-Erkennung wird über das Menü *Bearbeiten → Einstellungen*, Abschnitt *E-Mail-Einstellungen*, Register *Unerwünscht* erreicht, siehe Abbildung 11-5. Das Kontrollkästchen *Eingehende E-Mails daraufhin überprüfen, ob sie unerwünscht sind* aktiviert SpamAssassin; das Feld *Zusätzliche Ferntests durchführen* aktiviert DNS-Blackhole-Lists in SpamAssassin.

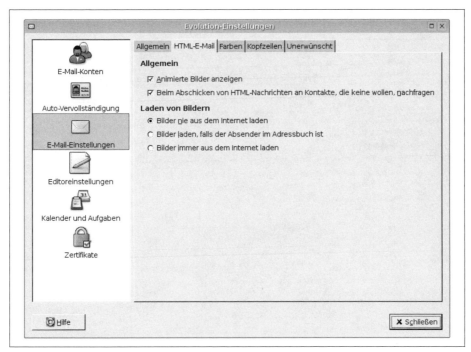

Abbildung 11-4: Sicherheitsrelevante Einstellungen in Evolution

Von SpamAssassin erkannte E-Mails werden dann von Evolution automatisch in den Ordner *Unerwünscht* (in der englischen Version *Junk*) verschoben.

Im Kontextmenü jeder E-Mail befindet sich die Aktion *Als unerwünscht markieren* (siehe Abbildung 11-6). Damit wird der statistische Bayes-Filter von SpamAssassin trainiert.

Selbstverständlich können in Evolution auch eigene Filter angelegt werden, um schon markierte E-Mails zu sortieren. Die Filterdefinitionen findet man unter *Werkzeuge → Filter*.

KMail

KMail ist der E-Mail-Client der KDE-Desktop-Umgebung (*http://kmail.kde.org/*).

Sicherheitseinstellungen

Sicherheitsrelevante Einstellungen werden erreicht über das Menü *Einstellungen → KMail einrichten* im Abschnitt *Sicherheit*, Register *Lesen*. Abbildung 11-7 zeigt das Dialogfeld mit den empfohlenen Einstellungen.

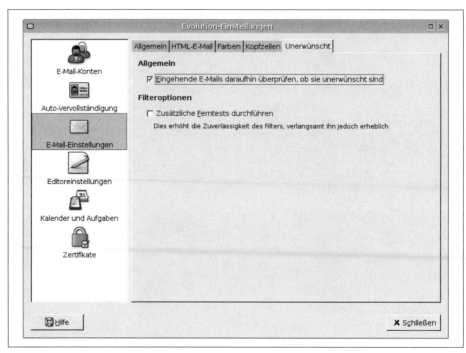

Abbildung 11-5: Konfiguration der Spam-Erkennung in Evolution

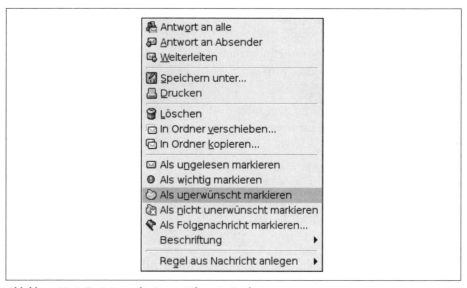

Abbildung 11-6: Trainieren des Bayes-Filters in Evolution

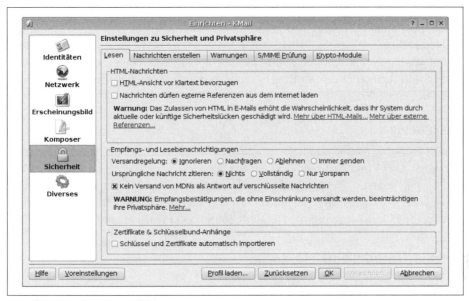

Abbildung 11-7: Sicherheitsrelevante Einstellungen in KMail

Um Sicherheitsprobleme auf Grund von HTML-E-Mails zu vermeiden, sollte das Kontrollkästchen *HTML-Ansicht vor Klartext bevorzugen* ausgeschaltet sein. Das Kontrollkästchen *Nachrichten dürfen externe Referenzen aus dem Internet laden* sollte ebenfalls ausgeschaltet sein, um Webbugs zu deaktivieren. Die Links in dem Dialogfenster führen zu weiteren Informationen über die jeweiligen Sicherheitseinstellungen.

 Wenn verhindert werden soll, dass Anwender diese und andere Einstellungen eigenmächtig ändern können, haben Administratoren im Rahmen des KDE Kiosk-Frameworks die Möglichkeit, bestimmte Einstellungen global festzulegen.

Spam-Filterung

KMail hat eine sehr flexible Filterarchitektur, über die E-Mail analysiert und in verschiedene Postfächer verteilt werden kann. Spam-Filterung kann in KMail sehr einfach mit einem Assistenten eingerichtet werden. Diesen findet mal unter *Extras → Anti-Spam Assistent*. Der Assistent erkennt automatisch die installierte Software und legt die nötigen Filterregeln an. Diese Filter können danach unter *Einstellungen → Filter einrichten* von Hand angepasst werden. Selbstverständlich kann man dort auch eigene Filter anlegen, um schon markierte E-Mails zu sortieren.

Zur Spam-Erkennung verwendet KMail externe Software. Der Assistent unterstützt SpamAssassin sowie drei weitere Filterprogramme, die ausschließlich mit der

Bayes-Technik arbeiten: Annoyance-Filter (*http://www.fourmilab.ch/annoyance-filter/*), BogoFilter (*http://bogofilter.sourceforge.net*) und SpamBayes (*http://spambayes.sourceforge.net/*). Wenn die E-Mails über den Anbieter GMX bezogen werden, kann KMail außerdem die von der Spam-Erkennung bei GMX eingefügten Header auswerten und danach filtern. Andere Erkennungsmechanismen müssen als Filter von Hand definiert werden.

Virenfilterung

Zur Einrichtung der Virenfilterung gibt es ebenfalls einen Assistenten, der über *Extras* → *Anti-Virus Assistent* erreicht werden kann. Zur Virenerkennung verwendet KMail externe Virenscanner. Unterstützt werden ClamAV, AntiVir von H+BEDV, Sophos Anti-Virus und F-Prot Antivirus. Unterstützung für andere Virenscanner kann durch selbst definierte Filterregeln realisiert werden.

Mozilla Thunderbird

Mozilla Thunderbird (*http://www.mozilla.org/products/thunderbird/*) ist ein grafischer E-Mail-Client für Windows, Mac OS X und Linux sowie andere Unix-ähnliche Betriebssysteme.

Sicherheitseinstellungen

Sicherheitsrelevante Einstellungen werden erreicht über das Menü *Bearbeiten* → *Einstellungen* im Abschnitt *Erweitert* unter *Datenschutz*. Abbildung 11-8 zeigt das Dialogfeld mit den empfohlenen Einstellungen.

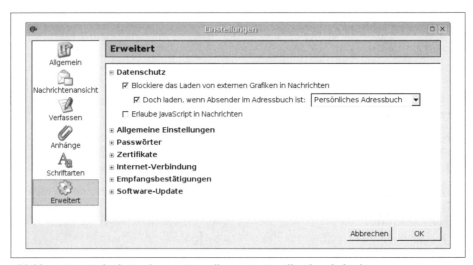

Abbildung 11-8: Sicherheitsrelevante Einstellungen in Mozilla Thunderbird

Das Feld *Blockiere das Laden von externen Grafiken in Nachrichten* sollte angekreuzt sein, um Webbugs zu deaktivieren. Aus Sicherheitsgründen wird ebenfalls empfohlen, *Erlaube JavaScript in Nachrichten* nicht anzukreuzen.

Wenn externe Grafiken blockiert sind, können HTML-E-Mails immer noch externe CSS-Stylesheets laden und somit Webbugs realisieren. Um dies und andere Probleme bei der Darstellung von HTML-Nachrichten zu vermeiden, sollte die Darstellung im Menü *Ansicht → Nachrichtentext* auf *Vereinfachtes HTML* gestellt werden. Diese Art der Darstellung zeigt im Wesentlichen nur noch die durch HTML vorgegebene Schriftformatierung an und gilt als relativ sicher. Alternativ kann man natürlich auch gleich *Reiner Text* wählen, um die HTML-Darstellung ganz auszuschalten.

In der Voreinstellung erstellt Thunderbird alle E-Mails als HTML. Um dies abzuschalten, wählt man den Menüpunkt *Bearbeiten → Konten* und deaktiviert dann für jedes Konto unter *Verfassen & Adressieren* das Feld *Nachrichten im HTML-Format verfassen*. Dies erzeugt zwar keine zusätzliche Sicherheit, kommt aber den Empfängern bei ihren Sicherheitsanstrengungen entgegen.

Spam-Filterung

Thunderbird hat einen eigenen Spam-Erkennungsmechanismus, der E-Mails nach dem Bayes-Prinzip klassifiziert. Dieses System wird unter *Extras → Junk-Filter Einstellungen* konfiguriert; siehe Abbildung 11-9. Um das System zu trainieren, kann eine E-Mail mit dem Button *Junk* in der Werkzeugleiste als Spam (Junk) oder Nicht-Spam klassifiziert werden. Mit den Junk-E-Mails wird dann entsprechend der Junk-Filter-Einstellungen verfahren. Sie können in spezielle Ordner verschoben oder automatisch gelöscht werden.

Selbstverständlich können in Thunderbird auch eigene Filter angelegt werden, um schon markierte E-Mails zu sortieren. Die Filter-Definitionen finden man unter *Extras → Filter*.

Mutt

Mutt ist ein textbasierter E-Mail-Client für Unix-ähnliche Betriebssysteme (*http://www.mutt.org/*).

Sicherheitseinstellungen

Mutt stellt von allein keine HTML-E-Mail oder anderen aktiven Inhalt dar, daher gibt es keine Einstellungen diesbezüglich.

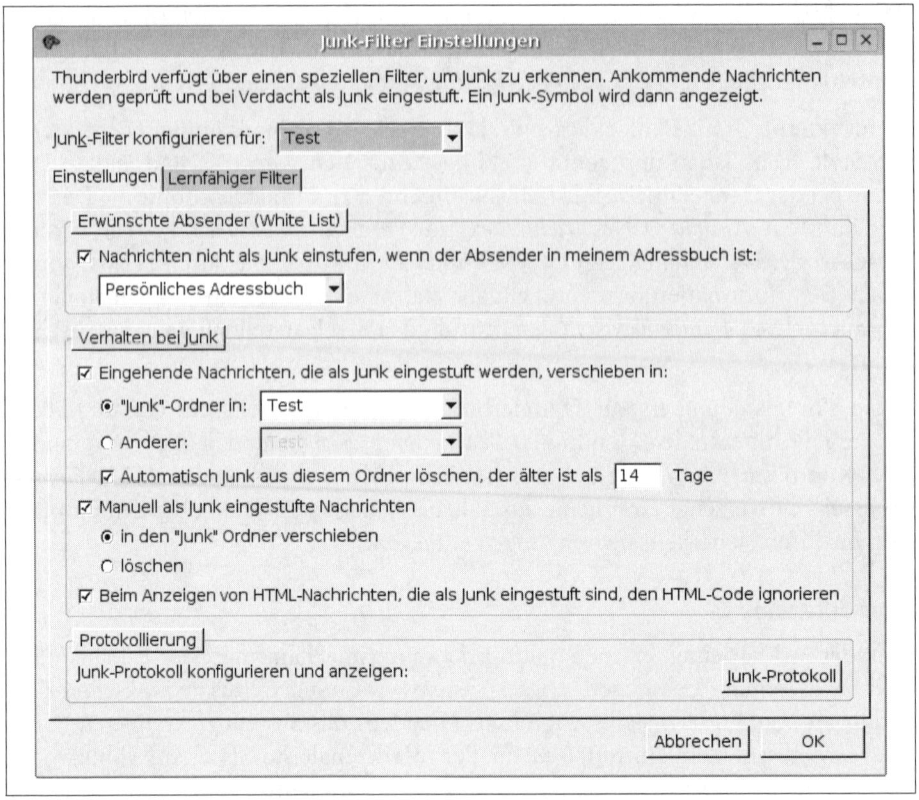

Abbildung 11-9: Konfiguration des Junk-Filters in Mozilla Thunderbird

Spam-Filterung

Anwender von Mutt verwenden in der Regel Procmail oder ein ähnliches System zum Filtern von E-Mail sowie externe Software wie SpamAssassin zur eigentlichen Spam-Erkennung. Mutt hat keine direkte Unterstützung für Spam- oder Virenerkennungssysteme, aber da Mutt sehr flexibel konfigurierbar ist, ergeben sich einige interessante Möglichkeiten, je nach den Vorstellungen des Anwenders.

Eine Möglichkeit für Anwender von SpamAssassin ist es, Tastaturkürzel einzurichten, um einzelne E-Mail-Nachrichten schnell zum Training an SpamAssassin übergeben zu können. Dazu müssen folgende Befehle in die Konfigurationsdatei *~/.muttrc* eingefügt werden:

```
macro index z |"sa-learn --spam\n"
macro pager z |"sa-learn --spam\n"
macro index Z |"sa-learn --ham\n"
macro pager Z |"sa-learn --ham\n"
```

Damit kann durch Druck auf die Taste Z eine Nachricht als Spam trainiert werden, durch Druck auf Shift-Z als Nicht-Spam. Die in Kapitel 3, *Spam- und Virenabwehr mit Postfix, Exim und Sendmail* beschriebene Technik, E-Mails per Cronjob trainieren zu lassen, kann natürlich ebenfalls angewendet werden. Auch für das dazu nötige Verschieben von Nachrichten in Ordner für Spam und Nicht-Spam können Tastaturkürzel definiert werden. Folgende Befehle binden zum Beispiel das Verschieben in den Spam-Ordner an die Tastenkombination Shift-S:

```
macro index S "s=spam\n" "move message to spam folder"
macro pager S "s=spam\n" "move message to spam folder"
```

Wenn eine genauere Kontrolle über die Spam-Erkennungssysteme gewünscht ist, kann Mutt allen erkannten Nachrichten kurze Spam-Tags geben, die in der Nachrichtenübersicht eingeblendet werden und für das Suchen verwendet werden können. Dabei werden die Nachrichten nach bestimmten Mustern, insbesondere nach den von Spam-Erkennungssystemen eingefügten Header-Zeilen, durchsucht. Wenn SpamAssassin verwendet wird, könnte zum Beispiel folgendes Spam-Tag definiert werden:

```
spam "X-Spam-Flag: YES"    "SA"
```

Nachrichten, die den gezeigten Header enthalten, bekommen von Mutt das Spam-Tag »SA«. Dieses Spam-Tag kann in der Nachrichtenliste angezeigt werden, indem der Platzhalter %H in die Variable $index_format eingefügt wird. Beim Suchen und Auswählen von Nachrichten kann das Spam-Tag mit dem Muster ~H abgefragt werden (zum Beispiel ~H SA). Außerdem kann die Nachrichtenliste nach dem Spam-Tag sortiert werden. Wenn mehrere Spam-Tags für eine Nachricht zutreffen, werden diese durch Kommata getrennt aneinander gehängt.

Dieses Feature wird wie angedeutet nur angewendet, wenn man den genauen Überblick über die Funktion der Spam-Erkennungssysteme bewahren möchte. In der Regel wird man Spam einfach aussortieren oder löschen, und dann benötigt man diese Funktionalität nicht.

Pine

Pine ist ein textbasierter E-Mail-Client, der häufig auf Unix-ähnlichen Systemen anzutreffen ist, aber auch auf Windows-Systemen verwendet werden kann (*http://www.washington.edu/pine/*).

Sicherheitseinstellungen

Pine stellt von allein keine HTML-E-Mail oder anderen aktiven Inhalt dar, daher gibt es keine Einstellungen diesbezüglich.

Spam-Filterung

Pine selbst unterstützt keine Spam- oder Virenerkennung. Wenn Pine eingesetzt wird und die Postfächer auf dem lokalen Rechner liegen, empfiehlt sich der Einsatz von Fetchmail, wie oben beschrieben. Procmail könnte dann zur Filterung der E-Mail in verschiedene Postfächer verwendet werden. Pine hat aber auch ein eigenes Filtersystem, das verwendet werden kann, wenn E-Mail bereits auf einem Server analysiert und markiert wird und im Client nur noch aussortiert werden muss.

Hier ist ein Beispiel, wie von SpamAssassin markierte E-Mail durch Pine in einen separaten Ordner sortiert werden kann:

Zuerst legt man einen separaten Ordner für Spam an. Dazu wählt man im Hauptmenü L für *FOLDER LIST* und dann A für *Add*. Als Name des Ordners kann man zum Beispiel einfach spam eingeben.

Um eine Filterregel anzulegen, wählt man im Hauptmenü S für *SETUP*, dann R für *Rules*, dann F für *Filters*, dann A für *Add*. Damit kann ein neuer Filter definiert werden. Unter *Nickname* kann ein beliebiger Name eingegeben werden, zum Beispiel Spamfilter. Unter *Current Folder Type* wird bestimmt, für welche Ordner der Filter gilt. Um alle Ordner zu filtern, wählt man hier *Any*. Nun bestimmt man, nach welchen Kriterien man eine E-Mail filtern möchte. Um zum Beispiel alle E-Mails mit dem Header X-Spam-Flag: YES (von SpamAssassin) auszusortieren, wählt man *Add Extra Headers* und gibt X-Spam-Flag als Namen des Headers ein. Danach wählt man den neu erzeugten Eintrag und gibt als Wert des Headers YES an (siehe Abbildung 11-10). Unter *Filter Action* kann man nun *Move* auswählen und spam als Zielordner eingeben (siehe Abbildung 11-11). Alternativ könnte man auch *Delete* wählen, um Spam gleich zu löschen.

Filterregeln in Pine werden immer dann angewendet, wenn ein Ordner geöffnet wird, wenn in einem offenen Ordner neue E-Mails ankommen und wenn in einem Ordner markierte E-Mails gelöscht werden (»expunge«). Dabei spielt es keine Rolle, ob der Ordner lokal oder entfernt ist. Pine-Filter können also auch mit IMAP-Ordnern verwendet werden, wenn die Filtermöglichkeiten auf dem IMAP-Server begrenzt sind.

Eudora

Eudora ist ein beliebter E-Mail-Client für Windows- und MacOS-Systeme (*http://www.eudora.com/*). Die Beschreibung hier bezieht sich auf die bezahlte (paid) Version. Die durch Werbung unterstützte (sponsored) und die »Light«-Versionen haben jeweils weniger Features.

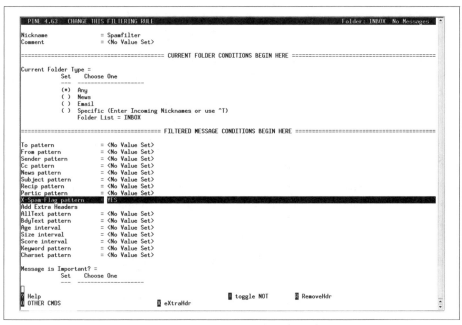

Abbildung 11-10: Definition eines Filters in Pine: Einstellung der Filterbedingung

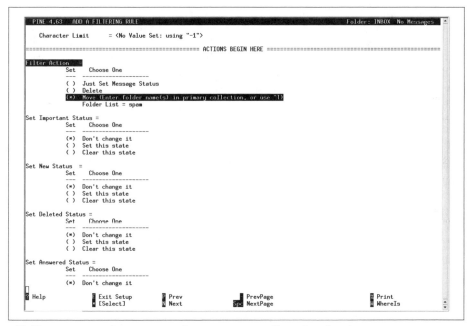

Abbildung 11-11: Definition eines Filters in Pine: Einstellung der Filteraktion

Sicherheitseinstellungen

Eudora-Einstellungen werden über den Menüpunkt *Extras* → *Optionen* erreicht.

Im Abschnitt *Anzeige* sollte das Kontrollkästchen *HTML Graphiken automatisch herunterladen* ausgeschaltet werden, um Webbugs zu deaktivieren. In der Voreinstellung ist diese Einstellung aktiviert.

Im Abschnitt *Post anzeigen* sollte das Kontrollkästchen *Ausführbare Dateien in HTML zulassen* ausgeschaltet werden. Dies ist auch die Voreinstellung. Diese Einstellung würde das Ausführen von JavaScript, ActiveX-Controls, Java-Applets und ähnlichen Inhalten in HTML-E-Mails erlauben.

Im Abschnitt *Zusätzliche Warnungen* sollten *Programm von einer Nachricht aus starten* und *Programm extern starten* angekreuzt sein, damit der Anwender eine Warnmeldung sieht, bevor aus Versehen ein Programm gestartet wird, da per E-Mail versendete Programme Viren sein könnten.

Eudora ab Version 6.2 zeigt außerdem automatisch eine Warnung an, wenn der Anwender auf eine URL in einer HTML-E-Mail klickt und Anzeichen bestehen, dass der Link betrügerisch ist, etwa weil der Linktext nicht mit der tatsächlich verlinkten URL übereinstimmt oder das Linkziel eine IP-Adresse und kein Hostname ist. Dieses Feature heißt ScamWatch und kann nicht abgeschaltet werden.

Spam-Filterung

Eudora hat ein eigenes eingebautes Spam-Erkennungssystem namens SpamWatch. Dieses sortiert als Spam eingestufte E-Mails automatisch in das spezielle Postfach *Müll*, von wo die E-Mails nach 30 Tagen gelöscht werden. E-Mails können außerdem trainiert werden, damit Eudora für die nächsten E-Mails bessere Entscheidungen treffen kann. Einzelheiten zu diesem Feature enthält das Eudora-Handbuch.

Eudora hat auch ein eingebautes Filtersystem, mit dem zuvor markierte E-Mails aussortiert werden können. Filter können über den Menüpunkt *Extras* → *Filter* angelegt werden. Abbildung 11-12 zeigt eine Filter-Definition, die von SpamAssassin erkannte E-Mails automatisch in den Ordner *Müll* verschiebt.

Outlook

Outlook ist der in Microsoft Office integrierte E-Mail-Client und wohl der am weitesten verbreitete E-Mail-Client unter Windows und überhaupt.

Sicherheitseinstellungen

Outlook ist oft in die Schlagzeilen geraten durch Sicherheitslücken, die durch Viren und anderen E-Mail-Missbrauch ausgenutzt wurden. Neben den folgenden Einstellungen zur Verbesserung der Sicherheit ist es daher unbedingt zu empfehlen, regel-

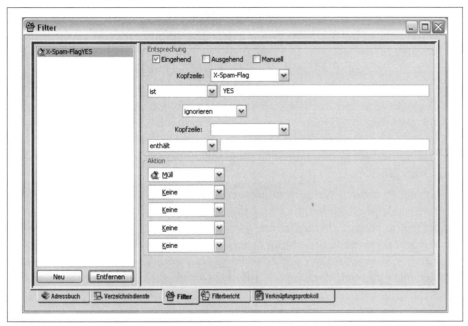

Abbildung 11-12: Filter-Definition in Eudora

mäßig Sicherheits-Updates vom Hersteller einzuspielen und alle E-Mails auf Viren zu überprüfen, bevor sie Outlook erreichen.

Als Reaktion auf weltweite Virenepidemien, die auf Probleme in Outlook zurückzuführen waren, sind neuere Versionen von Outlook in einigen Punkten sehr restriktiv eingestellt. So ist zum Beispiel das Öffnen und Abspeichern von bestimmten Dateitypen (unter anderem Programmdateien, Microsoft-Access-Datenbanken) überhaupt nicht mehr möglich und kann auch nicht zugelassen werden. Ebenso ist es externen Programmen nicht mehr möglich, über die MAPI-Schnittstelle in Outlook E-Mails zu versenden, ohne eine Warnung zu erzeugen. Dies wurde zuvor von bestimmten Viren ausgenutzt, hatte aber auch legitime Anwendungen wie Serien-E-Mails. (Man findet im Internet diverse Rezepte, wie diese Einschränkungen wieder aufgehoben werden können, aber darauf soll hier nicht eingegangen werden.)

Für Outlook relevante Einstellungen sind an verschiedenen Stellen verteilt. Das E-Mail-spezifische Verhalten wird über den Menüpunkt *Extras* → *Optionen* in Outlook selbst konfiguriert (im Folgenden »Outlook-Optionen«). Einstellungen, die die Darstellung von HTML-E-Mails betreffen, finden sich im Internet Explorer unter *Extras* → *Internetoptionen* und ebenso in der Systemsteuerung (im Folgenden »Internetoptionen«). Einige Einstellungen, den Umgang mit Anhängen betreffend, finden sich im Explorer (Dateimanager) unter *Extras* → *Ordneroptionen* oder auch in der Systemsteuerung (im Folgenden »Ordneroptionen«).

Die folgenden Einstellungen sollten geändert oder überprüft werden:

- Outlook zeigt HTML-E-Mails normalerweise automatisch an. Um dies abzuschalten, klickt man in den Outlook-Optionen im Register *Einstellungen* auf *E-Mail-Optionen* und kreuzt dann das Feld *Standardnachrichten im Nur-Text-Format lesen* an.
- Outlook versendet auch selbst automatisch alle E-Mails als HTML. Um dies abzuschalten, wählt man in den Outlook-Optionen im Register *E-Mail-Format* unter *Nachrichtenformat* die Option *Nur-Text*. Dies erzeugt zwar keine zusätzliche Sicherheit, kommt aber den Empfängern bei ihren Sicherheitsanstrengungen entgegen.
- Um das Ausführen von aktiven Inhalten in HTML-E-Mails (zum Beispiel Active-X, Java-Applets) zu verhindern, sollte in den Outlook-Optionen im Register *Sicherheit* unter *Sicherheitszonen* die Option *Eingeschränkte Sites* ausgewählt werden. Die genaue Bedeutung dieser Option wird in den Internetoptionen im Register *Sicherheit* unter der Zone *Eingeschränkte Sites* eingestellt. (Diese Einstellung wird auch über die Schaltfläche *Zoneneinstellungen* erreicht.) Die Einstellungen für diese Zone sollten nicht mehr zulassen als die Voreinstellung; im Zweifelsfall sollte alles deaktiviert sein.
- In den Outlook-Optionen im Register *Sicherheit* unter *Download von Bildern in HTML-Nachrichten* sollten die Felder *Bilder oder anderen externen Inhalt in HTML-Nachrichten nicht automatisch downloaden* sowie *Warnhinweis anzeigen, bevor externer Inhalt für das Bearbeiten, Weiterleiten oder Beantworten von Nachrichten abgerufen wird* angekreuzt sein.
- In den Ordneroptionen im Register *Ansicht* sollte das Feld *Erweiterungen bei bekannten Dateitypen ausblenden* nicht angekreuzt sein. (Die Voreinstellung ist an.) Durch geschickte Wahl von Dateinamen können Angreifer sonst die Darstellung der Anhänge in Outlook manipulieren und den Nutzer so über die wahre Natur einer Datei täuschen. Wenn etwa eine Datei namens *urlaub.jpg.doc* gesendet wird, sieht der Nutzer sonst nur *urlaub.jpg* und vermutet eine harmlose Bilddatei. Sobald sie geöffnet wird (was natürlich eventuell durch andere Optionen verhindert wird), ist möglicherweise ein Virus aktiviert. Wenn die Option deaktiviert ist, hat der Nutzer immer den kompletten Überblick über den Dateinamen.

Spam-Filterung

Outlook hat ein eigenes eingebautes Spam-Erkennungssystem unter der Bezeichnung Junk-E-Mail-Filter. Damit kann Spam automatisch in das spezielle Postfach »Junk-E-Mail« verschoben oder gleich gelöscht werden.

Outlook hat auch ein leistungsfähiges eingebautes Filtersystem, mit dem zuvor markierte E-Mails aussortiert werden können. Diese so genannten Regeln können über den Menüpunkt *Extras → Regeln und Benachrichtigungen* im Register *E-Mail-Regeln* mit Hilfe eines einfachen Assistenten definiert werden. Mit folgenden Schritten kann zum Beispiel eine Regel definiert werden, die dafür sorgt, dass eine E-Mail, die von SpamAssassin markiert worden ist, in den Junk-E-Mail-Ordner abgelegt wird. Die Möglichkeiten des Regelsystems sind natürlich viel umfangreicher.

1. Klicken Sie auf *Neue Regel*.
2. Wählen Sie *Regel ohne Vorlage erstellen* und *Nachrichten bei Ankunft prüfen* und klicken Sie dann auf *Weiter*.
3. Kreuzen Sie *Mit bestimmten Wörtern in der Nachrichtenkopfzeile* an und klicken Sie dann im unteren Teil des Fensters auf *bestimmten Wörtern*.
4. In dem erscheinenden Fenster geben Sie X-Spam-Flag: YES ein, klicken auf *Hinzufügen* und dann auf *OK* und *Weiter*.
5. Kreuzen Sie *Diese in den Ordner Zielordner verschieben* an und klicken Sie dann im unteren Teil des Fensters auf *Zielordner*.
6. Wählen Sie den Ordner *Junk-E-Mail* aus und klicken Sie dann auf *Weiter*.
7. Im folgenden Fenster klicken Sie wieder auf *Weiter*, weil keine Ausnahmen definiert werden sollen.
8. Im letzten Fenster können Sie der Regel noch einen Namen geben, zum Beispiel »SpamAssassin«. Klicken Sie dann auf *Fertig stellen*. Abbildung 11-13 zeigt dieses Fenster.

Abbildung 11-13: Filter-Definition in Outlook

Zur Einbindung von Open Source-Spam-Erkennungssoftware in Outlook sind keine einsatzfähigen Lösungen bekannt.

Outlook Express

Outlook Express ist der Standard-E-Mail-Client auf Microsoft Windows. Er bietet nur eingeschränkte Funktionalität und wird daher von anspruchsvollen Anwendern oft durch andere Produkte ersetzt, insbesondere Outlook.

Sicherheitseinstellungen

Auch Outlook Express hat eine lange Geschichte von Sicherheitslücken, die Viren und E-Mail-Missbrauch erleichtert haben. Abgesehen von den folgenden Einstellungen zur Verbesserung der Sicherheit ist es daher unbedingt zu empfehlen, regelmäßig Sicherheits-Updates vom Hersteller einzuspielen und alle E-Mails auf Viren zu überprüfen, bevor sie Outlook Express erreichen.

Die für Outlook Express relevanten Einstellungen sind wie oben für Outlook beschrieben im Menü *Extras* → *Optionen* (im Folgenden »Outlook-Express-Optionen«) sowie in den Internetoptionen und in den Ordneroptionen zu finden. Einige Optionen stimmen mit Outlook überein, aber es gibt auch erhebliche Unterschiede.

Die folgenden Einstellungen sollten geändert oder überprüft werden:

- Outlook Express zeigt HTML-E-Mails normalerweise automatisch an. Dies kann erst ab Outlook Express Service Pack 1 abgeschaltet werden. Dazu wird in den Outlook-Express-Optionen im Register *Lesen* das Feld *Alle Nachrichten als Nur-Text lesen* angekreuzt. Nur so kann verhindert werden, dass in HTML-E-Mails eingebettete Bilder aus dem Internet nachgeladen werden (Webbugs).

- Um zu verhindern, dass sich Probleme in HTML-E-Mails schon im Vorschaufenster aktivieren, kann man das Vorschaufenster in Outlook Express unter dem Menüpunkt *Ansicht* → *Layout* abschalten.

- Outlook Express versendet auch selbst automatisch alle E-Mails als HTML. Um dies abzuschalten, wählt man in den Outlook-Express-Optionen im Register *Senden* die Option *Nur-Text* unter *Format für* »Nachricht Senden«. Dies erzeugt zwar keine zusätzliche Sicherheit, kommt aber den Empfängern bei ihren Sicherheitsanstrengungen entgegen.

- Um das Ausführen von aktiven Inhalten in HTML-E-Mails (zum Beispiel Active-X, Java-Applets) zu verhindern, sollte in den Outlook-Express-Optionen im Register *Sicherheit* die Option *Zone für eingeschränkte Sites* ausgewählt werden. (Dies ist in Outlook Express 6 die Voreinstellung, vorher aber nicht.) Die genaue Bedeutung dieser Option wird in den Internetoptionen im Register *Sicherheit* unter der Zone *Eingeschränkte Sites* eingestellt. Die Einstellungen für diese Zone sollten nicht mehr zulassen als die Voreinstellung; im Zweifelsfall sollte alles deaktiviert sein.

- In den Outlook-Express-Optionen im Register *Sicherheit* sollte *Warnung anzeigen, wenn andere Anwendungen versuchen, E-Mail unter meinem Namen zu versenden* ausgewählt werden. (Das ist die Voreinstellung ab Outlook Express 6.) Damit kann unter Umständen verhindert werden, dass schon installierte Viren ohne Kenntnis des Anwenders E-Mails an die im Adressbuch von Outlook Express enthaltenen Adressen senden.
- Zu empfehlen ist außerdem die Einstellung *Speichern und Öffnen von Anlagen, die möglicherweise einen Virus enthalten könnten, nicht zulassen*, ebenfalls im Register *Sicherheit*. (Diese Option ist ab Outlook Express Service Pack 1 in der Voreinstellung aktiviert.) Damit wird das Speichern und Öffnen von möglicherweise unsicheren Anhängen aus Outlook Express heraus komplett verhindert. Welche Anhänge »unsicher« sind, wird in den Ordneroptionen im Register *Dateitypen* eingestellt. Mit einem Klick auf *Erweitert* öffnet sich ein Dialogfenster mit unter anderem der Option *Öffnen nach dem Download bestätigen*. Diese Option bezieht sich normalerweise auf den Webbrowser (Internet Explorer), aber in Outlook Express bedeutet diese Einstellung, dass der Dateityp unsicher ist und, wenn die zuvor genannte Einstellung aktiv ist, gar nicht gespeichert oder geöffnet werden kann. Die Liste der unsicheren Dateien ist in der Voreinstellung sehr umfangreich. Bevor diese Option aktiviert wird, sollte daher ausprobiert werden, ob ihre Anwendung praktikabel ist.
- In den Ordneroptionen im Register *Ansicht* sollte das Feld *Erweiterungen bei bekannten Dateitypen ausblenden* nicht angekreuzt sein (siehe oben unter Outlook).

Spam-Filterung

Outlook Express hat nur sehr einfache Filtermöglichkeiten. Es ist vor allem nicht möglich, nach beliebigen Header-Zeilen zu filtern. Aus diesem Grund bieten die meisten Spam-Erkennungssysteme die Möglichkeit, zur Markierung einer E-Mail die Betreffzeile umzuschreiben.

Filter, so genannte Nachrichtenregeln, können unter dem Menüpunkt *Extras* → *Nachrichtenregeln* → *E-Mail* definiert werden. Abbildung 11-14 zeigt die Einrichtung einer Filterregel, durch die von SpamAssassin (oder anderer Software) mit dem Text »***SPAM***« in der Betreffzeile markierte E-Mails gelöscht werden.

Zur Erkennung von Spam innerhalb von Outlook Express gibt es eine Reihe von proprietären Lösungen. Open Source-Produkte sind jedoch nicht bekannt. Daher ist der Einsatz eines Proxys oder von serverseitiger Erkennung zu empfehlen.

Abbildung 11-14: Filter-Definition in Outlook Express

KAPITEL 12
Procmail

Procmail ist eine E-Mail-Filterlösung für Unix-Systeme. Es ermöglicht, über eine eigene Filtersprache E-Mails zu filtern, zu sortieren und zu modifizieren. Auf vielen Unix-Systemen wird Procmail als Mail Delivery Agent (MDA) eingesetzt, der die eintreffenden E-Mails entgegennimmt und an die Benutzer ausliefert. Seine Filtersprache ist so flexibel, dass es sogar möglich ist, einen Mailinglisten-Server vollständig mittels Procmail zu schreiben.

In diesem Kapitel sollen allerdings die Möglichkeiten, Procmail zur Filterung von Spam und Viren einzusetzen, beleuchtet werden. Es wird eine Reihe von Codeteilen vorgestellt, die jeweils die Aufgabe haben, ein bestimmtes Problem zu lösen. Die einzelnen Fragmente sind also eher als unabhängige Rezepte statt als Gesamtlösung anzusehen. Am Ende des Kapitels werden noch einige allgemeinere in Procmail realisierte Lösungen vorgestellt.

 Ein Hinweis vorweg: Dieses Kapitel lebt von seinen regulären Ausdrücken. Ohne zumindest rudimentäres Wissen über reguläre Ausdrücke sind die meisten Rezepte nicht zu verstehen; aus diesem Grund befindet sich in Anhang B, *Reguläre Ausdrücke* eine Einführung in reguläre Ausdrücke. Um das Thema zu vertiefen, wird das exzellente Buch »Reguläre Ausdrücke« von Jeffrey E. F. Friedl empfohlen (ISBN 3-8972-1349-4, erschienen im O'Reilly Verlag).

Einführung in Procmail

Dieser Abschnitt gibt eine Einführung in den Aufbau von Procmail-Filtern, um das Verständnis für die folgenden Abschnitte zu erhöhen. Fortgeschrittene Themen – wie die Gewichtung von Filtern – werden im Rahmen dieses Buchs nicht behandelt. Weitere Informationen zu Procmail findet man in den Manpages *procmail*, *procmailex* und *procmailrc*.

Procmail aufrufen

Normalerweise sollte Procmail so eingerichtet werden, dass es vom MTA aufgerufen wird. Im Folgenden wird beschrieben, wie dies eingerichtet werden kann. Oft sind die entsprechenden Einstellungen schon vorkonfiguriert oder müssen nur noch auskommentiert werden. Wenn die Einbindung in den MTA nicht möglich oder erwünscht ist, können einzelne Nutzer es auch aus ihrer *.forward*-Datei heraus aufrufen, was unten beschrieben wird.

Einbindung in Postfix

Um Procmail als MDA in Postfix zu verwenden, fügt man einfach die folgende Zeile in die Postfix-Konfigurationsdatei */etc/postfix/main.cf* ein:

```
mailbox_command = procmail -a "$EXTENSION"
```

Einbindung in Exim

Um Procmail in Exim einzubinden, geht man wie folgt vor. Man beachte, dass die entsprechenden Konfigurationen schon häufig voreingestellt sind oder zum einfachen Auskommentieren angeboten werden, oft mit weiteren Einstellungen, die für das System angebracht sind.

Zuerst definiert man folgenden Transport im Abschnitt transports der Konfigurationsdatei (Reihenfolge ist unerheblich):

```
procmail_pipe:
  driver = pipe
  command = /usr/bin/procmail
  return_path_add
  delivery_date_add
  envelope_to_add
```

Anschließend fügt man diesen Router im Abschnitt routers der Konfigurationsdatei ein:

```
procmail:
  driver = accept
  domains = +local_domains
  check_local_user
  transport = procmail_pipe
  no_verify
  no_expn
```

Die Reihenfolge der Router ist wichtig. Der procmail-Router muss auf jeden Fall vor dem Router local_user stehen und – falls vorhanden – auch vor maildrop und mail4root. Ansonsten sollte er hinter allen anderen Router-Einträgen stehen.

Einbindung in Sendmail

Selbstverständlich unterstützt auch Sendmail die Verwendung von Procmail. Dazu fügt man die folgende Zeile in die Sendmail-Konfigurationsdatei *sendmail.mc* ein:

```
FEATURE(`local_procmail', `/usr/bin/procmail')dnl
```

Diese Zeile muss vor der Zeile `MAILER(`local')` stehen. Nach der Änderung muss wie üblich die Konfigurationsdatei *sendmail.cf* mit `m4` erzeugt werden.

Einbindung über .forward-Dateien

Wenn Procmail nicht aus dem MTA heraus aufgerufen wird, kann man es auch aus der persönlichen *.forward*-Datei jedes Nutzers heraus aufrufen. Dazu trägt man folgende Zeile in die Datei *.forward* im jeweiligen Home-Verzeichnis ein:

```
"|IFS=' ' && exec /usr/bin/procmail -f- || exit 75 #benutzername"
```

Diese Zeile besteht aus mehreren Bestandteilen:

- Die Pipe am Anfang sagt dem MTA, der diese Datei liest, dass die E-Mail an einen Prozess weitergeleitet werden soll, anstatt direkt in ein Postfach ausgeliefert zu werden.
- `IFS=' '` setzt das interne Feldtrennzeichen der Shell auf ein Leerzeichen. Damit umgeht man einen alten Sendmail-Fehler, der das Trennzeichen auf andere Werte setzt.
- Das `&&` bewirkt, dass der folgende Befehl nur dann ausgeführt wird, wenn der vorangegangene Befehl erfolgreich ausgeführt wurde.
- Das `exec` ersetzt das aktuelle Skript durch den Procmail-Prozess, wenn er erfolgreich geladen werden konnte.
- Mit `-f-` wird Procmail angewiesen, dass fehlende From-Zeilen neu erzeugt werden sollen und die Zeitstempel von bereits existierenden aktualisiert werden sollen.
- Das `||` besagt, dass der folgende Befehl nur dann ausgeführt werden soll, wenn der vorherige Befehl fehlgeschlagen ist.
- `exit 75` gibt, wenn beim Aufruf von Procmail ein Fehler passiert, den Fehlercode 75 an das ausliefernde Programm zurück. Dieser Code entspricht dem Makro `EX_TEMPFAIL`, was zur Folge hat, dass durch dieses die E-Mail zurück in die Queue gestellt und die Auslieferung später noch einmal versucht wird.
- Der Kommentar *#benutzername* muss gesetzt werden, da einige Sendmail-Versionen versuchen, anhand des Dateinamens von Filtern zu erkennen, ob diese mehrfach vorkommen, und dieses Mehrfachvorhandensein dann wegoptimieren. Deshalb muss jede *.forward*-Datei ein einzigartiges Element haben.

Es gibt auch einfachere Varianten dieses Befehls. Man kann zum Beispiel auch einfach

```
|/usr/bin/procmail
```

schreiben, und es wird in der Regel funktionieren. Der oben gezeigte Eintrag ist aber die robusteste bekannte Variante.

Konfigurationsoptionen

Procmail sucht seine Einstellungen in der Datei *.procmailrc* im Home-Verzeichnis des jeweiligen Benutzers sowie globale Einstellungen in */etc/procmailrc*. Diese Dateien werden von Procmail bei jedem Aufruf gelesen und interpretiert.

Die Konfigurationsdatei enthält hauptsächlich Filterregeln, die im Anschluss behandelt werden, und kann außerdem einige Variablenzuweisungen enthalten, die Procmail konfigurieren. Diese sehen aus wie Variablenzuweisungen in der Shell, zum Beispiel:

```
VERBOSE=yes
```

Die Einstellungen haben im Normalfall sinnvolle Standardwerte, allerdings ist es zu Testzwecken unter Umständen nützlich, diese zu modifizieren. Nachfolgend werden die wichtigsten Einstellungen erläutert. Weitere Einstellungen findet man in der Manpage *procmailrc*.

LOGFILE
: Wenn diese Variable gesetzt ist, werden alle Log-Meldungen in die angegebene Datei geschrieben. Wenn keine Log-Datei gesetzt ist, werden Fehlermeldungen an den Absender einer Mail geschickt. Denkbar wäre zum Beispiel folgende Einstellung:

```
LOGFILE=$HOME/.procmail.log
```

VERBOSE
: Wenn diese Variable auf yes oder on gesetzt ist, schreibt Procmail zusätzliche Informationen in die Log-Datei.

INCLUDERC
: Wenn diese Variable auf einen Dateinamen gesetzt ist, wird diese Datei eingelesen und von Procmail interpretiert. Damit kann man längere Regelsätze in separate Dateien auslagern, was die Übersicht bei großen Mengen von Regeln deutlich verbessern kann.

MAILDIR
: Setzt das Heimatverzeichnis von Procmail. Sämtliche Pfade und Dateien liegen relativ zu diesem Verzeichnis. Normalerweise ist es identisch mit dem von der Shell gesetzten $HOME.

Filterregeln

Filterregeln bestehen bei Procmail aus drei Komponenten: dem Kopf, einem Bedingungsblock und einer daraus resultierenden Aktion.

```
:0 [flags] [ : [lockdatei] ]
<Null oder mehr Bedingungen (eine pro Zeile)>
<eine Aktion>
```

Der Kopf

Der Kopf einer Procmail-Regel beginnt aus historischen Gründen immer mit :0. Danach können ein oder mehrere Flags gesetzt werden. Über diese Flags wird angegeben, auf welche Teile einer E-Mail sich die Bedingungen beziehen sollen.

H
: Die Bedingungen prüfen den Kopf (Header) der E-Mail. Dies ist die Standardeinstellung.

B
: Die Bedingungen prüfen den Körper (Body) der E-Mail.

D
: Alle Bedingungen beachten Groß-/Kleinschreibung. Im Normalfall wird die Groß- und Kleinschreibung ignoriert.

A
: Dieser Filter wird nur dann ausgeführt, wenn die Bedingungen des vorangegangenen Filters zutreffen.

a
: Dieser Filter wird nur dann ausgeführt, wenn die Aktionszeile des vorherigen Filters erfolgreich ausgeführt wurde.

e
: Dieser Filter wird nur dann ausgeführt, wenn die Aktionszeile des vorangegangenen Filters einen Fehler zurückgegeben hat.

h
: Wenn die Aktion eine Pipe ist, dann soll der Kopf der E-Mail an die Pipe weitergegeben werden. Wenn weder h noch b angegeben sind, wird die gesamte E-Mail weitergegeben (Header und Body).

b
: Wenn die Aktion eine Pipe ist, dann soll der Körper an die Pipe weitergegeben werden. Wenn weder h noch b angegeben sind, wird die gesamte E-Mail weitergegeben (Header und Body).

c
: Dieser Filter erstellt eine Kopie der E-Mail. Das ist zum Beispiel sehr nützlich, wenn man Kopien jeder E-Mail aufbewahren möchte.

w
: Normalerweise ignoriert Procmail den Rückgabewert eines Programms, dem eine E-Mail übergeben wurde. Wenn das w-Flag gesetzt ist, wartet Procmail, bis das Programm, an das die E-Mail übergeben wurde, sich beendet hat, und analysiert dessen Rückgabewert. Im Fall eines Rückgabewerts größer null gilt der Filter als fehlgeschlagen.

W
: Dieses Flag arbeitet genauso wie w, nur unterdrückt sie Fehlermeldungen des zurückgebenden Programms.

i
: Wenn diese Variable gesetzt ist, ignoriert Procmail Fehler, die beim Schreiben in eine Pipe auftreten.

r
: Normalerweise nimmt Procmail Optimierungen von E-Mails vor. Ein Beispiel dafür ist das Löschen von unnötigen Leerzeilen. Ist dieses Verhalten unerwünscht, muss das r-Flag gesetzt sein.

Wenn den Flags ein weiterer Doppelpunkt folgt, verwendet Procmail für diesen Filter eine lokale Lock-Datei. Das wird dann wichtig, wenn die Gefahr besteht, dass mehrere Programme gleichzeitig in eine Datei schreiben. Procmail wartet dann so lange, bis der Schreibvorgang des anderes Prozesses beendet ist. Lock-Dateien sind bei der Verwendung von Postfächern im Mbox-Format (alle E-Mails in einer Datei) wichtig, aber bei Postfächern im Maildir-Format (eine Datei pro E-Mail) unnötig. Welches Postfachformat verwendet wird, hängt vom MTA ab. Folgt auf den : noch ein Dateiname, wird dieser als Dateiname für die Lock-Datei verwendet.

Die Bedingung

Eine Bedingung beginnt mit einem * , darauf folgt ein regulärer Ausdruck. Leerzeichen direkt nach dem * werden ignoriert.

Zur Vereinfachung unterstützt Procmail vier Makros, die durch kompliziertere reguläre Ausdrücke ersetzt werden: ^TO sucht nach einem Wort in der Empfängeradresse, zum Beispiel ^TOinfo (einsetzbar an Stelle von ^(To|Cc):.*info oder Ähnlichem). ^TO_ sucht nach einer E-Mail-Adresse in der Empfängerliste, zum Beispiel ^TO_info@example.net. ^FROM_MAILER passt auf E-Mails vom E-Mail-System selbst, also bei Fehlern und Ähnlichem. Und ^FROM_DAEMON passt auf E-Mails von Daemon-Prozessen, zum Beispiel automatische E-Mails von Mailinglisten-Systemen und auch E-Mails vom E-Mail-System selbst.

Zusätzlich zum normalen regulären Ausdruck gibt es einige spezielle Möglichkeiten, Bedingungen zu schreiben. Dazu muss die Bedingung mit einem der folgenden Zeichen beginnen:

!

    Negiert die Bedingung. Beispiel:

    `* !^FROM_DAEMON`

    Diese Bedingung würde auf alle E-Mails zutreffen, die nicht vom E-Mail-System kommen.

?

    Wertet den Rückgabewert eines Programms aus. Beispiel:

    `* ? test ! -d mailbox`

    Diese Bedingung würde zutreffen, wenn das Verzeichnis `mailbox` nicht existiert.

<, >

    Prüft, ob die Größe einer E-Mail größer (>) oder kleiner (<) als die angegebene Anzahl Bytes ist. Beispiel:

    `* < 1000`

    Diese Bedingung würde auf alle E-Mails zutreffen, die kleiner als 1000 Bytes sind.

Die Aktion

Eine Aktionszeile wird dann ausgeführt, wenn alle Bedingungen der Regel zutreffen. Procmail bietet verschiedene Möglichkeiten, E-Mails zu behandeln. Die einfachste besteht in der Speicherung von E-Mail in einem Postfach, entweder im Mbox-Format oder im Maildir-Format. Dazu gibt man als Aktionszeile einfach den Dateinamen für Mbox-Ordner oder das Verzeichnis mit abschließendem Schrägstrich für Maildir-Ordner an, zum Beispiel:

```
:0:
* ^Subject:.*test
test
```

Diese Regel speichert alle E-Mails mit dem Betreff »test« im Mbox-Ordner *test*.

Neben dem Speichern in einem Postfach kann man eine E-Mail auch an eine andere Adresse weiterleiten. Dazu stellt man der E-Mail Adresse ein ! in der Aktionszeile voran, zum Beispiel:

```
:0
* ^Subject:.*test
! foo@test.domain
```

Diese Regel schickt alle E-Mails mit dem Betreff »test« an die E-Mail-Adresse *foo@test.domain*.

Wenn die E-Mail durch ein Programm weiterverarbeitet werden soll, stellt man dem Programmnamen ein | voran, zum Beispiel:

```
:0
* ^Subject:.*test
| /usr/local/bin/test.sh
```

Das bewirkt die Weiterleitung der E-Mail an das Programm *test.sh*.

Als letzte Möglichkeit kann man auf einen so genannten Block verweisen. Ein Block ist durch {} eingerahmt und ermöglicht es, Verschachtelungen oder verkettete Filter zu erstellen, zum Beispiel:

```
:0
* ^X-Mailinglist: linux
{
  :0 c:
  linux-liste

  :0
  ! hans@wwww1.com
}
```

In diesem Beispiel werden alle E-Mails, die den Header X-Mailinglist: linux haben, an das Postfach *linux-liste* und an *hans@wwww1.com* weitergeleitet. Wichtig ist hierbei das :0 c: bei der ersten Regel, damit die E-Mail nicht endgültig gespeichert wird, sondern nur eine Kopie der E-Mail gespeichert wird. Sonst wäre später keine E-Mail mehr zum Weiterleiten da.

Procmail als Mittel gegen Spam

Nachfolgend werden mehrere handliche kleine Rezepte aufgeführt und erläutert, mit denen man Spam-Probleme beseitigen kann. Sie sind alle völlig unabhängig voneinander und einzeln lauffähig. Während des Testens neuer Regeln empfiehlt es sich, am Anfang der Regeldatei eine Sicherheitskopie aller eingehenden E-Mails zu machen, etwa so:

```
:0c:
backup
```

Filtern nach Betreff

Die erste Aufgabe ist relativ leicht. Ziel ist es, alle E-Mails abzufangen, die das Wort »Viagra« im Betreff beinhalten. Die einfachste dieser Varianten ist sicherlich:

```
:0:
* ^Subject:.*viagra
spam
```

die alle E-Mails mit dem Wort Viagra in das Spam-Postfach schiebt.

Allerdings sind Spammer geschickter geworden und variieren die Schreibweise von Viagra, um einfache Wortfilter auszutricksen. Folgende Regel ist daher etwas effektiver:

```
:0:
^Subject:.*[Vv][1jl\|][aA\@][Gg][Rr][Aa\@]
spam
```

Diese Version deckt schon mal einige alternative Schreibvarianten des Worts Viagra ab. Da es aber nicht Aufgabe dieses Kapitels ist, einen möglichst weit reichenden regulären Ausdruck für Viagra zu entwickeln, soll dieses Beispiel ausreichend sein.

Blacklists in Procmail

Mit Procmail ist es relativ einfach, eine Blacklist von Adressen zu pflegen, von denen man keine E-Mail erhalten möchte. Dazu bedient man sich hier zusätzlich der externen Programme egrep und formail.

Beispiel:

```
BLACKLIST=/home/blacklist    # Diese Datei enthält die Blacklist.

:0:
* ? (formail -x From: -x Reply-To: -x Sender: -x From | egrep -q -f $BLACKLIST)
spam
```

Diese Filterregel extrahiert aus einer E-Mail alle Absenderadressen und vergleicht sie mit der Blacklist. Die Blacklist-Datei wird in der Variablen $BLACKLIST gespeichert und enthält reguläre Ausdrücke, einen pro Zeile. Hier ein simples Beispiel für den Inhalt einer solchen Blacklist:

```
spam.*@spammer.de
@*.tw
@*.jp
```

Der erste Eintrag blockt alles, was von der E-Mail-Domain *spammer.de* kommt und mit »spam« im Benutzerteil beginnt. Die letzten zwei Beispieleinträge blocken die Top-Level-Domains von Taiwan und Japan.

Kaputte Message-ID

Viele Spam-E-Mails haben eine kaputte Message-ID ohne das erforderliche @-Zeichen. Dieses Rezept filtert E-Mails, die eine solche defekte ID haben:

```
:0:
* ^Message-Id:.*<[^@]*>
spam
```

E-Mails mit vielen Empfängern

Häufig ist es ein schlechtes Zeichen, wenn eine E-Mail an unzählige Empfänger geht. Außerdem ist das eine beliebte Angriffsmethode der Spammer, um über Whitelist-Einträge an E-Mail-Filtern vorbeizukommen. Das folgende Rezept blockt alle E-Mails mit zwölf oder mehr Empfängern:

```
:0:
* ^(To|Cc):.*,.*,.*,.*,.*,.*,.*,.*,.*,.*,.*,
spam
```

E-Mails ohne Empfänger

Spam-E-Mails werden oft ohne einen Empfänger im Header verschickt. Daher bietet es sich an, E-Mails, die sich ohne Empfänger präsentieren, als Spam einzustufen, zum Beispiel:

```
:0:
* ^To ?: *$
spam
```

E-Mails mit Procmail auf Viren prüfen

Dieses Rezept verwendet den Open Source-Virenscanner ClamAV, um E-Mails auf Viren zu prüfen. Ein angenehmer Nebeneffekt ist, dass je nach ClamAV-Konfiguration auch durch Passwort geschützte Archive geblockt werden, die gern zum Verschicken von Viren missbraucht werden.

```
:0:
* ? clamscan --quiet -
virus
```

Weitere Informationen zur Einbindung von ClamAV in Procmail und anderswo findet man in Kapitel 7, *Virenscanner*.

E-Mails von bekannten Spam-Programmen

Das folgende Rezept ist etwas praxisorientierter und filtert alle E-Mails von bestimmten E-Mail-Versenderprogrammen.

```
:0:
* ^X-Mailer:.*((MassE-Mail)|Extractor|Floodgate|(Emailer
Platinum)|JumboMail|(Advanced Mass Sender)|GreenRider|(FoxMail .*cn))
spam
```

Dabei prüft Procmail den Kopf der E-Mail auf die verwendete Software und sortiert somit Massenversender-Progamme von vornherein aus.

E-Mails mit unverständlichen Zeichensätzen

Wenn man nicht in der Lage ist, chinesische, japanische oder koreanische E-Mails zu lesen, bekommt man sicher auch keine legitimen E-Mails, die in diesen Sprachen geschrieben sind. Die meisten dieser E-Mails lassen sich über ihre Zeichensätze identifizieren; das versucht das folgende Rezept auszunutzen.

```
UNREADABLE='[^?"]*big5|iso-2022-jp|ISO-2022-KR|euc-kr|gb2312|ks_c_5601-1987'

:0:
* 1^0 $ ^Subject:.*=\?($UNREADABLE)
* 1^0 $ ^Content-Type:.*charset="?($UNREADABLE)
```

```
spam

:0:
* ^Content-Type:.*multipart
* B ?? $ ^Content-Type:.*^?.*charset="?($UNREADABLE)
spam
```

Zuerst wird eine Liste der Zeichensätze definiert, die man nicht lesen kann. Danach wird mit verschiedenen Methoden versucht, diese Zeichensätze zu erkennen. Weitere Zeichensätze kann man natürlich bei Bedarf hinzufügen. Aber man sollte auch bedenken, dass Anwender aus den betroffenen Ländern, die beispielsweise eine E-Mail auf Englisch verfassen, in der Regel trotzdem diese Zeichensätze verwenden werden, da so ziemlich jeder Zeichensatz der Welt zumindest die ASCII-Zeichen enthält.

E-Mails aus fast nur Nicht-ASCII-Zeichen

Etwas eleganter als die Filterung nach Zeichensatz ist diese Lösung: Eine E-Mail, die fast nur aus Zeichen besteht, die nicht im ASCII-Satz vorkommen (beispielsweise Japanisch oder Chinesisch, aber auch Russisch), ist mit hoher Wahrscheinlichkeit Spam. Wenn man also nicht gerade in diesen Sprachen kommuniziert, kann das folgende Rezept sehr nützlich sein. Es erkennt alle E-Mails, die mehr als fünf Prozent solcher Zeichen beinhalten. Dazu verwendet es das Procmail-Scoring-System, das in der Manpage *procmailsc* beschrieben wird. Vereinfacht gesagt, ist die Zahl vor dem ^ die Punktzahl, die für eine Übereinstimmung mit der dahinter stehenden Bedingung vergeben wird. Wenn die Punktzahl am Ende positiv ist, ist die Bedingung erfüllt.

```
:0BD
*   -1^1 .
*    2^1 =[0-9A-F][0-9A-F]
*   20^1 [¡¢£¤¥¦§¨©ª«¬®¯°±²³´µ¶¸¹º»¼½¾¿]
*   20^1 [ÀÁÂÃÄÅÆÇÈÉÊËÌÍÎÏÐÑÒÓÔÕ×ØÙÚÛÜÝÞ]
*   20^1 [àáâãäåæçèéêëìíîïðñòóôõ÷øùúûüýþÿ]
*   20^1 =[A-F][0-9A-F]
*  -20^1 =(E4|F6|FC|C4|D6|DC|DF)
spam
```

Filtern von bestimmten Anhängen

In Anhängen verbergen sich immer wieder Viren oder Trojaner. Aus diesem Grund ist man meistens gewillt, bestimmte Dateitypen von vornherein zu filtern. Dafür sorgt folgendes Rezept:

```
:0 B:
* name=.*\.(vbs\"|wsf\"|vbe\"|wsh\"|hta\"|scr\"|pif\"|shs\"|bat\"|bas\"|scr\"|dll\
")
blocked
```

Diese Liste ist leicht zu erweitern und an die eigenen Bedürfnisse anzupassen. Das \" stellt jeweils sicher, dass die angegebenen Buchstaben am Ende des Dateinamens stehen.

Filtern von bestimmten Inhalten

Bestimmte Inhalte beziehungsweise Wörter lassen mit ziemlicher Sicherheit auf Spam schließen. Mit diesem Rezept ist es möglich, eine Blockliste zu erstellen, mit der E-Mails gefiltert werden können, die bestimmte Wörter enthalten:

```
BADWORDS=badwords    # Diese Datei enthält die Badwords.

:0 B:
* ? egrep -q -f $BADWORDS
spam
```

In der Datei *badwords* befinden sich dann reguläre Ausdrücke, einer pro Zeile, die nacheinander von *egrep* durchgegangen werden. Hier ein kleines Beispiel für eine solche Datei:

```
foo
[Vv][1jl\|][aA\@][Gg][Rr][Aa\@]
```

Die erste Zeile blockt alle E-Mails, die das Wort »foo« enthalten. Die zweite Zeile enthält einen etwas komplexeren regulären Ausdruck, der das Wort Viagra erfassen soll.

DNS-Blackhole-Listen mit Procmail abfragen

Zum Ende dieser Rezeptsammlung ein kleines Schmankerl. Dieses Rezept erlaubt es mittels Procmail und dem Befehl host, eine DNS-Blackhole-Liste abzufragen und abhängig vom Ergebnis die E-Mail einzusortieren. Um das vollbringen zu können, benötigt das Rezept zwei Informationen: den Hostnamen des letzten Mailservers, der die E-Mail angenommen hat, und die Liste, die abgefragt werden soll. Dieses Beispiel verwendet dazu die NJABL-Blacklist (*http://www.njabl.org*). Die Idee des Rezepts stammt von der Webseite *http://www.benya.com/procmail/*. Das dortige Beispiel wurde hier noch etwas angepasst und optimiert.

```
# Hostname wird zur Erkennung der letzten Received-Zeile benötigt.
HOSTNAME=ned.snow-crash.org
# Welche DNSBL soll verwendet werden?
DNSBL=dnsbl.njabl.org

SENDERIP = 'formail -c -XReceived | grep "by $HOSTNAME" | grep -v "from $HOSTNAME" | \
    sed "s/^Received: from .*\[\(([0-9]*\.[0-9]*\.[0-9]*\.[0-9]*\)\].*by $HOSTNAME.*$/\1/"'

:0
```

```
    * ! SENDERIP ?? ^^[0-9]*\.[0-9]*\.[0-9]*\.[0-9]*^^
    {
        # Löschen, wenn es keine IP-Adresse ist.
        SENDERIP =
    }

    :0
    * ! SENDERIP ?? ^^^^
    {
        # IP-Adresse umkehren.
        SENDER_REVERSED = 'expr "$SENDERIP" | \
            sed "s/\([0-9]*\)\.\([0-9]*\)\.\([0-9]*\)\.\([0-9]*\)/\4.\3.\2.\1/"'

        DNSBL_RESULT = 'host "$SENDER_REVERSED".$DNSBL | \
            sed "s/^.*\(127\.0\.0\.[0-9]*\)$/\1/"'

        :0
        * DNSBL_RESULT ?? ^^127.0.0.[0-9]*^^
        {
            LOG = "sender $SENDERIP is listed in $DNSBL
"
            :0:
            spam
        }
    }
```

In der Variablen HOSTNAME muss der eigene Mailserver stehen, der die E-Mail annimmt, und in der Variablen DNSBL steht die verwendete DNS-Blackhole-Liste. Hier sieht man auch ein Beispiel zur Verwendung der Variablen LOG. Diese wird von Procmail dazu benutzt, um eigene Log-Einträge generieren zu können. Alles was dieser Variablen zugewiesen wird, erscheint später in der Log-Datei.

Fertige Anti-Spam-Lösungen für Procmail

Es gibt einige fertige Anti-Spam-Lösungen, die zum Gebrauch mit Procmail gedacht sind. Nachfolgend werden drei von ihnen vorgestellt, und ihre Features werden zusammengefasst. Für ihre Konfiguration und Installation wird auf die Websites der jeweiligen Entwickler verwiesen.

Spastic

Spastic ist eine Anti-Spam-Lösung für Procmail. Es unterstützt eine Reihe von Möglichkeiten zur Spam-Bekämpfung:

- Header- und Body-basierte Filterung
- Vordefinierte Filter, die ein schnelles Erstellen von eigenen Filtern ermöglichen
- Whitelists

- Prüfen von E-Mail-Adressen auf Gültigkeit
- Statistikfunktionen
- Einbindung von ClamAV als Antivirenlösung

Website: *http://spastic.sourceforge.net/*

SpamBouncer

SpamBouncer ist ein Satz fertiger Procmail-Regeln, die es ermöglichen, Spam auf Grund seines Inhalts zu markieren oder zu löschen. Folgende Features besitzt diese Anti-Spam-Lösung:

- Einbindung von externen Whitelists
- DNS-Blackhole-Lists
- Erkennung von japanischen, chinesischen und russischen Inhalten
- Erkennung von Windows-Exploits
- Header- und Body-basierte Filterung

Website: *http://www.spambouncer.org*

NiX Spam

NiX Spam wurde von der deutschen Computerzeitschrift iX als Anti-Spam-Lösung im Rahmen eines Artikels entwickelt und wird seit mehreren Jahren immer wieder aktualisiert. Es ist auf großen Durchsatz von E-Mails optimiert und verwendet Prüfsummenlisten und IP-Blacklists, um sowohl die Last als auch den Durchsatz möglichst optimal zu halten. Folgende Features sind enthalten:

- Prüfsummenlisten
- Header- und MIME-Analyse
- White- und Blacklists
- IP-Blocklisten
- Automatisch erzeugte Blacklists
- Body-Analyse

Website: *http://www.heise.de/ix/nixspam/*

KAPITEL 13

Regeln für Nutzer im Umgang mit Spam und Viren

Die bisherigen Kapitel haben allesamt technische Maßnahmen beschrieben, um das Aufkommen von Spam und Viren in der E-Mail zu vermindern. Aber dieses Problem hat auch einen menschlichen Faktor. Der unvorsichtige oder leichtgläubige Umgang mit E-Mails macht es erst möglich, dass sich Spam lohnt und dass sich Viren verbreiten können.

In diesem Kapitel sind einige Regeln und Richtlinien zusammengetragen, die dazu beitragen sollen, dass die Endanwender von E-Mail durch bewussteren Umgang mit dem Medium die Spam- und Virenproblematik eindämmen können.

Angesprochen sind hier aber vor allem auch Systemadministratoren als Referenzpersonen aller Anwender von E-Mail-Systemen. Die Administration eines E-Mail-Systems ist nicht nur eine technische Dienstleistung. In Zusammenarbeit mit der Geschäftsleitung und den Anwendern sollte auch eine sinnvolle Prophylaxe betrieben werden. Mitarbeiter sollten zum sorgsamen Umgang mit der Technologie geschult werden, und regelmäßig sollten Erfahrungen und Anregungen zur Verbesserung der Benutzerfreundlichkeit und Sicherheit ausgetauscht werden. Wenn allgemeine Sicherheitsvorschriften für einen Betrieb bestehen, ist auch die Aufnahme von Vorschriften zum Umgang mit E-Mail denkbar. Die folgenden Regeln sollen für diese Unternehmungen als Ausgangspunkte dienen und beiden Seiten, Administratoren und Nutzern, dabei helfen, die komplexen technischen Prozesse in einfach nachvollziehbare Handlungsoptionen einzuordnen.

Regel 1: Kontrollieren Sie die Veröffentlichung Ihrer E-Mail-Adresse

Die wichtigste Verhaltensregel, um unerwünschtes E-Mail-Aufkommen zu vermeiden, ist, die eigene E-Mail-Adresse nicht unkontrolliert zu veröffentlichen. Spammer sammeln E-Mail-Adressen automatisch von Webseiten, Mailinglisten, in Chat-Räumen, öffentlichen Mitgliederverzeichnissen, dem Usenet und befreundeten Dienstleistern ohne Datenschutzrichtlinien. Sobald eine E-Mail-Adresse durch einen dieser Kanäle veröffentlicht wird, ist die Sache verloren. Sie steht dann in Adresslisten, die nicht kontrolliert werden können und rege gehandelt werden. Außerdem steht die E-Mail-Adresse dann im Cache von Suchmaschinen und Archiven, so dass es unmöglich ist, sie wieder aus der Öffentlichkeit zu entfernen.

Die Effizienz und Dreistigkeit dieser Adresssammler kann man am Selbstversuch testen: Zwischen der ersten Veröffentlichung einer E-Mail-Adresse auf einer populären Website oder in einer großen Mailingliste und dem Eintreffen des ersten Spams vergehen oft nur Stunden.

Gelegentlich wird versucht, E-Mail-Adressen bei ihrer Veröffentlichung zu verschleiern, um automatische Adresssammler zu täuschen. Dazu gehört zum Beispiel das Umschreiben des @-Zeichens (`user(at)domain.com`) oder die Angabe einer für menschliche Leser offensichtlich falschen E-Mail-Adresse (`user-nospamtome@domain.com`). Es kann davon ausgegangen werden, dass automatische Adresssammelprogramme diese Tricks problemlos durchschauen.

Etwas anspruchsvoller ist schon die Methode, E-Mail-Adressen auf Webseiten nur als Bilder darzustellen. Dies ist automatisiert schwer zu erkennen, und wenn, dann nur mit einem gewissen Aufwand an Rechenleistung. Ironischerweise wurde diese Technik gerade von Spammern populär gemacht, um ihrerseits den Inhalt von E-Mails vor Analysewerkzeugen zu verstecken. Die Technologie, E-Mail-Adressen automatisch in Bildern zu erkennen, ist jedoch verfügbar, und falls sich diese Verschleierungstechnik weiter verbreiten sollte, ist es nur noch eine Frage der Zeit, bis sie von Spammern eingesetzt wird.

Viele Viren, die über E-Mails verbreitet werden, nutzen Sicherheitslücken oder Bedienfehler in E-Mail-Programmen aus und verschicken sich beispielsweise an alle Einträge im jeweiligen Adressbuch. Steht die eigene E-Mail-Adresse in diesem Adressbuch, wird man ebenfalls eine Kopie erhalten. Viren-Autoren und Spammer stehen auch zunehmend in Allianz: Die von Viren aus Adressbüchern gesammelten Adressen landen mitunter direkt in der Adressliste eines Spammers. Es reicht also nicht, E-Mail-Adressen nicht zu veröffentlichen, sondern man darf sie im Prinzip gar nicht weitergeben.

In bestimmten Fällen ist es übrigens auch sinnlos, eine E-Mail-Adresse geheim zu halten. Bei bestimmten großen Domains, zum Beispiel hotmail.com, ist es möglich, dass man schon Minuten nach der Registrierung einer E-Mail-Adresse Spam bekommt, weil die Spammer einfach auf gut Glück alle möglichen Benutzernamen durchprobieren. E-Mail-Adressen wie info@ oder sales@ werden regelmäßig mit Spam bedacht, egal ob die Adresse jemals bekannt gegeben wurde.

Natürlich ist es relativ sinnlos, eine E-Mail-Adresse nicht zu veröffentlichen, wenn man wünscht, dass andere diese Adresse zur Kommunikation verwenden. Aber man kann bestimmen, wo und wie man welche Adresse veröffentlicht.

E-Mail-Adressen, die mit Kosten verbunden sind, zum Beispiel weil sie eine SMS auf ein Mobiltelefon senden, sollten auf gar keinen Fall irgendwo auf fremden Computersystemen gespeichert werden. E-Mail-Adressen, die für betriebliche Zwecke gedacht sind, sollten auch nur für betriebliche Zwecke verwendet und nicht auf Privatcomputern gespeichert werden. Wenn auf Websites oder bei der Registrierung für einen Dienst eine E-Mail-Adresse angegeben werden muss, sollte man eventuell eine zweite »Wegwerf«-E-Mail-Adresse anlegen. Wenn E-Mail-Adressen beim Online-Handel angegeben werden müssen, sollte man sich die jeweilige Datenschutzrichtlinie ansehen und darauf achten, dass alle Ankreuzfelder, mit denen Werbematerialien bestellt werden, ausgeschaltet sind.

Natürlich ist diese Regel nicht absolut und auch nicht absolut einzuhalten. Aber es gilt: Je weniger Menschen die E-Mail-Adresse kennen, desto weniger können sie missbrauchen.

Regel 2: Haben Sie gesundes Misstrauen – bei jeder E-Mail

Da jeder jedem E-Mails senden kann, und das quasi kostenlos, unbegrenzt und anonym, ist die Menge des gesendeten Unsinns ebenso unbegrenzt. Wer das Medium E-Mail wenig verwendet, wer nur in der Firma oder von Bekannten gelegentlich eine E-Mail bekommt, der mag mit der Zeit zu der Annahme kommen, dass jede E-Mail wahrheitsgetreue Kommunikation darstellt. Sobald die E-Mail-Adresse aber weitere Verbreitung gefunden hat, wird früher oder später eine Spam-E-Mail oder eine E-Mail mit einem Virus eintreffen. Daher sollte man dem Inhalt von E-Mails von vornherein misstrauisch gegenüberstehen. Man glaubt ja auch nicht alles, was bei einem im Briefkasten landet – wie oft hatte man denn »schon gewonnen«? –, und auch am Telefon kauft man nicht alles, wenn überhaupt irgendetwas.

Man muss davon ausgehen, dass trotz aller Schutzmechanismen in den E-Mail-Protokollen und aller Vorkehrungen der Administratoren der E-Mail-Systeme in einer E-Mail im Prinzip *alles* gefälscht sein kann. Angefangen bei Absender und Empfänger sowie dem Text natürlich, kann auch das Datum, der Versandweg, die Kodierung und das verwendete E-Mail-Programm frei erfunden – oder eher noch: heimtückisch gefälscht – sein. Selbst plausible Kombinationen können fabriziert sein: Spam-Software kann durch Suche in Datenbanken herausfinden, wer mit wem oft über was kommuniziert hat, und kann versuchen, die eigenen E-Mail-Sendungen daran anzupassen. E-Mail-Viren suchen sich die Empfänger einfach im Adressbuch des befallenen Rechners und versuchen durch geschickt formulierte Texte Vertrauen zu erwecken.

Um E-Mail als sicheres Medium einsetzen zu können, ist Umsicht, Sorgfalt und etwas gesunder Menschenverstand nötig. Um E-Mail als vertrauenswürdiges Medium einsetzen zu können, ist darüber hinaus die Verwendung von elektronischen Signaturen erforderlich.

Regel 3: Seien Sie besonders vorsichtig bei E-Mails von Banken und anderen Dienstleistern

Onlinebanking erfreut sich großer Beliebtheit. Fast ebenso großer Beliebtheit – in bestimmten Kreisen – erfreuen sich die Versuche, den Anwendern von Onlinebanking und anderen Online-Diensten durch gefälschte E-Mails mit abenteuerlichen Geschichten die Zugangsdaten zu entlocken. Dies wird auch Phishing genannt. Wahr ist: Seriöse Einrichtungen fragen *nie* nach den Zugangsdaten ihrer Kunden. Erstens weil dies eben unsicher ist und zweitens weil sie diese gar nicht benötigen. Falls es doch einmal vorkommen sollte, dass die Zugangsdaten der Kunden verloren gegangen sind, würden neue Zugangsdaten erstellt und den Kunden zugesendet werden, nicht umgekehrt.

Insbesondere Banken versenden oft aus Prinzip keine E-Mails im Zusammenhang mit ihren Onlinebanking-Angeboten, eben weil E-Mail zu oft für betrügerische Aktivitäten verwendet wird. Wenn eine Bank also zum Beispiel per E-Mail auf eine neue URL zu ihrem Onlinebanking-Angebot hinweist, ist dies garantiert eine Fälschung, mit der unvorsichtige Anwender verlockt werden sollen, ihre Zugangsdaten auf anderen Webseiten zum Mitprotokollieren einzugeben. Um das Onlinebanking einer Bank oder eines ähnlichen Diensts aufzurufen, sollten daher immer die in den eigenen Lesezeichen gespeicherte Webadresse verwendet werden, und man sollte in diesem Zusammenhang auch auf korrekte SSL-Zertifikate auf den Websites achten.

Regel 4: Üben Sie besondere Sorgfalt beim Öffnen von E-Mail-Anhängen

E-Mail-Viren im weitesten Sinn versenden getarnte E-Mails mit Anhängen, die, wenn sie auf dem Computer des Empfängers geöffnet werden, Schaden anrichten können. Der Variantenreichtum ist hier groß. Offensichtliche Kandidaten sind Programmdateien, *.exe* und *.com*, sowie direkt ausführbare Skriptdateien wie *.bat* und *.vbr*. Diese können auf dem Computer beliebige Aktionen ausführen, und das ohne besondere Tricks. Auch andere Dateiarten können aktiven Inhalt haben, die das gesamte Computersystem gefährden, insbesondere Microsoft-Office-Dateien (Word, Excel, PowerPoint, Access) mit eingebetteten Makros. Aber E-Mail-Anhänge können auch Programmierfehler oder Sicherheitslücken in den dazugehörigen Programmen ausnutzen, um diese zum Absturz zu bringen oder beliebigen Code auszuführen, was zum Beispiel beim Bildformat JPEG einst der Fall war.

Es wäre sinnlos zu versuchen, hier eine Liste von gefährlichen Dateitypen aufzustellen. Alle Dateitypen bis hin zur einfachen Textdatei können theoretisch gefährlich sein. Sorgfalt ist daher beim Öffnen von allen Anhängen Pflicht. Insbesondere sollte man folgende Punkte bedenken:

- Man sollte prüfen, ob man den Absender kennt und ob die E-Mail vertrauenswürdig ist, zum Beispiel durch elektronische Signaturen. Wenn nicht, kann sie eine Fälschung sein.
- Man sollte sich fragen, ob man die E-Mail erwartet und dafür im Rahmen der zu erledigenden Arbeiten Verwendung hat. Wenn nicht, ist der Anhang vielleicht eine Fälschung mit Schadensabsichten.
- Man sollte Anhänge nicht unbedingt mit dem dazugehörigen Programm öffnen, sondern eventuell mit einem Viewer-Programm, das weniger Funktionalität bei der Bearbeitung, aber dafür mehr Sicherheit bei der Betrachtung bietet. Dies gilt insbesondere für Microsoft-Office-Dateien.
- Man sollte informiert bleiben, bei welchen Dateiformaten und Programmen Sicherheitsprobleme aufgetreten sind, und diese Formate und Programme meiden, bis die Probleme gelöst sind.
- Man sollte eventuell besonders gefährliche Dateiformate im Mailserver blockieren und nicht über E-Mail senden lassen.

Das Entscheidende ist, dass jede Datei, die von einem fremden Computersystem gesendet wurde, ein gefährlicher Angriff auf das eigene System sein *könnte*. Sorgfalt und Umsicht mit allen solchen Dateien ist deshalb notwendig.

Regel 5: Konfigurieren Sie Ihren E-Mail-Client sinnvoll

E-Mail-Programme untergraben oft das Bestreben des Anwenders, im Umgang mit E-Mails und insbesondere Anhängen vorsichtig zu sein. Beim Versuch, hilfreich zu sein, werden Anhänge automatisch geöffnet, HTML-E-Mails werden automatisch dargestellt und Links aus dem Internet automatisch heruntergeladen. Derartiges Verhalten ist heutzutage nicht mehr angebracht. E-Mail-Clients sollten so konfiguriert werden, dass Anhänge nur auf unmittelbare Aufforderung des Anwenders hin geöffnet werden. Ausnahmen könnten eventuell für Textdateien oder statische Bilder gemacht werden. Die HTML-Darstellung sollte entweder komplett ausgeschaltet oder zumindest so konfiguriert werden, dass aktive Inhalte wie JavaScript deaktiviert sind. Das automatische Laden von Bildern und anderen Links aus dem Internet muss ebenfalls ausgeschaltet werden. Außerdem ist es nicht hilfreich, wenn E-Mail-Clients die Endungen von Dateinamen verstecken, da damit die wahre Natur einer Datei verschleiert werden kann.

Dies ist alles eine Konsequenz aus den anderen Regeln. E-Mail-Clients sollten so konfiguriert werden, dass der Anwender kontrollieren kann, was sie machen, und so, dass sie potenziell gefährliche Aktionen nur auf Nachfrage oder gar nicht ausführen.

Leider sind die Standardeinstellungen der meisten E-Mail-Clients auf die eine oder andere Weise unsicher. Systemadministratoren sollten daher dafür sorgen, dass den Anwendern die E-Mail-Clients in einer sicheren Konfiguration zur Verfügung gestellt werden. Die Anwender sollten angewiesen werden, die Konfiguration der E-Mail-Clients nicht ohne Rücksprache mit den Administratoren zu ändern. Bei manchen Produkten lässt es sich auch realisieren, dass es den Anwendern unmöglich gemacht wird, bestimmte Einstellungen im E-Mail-Client zu verändern.

Regel 6: Antworten Sie niemals auf Spam

Klar ist, man sollte niemals etwas bestellen oder kaufen, das in Spam-E-Mails angeboten wird. Wenn die Spammer keinen wirtschaftlichen Erfolg mit ihren Methoden haben, werden sie irgendwann verschwinden. Dazu kommt, dass die meisten der angebotenen Produkte und Dienstleistungen betrügerisch oder illegal sind.

Man sollte allerdings auch nie auf Spam antworten, um sich zu beschweren, sich aus einer Verteilerliste austragen zu lassen oder Ähnliches, selbst wenn eine solche Möglichkeit in der E-Mail erwähnt wird. Eine Antwort auf eine Spam-E-Mail ist nur eine Bestätigung dafür, dass die E-Mail-Adresse gültig ist (viele in den Adresslisten sind es nicht). Die eigene E-Mail-Adresse wird daher für Spammer noch wertvoller, und statt einer Abmeldung erhält man danach womöglich noch mehr Spam als vorher.

Gleichermaßen sollte man nie irgendwelche Links in Spam-E-Mails anklicken, selbst wenn diese angeblich zum Abbestellen der E-Mail-Sendungen führen sollen oder wenn man aus Neugier einfach nur mal gucken will. Diese Links sind in der Regel so angelegt, dass damit der Erhalt der E-Mail bestätigt wird und die E-Mail-Adresse verifiziert ist, womit sich das gleiche Problem wie oben ergibt.

Nur wenn man sich der Seriosität des Absenders sicher ist und sich erinnert, die E-Mail-Sendungen irgendwann einmal bestellt zu haben, sollte man versuchen, die Sendungen auf den angebotenen Wegen abzubestellen.

Wenn man einmal richtigen Spam erhält, hilft nur noch die Einrichtung eines Spam-Filters oder ein Wechsel der E-Mail-Adresse. Abmelden kann man sich nicht mehr.

Regel 7: Verwenden Sie elektronische Signaturen

Wie oben erwähnt, kann in einer E-Mail im Prinzip alles gefälscht sein. Um vertrauenswürdige Kommunikation zu gewährleisten, sollte daher der Einsatz von elektronischen Signatursystemen in Erwägung gezogen werden. Damit kann der Absender der E-Mail mit ziemlicher Sicherheit identifiziert werden, und die Unverfälschtheit des geschriebenen Texts ist gewährleistet, was ja in der Regel die beiden entscheidenden Aspekte von Kommunikation sind.

Für elektronische Signaturen bieten sich zwei verbreitete Systeme an: OpenPGP und S/MIME. Beide haben verschiedene Vor- und Nachteile, die hier nicht weiter erläutert werden sollen. Eine Variante von beiden sollte aber für die allermeisten Situationen geeignet sein.

Spammer und Viren schicken generell keine E-Mails mit elektronischer Signatur, zumindest ist dies bisher noch nicht aufgefallen. Sollten Sie dies trotzdem tun, dann könnte man die Signatur entweder zum tatsächlichen Absender zurückverfolgen und diesen zur Rechenschaft ziehen, oder die Signatur kann ungültig oder gefälscht sein, was sich automatisiert feststellen lässt. Es bietet sich daher an, E-Mails mit elektronischer Signatur in Spam-Filtersystemen bevorzugt zu bewerten. Dies ist leider noch nicht häufig der Fall, müsste also selbst eingestellt werden.

Die Verwendung von elektronischen Signaturen verhindert Spam oder Viren nicht, aber sie sorgt dafür, dass legitime E-Mails verlässlich erkannt werden können. Wenn mehr Anwender elektronische Signaturen verwenden würden, könnten unsignierte E-Mails besser auffallen und negativ bewertet werden. Diese Entwicklung ist jedoch zugegebenermaßen noch nicht absehbar.

In Zusammenhang mit elektronischen Signaturen ist auch oft die Rede von elektronischer Verschlüsselung. Es ist allerdings möglich, gültige verschlüsselte E-Mails anonym zu versenden. Daher bietet es zumindest im Kampf gegen Spam und Viren keine Vorteile, wenn man auf die Verschlüsselung von E-Mails besteht. In der Tat können durch Verschlüsselung vielmehr die Filtersysteme umgangen werden. Die Versendung von verschlüsselten Spam- oder Viren-E-Mails ist jedoch noch nicht aufgefallen, wohl wegen der erhöhten Rechenzeit, die für solche E-Mails benötigt würde, oder wegen der geringen Verbreitung von E-Mail-Verschlüsselungssystemen auf der Seite der potenziellen Empfänger.

Der Einsatz von elektronischen Signaturen und elektronischer Verschlüsselung sollte gerade im professionellen Einsatz sowieso selbstverständlich sein, um die Authentizität und Vertraulichkeit des E-Mail-Verkehrs zu gewährleisten. Die möglichen positiven Wechselwirkungen bei der Abwehr von Spam und Viren sind dabei nur ein Nebeneffekt.

Regel 8: Verwenden Sie Spam- und Virenfilter

Trotz aller Vorsichtsmaßnahmen wird fast jeder E-Mail-Benutzer einmal unerwünschte E-Mail erhalten. Man muss sich von der Vorstellung verabschieden, dass die Spam-Problematik in naher Zukunft durch technische Mittel oder politische Entwicklungen gelöst werden wird (eingedämmt möglicherweise, aber gelöst nicht). Es muss heute einfach zu einem E-Mail-System dazugehören, dass Abwehrmaßnahmen gegen Spam und Viren ergriffen werden. Der Umfang dieser Maßnahmen wird sicher stark von den jeweiligen Gegebenheiten abhängen.

Sehr viele Internet Service Provider und auch Betreiber von Firmennetzwerken und ähnlichen Einrichtungen bieten heutzutage derartige Dienste, die dem Endanwender das Leben erheblich erleichtern. Endanwender sollten sich aber darüber informieren, welche Dienste der Netzbetreiber anbietet und wie diese eingeschaltet und konfiguriert werden können. Netzbetreiber sollten wiederum dafür sorgen, dass adäquate Spam- und Virenfiltermaßnahmen installiert sind und die Endanwender über diese informiert werden. Gleichzeitig müssen sich alle Beteiligten darüber im Klaren sein, dass Spam- und Virenfilter nicht hundertprozentig genau arbeiten, dass also trotzdem Spam und Viren ankommen können und dass eventuell E-Mail verloren gehen kann.

Regel 9: Halten Sie Ihre Software stets aktuell

Der Kampf gegen Spam und Viren ist ein dauerhaftes Wettrüsten. Virenautoren finden neue Schwachstellen in E-Mail-Software, und die Vertreiber dieser Software berichtigen diese Schwachstellen (hoffentlich). Spammer erfinden neue Tricks, um Filtersysteme zu umgehen, und Autoren von E-Mail-Software erfinden neue Features, um diese Tricks zu entdecken. Daher ist es wichtig, dass die Software in allen Teilen des E-Mail-Systems, also MTA, Filtersysteme, E-Mail-Clients und andere Hilfsprogramme, immer aktuell gehalten wird.

Viele Betriebssystemhersteller legen Wert darauf, ihre Software nach der Veröffentlichung einer Betriebssystemversion nur noch wenn unbedingt nötig, etwa bei Sicherheitsproblemen, zu ändern. Dieses Vorgehen ist in vielen Fällen sinnvoll und wünschenswert, aber die Effektivität eines Spam- und Virenerkennungssystems wird nach einer Weile nachlassen. Dies gilt auch, obwohl Virenscanner ihre internen Datenbanken unabhängig von der Software-Installation sehr viel häufiger aktualisieren, denn in vielen Fällen kann man bestimmte neue Viren nicht durch einfache Datenbank-Updates erfassen. Je nachdem, wie akut die Spam- und Virenproblematik auf dem jeweiligen System ist, wird man daher den Upgrade-Zyklus des Herstellers ignorieren und selbst Software-Updates einpflegen müssen oder aber einen anderen Betriebssystemhersteller oder eine andere Betriebssystemvariante mit anderen Release- oder Update-Zyklen wählen müssen.

In Firmennetzwerken mit vielen Computern stellt die regelmäßige Aktualisierung der Software eine besondere logistische Herausforderung dar. Nicht nur der Mailserver muss aktualisiert werden, sondern alle Arbeitsplatzrechner und andere Systeme wie Firewall, Fileserver und Printserver müssen regelmäßige Sicherheits-Updates erhalten. Dies erfordert einen hohen Aufwand, ist aber nötig, um gegen Angriffe über das E-Mail-System einigermaßen abgesichert zu sein.

Regel 10: Denken Sie auch an die Alternativen zur E-Mail

Für einige Anwendungen ist es sinnvoller, auf E-Mail als Technologie zu verzichten. Statt E-Mail-Adressen für Kontaktaufnahme, Kunden-Feedback oder Issue-Tracking zu veröffentlichen, noch dazu mit offensichtlichen Namen wie info@ oder feedback@, kann man dafür auch Web-Formulare einrichten. Dies ist mittlerweile auf vielen Firmen-Websites der Normalfall. Statt Nachrichten per E-Mail zu verschicken oder sich schicken zu lassen, kann man zum Beispiel auch RSS-Feeds verwenden. Zum Versenden von Dateien gibt es verteilte Dateisysteme oder bekannte Techniken wie FTP oder WebDAV, um nur einige zu nennen. Und zwischenmenschliche Kommunikation kann zum Beispiel auch über Instant-Messaging-Systeme wie Jabber oder althergebrachte Systeme wie IRC geschehen. Oder man geht mal ein paar Schritte ins Nachbarbüro ...

KAPITEL 14

Juristische Aspekte beim Einsatz von Spam- und Virenfiltern

Neben allen technischen Problemen wirft das Filtern von E-Mail auch rechtliche Probleme auf. Den meisten Administratoren ist gar nicht bewusst, dass sie sich auf juristisch gefährlichem Terrain bewegen, wenn sie E-Mails auf Spam filtern. Obwohl das Versenden von Spam-E-Mails nach einem Urteil des Bundesgerichtshofs (BGH) vom 11.03.2004 (I ZR 81/01) sittenwidrig ist, bringt das Prüfen und Filtern von E-Mails eine Reihe von gesetzlichen Problemen mit sich. Die meisten davon lassen sich durch entsprechende Kenntnis und vorbereitende Maßnahmen allerdings zumindest minimieren. In diesem Kapitel wird versucht, auf die dabei entstehenden rechtlichen Probleme hinzuweisen und Anleitungen zur Vermeidung von rechtlichen Stolperfallen zu geben.

Dieses Buch kann, darf und will keine rechtliche Beratung geben. Im Zweifelsfall sollte man einen ausgebildeten Juristen befragen. Dabei ist anzumerken, dass sich die deutsche Rechtsprechung in einigen Aspekten der rechtlichen Folgen von Spam-Filterung uneinig ist, also die bereits existierenden Urteile keine Garantie geben, dass ein anderes Gericht in einem ähnlichen Fall genauso urteilen würde.

Rechtliche Handhabe gegen Spam

Das Versenden von Spam ist in Deutschland seit Ende Oktober 2003 durch die Umsetzung der europäischen Datenschutzrichtlinie in deutsches Recht reguliert worden. Durch die Novellierung des Gesetzes gegen den unlauteren Wettbewerb (UWG) wurden Spam-E-Mails explizit als Beispiel für unlautere Werbung aufgenommen. So heißt es in § 7 UWG:

> Unlauter im Sinne von § 3 handelt insbesondere, wer (...) einen Marktteilnehmer in unzumutbarer Weise belästigt, insbesondere durch (...) die Verwendung von automatischen Anrufmaschinen, Faxgeräten oder elektronischer Post für Zwecke der Werbung, ohne dass ein ausdrückliches oder stillschweigendes Einverständnis der Adressaten vorliegt.

Das Fälschen oder Verschleiern von Absenderadressen gilt ebenfalls als unzumutbare Belästigung nach § 7 Abs. 2 Nr. 4 des UWG:

> 4. bei einer Werbung mit Nachrichten, bei der die Identität des Absenders, in dessen Auftrag die Nachricht übermittelt wird, verschleiert oder verheimlicht wird oder bei der keine gültige Adresse vorhanden ist, an die der Empfänger eine Aufforderung zur Einstellung solcher Nachrichten richten kann, ohne dass hierfür andere als die Übermittlungskosten nach den Basistarifen entstehen.

Zusätzlich liegt nach Meinung der meisten Juristen bei Spam an Privatpersonen eine Verletzung des Persönlichkeitsrechts vor.

Aus diesen Umständen ergibt sich ein Unterlassungsanspruch nach § 823 Abs. 1 in Verbindung mit § 1004 BGB.

In der Praxis bedeutet die klare rechtliche Lage allerdings wenig. Spam-Versender Nr. 1 sind immer noch die USA, dicht gefolgt von Korea und China. Der Versuch, deutsches Recht in den USA oder gar in Fernost durchzusetzen, wird vermutlich von sehr hohen Kosten und einer geringen Chance auf Erfolg begleitet sein.

Weil ein Großteil des Spams durch Backdoors oder offene Relays verschickt wird, bekommt man die wahren Urheber von Spam leider selten zu fassen. Daher wird man in den meisten Fällen daran gebunden sein, Spam anderweitig loszuwerden.

Wenn man jedoch gegen einen Spammer vorgehen möchte, sollte man einen auf Online-Recht spezialisierten Anwalt beauftragen, damit dieser den Spammer abmahnt. Es ist auch möglich, selbst eine Abmahnung zu schreiben. Wegen der damit verbundenen rechtlichen Risiken sollte man sich dies jedoch gut überlegen und nicht voreilig handeln. Sollte man sich entscheiden, eigenhändig gegen Spammer vorzugehen, findet man unter *http://www.recht-im-internet.de* entsprechende Musterbriefe.

Rechtliche Handhabe gegen Viren

Die rechtliche Lage bei Viren ist ziemlich eindeutig. Das Verbreiten von Viren ist in der Regel nach § 303a StGB strafbar:

> (1) Wer rechtswidrig Daten (...) löscht, unterdrückt, unbrauchbar macht oder verändert, wird mit Freiheitsstrafe bis zu zwei Jahren oder mit Geldstrafe bestraft.

Wenn durch Viren oder Würmer die Computer einer Firma oder einer Behörde geschädigt werden, kommt zusätzlich noch der Straftatbestand der Computersabotage zum Tragen (§ 303b StGB):

> (1) Wer eine Datenverarbeitung, die für einen fremden Betrieb, ein fremdes Unternehmen oder eine Behörde von wesentlicher Bedeutung ist, dadurch stört, daß er
>
> 1. eine Tat nach § 303a Abs. 1 begeht oder

2. eine Datenverarbeitungsanlage oder einen Datenträger zerstört, beschädigt, unbrauchbar macht, beseitigt oder verändert,

wird mit Freiheitsstrafe bis zu fünf Jahren oder mit Geldstrafe bestraft.

Dies gilt aber nur bei einer fahrlässigen oder wissentlichen Verbreitung von Schadprogrammen. Die unabsichtliche Verbreitung von Viren ist – aus nachvollziehbaren Gründen – nicht strafbar.

Rechtliche Folgen bei der Analyse von E-Mails

Die elektronische Analyse von E-Mails wirft in erster Linie datenschutzrechtliche Probleme auf. Der E-Mail-Verkehr unterliegt hierbei den Bestimmungen des Telekommunikationsgesetzes (TKG) und des Bundesdatenschutzgesetzes (BDSG).

In § 4 Abs. 1 des Bundesdatenschutzgesetzes heißt es:

> (1) Die Verarbeitung personenbezogener Daten und deren Nutzung sind nur zulässig, wenn dieses Gesetz oder eine andere Rechtsvorschrift sie erlaubt oder anordnet oder soweit der Betroffene eingewilligt hat.

Das bedeutet in der Praxis, dass jede Erhebung von Daten ohne Einwilligung des Betroffenen nicht gestattet ist. Das elektronische Analysieren einer E-Mail auf Spam-Verdacht fällt bereits unter die Erhebung von Daten.

Bei der Analyse gibt es allerdings auch Ausnahmen. So ist das Prüfen einer E-Mail auf Virenverdacht aus Gründen des Systemschutzes durchaus zulässig (§ 28 Abs. 1 Nr. 2 BDSG):

> (1) Das Speichern, Verändern oder Übermitteln personenbezogener Daten oder ihre Nutzung als Mittel für die Erfüllung eigener Geschäftszwecke ist zulässig
>
> (...)
>
> 2. soweit es zur Wahrung berechtigter Interessen der speichernden Stelle erforderlich ist und kein Grund zu der Annahme besteht, daß das schutzwürdige Interesse des Betroffenen an dem Ausschluß der Verarbeitung oder Nutzung überwiegt

Die dabei erfassten Daten, also die E-Mail, dürfen allerdings nicht anderweitig verwendet werden (§ 31 BDSG), also auch nicht zur Spam-Prüfung.

Auch hierbei gibt es wiederum Ausnahmen. Im Fall einer Betriebsstörung durch Spam-Wellen oder Überlastung der Systeme gilt das Identifizieren und Löschen dieses Spams im Rahmen des Systemschutzes durchaus als gerechtfertigt.

Als Betreiber von E-Mail-Diensten unterliegt man des Weiteren dem Fernmeldegeheimnis. Hierbei ist es unwichtig, ob dabei Gewinnerzielungsabsicht zu Grunde liegt (§ 3 Nr. 5 TKG). So sind beispielsweise auch Administratoren in Hochschulen dem Fernmeldegeheimniss unterworfen. Dazu § 85 Abs. 2 des TKG:

(2) Zur Wahrung des Fernmeldegeheimnisses ist verpflichtet, wer geschäftsmäßig Telekommunikationsdienste erbringt oder daran mitwirkt. Die Pflicht zur Geheimhaltung besteht auch nach dem Ende der Tätigkeit fort, durch die sie begründet worden ist.

In juristischer Hinsicht strittig ist, ob eine Firma, in der ausschließlich dienstlicher E-Mail-Verkehr gestattet ist, auch dem Fernmeldegeheimnis unterliegt. Es gibt zu dieser Sachlage noch kein obergerichtliches Urteil. Bis ein solches gesprochen wird, sollte man davon ausgehen, dass Mitarbeiter, die ihren Internetzugang lediglich dienstlich nutzen, auch durch das Fernmeldegeheimnis geschützt sind.

Zusammenfassend lässt sich festhalten, dass ohne die Einwilligung der Nutzer lediglich das Prüfen der E-Mails im Rahmen des Systemschutzes gestattet ist. Für alles, was darüber hinausgeht, sollte die Einwilligung der Nutzer eingeholt werden.

Rechtliche Folgen bei der Filterung von E-Mails

Das Oberlandesgericht Karlsruhe hat am 10.01.2005 entschieden, dass Administratoren, die E-Mails filtern oder blocken, sich damit unter Umständen strafbar machen. Dies ist eine Folge daraus, dass E-Mails unter den Begriff der Telekommunikation fallen. Laut § 3 Nr. 16 TKG ist Telekommunikation »der technische Vorgang des Aussendens, Übermittelns und Empfangens von Nachrichten jeglicher Art in der Form von Zeichen, Sprache, Bildern oder Tönen mittels Telekommunikationsanlagen«. Darunter fallen auch E-Mails.

Das bedeutet, dass sich ein Administrator, der E-Mails filtert oder blockiert, nach § 206 Abs. 2 StGB (Verletzung des Post- oder Fernmeldegeheimnisses) strafbar machen kann. Insbesondere könnte der Einsatz von Filtern eine Unterdrückung der Sendung darstellen, was nach § 206 Abs. 2 Nr. 2 StGB strafbar ist. Unterdrückt im Sinne des § 206 ist eine E-Mail dann, wenn sie dem normalen Telekommunikationsverkehr entzogen wird. Hierbei reicht bereits ein »Zurückhalten«, was beim Einsatz einer Quarantäne schon der Fall ist. Dadurch gilt jede E-Mail, die in einem dem Nutzer nicht zugänglichen Ordner gespeichert wird, als unterdrückt. Strafbar ist der ganze Vorgang jedoch nur dann, wenn er unbefugt durchgeführt wird. Dem Problem kann also durch das Einholen einer Erlaubnis des Nutzers beigekommen werden.

Interessanterweise ist auch jede Veränderung einer E-Mail strafbar (§ 303a StGB – Datenveränderung). Verboten ist dabei wie oben zitiert das rechtswidrige Löschen, Unterdrücken und Verändern von Daten. Bereits das Markieren einer Spam-E-Mail im Header gilt hierbei als strafrechtlich relevante Datenveränderung. Aber auch hier gilt das nur für unbefugtes Verändern der E-Mail – und nicht, wenn eine Erlaubnis des Nutzers vorliegt. Das Vorgehen gegen Viren und andere Schädlinge ist wiederum durch Notwehr beziehungsweise zur Vermeidung von Betriebsstörungen abgesichert.

Es ist zu beachten, dass die Strafandrohungen stets die Person betreffen, die die Tat durchgeführt hat, unabhängig davon, ob sie dazu etwa im Rahmen ihrer beruflichen Tätigkeit angewiesen worden war. Aber auch andere Beteiligte sind nicht vor Rechtsfolgen sicher. § 206 StGB (Verletzung des Post- oder Fernmeldegeheimnisses) sieht unter anderem vor, dass auch jemand bestraft wird, der die bezeichneten Handlungen gestattet oder fördert. Darüber hinaus könnten Beteiligte möglicherweise wegen Beihilfe oder Anstiftung belangt werden.

Problembewältigung

Um die rechtlichen Risiken für den Systemadministrator und das Unternehmen abfangen zu können, bieten sich zwei sinnvolle Möglichkeiten zur Auswahl an.

Nutzungsbedingungen
   Die Benutzung des E-Mail-Diensts wird von einer Richtlinie abhängig gemacht, der der Benutzer zustimmen muss. In dieser sollte enthalten sein, dass Spam-Filter-Software eingesetzt wird und E-Mails unter Umständen einer Filterung unterliegen. Der Vollständigkeit halber sollten auch einige technische Details erwähnt werden, zum Beispiel wenn man externe DNS-Blackhole-Lists verwendet und so bestimmte Hosts oder Netze vom E-Mail-Verkehr ausschließt.

Aktivierung durch den Nutzer
   Wenn der Benutzer den Spam-Filter selbst einschalten muss, zum Beispiel durch ein Web-Interface, gibt er damit seine Zustimmung für den Einsatz des Spam-Filters.

In Unternehmen sollte man in Zusammenarbeit mit dem Betriebsrat oder der Personalvertretung versuchen, eine Betriebsvereinbarung zum Thema Filtering vom E-Mails zu erarbeiten. Auf jeden Fall sollte vermieden werden, dass sich Mitarbeiter übergangen oder sogar überwacht fühlen. Sonst können dem Unternehmen und den verantwortlichen Personen schnell rechtliche Probleme ins Haus stehen. Systemadministratoren müssen sich bewusst sein, dass sie sich ohne derartige Absicherungen möglicherweise strafbar machen, selbst wenn sie zu den Handlungen von Vorgesetzten angewiesen worden sind.

ANHANG A
Das SMTP-Protokoll

Dieser Anhang gibt eine kurze Einführung in das SMTP-Protokoll, um zum Verständnis des Buchs beizutragen.

Grundlagen

SMTP steht für Simple Mail Transfer Protocol. Es regelt die vom Absender gesteuerte Übertragung von elektronischer Post (E-Mail) zwischen zwei Rechnern. Das »Abholen« von elektronischer Post vom Server auf den Client, also die vom Empfänger gesteuerte Übertragung, wird üblicherweise über die Protokolle IMAP oder POP3 durchgeführt und ist somit hier nicht Thema.

Das SMTP-Protokoll ist im RFC 2821 definiert. Dieses Dokument ersetzt das ursprüngliche Dokument RFC 821, auf das gelegentlich noch verwiesen wird. Diese Dokumente definieren nur das Übertragungsprotokoll. Das interne Format einer gültigen E-Mail-Nachricht ist in RFC 822 und anderen Dokumenten definiert und vom SMTP-Protokoll vollkommen unabhängig.

SMTP ist ein Client/Server-Protokoll. Der Client sendet Befehle an den Server, dieser antwortet mit einer Bestätigung oder einem Fehler. Der Client ist der Absender, der Server ist der Empfänger der E-Mail. Beide Parteien können aber auch Mittelsmänner in einer Übertragungsreihe sein und müssen nicht der ursprüngliche Absender oder der endgültige Empfänger sein. Man spricht bei einer solchen Weiterleitung von Relaying.

SMTP ist textbasiertes Protokoll. Alle Befehle und Antworten sind lesbare Zeichenketten. Zu Testzwecken ist es also möglich und üblich, SMTP-Befehle von Hand einzutippen. SMTP erfordert am Ende jeder Zeile ein Carriage-Return gefolgt von einem Zeilenwechsel, also Zeilenenden im Windows-Stil. Viele SMTP-Server haben dabei jedoch eine gewissen Flexibilität.

Der SMTP-Dialog

Der folgende Ausschnitt zeigt einen vollständigen SMTP-Dialog. Mit dem Befehl

```
telnet hostname 25
```

kann man derartige Testsitzungen selbst durchführen. Die hervorgehobenen Zeilen werden vom Client gesendet, die anderen Zeilen sind die Antworten des Servers.

```
220 mail.example.net ESMTP Postfix (Debian/GNU)
HELO workstation.example.net
250 mail.example.net
MAIL FROM: <joe@example.net>
250 Ok
RCPT TO: <bob@elsewhere.org>
250 Ok
DATA
354 End data with <CR><LF>.<CR><LF>
From: foo <foo@bar.com>
To: bar <bar@foo.com>
Subject: Test

This is a test.
.
250 Ok: queued as 20FCE3C0026
QUIT
221 Bye
```

Die Zeilen des Servers beginnen stets mit einer Zahl, dem Statuscode. Daran kann das Client-Programm erkennen, ob die Eingabe erfolgreich bearbeitet wurde. Die Statuscodes werden unten erklärt. Der jeweils nachfolgende Text ist für die automatische Bearbeitung uninteressant. Er ist nur für Rückmeldungen an den Benutzer oder für Log-Aufzeichnungen relevant.

Die Verwendung von Groß- und Kleinschreibung in SMTP-Befehlen ist egal, mit Ausnahme der Benutzernamen in E-Mail-Adressen. Gewöhnlich werden SMTP-Befehle großgeschrieben, wie auch hier.

In den folgenden Abschnitten wird der Verlauf des SMTP-Dialogs erläutert.

Begrüßung

Zuerst sendet der Server eine Begrüßungszeile. Diese enthält üblicherweise den Hostnamen des Servers sowie Informationen über das verwendete SMTP-Server-Produkt.

Als ersten Befehl muss der Client den Befehl HELO mit dem eigenen Hostnamen als Argument senden. Konzeptionell dient dieser Befehl als Begrüßung des Clients an den Server, ist aber aus heutiger Sicht funktionell sinnlos. Aus diesem Grund wird der Befehl von selbst gebauten Skripten oder schlecht implementierter Spam-Software häufig vergessen. SMTP-Server ignorieren den Fehler zwar in der Regel, können aber so konfiguriert werden, dass sie den HELO-Befehl verlangen. Laut SMTP-Standard wird der angegebene Hostname nicht überprüft, aber auch das kann teilweise eingeschaltet werden und der Spam-Abwehr dienen. Kapitel 3, *Spam- und Virenabwehr mit Postfix, Exim und Sendmail* enthält Informationen dazu.

Clients, die das erweiterte SMTP-Protokoll (ESMTP) unterstützen – heutzutage die meisten –, senden stattdessen den Befehl EHLO. Für die Betrachtungen hier ist dieser Befehl aber identisch.

Als Antwort auf HELO oder EHLO gibt der Server seinen eigenen Hostnamen zurück.

Angabe des Absenders

Nach der Begrüßung sendet der Client den Befehl MAIL FROM: gefolgt von der Absenderadresse. Diese Adresse muss laut RFC 821 wie gezeigt in spitzen Klammern stehen und enthält nur die Adresse und keine Namen. Angaben wie

    MAIL FROM: joe@example.net

oder

    MAIL FROM: Joe User <joe@example.net>

sind also ungültig. (Sie entsprechen dem Standard RFC 822 für den *Inhalt* von E-Mail-Nachrichten.) Viele SMTP-Server akzeptieren aber zumindest auch die erste Form.

Der angegebene Absender kann im Prinzip frei erfunden werden, wenn man seine Identität zu verbergen versucht. Einige SMTP-Server können so konfiguriert werden, dass sie zumindest die Plausibilität der Absenderangabe überprüfen.

Ein Sonderfall ist die Angabe:

    MAIL FROM: <>

Dies ist ein so genannter Null Return Path, der verwendet wird, wenn das E-Mail-System eine Fehlermeldung sendet. Falls die Fehlermeldung selbst einen Fehler erzeugt, weiß das E-Mail-System, dass es auf diese E-Mail nicht antworten soll und kann.

Auf die Angabe des Absenders reagiert der Server mit einer kurzen Bestätigung.

Angabe der Empfänger

Nach der Angabe des Absenders sendet der Client den Befehl RCPT TO: gefolgt von der Adresse des Empfängers im selben Format wie oben beschrieben. Die Empfängeradresse muss natürlich richtig sein, wenn die E-Mail ankommen soll.

Auf die Angabe des Empfängers reagiert der Server wieder mit einer kurzen Bestätigung.

Eine E-Mail kann mehrere Empfänger haben. Wenn das der Fall ist, wird der Befehl einfach mit anderen Adressen wiederholt.

SMTP-Server sollten in aller Regel nicht beliebige Empfängeradressen akzeptieren. Sonst könnte jeder Rechner im Internet an jeden anderen Rechner im Internet E-Mails über diesen SMTP-Server versenden. Das nennt sich offenes Relay und ist eine Einladung an Spammer, ihre E-Mails anonym über diesen Server zu versenden. Die Adressen von offenen Relays werden auf DNS-Blackhole-Lists gesammelt und von vielen Anwendern blockiert.

SMTP-Server sollten daher nur E-Mails annehmen, die an die eigene Domain gerichtet sind oder aus dem eigenen Netzwerk gesendet wurden. Die SMTP-Server-Produkte haben normalerweise eine derartige Voreinstellung.

Übertragung der Daten

Nach der Angabe der Empfänger sendet der Client den Befehl DATA, um anzuzeigen, dass er jetzt den Inhalt der E-Mail senden möchte. Darauf reagiert der Server mit einer Meldung, die anzeigt, wie die Daten formatiert werden sollen. Client-Programme lesen diese Meldung natürlich nicht, da die Daten immer auf dieselbe Weise formatiert werden.

Es ist zu beachten, dass der Inhalt der E-Mail vollkommen unabhängig von den oben getätigten Angaben zu Absender und Empfänger sind. Von diesem Umstand wird beim Versand von Spam und Viren über E-Mail reichlich Gebrauch gemacht. Da der Inhalt der E-Mail nicht in den Verantwortungsbereich des SMTP-Servers fällt, sind auch keine Schutzmechanismen gegen derartige Fälschungen vorgesehen. Lediglich Exim bietet zurzeit die Option, die Adressen im Inhalt der E-Mail zu überprüfen.

Abgeschlossen wird der Inhalt der E-Mail mit einem Punkt allein auf einer Zeile.

Danach muss der SMTP-Server die E-Mail endgültig annehmen oder ablehnen. Wenn er sie annimmt, hat er die Verantwortung für sie übernommen und muss sie entweder an den endgültigen Bestimmungsort leiten oder per E-Mail eine Fehlermeldung an den Absender schicken. Der Client hat sich in diesem Moment der Verantwortung für die E-Mail entledigt und kann sie beispielsweise aus dem lokalen Speicher löschen.

Verbindungsende

Nach Abschluss der E-Mail-Übertragung sendet der SMTP-Client normalerweise den Befehl QUIT, woraufhin der Server die Verbindung schließt. Ein Client könnte nach dem Ende einer E-Mail-Übertragung auch die nächste Übertragung beginnen, indem er einfach wieder mit MAIL FROM anfängt.

Umschlag und Inhalt

Wie bereits gesehen, haben die Adressangaben im SMTP-Dialog und im Inhalt der E-Mail nichts miteinander zu tun. Man kann sich den SMTP-Dialog als Umschlag eines Briefs vorstellen und die Daten im DATA-Teil als Inhalt des Briefs. Die im Befehl MAIL FROM angegebene Adresse wird deshalb auch Envelope-Absender (»Umschlag-Absender«) genannt, die Adressen im Befehl RCPT TO entsprechend Envelope-Empfänger.

Nur die Adressen auf dem Umschlag eines Briefs werden von der Post für die Zustellung herangezogen. An wen der Brief gerichtet ist oder auf welchem Briefpapier er gedruckt ist, ist dabei uninteressant. Ebenso wird nur die Absenderadresse auf dem Umschlag verwendet, wenn der Brief nicht zugestellt werden kann. Wer den Brief wirklich geschrieben hat, ist irrelevant.

Analog funktioniert es beim Versand von E-Mails. Nur der Envelope-Empfänger bestimmt, wohin die E-Mail gesendet wird. Und nur der Envelope-Absender bestimmt, wohin Fehlermeldungen gesendet werden. Die Adressen in den E-Mail-Headern wie From und Reply-To werden von der SMTP-Software nicht beachtet und sind höchstens für E-Mail-Leseprogramme relevant.

Weitere Befehle

Das SMTP-Protokoll unterstützt einige weitere Befehl, die nicht im Rahmen einer E-Mail-Übertragung verwendet werden:

VRFY
: Dieser Befehl überprüft, ob eine E-Mail-Adresse existiert, zum Beispiel:

    ```
    VRFY joe
    252 joe
    VRFY joe@example.net
    252 joe@example.net
    VRFY bob
    550 <bob>: Recipient address rejected: User unknown in local recipient table
    VRFY joe@foo.com
    554 <joe@foo.com>: Relay access denied
    ```

    In der heutigen »feindseligen« Internetumgebung ist ein solcher Befehl eher ein Sicherheitsrisiko als ein Benutzerdienst. Normalerweise bietet der SMTP-Server daher die Möglichkeit, ihn auszuschalten.

EXPN
: Dieser Befehl gibt die Mitglieder einer Mailingliste aus. Er ist ebenfalls ein Sicherheitsrisiko und in den meisten SMTP-Servern gar nicht implementiert.

RSET
: Der Server wird angewiesen, einen »Reset« auszuführen. Danach kann mit einer neuen E-Mail-Übertragung (`MAIL FROM`) begonnen werden.

HELP
: Dieser Befehl sollte einen Hilfetext ausgeben, ist aber größtenteils nicht implementiert.

NOOP
: Dieser Befehl macht gar nichts, und der Server gibt nur eine erfolgreiche Antwort zurück.

Statuscodes

Die vom SMTP-Server gesendeten Statuscodes folgen einem bestimmten Schema. Zunächst gilt: Steht nach der Zahl ein Leerzeichen, ist dies die letzte vom Server gesendete Zeile. Wenn der Server mehrere Zeilen senden muss, steht nach der Zahl ein Minuszeichen, außer in der letzten Zeile. Folgendes könnte zum Beispiel eine mehrzeilige Antwort auf den Befehl `EHLO` sein:

```
EHLO workstation.example.net
250-mail.example.net
250-PIPELINING
250-SIZE 10240000
250-VRFY
250-ETRN
250 8BITMIME
```

Die erste Zahl des Codes besagt, um was für eine Antwort es sich handelt:

1yz
: Der Befehl wurde vorläufig angenommen, muss aber bestätigt werden. Dieser Typ kommt in SMTP aktuell nicht vor.

2yz
: Der Befehl wurde erfolgreich angenommen. Danach kann ein neuer Befehl gesendet werden.

3yz
: Der Befehl wurde vorläufig angenommen, aber weitere Informationen werden benötigt, um ihn zu vervollständigen. Der SMTP-Client sollte die benötigten Informationen als Nächstes senden. Dieser Code wird als Reaktion auf den `DATA`-Befehl gesendet.

4yz
: Der Befehl wurde abgelehnt, aber der Client kann später erneut versuchen, den Befehl zu senden. Dies wird üblicherweise bei vorübergehenden Problemen auf dem Serversystem verwendet.

5yz
>   Der Befehl wurde abgelehnt, und der Fehler ist permanent.

Hier folgt die vollständige Liste aller definierten SMTP-Statuscodes mit dem dazugehörigen Text aus RFC 2821. Der von einer bestimmten SMTP-Implementierung verwendete Wortlaut kann jedoch davon abweichen.

211
>   System status, or system help reply

214
>   Help message

220
>   <domain> Service ready

221
>   <domain> Service closing transmission channel

250
>   Requested mail action okay, completed

251
>   User not local; will forward to <forward-path>

252
>   Cannot VRFY user, but will accept message and attempt delivery

354
>   Start mail input; end with <CRLF>.<CRLF>

421
>   <domain> Service not available, closing transmission channel

450
>   Requested mail action not taken: mailbox unavailable (e.g., mailbox busy)

451
>   Requested action aborted: local error in processing

452
>   Requested action not taken: insufficient system storage

500
>   Syntax error, command unrecognized

501
>   Syntax error in parameters or arguments

502
>   Command not implemented

503
>   Bad sequence of commands

504
>Command parameter not implemented

550
>Requested action not taken: mailbox unavailable (e.g., mailbox not found, no access, or command rejected for policy reasons)

551
>User not local; please try <forward-path>

552
>Requested mail action aborted: exceeded storage allocation

553
>Requested action not taken: mailbox name not allowed

554
>Transaction failed

ANHANG B
Reguläre Ausdrücke

Reguläre Ausdrücke dienen dazu, Sprachen, also Mengen von Zeichen, zu beschreiben und zu manipulieren. Ein regulärer Ausdruck ist eine Zeichenfolge, die in abgekürzter Schreibweise eine Menge von Zeichenketten definiert (eine *reguläre Menge*). Eine Zeichenkette stimmt mit einem regulären Ausdruck überein, wenn sie ein Element der von dem regulären Ausdruck beschriebenen regulären Menge ist. Eine einfache Variante, die die meisten schon einmal verwendet haben, ist das Pattern Matching der Kommandozeile, zum Beispiel: ls *.tex, das uns alle vorhandenen LaTeX-Dateien anzeigt. Das Pattern Matching der Shell ist allerdings recht begrenzt. Wenn es darum geht, E-Mails auf bestimmte Muster zu untersuchen, müssen Pattern, die man verwenden kann, etwas komplizierter sein. Reguläre Ausdrücke für sich sind ein so komplexes Thema, dass man darüber eigene Bücher schreiben kann. Jedem, der sich damit näher befassen möchte, sei das Buch »Reguläre Ausdrücke« von Jeffrey E. Friedl ans Herz gelegt.

Der einfachste reguläre Ausdruck besteht nur aus einer einfachen Zeichenkette ohne Operatoren: /foo/. Das »/« stellt hierbei einen Begrenzer dar, je nach Sprache kann dieser Begrenzer auch variieren. Der Begrenzer legt den Beginn und das Ende des Ausdrucks fest. Das Beispiel trifft auf alle Vorkommen der Zeichenkette foo zu. Das gilt unabhängig davon, ob diese am Anfang einer Zeile oder in einem Wort vorkommt, also zum Beispiel auch auf die Zeichenkette 'foobar'. Zusätzlich zu den Zeichenketten gibt es verschiedene Operatoren, die den Suchausdruck modifizieren.

Tabelle B-1: Reguläre Ausdrücke

Operator	Bedeutung	Beispiel
^	Repräsentiert den Zeilenanfang	/^Anfang/
		Findet »Anfang«, wenn es am Anfang der Zeile steht.
$	Repräsentiert das Zeilenende	/Ende$/
		Finde »Ende«, wenn es das letzte Wort in der Zeile ist.

Tabelle B-1: Reguläre Ausdrücke (Fortsetzung)

Operator	Bedeutung	Beispiel
*	Beliebig viele oder kein Vorkommen des vorangehenden Zeichens oder Ausdrucks	/1 *2/ Findet 1 und 2, egal ob und wie viele Leerzeichen dazwischen liegen.
.	Trifft auf ein beliebiges Zeichen zu	/.oo/ Trifft auf alles zu, das mit oo endet und ein beliebiges Zeichen davor hat.
+	Mindestens ein oder mehr Vorkommen des vorhergehenden Zeichens oder Ausdrucks	/a+/ Findet mindestens »a«, aber auch beliebig oft »a«.
?	Null oder ein Vorkommen des vorangehenden Zeichens oder Ausdrucks	/a?/ Findet ein oder kein »a«.
{min,}	Mindestens »min« Vorkommen des vorhergehenden Zeichens oder Ausdrucks	/1{4,}/ »1« muss mindestens viermal oder öfter vorkommen.
{min, max}	Mindestens »min« und maximal »max« Vorkommen des vorhergehenden Zeichens oder Ausdrucks	/1{2,4}/ »1« muss mindestens zweimal, aber darf maximal viermal vorkommen.
{n}	Genau »n« Vorkommen des vorhergehenden Zeichens oder Ausdrucks	/1{3}/ Trifft auf dreimaliges Vorkommen von »1« zu.
[ ]	Genau eines der eingeschlossenen Zeichen	/a[bc]/ Trifft auf »ab« oder »ac« zu.
[^]	Passt auf genau ein Zeichen, das verschieden von den Zeichen im Ausdruck ist	/a[^bc] Trifft nicht auf »ab« oder »ac« zu.
[A-Z], [0-9]	Steht für die Zeichen in dem angegebenen Bereich.	/f[o-q]/ Trifft auf fo, fp und fq zu.
\	Sperrt die Sonderbedeutung des Zeichens	/a\// Macht aus »/« ein normales Zeichen.
<	Muster am Wortanfang suchen. Dieser Operator kann je nach verwendeter Software anders sein.	/<foo/ Findet »foobar«, aber nicht »barfoo«.
>	Muster am Wortende suchen. Dieser Operator kann je nach verwendeter Software anders sein.	/foo>/ Findet »barfoo«, aber nicht »foobar«.
|	Das »oder« erlaubt Verwendung von Alternativen.	/(foo|bar)/ Findet »foo« oder »bar«.
( )	Klammern werden zur Gruppierung und Referenzierung (siehe unten) von Ausdrücken eingesetzt.	/(foo){2}/ Findet zweimaliges Vorkommen des gruppierten Ausdrucks (»foofoo«).

Rückwärtsreferenzen

Manchmal kann es nützlich sein, auf Treffer in einem Ausdruck noch einmal zugreifen zu können, deshalb gibt es Rückwärtsreferenzen, die es ermöglichen, auf vorangegangene Treffer zuzugreifen. Einen Treffer speichert man, indem man ihn »gruppiert«, also in Klammern einschließt. Danach kann man auf die erste Gruppe mit \1, die zweite Gruppe mit \2 und so weiter zugreifen. Der folgende Ausdruck findet zum Beispiel verdoppelte Wörter:

```
/<([a-zA-Z]+) +\1>/
```

Zuerst findet man mit dem Operator »<« eine Wortgrenze, danach gruppiert man das Wort. Da nur Wörter und keine Zahlen oder Ähnliches von Interesse sind, beschränkt man sich mittels [a-zA-Z]+ auf Buchstabenketten beliebiger Länge. Danach dürfen beliebig viele Leerzeichen folgen. Anschließend greift man mit der \1 auf den vorherigen Treffer zu, und wenn das folgende Wort identisch mit dem vorangegangenen Wort ist, erzielt der Ausdruck einen Treffer.

Geschmacksrichtungen

Leider gibt es je nach Implementierung sehr große Unterschiede in der Syntax der verschiedenen Programme, einige Features sind auch gar nicht implementiert worden. Einige Implementierungen erweitern die »klassischen« Ausdrücke, um eine größere Vielfalt an Ausdrücken zu ermöglichen. Es folgt eine kleine Tabelle, die die gröbsten Unterschiede darstellt, diese Tabelle wurde Friedls Buch »Mastering Regular Expressions« entnommen. Weitere Informationen finden sich in der Dokumentation der verwendeten Software/Sprache.

Tabelle B-2: Unterschiede bei regulären Ausdrücken

Feature	Grep	Egrep	awk	Perl
*, ^, $, [...]	✓	✓	✓	✓
? + |	\? \+ |	? + |	? + |	? + |
Gruppierung	\(...\)	(...)	(...)	(...)
Wortgrenzen	nicht unterstützt	\< \>	nicht unterstützt	\b \B
Rückwärtsreferenzen	✓	nicht unterstützt	nicht unterstützt	✓
\w, \W	✓	nicht unterstützt	nicht unterstützt	✓

ANHANG C
Software und Bezugsquellen

In diesem Anhang werden die Bezugsquellen zu den Software-Paketen aufgeführt, die in diesem Buch behandelt werden. Für die meisten Software-Pakete gibt es vorgefertigte Binärpakete beziehungsweise Ports für die populären freien Betriebssysteme, die die Installation der Software vereinfachen und die Konfiguration an die Gegebenheiten des jeweiligen Betriebssystems anpassen. Es ist in den meisten Fällen nicht nötig oder empfohlen, die Software von Hand zu kompilieren und zu installieren.

Betriebssysteme

Zur Bekämpfung von Spam und Viren mit Open Source-Tools gehört natürlich auch ein Open Source-Betriebssystem. Die folgenden sind die verbreitetsten Betriebssysteme im Open Source-Bereich, die hier berücksichtigt werden.

Debian GNU/Linux
>Website: *http://www.debian.org/*
>
>Die Paketliste unten bezieht sich auf Debian GNU/Linux Version 3.1, Codename »sarge«, die zum Zeitpunkt des Erstellens dieses Buchs noch nicht freigegeben ist. Die meiste Software in der aktuellen stabilen Version 3.0 (»woody«) ist veraltet und sollte nicht zum Spam- oder Virenfiltern verwendet werden.
>
>Ubuntulinux, das auf Debian basiert, verwendet im Großen und Ganzen die gleichen Pakete. Die Paketliste unten kann daher auch annähernd für dieses Betriebssystem gelten.

Fedora Core
>Website: *http://fedora.redhat.com/*
>
>Fedora Core ist die frei erhältliche Linux-Distribution von Red Hat. Es ist außerdem die Basis für die Red Hat Enterprise Linux-Distributionen, die daher ähnliche Software-Pakete enthalten, allerdings nicht immer auf dem gleichen Stand. Zum Zeitpunkt des Schreibens ist die aktuelle Version Fedora Core 3.

FreeBSD

Website: *http://www.freebsd.org/*

Zum Zeitpunkt des Schreibens ist die aktuelle Version FreeBSD 5.3.

Gentoo Linux

Website: *http://www.gentoo.org/*

Zum Zeitpunkt des Schreibens ist die aktuelle Version Gentoo Linux 2005.0.

Mandriva Linux

Website: *http://www.mandriva.com/*

Mandriva Linux ist der Nachfolger von Mandrakelinux. Zum Zeitpunkt des Schreibens ist die aktuelle Version 10.1.

NetBSD

Website: *http://www.netbsd.org/*

Zum Zeitpunkt des Schreibens ist die aktuelle Version NetBSD 2.0.2.

OpenBSD

Website: *http://www.openbsd.org/*

Zum Zeitpunkt des Schreibens ist die aktuelle Version OpenBSD 3.6.

SUSE Linux

Website: *http://www.suse.de/*

Die aktuelle Version der frei erhältlichen Distribution zum Zeitpunkt des Schreibens ist SUSE Linux Professional 9.3. Die SUSE Linux Enterprise Server- (SLES-)Produkte enthalten ähnliche Pakete, aber nicht den vollen Umfang.

Software

In diesem Abschnitt wird aufgelistet, welche Software in vorbereiteter Form, je nach Betriebssystem Paket, Binärpaket oder Port genannt, in den entsprechenden Betriebssystemen enthalten ist. Pakete aus dritten Quellen sind nur aufgeführt, wenn sie auf der Website des jeweiligen Projekts verlinkt sind.

Amavisd-new

Amavisd-new ist ein Paket zur Integration von Virenscannern und SpamAssassin in MTA, insbesondere Postfix, siehe Kapitel 8, *AMaViS*.

Website

Die Website von Amavisd-new ist *http://www.ijs.si/software/amavisd/*.

Pakete und Ports

Debian GNU/Linux
Das Paket amavisd-new ist im offiziellen Debian-Archiv enthalten.

Fedora Core
Inoffizielle Pakete können über die Website des Projekts bezogen werden.

FreeBSD
Der Port von Amavisd-new befindet sich in der FreeBSD-Ports-Sammlung unter *security/amavisd-new*.

Gentoo Linux
Ein Ebuild für Amavisd-new befindet sich im Portage-Baum unter *net-mail/amavisd-new*.

Mandriva Linux
Das Paket amavisd-new ist in der offiziellen Distribution enthalten.

NetBSD
Ein NetBSD-Paket von Amavisd-new befindet sich in der NetBSD-Paketsammlung unter *security/amavisd-new*.

OpenBSD
Der Port von Amavisd-new befindet sich in der OpenBSD-Ports-Sammlung unter *mail/amavisd-new*.

SUSE Linux
Das Paket amavisd-new ist in der offiziellen Distribution enthalten.

Amavis-stats

Amavis-stats erzeugt Statistikdiagramme für Amavisd-new, siehe Kapitel 8, *AMaViS*.

Website

Die Website von Amavis-stats ist *http://rekudos.net/amavis-stats/*.

Pakete und Ports

Debian GNU/Linux
Das Paket amavis-stats ist im offiziellen Debian-Archiv enthalten.

FreeBSD
Der Port von Amavis-stats befindet sich in der FreeBSD-Ports-Sammlung unter *security/amavis-stats*.

ClamAV

ClamAV ist ein Virenscanner, siehe Kapitel 7, *Virenscanner*.

Website

Die Website von ClamAV ist *http://www.clamav.net/*.

Pakete und Ports

Debian GNU/Linux
Die zu ClamAV gehörigen offiziellen Debian-Pakete heißen clamav, clamav-daemon, clamav-freshclam und clamav-milter.

Fedora Core
Inoffizielle Pakete können über die Website des Projekts bezogen werden.

FreeBSD
Der Port von ClamAV befindet sich in der FreeBSD-Ports-Sammlung unter *security/clamav*.

Gentoo Linux
Ein Ebuild für ClamAV befindet sich im Portage-Baum unter *app-antivirus/clamav*.

Mandriva Linux
ClamAV ist in der offiziellen Distribution enthalten. Die Pakete heißen clamav, clamav-db, clamav-milter und clamd.

NetBSD
Ein NetBSD-Paket von ClamAV befindet sich in der NetBSD-Paketsammlung unter *mail/clamav*.

OpenBSD
Der Port von ClamAV befindet sich in der OpenBSD-Ports-Sammlung unter *security/clamav*.

SUSE Linux
Das Paket clamav ist in der offiziellen Distribution enthalten.

DCC

Das Distributed Checksum Clearinghouse (DCC) ist ein verteiltes System zur Spam-Erkennung, siehe Kapitel 6, *Zusätzliche Ansätze gegen Spam*.

Website

Die Website des DCC ist *http://www.rhyolite.com/anti-spam/dcc/*.

Pakete und Ports

Debian GNU/Linux
Die zu DCC gehörigen offiziellen Debian-Pakete heißen dcc-client, dcc-server und dcc-milter.

FreeBSD
Der Port von DCC befindet sich in der FreeBSD-Ports-Sammlung unter *mail/dcc-dccd*.

Gentoo Linux
Ein Ebuild für DCC befindet sich im Portage-Baum unter *mail-filter/dcc*.

Mandriva Linux
Das Paket dcc ist in der Distribution enthalten (Abschnitt »contrib«).

Exim

Exim ist ein Mail Transport Agent (MTA); siehe Kapitel 3, *Spam- und Virenabwehr mit Postfix, Exim und Sendmail*. Für viele Funktionen ist Exim ab Version 4.50 erforderlich.

Website

Die Website von Exim ist *http://www.exim.org/*.

Pakete und Ports

Debian GNU/Linux
Das Paket exim4 ist im offiziellen Debian-Archiv enthalten. (Das Paket mit dem Namen exim ist Exim Version 3.)

Fedora Core
Das Paket exim ist in der offiziellen Distribution enthalten. Der Exiscan-Patch ist darin eingebaut.

FreeBSD
Der Port von Exim befindet sich in der FreeBSD-Ports-Sammlung unter *mail/exim*.

Gentoo Linux
Ein Ebuild für Exim befindet sich im Portage-Baum unter *mail-mta/exim*.

Mandriva Linux
Das Paket exim ist in der Distribution enthalten (Abschnitt »contrib«).

NetBSD
Ein NetBSD-Paket von Exim befindet sich in der NetBSD-Paketsammlung unter *mail/exim*. Ein Paket mit Content-Scanning-Patch findet sich unter *mail/exim-exiscan*.

OpenBSD
: Der Port von Exim befindet sich in der OpenBSD-Ports-Sammlung unter *mail/exim*.

SUSE Linux
: Das Paket exim ist in der offiziellen Distribution enthalten. Der Exiscan-Patch ist darin eingebaut.

Fetchmail

Fetchmail ist ein Programm zum Abholen und Weiterleiten von E-Mail; siehe Kapitel 11, *E-Mail-Clients*.

Website

Die Website von Fetchmail ist *http://www.catb.org/~esr/fetchmail/*.

Pakete und Ports

Debian GNU/Linux
: Die Pakete `fetchmail` und `fetchmail-ssl` sind im offiziellen Debian-Archiv enthalten.

Fedora Core
: Das Paket `fetchmail` ist in der offiziellen Distribution enthalten.

FreeBSD
: Der Port von Fetchmail befindet sich in der FreeBSD-Port-Sammlung unter *mail/fetchmail*.

Gentoo Linux
: Ein Ebuild für Fetchmail befindet sich im Portage-Baum unter *net-mail/fetchmail*.

Mandriva Linux
: Das Paket `fetchmail` ist in der offiziellen Distribution enthalten.

NetBSD
: Ein NetBSD-Paket von Fetchmail befindet sich in der NetBSD-Paketsammlung unter *mail/fetchmail*.

OpenBSD
: Der Port von Fetchmail befindet sich in der OpenBSD-Port-Sammlung unter *mail/fetchmail*.

SUSE Linux
: Das Paket `fetchmail` ist in der offiziellen Distribution enthalten.

GraphDefang

GraphDefang erzeugt Statistikdiagramme für MIMEDefang; siehe Kapitel 10, *MIMEDefang*.

Website

Die Website von GraphDefang ist *http://www.bl.org/~jpk/graphdefang/*.

Pakete und Ports

Debian GNU/Linux
    Das Paket GraphDefang ist im offiziellen Debian-Archiv enthalten.

MailScanner

MailScanner ist ein Paket zur Integration von Virenscannern und SpamAssassin in MTA; siehe Kapitel 9, *MailScanner*.

Website

Die Website von MailScanner ist *http://www.mailscanner.info/*.

Pakete und Ports

Debian GNU/Linux
    Das Paket mailscanner ist im offiziellen Debian-Archiv enthalten.
Fedora Core
    Inoffizielle Pakete können über die Website des Projekts bezogen werden.
FreeBSD
    Der Port von MailScanner befindet sich in der FreeBSD-Ports-Sammlung unter *mail/mailscanner*.
Mandriva Linux
    Inoffizielle Pakete können über die Website des Projekts bezogen werden.
NetBSD
    Ein NetBSD-Paket von MailScanner befindet sich in der NetBSD-Paketsammlung unter *mail/mailscanner*.
SUSE Linux
    Inoffizielle Pakete können über die Website des Projekts bezogen werden.

MIMEDefang

MIMEDefang ist ein Paket zur Integration von Virenscannern und SpamAssassin in Sendmail; siehe Kapitel 10, *MIMEDefang*.

Website

Die Website von MIMEDefang ist *http://www.mimedefang.org/*.

Pakete und Ports

Debian GNU/Linux
   Das Paket mimedefang ist im offiziellen Debian-Archiv enthalten.
FreeBSD
   Der Port von MIMEDefang befindet sich in der FreeBSD-Ports-Sammlung unter *mail/mimedefang*.
NetBSD
   Ein NetBSD-Paket von MIMEDefang befindet sich in der NetBSD-Paketsammlung unter *mail/mimedefang*.

P3Scan

P3Scan ist ein POP3-Proxy mit der Möglichkeit zur E-Mail-Filterung. Zusammen mit P3Scan wird oft das Programm renattach verwendet, das gefährliche Anhänge umbenennen kann. Beide Programme werden in Kapitel 11, *E-Mail-Clients* behandelt.

Website

Die Website von P3Scan ist *http://p3scan.sourceforge.net/*. Die Website von *renattach* ist *http://www.pc-tools.net/unix/renattach/*.

Pakete und Ports

Debian GNU/Linux
   Die Pakete p3scan und renattach sind im offiziellen Debian-Archiv enthalten.
Fedora Core
   Inoffizielle Pakete können über die Website des Projekts bezogen werden.
FreeBSD
   Der Port von P3Scan befindet sich in der FreeBSD-Ports-Sammlung unter *net/p3scan*. Der Port von *renattach* befindet sich unter *mail/renattach*.

Postfix

Postfix ist ein Mail Transport Agent (MTA); siehe Kapitel 3, *Spam- und Virenabwehr mit Postfix, Exim und Sendmail*. Für viele Funktionen ist Postfix ab Version 2.2 erforderlich.

Website

Die Website von Postfix ist *http://www.postfix.org/*.

Pakete und Ports

Debian GNU/Linux
    Das Paket postfix ist im offiziellen Debian-Archiv enthalten.

Fedora Core
    Das Paket postfix ist in der offiziellen Distribution enthalten.

FreeBSD
    Der Port von Postfix befindet sich in der FreeBSD-Ports-Sammlung unter *mail/postfix*.

Gentoo Linux
    Ein Ebuild für Postfix befindet sich im Portage-Baum unter *mail-mta/postfix*.

Mandriva Linux
    Das Paket postfix ist in der offiziellen Distribution enthalten. Die Unterstützung für Perl-kompatible reguläre Ausdrücke (PCRE) ist im Paket postfix-pcre.

NetBSD
    Ein NetBSD-Paket von Postfix befindet sich in der NetBSD-Paketsammlung unter *mail/postfix*.

OpenBSD
    Der Port von Postfix befindet sich in der OpenBSD-Ports-Sammlung unter *mail/postfix*.

SUSE Linux
    Das Paket postfix ist in der offiziellen Distribution enthalten.

Procmail

Procmail ist ein Programm zur Filterung von E-Mails anhand von Regeln, das wiederholt in diesem Buch beschrieben wird.

Website

Die Website von Procmail ist *http://www.procmail.org/*.

Pakete und Ports

Debian GNU/Linux
   Das Paket procmail ist im offiziellen Debian-Archiv enthalten.

Fedora Core
   Das Paket procmail ist in der offiziellen Distribution enthalten.

FreeBSD
   Der Port von Procmail befindet sich in der FreeBSD-Ports-Sammlung unter *mail/procmail*.

Gentoo Linux
   Ein Ebuild für Procmail befindet sich im Portage-Baum unter *mail-filter/procmail*.

Mandriva Linux
   Das Paket procmail ist in der offiziellen Distribution enthalten.

NetBSD
   Ein NetBSD-Paket von Procmail befindet sich in der NetBSD-Paketsammlung unter *mail/procmail*.

OpenBSD
   Der Port von Procmail befindet sich in der OpenBSD-Ports-Sammlung unter *mail/procmail*.

SUSE Linux
   Das Paket procmail ist in der offiziellen Distribution enthalten.

Pyzor

Pyzor ist ein verteiltes System zur Spam-Erkennung; siehe Kapitel 6, *Zusätzliche Ansätze gegen Spam*.

Website

Die Website von Pyzor ist *http://pyzor.sourceforge.net/*.

Pakete und Ports

Debian GNU/Linux
   Das Paket pyzor ist im offiziellen Debian-Archiv enthalten.

FreeBSD
   Der Port von Pyzor befindet sich in der FreeBSD-Ports-Sammlung unter *mail/pyzor*.

Gentoo Linux
   Ein Ebuild für Pyzor befindet sich im Portage-Baum unter *dev-python/pyzor*.

Mandriva Linux
   Das Paket pyzor ist in der Distribution enthalten (Abschnitt »contrib«).

RBLDNSD

RBLDNSD ist ein DNS-Server, der auf DNS-Blackhole-Lists spezialisiert ist; siehe Kapitel 5, *DNS-basierte Blackhole-Lists*.

Website

Die Website von RBLDNSD ist *http://www.corpit.ru/mjt/rbldnsd.html*.

Pakete und Ports

Debian GNU/Linux
   Das Paket `rbldnsd` ist im offiziellen Debian-Archiv enthalten.

FreeBSD
   Der Port von RBLDNSD befindet sich in der FreeBSD-Ports-Sammlung unter *dns/rbldnsd*.

SA-Exim

SA-Exim ist ein Plugin für Exim zum Aufrufen von SpamAssassin; siehe Kapitel 4, *SpamAssassin*.

Website

Die Website von SA-Exim ist *http://marc.merlins.org/linux/exim/sa.html*.

Pakete und Ports

Debian GNU/Linux
   Das Paket `sa-exim` ist im offiziellen Debian-Archiv enthalten.

FreeBSD
   Der Port von SA-Exim befindet sich in der FreeBSD-Ports-Sammlung unter *mail/exim-sa-exim*.

Sendmail

Sendmail ist ein Mail Transport Agent (MTA); siehe Kapitel 3, *Spam- und Virenabwehr mit Postfix, Exim und Sendmail*. Für viele Funktionen ist Sendmail ab Version 8.13 erforderlich.

Website

Die Website von Sendmail ist *http://www.sendmail.org/*.

Pakete und Ports

Debian GNU/Linux
   Das Paket `sendmail` ist im offiziellen Debian-Archiv enthalten.

Fedora Core
Sendmail ist in der offiziellen Distribution enthalten. Die Pakete heißen sendmail, sendmail-cf und sendmail-doc.

FreeBSD
Sendmail ist im Basissystem von FreeBSD enthalten.

Gentoo Linux
Ein Ebuild für Sendmail befindet sich im Portage-Baum unter *mail-mta/sendmail*.

Mandriva Linux
Sendmail ist in der offiziellen Distribution enthalten. Die Pakete heißen sendmail, sendmail-cf und sendmail-doc.

NetBSD
Sendmail ist im Basissystem von NetBSD enthalten.

OpenBSD
Sendmail ist im Basissystem von OpenBSD enthalten.

SUSE Linux
Das Paket sendmail ist in der offiziellen Distribution enthalten.

SpamAssassin

SpamAssassin ist ein Werkzeug zur Spam-Erkennung; siehe Kapitel 4, *SpamAssassin*.

Website

Die Website von SpamAssassin ist *http://spamassassin.apache.org/*.

Pakete und Ports

Debian GNU/Linux
Das Paket spamassassin ist im offiziellen Debian-Archiv enthalten.

Fedora Core
Das Paket spamassassin ist in der offiziellen Distribution enthalten.

FreeBSD
Der Port von SpamAssassin befindet sich in der FreeBSD-Ports-Sammlung unter *mail/p5-Mail-SpamAssassin*.

Gentoo Linux
Ein Ebuild für SpamAssassin befindet sich im Portage-Baum unter *mail-filter/spamassassin*.

Mandriva Linux
SpamAssassin ist in der offiziellen Distribution enthalten. Die Pakete heißen spamassassin, spamassassin-spamc, spamassassin-spamd und spamassassin-tools.

NetBSD
   Ein NetBSD-Paket von SpamAssassin befindet sich in der NetBSD-Paketsammlung unter *mail/spamassassin*.

OpenBSD
   Der Port von SpamAssassin befindet sich in der OpenBSD-Ports-Sammlung unter *mail/p5-Mail-SpamAssassin*.

SUSE Linux
   SpamAssassin ist in der offiziellen Distribution enthalten. Die Pakete heißen `spamassassin` und `perl-spamassassin`.

SpamAssassin-Milter-Plugin

Das SpamAssassin-Milter-Plugin dient der Einbindung von SpamAssassin in Sendmail; siehe Kapitel 4, *SpamAssassin*.

Website

Die Website des SpamAssassin-Milter-Plugins ist *http://savannah.nongnu.org/projects/spamass-milt/*.

Pakete und Ports

Debian GNU/Linux
   Das Paket `spamass-milter` ist im offiziellen Debian-Archiv enthalten.

FreeBSD
   Der Port des SpamAssassin-Milter-Plugins befindet sich in der FreeBSD-Ports-Sammlung unter *mail/spamass-milter*.

Gentoo Linux
   Ein Ebuild für das SpamAssassin-Milter-Plugin befindet sich im Portage-Baum unter *mail-filter/spamass-milter*.

NetBSD
   Ein NetBSD-Paket des SpamAssassin-Milter-Plugins befindet sich in der NetBSD-Paketsammlung unter *mail/spamass-milter*.

Index

Symbole

$AddWarningsInline 255
$AdminAddress 254
$AdminName 254
$ClamdSock 253
$CSSHost 252
$DaemonAddress 255
$FprotdHost 252
$SophieSock 252
$Stupidity 255
$TrophieSock 253

Zahlen

510 Software Group 125

A

Abmahnung 314
Alias 255
AMaViS 179
amavis 180
amavisd 181
amavisd.conf 190
Amavisd-new 43, 61, 99, 171, 179, 332
    Statistiken 211
amavis-ng 181
amavis-perl 181
Amavis-stats 211, 333
Anhänge
    filtern mit Amavisd-new 201
    filtern mit Exim 57
    filtern mit MailScanner 231
    filtern mit Procmail 299
Annoyance-Filter 276

ausgehende E-Mail 21
Autowhitelisting 16
    in SpamAssassin 74
    Konfiguration 94

B

Backdoor 6
Bayes, Thomas 74
Bayes-Datenbank und Amavisd-new 192
Bayes-Filter 16
    in SpamAssassin 74
    Konfiguration 92
    mit Mozilla Thunderbird 277
    mit POPFile 271
BDSG 315
BIND 133
Blacklist 18
    in Procmail 297
    in SpamAssassin 89
BogoFilter 276
Bundesdatenschutzgesetz 315
Bundesgerichtshof 313

C

Callbacks 253
Cancelbots 2
Canter, Laurence 2
CBL 123
cdcc 147
ClamAssassin 174
ClamAV 162, 245, 334
    als POP3-Proxy 268
    mit KMail 276
clamd 163

clamd.conf 167, 168
clamdscan 163
ClamMail 268
clamscan 163
Clarence L. Thomas IV 2
Client-basierte Erkennung 13
Closed Source-Software 9
Cloudmark 148
Composite Block List 123
Computersabotage 314
CRM114 16
cron 112
current.cvd.clamav.net 165

D

daily.cvd 164
DATA (SMTP-Befehl) 322
database.clamav.net 165
Dateitypprüfungen 254
Datenschutz 315
db.local.clamav.net 165
DCC 17, 142
dccifd 144, 145
dccm 147
dccproc 143
Debian GNU/Linux 331
defang_warning 254
Delivery Status Notification 196
Distributed Checksum Clearinghouse 142, 334
Distributed Sender Blackhole List 124
Distributed Server Boycott List 124
DNS-basierte Blackhole-Liste 115
DNSBL 17, 24, 115, 322
   mit MailScanner 239
   mit Procmail 300
   und Fetchmail 261
DSBL 124
DSPAM 265
Dynamische IP-Adresse
   in DNSBL 119, 121
dynamisches Erkennungssystem 16

E

EHLO (SMTP-Befehl) 321
EICAR-Testvirus 162
Eigene Regeldateien 220
Emacs und Hashcash 150

E-Mail-Client 271
Envelope 323
Envelope-Absender 323
Envelope-Empfänger 323
Eudora 280
Europäische Datenschutzrichtlinie 313
Evolution 272
Exim 43, 335
   Absender-Verifikation 51, 53
   ACL 45, 128
   und Amavisd-new 186
   Callout 53
   und ClamAV 171
   Content-Scanning 55
   und DCC 146
   DNSBL 50, 127
   Dollarzeichen 58
   Empfänger-Verifikation 52
   Greylisting 140
   Header einfügen 48
   Listentrennzeichen 58
   local_scan() 48, 60
   Log-Meldung 48, 54, 55
   und MailScanner 215
   MIME 55
   und Procmail 290
   Router 44
   und SpamAssassin 100, 101
   und SPF 154
   Transports 45
   Virenscannen 58
Exiscan 55
EXPN (SMTP-Befehl) 323
   in Sendmail 63

F

Falsche Negative 13
Falsche Positive 12
false negatives 13
false positives 12
Fedora Core 331
Fernmeldegeheimnis 315, 316
Fetchmail 260, 336
Field, Julian 213
file 202
filter 254
filter_begin 254
filter_initialize 253
filter_multipart 254

.forward-Datei 291
Free Software Foundation 9
FreeBSD 332
Freie Software 9
FreshClam 165
freshclam 166
freshclam.conf 167, 169
From-Header 323

G

Gateway 14, 114
gefälschte Absenderadresse 153, 156
Gentoo Linux 332
Gesetz gegen den unlauteren
    Wettbewerb 313
gewichtete Regelsätze 15
GLD 140
GMX 276
GraphDefang 337
Graphdefang 255
Greylisting 137
    mit DCC 143, 146

H

Ham 3
Hashcash 149
HELO (SMTP-Befehl) 320
    in Exim 51
    in Postfix 30, 36
    in Sendmail 63
HELP (SMTP-Befehl) 324
Honey-Pot 142, 156
Hormel Foods Inc 3
HTML-E-Mail 272
    in Eudora 282
    in Evolution 272
    in KMail 275
    in Mozilla Thunderbird 277
    in Outlook 284
    in Outlook Express 286
    mit P3Scan filtern 267

I

IANA 203
IMAP 259, 319
iX 302

J

juristische Aspekte 313

K

KEEP_FAILED_DIRECTORIES 249
KMail 273
Konfiguration 219

L

lernendes Erkennungssystem 16
libclamav 162
local.cf und MailScanner 240

M

m4 62
Mail 78, 79, 154
MAIL (SMTP-Befehl) 321
Mail Delivery Agent 289
Mail Transport Agent 23
Maildir 112
    mit Procmail 294
MailScanner 213, 337
MailScanner.conf 219, 220
main.cf 26
main.cvd 164
Malware 4
Mandriva Linux 332
MAPS 121
MARID 155
master.cf 26
Mbox 111
    mit Procmail 294
md_graphdefang_log_enable 255
MDA 289
Microsoft 155
Microsoft Office 282
Milter 69
    für ClamAV 172
    für Greylisting 141
    für SpamAssassin 104
    für SPF 155
Milter-greylist 141
Milter-Plugin 245
MIMEDefang 245, 337, 338
mimedefang.conf 248
mimedefang.pl 248
mimedefang.pl.conf 251

mimedefang-filter 248, 253
Monty Python's Flying Circus 3
Mozilla Thunderbird 276
MTA 23
Multistage-Relay 120
Mutt 277
    und Hashcash 150
MX_BUSY 251
MX_EMBED_PERL 249
MX_FLUSH_STATS 250
MX_IDLE 251
MX_LOG 249
MX_MAXIMUM 251
MX_MIN_SLAVE_DELAY 250
MX_MINIMUM 250
MX_QUEUE_SIZE 251
MX_QUEUE_TIMEOUT 251
MX_RECIPIENT_CHECK 249
MX_RELAY_CHECK 249
MX_SENDER_CHECK 249
MX_SLAVE_DELAY 250
MX_STATS 250
MX_STATS_SYSLOG 250
MX_USER 248

N

NetBSD 332
Newsgroups 2
NFS 96
NiX Spam 302
NJABL 122
NOOP (SMTP-Befehl) 324
Null Return Path 321

O

Oberlandesgericht Karlsruhe 316
offenes Relay 22, 322
    in DNSBL 118
Open Proxy Monitor 123
Open Relay Database 125
Open Source- Initiative 9
Open Source-Software 8
OpenBSD 332
OpenPGP 309
OPM 123
ORDB 125
Outlook 282
Outlook Express 286

P

P3Scan 265, 338
Perl 190
Persönlichkeitsrecht 314
Phishing 306
Pine 279
POP3 259, 319
POP3-Proxy 263
Pop3Proxy 270
POPFile 271
postconf 26
Postfix 25, 339
    Access-Tabelle 35
    After-Queue-Content-Filter 38, 41, 42, 183
    Before-Queue-Content-Filter 42, 145
    Body-Checks 40
    check_client_access 35
    check_helo_access 36
    check_policy_service 28, 140, 154
    check_recipient_access 37
    check_sender_access 37
    DNSBL 126
    Greylisting 28, 139
    Groß- und Kleinschreibung 39
    Header-Checks 40
    MIME 41
    mit Fetchmail 262
    parent_domain_matches_subdomains 36
    PCRE 39
    permit_mynetworks 29, 30, 31, 33
    Policy-Server 28, 139, 154
    postmap 36
    Restriction-Class 40
    smtpd_client_restrictions 29, 34, 126
    smtpd_data_restrictions 34
    smtpd_helo_restrictions 30, 34
    smtpd_recipient_restrictions 32, 34, 127, 139, 154
    smtpd_sender_restrictions 31, 34, 127
    Subdomains 36
    und Amavisd-new 183
    und ClamAV 171
    und DCC 145
    und MailScanner 214
    und Procmail 290
    und SpamAssassin 99
    und SPF 28, 154
    Zugangsberechtigungen 27

PostgreSQL 140
Postgrey 140
PRC-Tabelle 39
Procmail 289, 339
    und ClamAV 173
    und DCC 143
    und Pyzor 148
    und SpamAssassin 97
.procmailrc-Datei 292
proprietäre Software 9
Pyzor 17, 148, 340

Q

Quarantäne 20
    mit Amavisd-new 197, 199
    mit MailScanner 223, 232
QUIT (SMTP-Befehl) 322

R

Razor 147
RBL 115
RBLDNSD 133, 341
RCPT (SMTP-Befehl) 321
rechtliche Probleme 313
Reguläre 327
Relaying 319
Remailing 153
renattach 338
Reply-To-Header 323
RFC 2821 319, 325
RFC 821 319
RFC 822 319, 321
RFC-821-Adressen 321
    in Postfix 27
rfc-ignorant.org 124
RHSBL 118
Right-Hand-Side Blackhole-Liste 118
Roaring Pinguin 245
RSET (SMTP-Befehl) 324

S

S/MIME 309
SA-Exim 60, 102, 341
sa-learn 111
sa-mimedefang.cf 248
Sender ID 155
Sender Permitted From 150

Sender Policy Framework 150
Sendmail 61, 341
    Access-Datenbank 64
    und Amavisd-new 187
    und ClamAV 172
    und DCC 146
    delay_checks 66
    DNSBL 129
    Greet-Pause 67
    Greylisting 141
    und MailScanner 218
    Milter 69
    und Procmail 291
    Rate-Control 68
    und SpamAssassin 104
    und SPF 155
    Subdomains 65
sendmail.cf 62
sendmail.mc 62
Server-basierte Erkennung 13
sigtool 164
Simple Mail Transfer Protocol 319
Sittenwidrigkeit von Spam 313
SMTP 7, 319
SOCKET 248
SORBS 123
spam.assassin.prefs.conf 240
SpamAssassin 16, 71, 245, 342
    add_header 81
    allow_user_rules 96
    und Amavisd-new 204
    automatisches Training 110
    Autowhitelisting 74
    Bayes-Filter 74
    Beschreibung eines Tests 106
    und DCC 91, 144
    deutsche Tests 76
    DNSBL 130
    und DNSBL 91
    dynamische Tests 73
    eigene 105
    und Hashcash 149
    HTML-E-Mails 72
    internal_networks 96
    mit KMail 275
    --lint 110
    local.cf 78
    lock_method 96
    und MailScanner 240

Metatests 109
Netzwerktests 77
mit Pop3Proxy 270
mit P3Scan 265
Punktzahl 72, 95, 106, 107
und Pyzor 91
und Razor 91
report_safe 81
required_score 80
rewrite_header 80
score 95
spamassassin (Programm) 76
SpamAssassin-Milter-Plugin 104
spamc 77
spamd 77
und SPF 155
Sprachen filtern 88
statische Tests 72
Tests 72
trainieren mit Mutt 278
Training 110
trusted_networks 95
und Pyzor 148
user_prefs 79
von Dritten 76
Zeichensätze filtern 88
SpamAssassin-Milter-Plugin 343
spamass-milter 104
SpamBayes 276
SpamBouncer 302
SpamCop 124
Spamhaus 123
Spam-Trap 142, 156
SpamWatch 282
Spastic 301
SPF 150
spfd 154
SPIM 2
SPIT 2
Sprachen filtern mit SpamAssassin 88
Spyware 6
SQLgrey 139
statische Regel 15
Statuscodes in SMTP 324
StGB 314, 316
Strafgesetzbuch 314, 316
Subroutinen 253
SURBL 125
SUSE Linux 332

SUSE Linux Enterprise Server 332
SYSLOG_FACILITY 249
Syslog-Dienst 255

T

Teergrube
  in Exim 54
  in SA-Exim 103
Telekommunikationsgesetz 315
Test-Spam 77
Thomas IV, Clarence L. 2
Thunderbird 276
TKG 315
Training 16
  in SpamAssassin 110
transparenter Proxy 263
Trojaner 5
Trojanisches Pferd 5

U

UBE 3
Ubuntulinux 331
UCE 2
Umschlag 323
Unsolicited Bulk Email 3
Unsolicited Commercial Email 2
Unterlassungsanspruch 314
URIBL 117
URI-Blackhole-Liste 117
Usenet 2
UWG 313

V

Virenscannen
  in Exim 58
  mit Procmail 298
Virenscanner 159, 251
  und Amavisd-new 207
  Auswahl 160
  und KMail 276
  und MailScanner 226
  Open-Source 162
Virensignatur 159
Virus 4
Virus Bulletin 160
VRFY (SMTP-Befehl) 323
  in Postfix 27
  in Sendmail 63

W

Whitelist 18
   in SpamAssassin 89
Windows 286
Wurm 4

X

XFORWARD (SMTP-Befehl) 210

Y

Yahoo Domain-Keys 156

Z

Zeichensätze filtern
   mit Procmail 298
   mit SpamAssassin 88
Zombie 22, 138

Über die Autoren

Peter Eisentraut arbeitet als Berater bei der credativ GmbH in Jülich. Dabei war er an der Implementierung von großen Spam- und Virenfilterinstallationen für deutsche Behörden und Unternehmen beteiligt. Er ist Mitwirkender in mehreren Open-Source-Software-Projekten wie PostgreSQL, Debian, eGroupWare und DocBook. Im PostgreSQL-Projekt ist er Mitglied des Steering Committee und Autor von zwei Büchern über PostgreSQL.

Alexander Wirt arbeitet als Berater bei der credativ GmbH in Jülich. Dabei war er an der Implementierung von großen Spam- und Virenfilterinstallationen für deutsche Behörden und Unternehmen beteiligt. Er ist Mitwirkender in mehreren Open-Source-Software-Projekten z.B. bei Debian.

Kolophon

Das auf dem Cover von *Mit Open Source-Tools Spam und Viren bekämpfen* dargestellte Tier ist ein Erdwolf, auch Zibethyäne genannt (Proteles cristatus). Erdwölfe gehören zur Familie der Hyänenartigen, sie haben aber nur äußerlich Ähnlichkeit mit ihren viel größeren Verwandten, den eigentlichen Hyänen, ihre Lebensweise unterscheidet sich sehr stark. Wie bei den Hyänen sind die Vorderbeine viel kräftiger ausgebildet als die Hinterbeine, was ihnen ein »buckliges« Aussehen verleiht. Der Kopf des Erdwolfs ist allerdings viel schmaler, da sich die Backenzähne zurückgebildet haben. Das Gesicht ist hell mit dunkler Schnauzenmaske und unbehaart. Vom Nacken aus zieht sich eine ca. 20 cm lange Rückenmähne bis zur Schwanzwurzel, die, bei Erregung gesträubt, das eigentlich nur 80 cm große Tier größer erscheinen lässt, als es in Wirklichkeit ist – daher auch der lateinische Name »cristatus« (kammtragend). Das Fell ist gelblich braun mit einigen dunklen Querstreifen. Die Ohren sind lang und spitz, der Schwanz 30 cm lang und buschig.

Erdwölfe sind scheue, nachtaktive Einzelgänger, die in den Trockensavannen Ost- und Südafrikas vom Sudan bis Namibia leben. Sie haben sich – im Gegensatz zu den drei überwiegend Aas und Fleisch fressenden Hyänenarten – perfekt auf die Jagd nach Termiten spezialisiert und sind daher auch immer in der Nähe von Termitenhügeln anzutreffen. Mit ihrer langen Zunge und klebrigem Speichel lecken die Erdwölfe die ebenfalls nachtaktiven Gras-Termiten (Gattung Trinervitermes) auf, die in der Dunkelheit ausschwärmen, um Nahrung zu sammeln. Ein einzelnes Tier kann dabei pro Nacht schätzungsweise 300.000 bis 400.000 Termiten verspeisen. Nur in Notzeiten weichen die Tiere auf andere Insekten, Eier oder Jungvögel aus.

Da Erdwölfe unterentwickelte Krallen haben, mit denen sie nur schlecht graben können, leben sie in Höhlen von Erdferkeln oder Stachelschweinen – manchmal sogar zusammen mit diesen im gleichen Bau. Dort bringen die Weibchen ihre zwei bis drei Junge zur Welt, die nach eineinhalb Jahren selbst geschlechtsreif werden und sich ein eigenes Revier suchen. Diese Reviere werden mit Zibet, einem moschusähnlichen Sekret aus der Afterdrüse, markiert, daher auch der Name Zibethyäne.

Der Umschlagsentwurf dieses Buches basiert auf dem Reihenlayout von Edie Freedman und stammt von Ellie Volckhausen. Das Coverlayout wurde von Ellie Volckhausen mit InDesign CS unter Verwendung der Schriftart ITC Garamond von Adobe erstellt. Als Textschrift verwenden wir die Linotype Birka, die Überschriftenschrift ist die Adobe Myriad Condensed und die Nichtproportionalschrift für Codes ist LucasFont's TheSans Mono Condensed. Die in diesem Buch enthaltenen Abbildungen stammen von Michael Oreal und wurden mit Adobe Illustrator CS erzeugt. Geesche Kieckbusch hat das Kolophon geschrieben.

Netzwerk-Administration

Postfix

Kyle D. Dent, 294 Seiten, 2004, 34,- €
ISBN 3-89721-372-9

Der Autor dieses Buches führt den Anwender mit detaillierten Erläuterungen und vielen praktischen Beispielen von der Basiskonfiguration bis hin zur vollen Leistungsfähigkeit von Postfix. Es beschreibt außerdem die Postfix-Schnittstellen verschiedener Tools wie POP, IMAP, LDAP, MySQL, SASL und TLS. Postfix wurde vom bekannten Sicherheitsexperten Wietse Venema entwickelt, der dieses Buch während des gesamten Entwicklungsprozesses intensiv betreut hat.

UNIX System-Administration, 2. Auflage

Æleen Frisch, 1248 Seiten, Hardcover 2003, 50,- €, ISBN 3-89721-347-8

Die komplett überarbeitete neue Auflage dieses Unix-Klassikers beschäftigt sich mit allen Facetten der Systemadministration. Behandelt werden sowohl allgemeine Konzepte und Prinzipien als auch Befehle, Prozeduren und Methoden, die für einen zuverlässigen Systembetrieb unverzichtbar sind. Berücksichtigt sind alle wichtigen Unix-Plattformen, darunter Solaris 8 und 9, SuSE Linux 8 und Red Hat Linux 7.3, FreeBSD 4.6, HP-UX 11 und 11i, AIX 5 und Tru64 5.1.

TCP/IP Netzwerk-Administration, 3. Auflage

Craig Hunt, 792 Seiten, 2003, 46,- €
ISBN 3-89721-179-3

Dieses Standardwerk ist eine komplette Anleitung zur Einrichtung und Verwaltung von TCP/IP-Netzwerken. Nach ihrem Aufbau und ihrer Funktionsweise werden fortgeschrittene Themen wie die Konfiguration der wichtigen Netzwerkdienste, Troubleshooting und Sicherheit behandelt. Die neue Auflage ist komplett aktualisiert und um Informationen zu Samba, Apache, Bind 8 und 9 erweitert.

DNS und BIND, 3. Auflage

Übersetzung der 4. engl. Auflage
Paul Albitz & Cricket Liu
668 Seiten, 2002, 46,- €
ISBN 3-89721-290-0

DNS und BIND gibt einen Einblick in die Entstehungsgeschichte des DNS und erklärt dessen Funktion und Organisation. Außerdem werden die Installation von BIND (für die Versionen 9 und 8) und alle für diese Software relevanten Themen wie Parenting (Erzeugen von Sub-Domains) oder Debugging behandelt.

sendmail Kochbuch

Craig Hunt, 442 Seiten, 2004, 42,- €
ISBN 3-89721-373-7

Gibt Administratoren, die schnell bestimmte Konfigurationsprobleme lösen müssen, leicht nachvollziehbare Schritt-für-Schritt-Anleitungen an die Hand. Die jeweiligen Konfigurationsaufgaben und ihre Lösungen können gezielt nachgeschlagen werden, ohne dass man sich durch unzählige Seiten von Dokumentationen kämpfen muss. Die Rezepte behandeln dabei u.a. folgende sendmail-Funktionen: Auslieferung und Weiterleitung von Mails, Relaying, Masquerading, Routing von Mails, Kontrolle von Spam, Starke Authentifizierung, Sicherung des Mail-Transports, Verwaltung der Warteschlange und Sicherung von sendmail.

Samba, 2. Auflage

Jay Ts, R. Eckstein & D. Collier-Brown
592 Seiten, 2003, 42,- €
ISBN 3-89721-359-1

In der überarbeiteten Neuauflage behandelt Samba die Themen Konfiguration, Performance, Sicherheit, Protokollierung und Fehlerbehebung und erläutert sie an zahlreichen Beispielen. Diese maßgebliche Dokumentation, die vom Samba-Entwicklerteam offiziell anerkannt wurde, berücksichtigt Samba 2.2 und die wichtigsten Features von Samba 3.0.

DNS & BIND Kochbuch

Cricket Liu, 256 Seiten, 2003, 34,- €
ISBN 3-89721-352-4

Das DNS & BIND Kochbuch ist ein Ergänzungsband zu DNS und BIND, 3. Auflage. Während das Standardwerk DNS und BIND detailliert die DNS-Theorie und BIND-Konfiguration erklärt, bietet das Kochbuch eine Vielzahl von Rezepten, die praktische Lösungen für die im Alltag auftretenden Probleme bei der Nameserver-Administration beschreiben.

Active Directory, 2. Auflage

Robbie Allen & Alistair G. Lowe-Norris
726 Seiten, 2004, 48,- €
ISBN 3-89721-173-4

Das Active Directory wurde mit dem Release vom Windows Server 2003 um über 100 neue Features erweitert. Die aktualisierte zweite Auflage von Active Directory beschreibt diese zahlreichen Änderungen und liefert eine Fülle technischer Details zur Neu-Implementierung des AD für den Windows Server 2003 als auch zur Migration von Windows 2000 zum Windows Server 2003.

O'REILLY®
anfragen@oreilly.de • http://www.oreilly.de • +49 (0)221-97 31 60-0

Sicherheit

Kenne deinen Feind – Fortgeschrittene Sicherheitstechniken

Cyrus Peikari, Anton Chuvakin
602 Seiten, 2004, EUR 46.00
ISBN 3-89721-376-1

Basierend auf dem Prinzip, dass eine gute Verteidigung die Methoden der Angreifer bis ins Detail kennt, deckt dieses Buch raffinierte Angriffsmethoden auf und beschreibt innovative Abwehrtechniken. Zu den behandelten Themen gehören Reverse Code Engineering (RCE), Pufferüberlauf, Social Engineering, Computer-Forensik, Intrusion-Detection-Systeme (IDS) und Honeypots, SQL-Injektion und ausgeklügelte Angriffe auf Unix- und Windows-Systeme.

Netzwerksicherheit Hacks
100 Insider-Tricks und Tools

Andrew Lockhart
320 Seiten, 2004, EUR 28,- €
ISBN 3-89721-384-2

Mit seinen fortgeschrittenen Hacks für Linux-, OpenBSD- und Windows-Server (einschließlich 2003) beschäftigt sich dieses Buch vor allem mit dem Absichern von TCP/IP-basierten Diensten. Daneben bietet es aber auch eine ganze Reihe von raffinierten hostbasierten Sicherheitstechniken. Systemadministratoren, die schnelle Lösungen für Sicherheitsprobleme benötigen, finden hier prägnante Beispiele für Angewandte Verschlüsselung, Intrusion Detection, sicheres Tunneling, Logging, Monitoring und Trending, Incident Response und vieles mehr.

SpamAssassin

Alan Schwartz
248 Seiten, 2004, 25,- €
ISBN 3-89721-393-1

Spam, wer hat sich nicht schon über diesen Datenmüll geärgert, der täglich Millionen von Mailboxen verstopft? SpamAssassin ist das derzeit führende Open Source-Tool zur Bekämpfung dieser Geißel des Internets und Alan Schwartz, ein erfahrener Mail-Administrator, zeigt Ihnen, wie Sie dieses mächtige Tool erfolgreich einsetzen. Er beschreibt ausführlich die verschiedenen Konfigurations- und Integrationsmöglichkeiten mit sendmail, Postfix, qmail und Exim, erklärt die von SpamAssassin verwendeten Regeln und behandelt SpamAssassin als Lernendes System und als Proxy.

Linux-Firewalls – Ein praktischer Einstieg

Andreas Lessig
566 Seiten, 2003, 38,- €
ISBN 3-89721-357-5

Linux-Firewalls – Ein praktischer Einstieg hilft Ihnen, die für Sie geeignete Firewall-Lösung zu finden und Schritt für Schritt zu realisieren: Ob Sie nun Ihre privaten Computer zu Hause oder das lokale Netz Ihrer Firma und Ihren Webserver schützen wollen.

Linux Server-Sicherheit, 2. Auflage

Michael D. Bauer
608 Seiten, 2005, 44,- €
ISBN 3-89721-413-X

Linux Server-Sicherheit erklärt die Prinzipien verlässlicher Systeme und der Netzwerksicherheit, zeigt typische Risiken auf, gibt praktische Tips für gängige Sicherungsaufgaben und kombiniert das mit profunden und detaillierten Beschreibungen der technischen Werkzeuge, die für einen bestimmten Einsatz empfohlen werden.

Linux-Sicherheits-Kochbuch

Daniel J. Barrett, Richard E. Silverman & Robert G. Byrnes
364 Seiten, 2004, 38,- €
ISBN 3-89721-364-8

Dieses Kochbuch bietet Linux-System- und Netzwerkadministratoren jede Menge praktischer und leicht nachvollziehbarer Rezepte mit Lösungen und Code für alltäglich anfallende Sicherheitsaufgaben. Dabei werden u.a. Themen behandelt wie das Verschlüsseln von E-Mail mit Emacs, Zugangsbeschränkungen für Netzwerkdienste, der Aufbau einer Firewall usw.

SSH – kurz & gut

Sven Riedel, 156 Seiten, 2004, 9,90 €
ISBN 3-89721-269-2

SSH – kurz & gut ist eine kompakte Referenz zur Verwendung und Konfiguration der SSH-Clients und -Server. Behandelt werden u.a. auch die Schlüsselverwaltung, Port-Forwarding und verschiedene Authentifizierungsmethoden.

Weitere Informationen zu unserem Sicherheits-Programm finden Sie unter:
www.oreilly.de/security

anfragen@oreilly.de • http://www.oreilly.de • +49 (0)221-97 31 60-0